国家出版基金项目
NATIONAL PUBLICATION FOUNDATION

中国海上丝绸之路通史

第一辑

中国海洋文明发展史

互鉴融构：晚明至清代的中外文化交流

郑榕 著

陈支平 王子今 主编

海峡出版发行集团
THE STRAITS PUBLISHING & DISTRIBUTING GROUP | 鹭江出版社

2023年·厦门

U0102548

图书在版编目(CIP)数据

互鉴融构:晚明至清代的中外文化交流/陈支平,
王子今主编;郑榕著.—厦门:鹭江出版社,
2023.11
(中国海上丝绸之路通史)
ISBN 978-7-5459-2044-4

Ⅰ.①互… Ⅱ.①陈… ②王… ③郑… Ⅲ.①中外关
系—文化交流—文化史—晚明—清代 Ⅳ.①K203

中国版本图书馆 CIP 数据核字(2022)第 235120 号

中国海上丝绸之路通史(第一辑)
HUJIAN RONGGOU WANMING ZHI QINGDAI DE ZHONGWAI WENHUA JIAOLIU
互鉴融构:晚明至清代的中外文化交流
陈支平　王子今　主编
郑榕　著

出版发行：鹭江出版社

地　　址：厦门市湖明路 22 号　　　　　　　　　邮政编码：361004
印　　刷：恒美印务(广州)有限公司
地　　址：广州南沙开发区环市大道南 334 号　　联系电话：020—84981812
开　　本：787mm×1092mm　1/16
插　　页：4
印　　张：21.5
字　　数：304 千字
版　　次：2023 年 11 月第 1 版　　2023 年 11 月第 1 次印刷
书　　号：ISBN 978-7-5459-2044-4
定　　价：150.00 元

如发现印装质量问题,请寄承印厂调换。

总　序

　　任何一种文明都是在与其他文明的交融对话中不断发展的。作为世界上最古老的几个文明之一，中华文明在历史长河中既扮演了文明传播者的角色，也不断从其他文明中汲取各种养分。在这种文明交往的世界体系中，中华文明既壮大发展了自身，也为世界文明的进步作出了重大贡献。

　　长期以来，学界对中国社会文明史的研究，主要侧重传统农业社会发展史方向，对中国海洋发展史的关注度则相对薄弱。这一方面是因为中国自古以来就是一个"以农立国"的国度，历代社会的经济基础及意识形态，基本上围绕"农业"展开；另一方面是因为历代统治者为了政权的巩固与社会的稳定，往往把从事海上活动的人群视为对既有社会形态的威胁，经常实施诸如禁止出海活动的法令。在这些因素的作用下，中国的海洋文明发展史以及由此开拓出的海上丝绸之路的历史与文化，必然受到历代政府与士大夫们的漠视，甚至备受打击。

　　中国是一个临海国家，从北到南，大陆海岸线长度约一万八千千米。事实上，在这样的地理优势之下，我们的先民很早就开始从事海洋活动。这种活动除了延续至今的海洋捕捞、海洋养殖之外，还不断通过国家、社会的不同领域与层面向外延伸，寻求与外界的联系和发展。可以说，中国海洋文明存在于"海—陆"一体的结构中。中国既是一个大

陆国家，又是一个海洋国家，中华文明具有陆地文明与海洋文明双重性格。中华文明以农业文明为主体，同时包容游牧文明和海洋文明，形成多元一体的文明共同体。中华民族拥有源远流长、辉煌灿烂的海洋文化和勇于探索、崇尚和谐的海洋精神。没有古代中国的海洋文明，也就谈不上近代中国海权的旁落；没有古代中国的海洋文明，也就没有当代中国海权的复兴。我们不能因为中国在近代落伍和被欺凌、被打压，就否认中国传统海洋文明的辉煌。①

中国的先民正是在长达数千年的不断探索、实践之下，才让中国的海洋文明发展史在世界文明史上留下光辉的篇章。

一、对中国海洋发展的回顾

中国先民在上古时期进行的海洋活动，应该是沿着海岸线进行海洋捕猎和滩涂养殖活动。在不断与大海搏击与互相适应的过程中，逐渐形成了辉煌灿烂的海洋文化和勇于探索、崇尚和谐的海洋精神。中华海洋文明是中华原生文明的重要组成部分，与中华农业文明几乎同时发生。在汉武帝平定南越以前，东夷、百越等海洋族群创造的海洋文明仍是一个独立的系统。

早期中华海洋文明的逐渐形成，伴随着海上活动区域的日益扩大。有学者指出，中国历史文献中的百越族群，与人类学研究的南岛语族属于同一范畴，两者存在亲缘关系。百越族群逐岛漂流航行的活动范围，是从东海、南海几经辗转到达波利尼西亚等南太平洋诸岛，百越族群是大航海时代以前人类最大规模的海上移民。东夷、百越被纳入以华夏文明（即内陆文明、农业文明、大河文明）为主导的王朝统治体系后，海洋文明逐渐被进入沿海地区的汉族移民承继、涵化，和汉化的百越后裔

---

① 杨国桢、王鹏举：《中国传统海洋文明与海上丝绸之路的内涵》，《厦门大学学报（哲学社会科学版）》2015年第4期。

一道，铸造了中华文明的海洋特性，拉开了海上丝绸之路的帷幕。[①] 由于中国沿海传统渔业和养殖业在中国历代社会经济中所占份额较小，因此，中国的海洋文明发展历史，主要体现在向海外发展并且与海外各地相互连接的海上丝绸之路上。

从现有的资料看，中华民族海洋先民与世界其他民族的交流，早在公元前10世纪时就已产生。由于地处亚欧大陆，东临大海，中国在早期的对外交流中，率先开辟西通西域、东出大海的两条主要通道，中华文明与世界文明交往基本格局的雏形自此形成。

《山海经》中提到"闽在海中"，这是一种传说。但是"闽在海中"的传说，是数千年来中国南方民族与东亚民族长期交往的历史记忆。"闽"是福建地区的简称。福建地区处于陆地，何谓"海中"？这一传说实际上说明了我国东南沿海地区面向大海以及宝岛台湾在东南海洋中的特殊地理位置，乃至中国东南沿海地区与南洋各地包括南岛语族居民长期交融的文化互动关系。这种关系无疑就是后来海上丝绸之路的先声。

中国北方有"箕子入朝鲜"的记述，称公元前1066年，周武王灭商，命召公释放箕子，箕子率5000人前往朝鲜。公元前3世纪末，朝鲜历史上第一次记载了"箕氏侯国"。《史记》记载，箕子在周武王伐纣后，带着商代的礼仪和制度到了朝鲜半岛北部，被那里的人民推举为国君，并得到周朝的承认，史称"箕子朝鲜"。现代谱系学的研究成果证实，现今许多朝鲜人和韩国人的祖先来自华夏地区。

春秋战国时期有"徐福东渡日本"的记载。徐福东渡，一直被公认为华夏民族及其文化传入日本的重要历史事件。《史记·淮南衡山列传》记载了徐福东渡事件，后又有徐福在日本平原、广泽为王之说。徐福东渡日本，促成了一代"弥生文化"的诞生，并为日本带去了文字、农耕和医药技术。据统计，日本的徐福遗迹有50多处。

春秋战国时期文献多数缺失，至今留存的文献记载十分有限，但是从上述传说和记述中，我们可以了解到中国古代先民并没有辜负大海的恩

① 杨国桢：《海洋丝绸之路与海洋文化研究》，载李庆新主编《海洋史研究（第七辑）》，社会科学文献出版社，2015。

赐。在当时生产力低下、航海技术相当原始的情况下，他们仍不断地尝试循着大海，向东面和东南面拓展，谋求与海外民族的联系与合作。

汉唐时期是中国历史上的强盛时期，社会生产力得到长足的进步，交通工具特别是航海技术有了空前的提升，中外文化交流也进入稳步发展阶段。强盛的国力和丰富多彩的文化，吸引着东亚各国前来学习，唐代的政治文化制度对东方邻国的政治文化体制产生了直接的影响。可以说，汉唐时期中国闻名于世的陆上丝绸之路和海上丝绸之路已经形成，中国海洋发展史进入了一个崭新的阶段。

公元前 138 年，张骞出使西域，这是丝绸之路开通的先声。东汉永元九年（97），西域都护班超派遣甘英出使大秦，扩大华夏文化对西域的影响，也丰富了汉人对西域的认识。陆上丝绸之路开辟以后，中国的丝织技术随丝织品输入西方，促进了中外文化交流和贸易往来，加强了西汉与西域地区的联系。

与此同时，自中国沿海起始的海路，西达印度、波斯，南及东南亚诸国，北通朝鲜、日本。公元前 2 世纪到公元前 1 世纪，西汉王朝的使节已在南海航行。中国古籍《汉书·地理志》最早提到的中西海路交通的路线是："自日南（今越南中部）障塞、徐闻（今广东徐闻）、合浦（今广西合浦）船行可五月，有都元国；又船行可四月，有邑卢没国；又船行可二十余日，有谌离国；步行可十余日，有夫甘都卢国。自夫甘都卢国船行可二月余，有黄支国……平帝元始中，王莽辅政，欲耀威德，厚遗黄支王，令遣使献生犀牛。自黄支船行可八月，到皮宗；船行可二月，到日南、象林界云。黄支之南，有已程不国，汉之译使自此还矣。"[1]《汉书·地理志》所记载之海上交通路线，实为早期的海上丝绸之路，当时海船载运的"杂缯"，即各种丝绸。到 2 世纪 60 年代，罗马帝国与东汉通过海上丝绸之路发生联系。三国时期的吴国曾派遣朱应、康泰出使南海，促进了中国与南海诸国的联系。5 世纪，中国著名旅行家法显由陆上丝绸之路前往印度，回国时取道海上丝绸之路，经师子国（今斯里兰卡）、耶婆提（今印度尼西亚苏门答腊岛一带）回国。此时，

---

[1]《汉书》，中华书局，1962，第 1671 页。

海上交通已相当频繁，中国与东南亚地区、印度洋地区已有广泛联系，特别是来自中国与印度的僧人为弘扬佛法，交往更为密切。这一时期，中国与阿拉伯半岛、波斯湾地区之间也有一定规模的海上交流活动。

唐朝是海上丝绸之路的大发展时期。隋唐五代时期，与中国通商的国家有赤土、丹丹、盘盘、真腊、婆利等。中唐之后，西北地区丝绸之路阻塞，华北地区经济衰落，华南地区经济日益发展，海上交通开始兴盛。这一时期，海上丝绸之路的繁荣程度远远超过了陆上丝绸之路。与中国通商的国家有拂菻、大食、波斯、天竺、师子国、丹丹、盘盘、三佛齐。航路是以泉州或广州为起点，经过海南岛、环王国、门毒国、古笪国、龙牙门、罗越国、室利佛逝、诃陵国、个罗国、哥谷罗国、胜邓洲、婆露国、师子国、南天竺、婆罗门国、信度河、提罗卢和国、乌剌国、大食国、末罗国、三兰国。同时，唐代即有唐人移民海外。其中，唐代林氏始祖渡海至韩国，繁衍至今约有 120 万人。2001 年，韩国林氏到泉州惠安彭城村寻根谒祖，传为佳话。

中国宝岛台湾以其雄踞东南海中的地理位置，在中国海洋文明发展史及对外交通的海上丝绸之路中扮演着无可替代的角色。最新考古发掘资料证实，以台北地区十三行文化遗址为代表，在距今 1800 年至 400 年之间，台湾是联结中国大陆与海外的一个重要中转站。这里出土的文物，既有来自大陆的青铜器物，也有来自南亚地区甚至更远区域的玻璃器皿。这些出土文物充分说明，我国东南地区及台湾地区在唐宋时期就已经成为我国海上丝绸之路的重要港口与据点。

隋唐时期我国海洋文明发展的一个重要标志，是中国文化向周边国家传播。隋唐时期是我国专制集权发展的鼎盛时期，政治、经济、文化均较为发达，与邻近诸国往来频繁，互相影响，对我国及邻近各国的经济、文化发展，具有积极的推进意义。唐贞观十七年（643），李义表、王玄策出使印度，天竺迦摩缕波国童子王要求将《道德经》翻译成梵文。他们归国后，唐太宗命玄奘等完成翻译，王玄策在第二次出使印度时，即将翻译好的《道德经》赠送给童子王，并赠送了老子像。这是迄今为止最早的有文字可考的关于《道德经》传入印度的记述。不仅如此，侨居中国的波斯人、阿拉伯人亦受中国文化的熏陶。当时的长安可

谓亚洲各国留学生聚集的地方，也是世界文化传播中心。

汉字作为世界上使用人数最多的文字，对日本、朝鲜、韩国、越南、哈萨克斯坦等亚洲诸国均产生过深远且重大的影响。日本民族虽有古老的文化，但其本族文字则较晚出现。长期以来，日本人民以汉字作为传播思想、表达情感的载体，称汉字为"真名"。公元 5 世纪初，日本出现借用汉字的标音文字——"假名"。公元 8 世纪时，以汉字标记读音的日本文字已较为固定，其标志是《万叶集》的编定。日本文字的最终创制由吉备真备和弘法大师（空海）完成。他们两人均曾长期留居中国唐朝，对汉字有很深的研究。前者根据标音汉字楷体偏旁创造了日文"片假名"，后者采用汉字草书创造日文"平假名"。尽管自公元 10 世纪起，假名文字开始在日本盛行，但汉字的使用却并未因此废止。时至今天，已在世界上占据重要地位的日本文字仍保留着 1000 多个简体汉字。

朝鲜文字称谚文。它的创制和应用是古代朝鲜文化的一项重要成就。实际上，中古时期的朝鲜亦如日本，没有自己的文字，使用的是汉字。新罗统一后稍有改观，时人薛聪曾创造"吏读"，即用汉字表示朝鲜语的助词和助动词，辅助阅读汉文书籍。终因言文各异，"吏读"无法普及。李朝初期，世宗在宫中设谚文局，令郑麟趾、成三问等人制定谚文。他们依中国音韵，研究朝鲜语音，创造出 11 个母音字母和 17 个子音字母，并于 1443 年编成"训民正音"公布使用，朝鲜从此有了自己的文字。

公元 10 世纪以前，越南是中国的郡县。秦、汉、隋、唐均曾在此设官统辖，故越南受中国文化的影响较深。越南独立后，无论是上层人士的交往，还是学校教育、文学作品创作，均以汉字为工具。直至 13 世纪，越南才有本国文字——字喃。字喃是以汉字为基础，用形声、假借、会意等方法创制的表达越南语音的新字。15 世纪时，字喃通行越南全国，完全取代了汉字。

不仅文字，唐代的政治制度同样对东亚各国产生了不小的影响。科举制度和三省六部制是中国古代政治制度的重要组成部分，也是支持官僚政治高度发展的两大杠杆。科举制度和三省六部制萌芽于汉代，建立于隋唐，不仅影响了东亚世界政治制度的发展，还促进了西方文官制度的建立。在唐代，有不少来自朝鲜、安南（今越南）、大食（今阿拉伯）等国的留学人员参加中国的科举考试，其中尤以朝鲜人为多。公元9世纪初，朝鲜半岛还处于百济、新罗、高句丽并立的三国时代，新罗的留唐学生十分向往中国的科举制度，并且来中国参加科举考试。821年，新罗学生金云卿首次在唐朝科举中登第。截至唐亡的907年，新罗学生在唐登第者有58人。五代时期，新罗学生及第者又有32人。958年，高丽实施科举制度。日本也于8世纪时引进中国的科举制，建立贡举制。唐会昌五年（845），唐王朝允许安南同福建、黔府、桂府、岭南等地一样，每年选送进士7人、明经10人到礼部，同全国各地的乡贡、生徒一起参加科举考试。科举制度虽然最早产生于中国，但其声望及影响并非仅囿于中国。从其诞生之日起，历朝历代就有不少外国学子到中国学习和参加科举考试，绝大多数人学有所成，像桥梁一样促进了国与国之间在文化、教育等方面的交流，为增进中国人民与其他各国人民的友谊作出了不可磨灭的贡献。他们的历史功绩永载中国海洋文明发展史及中外文化交流史史册。

新罗受唐文化影响最深。当时入唐求学的新罗学子很多，仅840年一年，从唐朝回国的新罗留学生就有100余人。他们学成归国后，协助新罗统治者仿效唐朝的政治制度，建立起从中央到地方的行政组织。8世纪中叶，新罗仿效唐朝改革了行政组织，在中央设执事省（相当于唐朝的中书省），在地方设州、郡、县、乡。日本也是与唐朝有密切来往的东亚国家之一。仅在唐朝一代，日本就派遣了12批遣唐使团到中国学习，次数之多，规模之大，时间之久，学习内容之丰富，可谓空前，推动了中日文化交流的第一次高潮。通过与中国的不断交往，日本在政治、经济、军事、文化、生产技术以至生活风尚等方面都受到中国的深刻影响。其中，影响最大的是646年日本的大化改新。日本在这次革新中充分借鉴了唐朝经验，建立了以天皇为中心的中央集权国家，官吏任免权收归中央。这次改革还仿效唐朝的三省六部制，在中央设立相应机构，各司其职，置八省百官。从649年"冠位十九阶"的制定到701年《大宝律令》、718年《养老律令》的先后制定，全新的封建官僚体制取

代了贵族官僚体制（现在日本的中央部级还称作"省"）。同一时期，安南所推行的文教制度和选拔人才政策也与隋唐几乎相同。世界五大法系之一——"中华法系"的代表《唐律疏议》，对越南法制史有重大影响。中国政治制度对东亚、南亚国家的影响一直延续到宋明时期。

佛教传入中国，经过中国文化的滋养，再传入东亚各国，对东亚各国的宗教文化产生了深刻影响。鉴真先后6次东渡到达日本，留居日本10年，辛勤不懈地传播唐朝多方面的文化成就。唐代前期和中期以后，新罗留学生研习当时盛行的天台宗、法相宗、律宗、华严宗、密宗和禅宗。

唐朝时期，中国的典籍源源不断地传入东亚各国，形成了一个高潮。日本飞鸟、奈良时代甚至出现了当时举世罕见的汉书抄写事业。日本贵族是最早掌握汉字和汉文化的社会阶层。日本平安时代（794—1192）是贵族文化占主流的时代。这一时代的贵族，包括皇室在内，均以中国文明为榜样，嗜爱汉籍，对唐诗推崇备至。平安时代初期，嵯峨天皇敕令编撰了《凌云集》和《文华秀丽集》两部汉诗集，开启其后三百年间日本汉文化发达之先河。

唐代国学等汉籍传入东亚各国，形成了一条通畅的"书籍之路"。早期"书籍之路"航线从中国江南始发，经朝鲜半岛，再至日本列岛，这是与东亚海上丝绸之路相辅相成的文化传承之路，构建了东亚文化交流的新模式。

宋元时期中国海洋文明发展史在更广阔的范围展开。一方面，在传统"朝贡贸易"的刺激下，民间从事私人海上贸易的情况不断出现；另一方面，理学成为中国儒学的新形态，很快成为东亚各国的道德文化范本。中国禅宗的兴盛也深深地影响着周边各国。中国的"四大发明"进一步影响世界，中国与东南亚各国的往来日渐密切，与非洲的联系也日益紧密。

宋元时期，儒学向亚洲国家传播，对东亚及东南亚产生深远的影响。对东亚的影响主要是朱子学和文庙制度的东传。四书五经等儒家经典的思想和智慧传到朝鲜、日本和越南，这些教化中国民众的核心精神也深深影响着东亚各国。在朝鲜，高丽王朝的安珦于1290年将《朱子全书》抄回国内后，白颐正、禹倬等人开始不遗余力地在朝鲜发扬程朱理学。他们的后学李齐贤、李穑、郑梦周、郑道传等人，成了推动朝鲜朱子学发展的中流砥柱。日本的朱子学传播伴随着佛教的交流。日本僧人俊芿曾带回朱熹的《四书章句集注》等著作，日本僧人圆尔辩圆曾持朱熹的《大学或问》《中庸或问》《论语精义》《孟子精义》等著作回国。同时，宋朝僧人道隆禅师曾赴日以儒僧身份宣传理学，元朝僧人一宁禅师赴日宣传宋学，培养了一大批禅儒兼通的禅僧，如虎关师炼、中岩圆月、义堂周信等。15 世纪末朱子学在日本形成三大学派：萨南学派、海南学派和博士公卿派。在越南，陈圣宗于绍隆十五年（1272）下诏求贤才，能讲四书五经之义者，入侍帷幄。于是，越南出现了一批积极传播朱子学的先驱，如朱文安、黎文休、陈时见、段汝谐、张汉超、黎括等。黎朝建立后，仍然大力提倡朱子学，将朱子学确立为正统的国家哲学。

宋元时期，除了朝鲜、日本、越南等经过海路与中国交往，并且产生文化影响力之外，东南亚各国也同中国产生了直接的联系。例如泰国，宋朝曾于 1103 年派人到罗斛国，1115 年罗斛国的使者正式来到中国，罗斛国与中国建立友好关系。罗斛先后五次（分别于 1289 年、1291年、1296 年、1297 年和 1299 年）派遣使者出访元朝。1238 年，泰族首领马哈柴柴查纳亲王后裔坤邦克郎刀创建了以素可泰为中心的素可泰王国（《元史》中称"暹罗"），历史上称作素可泰王朝。宋元时期，泰国医生使用的药物中，30％为中药。他们也采用中医望、闻、问、切的诊治方法。中国的针灸术也流行于泰国。再如缅甸。缅甸蒲甘国 1106 年第一次遣使由海路入宋，于 1136 年第二次遣使由陆路经大理国入宋。纵观整个元代，缅甸至少 13 次遣使至元朝，元朝向缅甸遣使约 6 次。1394年，明朝在阿瓦设缅中宣慰司，与阿瓦王朝关系密切。再如柬埔寨。真腊是 7—16 世纪柬埔寨的国名。公元 616 年 2 月 24 日，真腊国遣使贡方物。苏利耶跋摩二世在位时（1113—1150），曾两次遣使来中国访问。真腊国分别于 1116 年、1120 年、1129 年遣使入宋，宋朝廷将"检校司徒"称号赐予真腊国王。1200 年，真腊遣使入宋赠送驯象等礼品。宋宁宗以厚礼回赠，并表示真腊"海道远涉，后勿再入贡"。1295 年，元成宗

（铁穆耳）派遣使团访问真腊，周达观随行。回国后，他写下了《真腊风土记》。唐宋时期中国与老挝的交往在史书中几乎没有记载。元朝曾在云南边外设老丫、老告两个军民总管府。1400 年至 1613 年间，中、老两国互相遣使达 43 次，其中澜沧王国遣使入明 34 次，明朝向澜沧王国派遣使节共 9 次，并在澜沧王国设"军民宣慰使司"。960 年，占城国悉利胡大霞里檀遣使李遮帝入宋朝贡。982 年，摩逸国（今菲律宾群岛一带）载货至广州海岸。1003 年、1004 年、1007 年，蒲端王其陵遣使来华"贡方物"。1011 年，蒲端王悉离琶大遏至遣使入宋"贡方物"。1372 年，吕宋（位于菲律宾北部）遣使来贡。1003 年，三佛齐王思离朱罗无尼佛麻调华遣使入宋。宋元时期，随着中国海洋文明及海上丝绸之路的发展，中国与东南亚各国建立了比较稳定的联系。

15 世纪初叶，郑和船队开始了史诗般的航行；16 世纪之后，中国沿海贸易商人也拼搏于东西洋的广阔海域。世界东西方文明在这一时期产生了直接的碰撞与交流。中国文化在面对初步全球化格局的挑战时，演绎了许多可歌可泣的历史篇章；中华文明在新的碰撞交流中，将自身的影响力扩大到全球。中国海洋文明发展的历史又向前迈进一步。

中国明代前期郑和下西洋，体现了中国古代航海技术的最高水平。自永乐三年（1405）开始，一支由 200 余艘"巨舶"、27000 余人组成的庞大舰队在郑和的带领下踏上了海上征程。在近 30 年的航行中，郑和船队完成了人类史无前例的壮举：先后 7 次跨越三大洋，遍历世界 30 多个国家。这支当时世界上最强大的海上舰队的足迹，东达琉球、菲律宾和马鲁古海，西至莫桑比克海峡和南非沿海的广大地区，定期往返，到达越南、马来西亚、斯里兰卡、印度、沙特阿拉伯等 30 多个国家和地区，最远曾达非洲东部、红海、麦加，并有可能到过澳大利亚、新西兰和美洲。1904 年，郑和下西洋 500 年后，梁启超在《新民丛报》发表《祖国大航海家郑和传》，请国人记住这位"伟大的航海家"，说"郑君之初航海，当哥伦布发现亚美利加以前六十余年，当维哥达嘉马发现印度新航路以前七十余年"。而郑和与带给美洲、非洲血腥殖民主义的西欧航海家最大的不同，则其宣扬"宣德化而柔远人"的和平贸易理念。这支秉持明太祖"不征"祖训的强大海军，不仅身负建立朝贡贸易的重任，也扮演了维持海洋秩序，使"海道清宁"的角色。在感慨这支强大的海军因明朝廷内外交困不得不中止使命，中国失去在15世纪开始联结世界市场的机会之余，我们还应思考郑和与他史诗般的跨洋航行留给我们的启示：是不是只有牺牲人性与和平的殖民主义才是"全球化"的唯一可行路径？我们的海洋、我们的世界，能否建立起一个以"仁爱""和平"的理念联结在一起的政治秩序？

15世纪中叶，肩负中国官方政治使命的郑和航行虽然画上了句号，但以中国为核心的东亚海洋贸易网络的勃兴与发展却从未停止。郑和船队对东亚、南亚海域的巡航，为中国历代沿海居民打开了通向大洋的窗口，而明朝海禁政策导致朝贡贸易的衰落，更刺激了民间海外贸易的大发展，最终迫使明朝廷做出"隆庆开关"的决定，民间私人海外贸易获得了合法的地位。东南沿海各地民间海外贸易进入了一个新时期。此时，中国沿海海商的足迹几乎遍及东亚和东南亚各国，其中日本、吕宋（今菲律宾）、暹罗（今泰国）、满剌加（今马六甲）等地为当时转口贸易的重要据点。他们把内地的各种商品，如生丝、丝织品、瓷器、白糖、果品、鹿皮及各种日用珍玩运销海外，换取大量白银及香料。由于当时欧洲商人已经染指东南亚各国及我国沿海地区，这一时期的海外贸易活动实际上也是一场东西方争夺东南亚贸易权的竞争。16世纪至17世纪上半叶，以闽粤商人为主的中国商人集团在与西方商人的竞争和抗衡中始终占有一定的优势，成为世界市场中非常活跃的贸易主体。随着国内外商品市场的发展，作为交换媒介的货币也发生了重要变化，自唐、五代以来一直流行于民间的白银，随着海外贸易中大量白银货币的入超，最终取代了明朝的法定钞币，成为通行的主要货币。

繁盛的海外贸易对增加明朝廷的财政收入具有无可替代的重要作用。实际上，明朝已经成为当时的世界金融中心。明代后期及清代前期，中国与世界已经紧密地联系在一起。中国商人奔走于东西洋之间，促进了中国与亚洲各国的经济和文化交流。公元15世纪之后，来自欧洲的商人及传教士群体，纷纷来到亚洲，更是与中国的商人发生了直接的交往。

万历时期，即16世纪末、17世纪初，欧洲陷入经济萧条，大西洋

贸易衰退，以转贩中国商品为主的太平洋贸易发展为世界市场中最活跃的部分。中国商品大量进入世界市场，在一定程度上缓和了世界市场贵金属相对过剩与生活必需品严重短缺的不平衡状态；因嗜好中国精美商品而掀起的"中国热"，刺激和影响了欧洲工业生产技艺的革新，促进了经济的发展。中国商品为17世纪西方资本主义的兴起作出了不可磨灭的贡献。

16至18世纪，"中国热"风靡西方世界，欧洲人沉浸在对东方文明古国心驰神往的迷恋之中。思想家们开始思索西方与东方、欧洲与中国之间的深层次交流。欧洲的启蒙运动思想家们正是在这样一种氛围中，援引儒家思想，赞美中国。中国悠久的历史和发达的文明令欧洲人欣羡不已。为欧洲带来有关中国的信息从而引发热潮的人，主要是16—18世纪持续不断地来到中国的耶稣会士。由于此时的陆上丝绸之路已经衰败，从陆路来到中国，交通相当不便，于是海上交通便成为15世纪以后西方人来到中国的主要通道。换言之，中国的海洋文明发展史，在15世纪以后开始逐渐向世界各地延伸。

明末清初时期，中西之间的文化交流达到了前所未有的深度与广度，呈现出第三次高峰。在此时期，来华天主教传教士，尤其是耶稣会士，充当了重要的文化交流桥梁。一方面，在传播天主教教义的动机的驱使下，西方传教士译介了大量的西方科学文化知识，使明清时期的中国知识界对"西学"有了初步的了解和认识；另一方面，通过定期撰写书信报告、翻译中国典籍等方式，传教士也将中国悠久灿烂的文化及中国现状介绍到欧洲，致使17—18世纪的欧洲"中国热"经久不衰。可以说，这一时期中西文化的接触和交流，对东西方社会的发展和进步都产生了重要的影响。这个时期中国文化比较系统地传入欧洲，对18世纪欧洲社会文化转型和正在兴起的启蒙运动产生了重大影响。18世纪中叶，启蒙运动在欧洲兴起。启蒙思想家在继承古希腊、古罗马以来西方理性主义精神遗产，尤其是近代实证论、经验论的同时，也把眼光投向了中国，他们发现了在2000年前（公元前5世纪时）就已清晰地阐述了他们想说的话的伟大哲人——孔子。在耶稣会士从中国带回的各种知识中，没有哪一样像孔子的思想那样引发欧洲知识界的热烈研究与讨论，而与之相关联的，对中国的理性主义、文官制度、科举制度和法律的探讨，更是直接成为欧洲启蒙运动的重要灵感。许多著名的启蒙思想家，对孔子及中华学说赞扬不已。如伏尔泰从儒学的"人道""仁爱"思想和儒家道德规范的可实践性看到了他所寻求的理想社会的道德理论和道德经验。莱布尼茨惊呼："东方的中国，竟然使我们觉醒了！"孟德斯鸠从中国的儒学中看到了伦理政治对君主立宪的必要性。百科全书派的代表人物曾经赞扬中国是世界上唯一把政治和伦理道德相结合的国家。

18世纪以来，西方的工业革命确立了资本主义制度的坚固基础，殖民化的欲望日益增强。传统的中华古国，在西方列强坚船利炮的冲击下，陷入了深重的危机。然而，富有包容性和创新性的中国海洋文化，在逆境中不断寻求变革之路，探索着文化的新生与重构。以鸦片战争为标志，在西方现代文明的冲击之下，中华文明遭遇空前危机，其主体性地位不断被质疑，中华文明向海外扩展的内在动力也大为减弱。然而，中华文化内在的包容性与创新性，激发了一代又一代的中国人，特别是知识分子群体。中国的仁人志士从未停止对中华民族复兴之路的探索。他们勇于直面危机，努力探索，求新求变，从而推动中华文化的自我调整和现代化嬗变。中华文明面对的是"三千年未有之大变局"，中国长期的文化优势和文化优越感被西方殖民主义的强势文化不断消解。因此，伴随着西方历次的殖民战争，许多中国人在阵痛之后开始了文化自觉和文化反思。这种文化自觉和文化反思最集中的表现即对西方先进科学技术和社会科学理论的引进传播，最终孕育了20世纪初的新文化运动，这成为中国近代名副其实的启蒙运动。

无论是林则徐、魏源等人的"师夷长技以制夷"，还是洋务派人士的"师夷长技以自强"；无论是维新派人士的"立宪救国"，还是资产阶级革命派的"民主共和"；无论是以"民主"和"科学"为旗帜的新文化运动，还是以马克思主义为旗帜的中国共产党领导的新民主主义革命，无不体现出中国传统文化勇于面对逆境的韧劲。当然，逆境中的复兴之路，是十分艰辛、曲折的。仁人志士在不断的探索及实践中，最终找到"只有社会主义才能救中国"的伟大真理。

近代中国文化在中外文化交流中虽然身处逆境，但是其顽强的生命

力，使这一时期中华文明的海外交流和传播从未间断，并且呈现出某些新的传播特征。从对外经济往来的层面说，西方的经济入侵，固然使中国传统经济受到了很大的冲击，但是善于求新求变的中国民众，特别是沿海一带的商民们，忍辱负重，敢于向西方学习，尝试改变传统的生产格局，发展工农业实业经济，拓展海外贸易，取得了良好的成效，从而为中国现当代社会经济的转型与发展奠定了不可忽视的基础。

从文化层面看，20世纪初中国遭受的巨大浩劫，牵动东西方文明交流向更深入的方向走去。中国知识分子在吸收西方近代知识智慧的同时，深刻地反思中国传统文化的精髓与糟粕，继而为国家和民族的命运奋起反抗。在中学西传的过程中，以在传统海商聚居地出生的辜鸿铭、林语堂为代表的晚清知识分子的贡献很大。这一时期，中国古典文明的现代意义虽然在国内受到质疑和批判，但是在西方社会依然被广泛关注。中国传统的儒家经典、古典诗歌、明清小说在这一时期仍被大量译介到西方。许多汉学家如葛兰言、高本汉等对此都有专业的研究。

在近代中外文化交流中，海外华侨群体也作出了杰出贡献，如创办华文报刊、华文学校等，提倡华文教育。华文教育无形中扩大了中文社会的影响力，促进了中国文化与南洋本土文化的交流，同时也使南洋居民在一定程度上认识和了解了博大精深的中华文化。

随着明清时期特别是近代以来中国民间群众移民海外数量的增加，这一时期中国文化的对外传播形成了某些值得注意的新特征，这就是遍布世界各地的"唐人街"的形成与传播。近代中国文化在中外文化交流中虽然处于逆境，但中国商民在海外的发展从来没有停止，中国文化的海外交流和传播一直没有间断，中国的一些文化习惯，如中国茶文化传到西方之后，依然表现出强大的影响力，成为西方的一种流行文化。而华侨华人对世界各地经济发展的贡献，更是世界各国人民有目共睹的。

近代以来，中国人民的艰辛探索终于迎来了中华人民共和国的诞生。新中国成立之后，殖民主义文化被彻底抛弃，中华文明及其深厚的海洋文化发展潜力得到全面的复苏与拓展，中国与世界各地的经济交往以前所未有之势蓬勃发展，中华文化在中西文化交流中展现出前所未有的自觉和自信。特别是改革开放以来，随着中国综合国力和国际话语权的不断提升，中华文明及海洋事业在国际事务与中西文化交流中，表现出强大的拓展动力和趋势。中华海洋文化及中国海上丝绸之路，再次焕发出独特魅力，不断地延伸创新，影响世界，成为中国走向世界的最强音。

纵观中国海洋文明发展的历史过程，以及中华海洋文化与世界文化的交流历史，既有畅行的通途，也有布满艰辛的曲折之路。无论是唐宋时期由朝贡体系促成的政治制度、礼仪制度、文字文学、宗教信仰等的向外传播，还是宋明以来中国沿海商民的私人海上贸易和华侨移民，都对世界文明的进步与世界经济的发展作出了重要贡献。即使是在以往被人们忽视的科学技术领域，英国著名汉学家李约瑟（Joseph Needham）在其著作《中国科学技术史》一书中，对中国古代科学技术为世界所作的贡献作出了很高的评价。当然，近代以来，中华文明以及中国海洋文明的发展，备受压抑，历尽磨难，但始终葆有顽强的生命力、特有的文化魅力和世界影响力。当改革开放的春风吹遍神州大地的时候，中华文化更是在频繁的交流中不断丰富发展，体现出越来越鲜明的包容性格和进取精神。这一历史发展过程也充分证明，中华文明作为世界文明花坛中的一朵奇葩，必将在今后的历程中更加绚丽多彩。在全球化日益显著的今天，我们有责任也有义务让包括中国海洋文明在内的中华文明在继承中不断发扬光大，为整个世界文明的发展与和谐共存贡献力量。

二、对中国历代政府海洋政策的反思

中国历代政府所推行的海洋政策，无疑对各个时期海洋事业的发展与迟滞，产生了极为重要的作用。众所周知，欧洲中世纪以来，西方各国争相向海外发展势力，在全世界包括东方各地争夺势力范围。在这一系列的海外扩张过程中，国家的海洋政策起到了至关重要的推进作用。西方国家一直是海商、海盗寻求海外势力范围的坚强后盾。然而，中国历代政府的海洋政策与此截然不同。秦汉以来，中国历代政府关于海洋事务的政策基调，基本上围绕所谓的朝贡体系展开。到了近代，中国积贫积弱，朝贡体系因而备受海内外政治家与学者的非议乃至蔑视。

　　秦汉以来的朝贡体系无疑是中国历代对外关系的基石。近现代以来，人们诟病这一外交体系主要因为两个方面：第一，中国历代政府以朝贡体系为主的外交方式，把自身置于"天朝上国"或"宗主国"的地位，把交往的其他国家视为"附属国"；第二，中国历代朝贡体系下的外交，是一种在经济上得不偿失的活动，外国贡品的经济价值有限，而中国历代朝廷赏赐品的经济价值大大超出贡品的经济价值。

　　进入近现代时期，由于西方列强的侵略及中国自身发展的迟滞，中国沦为"落后挨打"的半封建半殖民地社会。在许多西方人和日本人的眼里，中国是一个可以随意宰割的无能国度。在这种观念的影响下，西方人和日本人探讨中国近现代以前，特别是中国历代的朝贡体系时，就不免带有某种先入为主的偏见，嘲笑中国历代的朝贡外交体系是一种自不量力、自以为是的"宗主国"虚幻政策。与此同时，20世纪中国学界普遍沉浸于向西方学习的文化氛围中，相当一部分学者也就自然而然地接受了这种带有蔑视和嘲笑意味的学术观点。因此，近现代以来国内外学者对明朝朝贡体系的批评，存在明显的殖民主义语境。与此形成鲜明对照的是，同时期大英帝国所谓"日不落帝国"及其后的美国霸权主义，却很少受到世人的蔑视与取笑。

　　中国历代朝贡体系之下的外交在经济上得不偿失的观点，很大程度上受20世纪四五十年代以来关于中国封建社会内部是否已经出现资本主义萌芽问题讨论的影响。由于受到西方学界的影响，中国大部分学者希望自己比较落后的祖国能够像西方的先进国家一样，走上资本主义社会这一有历史发展规律可循的道路。而发展资本主义社会的前提是商品经济、市场经济及对外贸易经济的高度发展。于是，在这样的学术背景下，20世纪五六十年代，中国历史学界探讨明清时期的商品经济、市场经济及海外贸易等领域，取得了不错的成绩。人们发现，西方国家在资本原始积累的过程中，对外关系、对外贸易以及海外掠夺，对这些国家的资本主义经济发展和社会变革起到了至关重要的助力作用，反观中国传统朝贡体系下的经济贸易，得不偿失，未能给中国资本主义的萌芽和发展提供丝毫的帮助。然而，从纯经济的角度来评判中国历代的朝贡体系，实际上严重混淆了明朝的国际外交关系与对外贸易的应有界限。

毋庸讳言，中国历代的朝贡外交体系是承继中国两千年来"华夷之别"的传统文化价值观而形成的。这种朝贡外交体系，显然带有某种程度的政治虚幻成分。同时，它又只是一种国与国之间的政治外交礼仪而已。这种朝贡式外交礼仪中的所谓"宗主国"与"附属国"，也只是一种名义上的表述，两者的关系并不像欧洲中世纪国家那样，必须以缴纳实质性的贡赋作为联系纽带。因此，我们评判一个国家或一个朝代的外交政策及其运作体系，并不能仅仅因为它的某些虚幻观念和经济上的得失，就武断地给予负面的历史判断。如果我们要比较客观和全面地评判中国历代的对外关系，就应该从确立这一体系的核心宗旨及其实施的实际情况出发，同时参照世界上其他国家对外关系的历史事实，进行综合分析，如此才能得出切合历史真相的结论。

中国历代对外朝贡体系的确立，是建立在国与国、地区与地区之间和平共处的核心宗旨上的。这一点我们在明朝开创者朱元璋及其儿子明成祖朱棣关于对外关系的一系列谕旨中就不难发现。朱元璋在《皇明祖训》中明确指出："四方诸夷，皆限山隔海，僻在一隅，得其地不足以供给，得其民不足以使令。若其自不揣量，来扰我边，则彼为不祥。彼既不为中国患，而我兴兵轻伐，亦不祥也。吾恐后世子孙，倚中国富强，贪一时战功，无故兴兵，致伤人命，切记不可。"[1] 洪武元年（1368），朱元璋颁诏于安南，宣称："昔帝王之治天下，凡日月所照，无有远迩，一视同仁，故中国尊安，四方得所，非有意于臣服之也。"从这个前提出发，中国对外关系的总方针就是要"与远迩相安于无事，以共享太平之福"[2]。永乐七年（1409）三月，明成祖朱棣命郑和下西洋，"敕谕四方海外诸番王及头目人等……祗顺天道，恪守（遵）朕言，循理（礼）安分，勿得违越；不可欺寡，不可凌弱，庶几共享太平之福"[3]。在这种对外关系的总方针下，明初政府开列了朝鲜、日本、大小琉球、安南、真腊、暹罗、占城、苏门答腊、西洋、爪哇、彭亨、百

---

①《皇明祖训》条章，载《四库全书存目丛书》，齐鲁书社，1996。

②《明太祖实录》卷三四。

③ 郑鹤声、郑一钧：《郑和下西洋资料汇编》上册，齐鲁书社，1980，第99页。

花、三佛齐、浡泥，以及琐里、西洋琐里、览邦、淡巴诸国，皆为"不征诸夷国"。① 在与周边各国的具体交往过程中，朱元璋本着中国自古以来的政策，主张厚往薄来。在一次与琐里的交往中，他说道："西洋诸国素称远番，涉海而来，难计岁月。其朝贡无论疏数，厚往薄来可也。"② 明初奉行的一系列对外政策和措施，充分体现了明朝政府在处理国际关系中所秉持的不用武力，努力寻求与周边国家和平共处之道的基本宗旨。

在寻求国与国之间和平共处的核心宗旨的前提下，明朝与周边的一些国家，如朝鲜、越南、琉球等，形成了宗主国与附属国的关系，这也是不争的事实。但这种宗主国与附属国关系的形成，更多是承继以往历朝的历史因素。纵观全世界中世纪以来宗主国与附属国的关系，就会发现，宗主国与附属国的关系基本上是通过三种途径形成的：一是通过武力征服强迫形成，二是通过宗教关系或是民意及议会的途径形成，三是在传承历史文化的条件下通过和平共处的途径形成。显然，在这三种宗主国与附属国关系中，只有第三种，即以和平共处方式形成的宗主国与附属国的关系，是最经得起历史检验和值得后世肯定的。中国历代建立起来的以和平共处为核心宗旨的宗主国与周边附属国的关系，正是这样一种经得起历史检验和值得后世肯定的对外关系。正因为如此，纵观历史，虽然这些附属国会不时发生内乱等极端事件，历经政权更替，但无不以得到明朝中央政府的册封为荣，即使是叛乱的一方，也都想方设法得到明朝中央政府的承认。可以说，当这些附属国发生内乱，明朝中央政府基本上采取充分尊重本国实际情况的原则，从道义上给予正统的一方支持，以稳定附属国的国内情势，维护区域和平局面。当遭遇外患陷入国家危机的时候，这些附属国也经常向明朝求援。其中最典型的例子，就是万历年间朝鲜遭到日本军阀丰臣秀吉侵略时，明朝政府应朝鲜王朝的求援，派出大量军队，帮助朝鲜王朝抵抗日本军队的进攻，最终把日本军队赶出朝鲜，维护了朝鲜王朝的领土完整和国家尊严。尤其值

① 郑一钧：《论郑和下西洋（修订本）》，海洋出版社，2005，第 9 页。
②《明史》卷三二五《外国六·琐里》，中华书局，1974，第 8424 页。

得一提的是，在这场规模不小的抗倭战争中，明朝政府不但派出军队参战，而且所有的战争经费都由明朝政府从财政规制中支出，"廪饷数百万"①。作为宗主国，明朝对附属国朝鲜的战争支援，完全是无偿的。

在历代对外朝贡体系中，中国对外国朝贡者优渥款待，赏赐良多。而这些朝贡者，来自东亚、南亚甚至中东的不同国家与地区，带来的所谓贡品，更多是作为求得明朝中央政府接待的见面礼，仅是"域外方物"而已。作为受贡者的明朝政府，对各国的所谓贡品并没有具体的规定。因此，明朝朝贡体系中的外国"贡品"，是不能与欧洲中世纪以来宗主国与附属国之间定期、定额的"贡赋"混为一谈的。明朝朝贡体系中的"贡品"，随意性、猎奇性的成分居多，缺乏实际经济价值。因此，如果单纯从经济效益衡量，当然是得不偿失。但是这种所谓的经济上的"得不偿失"，实际上被我们近现代时期的许多学者无端夸大了。明朝政府在接待来贡使者时，固然实行"厚往薄来"的原则，但无论是"来"还是"往"，其数量都是比较有限的，是有一定规制的，基本上仅限于礼尚往来的层面。迄今为止，除了郑和下西洋这种大型对外交往行为给国家财政造成一定的压力之外，我们还看不到中国历代正常朝贡往来中的"厚往薄来"对政府的财政产生过不良的影响。即使有，也是相当轻微的，因为所谓"厚往"，仅仅只是礼物和人员接待费用而已。明朝政府对一般来贡国国王的赏赐，基本上是按照本朝"准公侯大臣"的规格施行的。② 如果把这种"得不偿失"与万历年间援朝抗倭战争的军费相比，只能算是九牛一毛！万历年间支援朝鲜的抗倭战争，从根本上说，是为了维护地区的和平与稳定，而不是为了维持朝贡体系。

从更深的层面来思考，我们判断一个国家或一个时期的对外政策是否正确，不能仅仅以经济效益作为衡量得失的主要标准。国与国之间的外交关系和国与国之间的经济贸易关系，固然有必然的联系，但又不完全等同，外交关系与贸易往来必须有所区分，不能混为一谈。在15至16世纪以前欧洲国家所谓的"大航海时代"尚未来临，在世界的东方，

---

① 《明史》卷三二二《外国三·日本传》，第8358页。
② 郑一钧：《论郑和下西洋（修订本）》，第13页。

明朝可以说是这一广大区域中最大，也是最为核心的国家。作为这一广阔区域中的大国，对维护这一区域的和平稳定是负有国际责任的。假如这样一个核心国家，凭借自身的经济、军事优势，四处滥用武力，使用强权征服其他国家，那么这样的大国是不负责任的，区域的和平与稳定是不可能长久存在的。从这样的国际关系理念出发，明朝历代政府所奉行的安抚周边国家、厚往薄来，以和平共处为核心宗旨的对外朝贡体系，正是体现了明朝作为东方核心大国的责任担当。事实上，纵观世界历史，所有曾经或现在依然是区域核心大国的国家，在与周边弱小国家和平相处的过程中，由于肩负维护区域和平稳定的义务和责任，在经济上必须承担比其他周边弱小国家更多的负担，这几乎是一种必然的现象。换句话说，核心大国所承担的政治经济责任，同样是另外一种"得不偿失"。但是这种"得不偿失"，是作为区域大国承担区域和平稳定责任的重要前提。另一方面，明朝作为东亚区域最大、最核心的大国，在勇于承担国际义务与责任的同时，被周边国家视为"宗主国"或"中国"，因而自视为"天朝上国"，也是十分顺理成章的事情。如果我们时至今日依然目光短浅地纠缠在所谓"朝贡体系"贸易中"得不偿失"的偏颇命题，那就大大低估了中国历朝历代政府所奉行的和平共处的国际关系准则。这种国际关系准则，虽然带有某些"核心"与"周边"的"华夷之别"的虚幻成分，但对中国的历史延续性及其久远的历史意义，至今依然值得我们欣赏和思考。

我们若明白自秦汉以来中国历代政府所施行的"朝贡体系"，实质上只是一种政治上的外交礼仪，就不难想象中国历史上历代政府所认知的世界，仅局限在亚洲一带，应该是建立在一种和谐相处的氛围之内的。由于中国是这一时期亚洲最大又最有实力的国家，建立以中国为核心的亚洲世界，也就顺理成章地成为政策制定的依据了。

我们再从秦汉以来至明清时期中国海洋政策的纵向面来考察。秦汉以来至隋唐时期，中国与海外各地的经济贸易活动相对稀少，有限的贸易也基本上被局限在"朝贡贸易"的圈子之内。宋代之后，经济层面的活动，包括私人海外贸易活动，才逐渐兴盛起来。因此，宋代是中国历代政府执行对外海洋政策的一个重要转折期。从秦汉以迄隋唐，由于海上私人贸易活动比较罕见，政府制定的对外海洋政策基本着眼于政治与文化外交的层面。与周边许多国家政治与文化体制较为落后的情形相比，中国的政治与文化体制有较为突出的优势。政府把对外海洋政策着眼于政治与文化的层面，并不会对中国的政治与社会统治产生不良后果。因此，在这个时期内，国家政府对政治体制与文化形式的输出，往往采取鼓励的方式。而这种对外海洋政策，在一定程度上促进了隋唐时期中国政治制度向朝鲜、日本、越南等邻近国家的传播。以文化形式向外传播，扩散的范围将更为广阔。因此，我们可以说，宋代以前，中国政府的对外海洋政策与民间的对外联系基本上是吻合的。

但是到了宋代，情况有了很大的改变。一方面，随着与周边国家和地区经济交往的增多，沿海一带出现了不少私人海上贸易现象。这种私人海上贸易活动已经超出了"朝贡体系"所能约束的范围，政府自然把这种活动视为"违禁走私"活动，政府的主要思考点在于确保社会环境和政治统治的稳定。南宋时期著名学者兼名臣真德秀在泉州担任知州时有一项重要事务，就是布置海防，防范海上贸易活动，即所谓"海盗"活动，剿捕流窜于海上的"盗贼"。很显然，从宋代开始，政府的海洋政策出现了两种相互矛盾的走向：一方面继续维持以往的"朝贡体系"，另一方面对民间海上私人贸易活动严加禁止，阻挠打击。

宋朝廷禁止和打击民间私人海上贸易的做法，被后世的统治者们延续下来。特别是到了明代，这种做法对海洋贸易的阻碍作用愈加突显。从明代中叶开始，东南沿海商民从事海上私人贸易已经成为经济发展的趋势。特别是到了15世纪之后，世界局势发生了重大变化，处于资本主义原始积累阶段的欧洲人开始向世界的东方进发，"大航海时代"已经到来。这就使得15世纪之后的明朝社会，被迫进入一个前所未有的"世界史"的国际格局之中。① 从比较世界史的视角来观察，明初中国国力鼎盛的时期，正是欧洲"黑暗"的中世纪。西方出现资本主义的曙光，和明中叶以降中国社会经济与文化思潮新旧交替的冲动几乎同时到来。

---

① 陈支平：《从世界发展史的视野重新认识明代历史》，《学术月刊》2010年第6期。

总序

随着欧洲资本主义原始积累的步步推进，早期殖民主义者跨越大海，来到亚洲东部的沿海，试图打开中国社会经济的大门，谋取资本原始积累的最大利润。差不多在同一时期，伴随中国明代中期社会经济特别是商品市场经济的发展，中国商人也开始尝试突破传统经济格局和官方朝贡贸易的限制，冒险走出国门，投身到海上贸易的浪潮之中。

16世纪初，西方的葡萄牙人、西班牙人相继东航，分别以满剌加、吕宋为根据地，逐渐扩张势力至中国的沿海。这些欧洲人的东来，刺激了东南沿海地区商人的海上贸易活动。嘉靖、万历时期，民间私人海上贸易活动冲破封建政府的重重阻碍，取代朝贡贸易，并迅速兴起。中国海商的足迹几乎遍及东亚、东南亚各国，其中尤以日本、吕宋、暹罗、满剌加等地作为转口贸易的重要据点。他们把内地的各种商品，如生丝、丝织品、瓷器、白糖、果品、鹿皮及各种日用珍玩等，运销海外，换取大量白银及香料等回国出售。由于当时欧洲商人已经染指东南亚各国及我国沿海地区，因此这一时期的海外贸易活动，实际上也是一场东西方争夺东南亚贸易权的竞争。中国沿海商人，以积极应对的姿态，扩展势力至海外各地。研究中国明代后期东南亚海上贸易的学者普遍认为，17世纪前后，中国的商船曾经遍布南海各地，从事各项贸易，执东西洋各国海上贸易的牛耳。

明代中后期不仅是中国商人积极进取，应对"东西方碰撞交融"的时期，而且随着这种碰撞交融的深化，中国的对外移民也成了常态。在唐宋时期，虽说中国的沿海居民中也有迁移海外者，但数量有限且非常态，尚不能在迁移的地方形成具有一定规模的华侨聚居地。而拥有真正意义上的海外移民并且形成华侨群体的年代，应是始于中国明朝时期。这种情况在福建民间的许多族谱中多有反映，譬如泉州安海的《颜氏族谱》记载，该族族人颜嗣祥、颜嗣良、颜森器、颜森礼及颜侃等五人，先后于成化、正德、嘉靖年间到暹罗经商并侨寓其地至死。《陈氏族谱》记载该族族人陈朝汉等人于正德、嘉靖年间到真腊经商且客居未归。再如同安汀溪的黄姓家族，成化年间有人去了南洋，繁衍族人甚众。永春县陈氏家族则有人于嘉靖年间到吕宋经商并定居于当地。类似的例子很多，举不胜举。① 到中国明代后期，福建、广东一带迁移国外的华人，已经逐渐向世界各地拓展。印度尼西亚的巴达维亚城是荷兰东印度公司所在地，1619 年前当地华侨不足四百人。不到十年，即截至 1627 年，该城华侨已达三千五百人，而其中大多数是来自福建漳州、泉州的移民。又据有关记载，从明代中后期始，中国的丝绸、瓷器等商品已由中外商人贩运到墨西哥等拉美地区，一些广东商民甚至在墨西哥的阿卡普尔科等地从事造船业或其他行业的生产经营活动。②

这些移居海外的华人，为侨居地早期的开发与经济繁荣作出了较大的贡献，如福建巡抚徐学聚所说："吕宋本一荒岛，魑魅龙蛇之区，徒以我海邦小民，行货转贩，外通各洋，市易诸夷，十数年来，致成大会。亦由我压冬之民，教其耕艺，治其城舍，遂为陕区，甲诸海国。"③对于这一点，即使是西班牙殖民者也不得不承认。如马尼拉总督摩加在 16 世纪末宣称："这个城市如果没有中国人确实不能存在，因为他们经营着所有的贸易、商业和工业。"一位当时的目击者胡安·科博神父（Father Juan Cobo）亦公正地说："来这里贸易的是商人、海员、渔民，他们大多数是劳动者，如果这个岛上没有华人，马尼拉将很悲惨，因为华人为我们的利益工作，他们用石头为我们建造房子，他们勤劳、坚强，在我们之中建起了最高的楼房。"④ 一些菲律宾史学家对此也作出了公正的评价，《菲律宾通史》的作者康塞乔恩（Joan de la Concepcion）在谈到 17 世纪初期的情况时写道："如果没有中国人的商业和贸易，这些领土就不可能存在。"如今仍屹立在马尼拉的许多老教堂、僧院及碉堡，大多是当时移居马尼拉的华人所建。约翰·福尔曼（John Foreman）在《菲律宾群岛》一书中亦谈道："华人给殖民地带来了恩惠，没有他们，生活将极端昂贵，商品及各种劳力将非常缺乏，进出口贸易将非常窘

---

① 王日根、陈支平：《福建商帮》，香港中华书局，1995，第 117—119 页。

② 黄国信、黄启臣、黄海妍：《货殖华洋的粤商》，浙江人民出版社，1997，第 144 页。

③ 徐学聚：《报取回吕宋囚商疏》，载《明经世文编》卷四三三《徐中丞奏疏》。

④ Teresita Ang See, *Chinese in the Philippines*, vol. 1, Manila, 2018, p. 137.

困。真正给当地土著带来贸易、工业和有效劳动等的是中国人，他们教给这些土著许多有用的东西，种植甘蔗、榨糖和炼铁，他们在殖民地建起了第一座糖厂。"①

移居印度尼西亚的华人同样为巴达维亚的发展与繁荣作出贡献。荷兰东印度公司在到来的第一个世纪里，不但使用了华人劳力和华人建筑技术建造巴达维亚的城堡，而且把城里的财政开支都转嫁到华人农民的税收上，凡城市的供应、贸易、房屋建筑，以及巴达维亚城外所有穷乡僻壤的垦荒工作都由华人来承担。② 荷兰东印度公司在 17 世纪下半叶才把糖蔗种植引进爪哇，在欧洲市场上它虽然不能与西印度的蔗糖竞争，但它取得了印度西北部和波斯的大部分市场，并且还出售到日本，而这些新引进的糖蔗的种植工作几乎是由华人承包的。③ 因此，英国学者博克瑟（C. R. Boxer）曾说："假如马尼拉的繁荣应归功于移居那里的华人的优秀品质，那么当时作为荷兰在亚洲总部的巴达维亚的情况亦一样。华人劳工大多数负责兴建这座城市，华人农民则负责清除城市周围的村庄并进行种植，华人店主和小商人与马尼拉的同胞一样，占据零售商的绝大部分。我们实事求是地说，荷兰东印度公司对其首府的迅速兴起应极大地感激这些勤劳、刻苦、守法的中国移民。"④ 到了清代以至民国时期，庞大的华侨华人群体，更是为世界各地的社会经济发展作出了不可磨灭的贡献。

15 世纪至 17 世纪，固然是西方殖民主义者向世界各地扩张的时期，但其时东方的中国社会，中国商人以积极进取的姿态，同样把自己的活动范围向海外延伸。这种双向碰撞交融的历史进程，无疑从另一个源头上促进了"世界史"大概念的形成与发展。因此可以说，15 世纪至 17

---

① John Foreman，*The Philippine Islands*，London，1899，p. 118.

② J. C. Van Leur，*Indonesian Trade and Society*，The Hague，1960，pp. 149，194.

③ John F. Cady，*Southeast Asia：It's Historical Development*，New York，1964，p. 225.

④ C. R. Boxer，Notes on Chinese Abroad in the Late Ming and Early Manchu Periods Compiled from Contemporary Sources（1500—1750），in *Tien Hisa Monthly*，1939 Dec.，vol. 9，no. 5，pp. 460—461.

世纪的中国社会，同样是推进"世界史"格局形成的重要组成部分。

明代中后期，也就是 16—17 世纪，东西方的经济与文化碰撞，中国沿海商民积极应对西方所谓"大航海时代"的来临，这本来是中国海洋发展的绝佳时机。但遗憾的是，中国政府并未像西方政府那样，成为海洋商人寻求拓展海外势力范围的坚强后盾，而是采取了相反的政策措施——禁绝打击。由于受到政府禁海政策的压制，中国明代东南沿海地区的商人不得不采取亦盗亦商的经营行为。从中世纪世界海商发展史的角度来考察，亦商亦盗的武装贸易形式，也是中世纪以至近代西方殖民者海商集团所采取的普遍形式。不同的是，西方殖民者的海盗行径大多得到本国政府的支持。"大航海时代"的葡萄牙人、西班牙人、荷兰人，都以本国政府的支持和强大的武装为后盾，企图打开中国沿海的贸易之门。① 而中国海商集团的武装贸易形式，是在政府的压制下不得不采取的一种自我保护措施。在中国政府的压制下，东南海商的武装贸易形式虽然能够在中国明代后期这一特定的历史空间中得以发展，但最终不能长期延续并发展下去。终清之世，中国东南海商再也未能形成一支强大的武装力量。从国际贸易的角度看，这也是中国海商逐渐失去东南海上贸易控制权的重要原因之一。16 世纪至 19 世纪中叶，中国的海商只能在政治与社会的夹缝中艰难行进。

中国历代朝贡体系虽然奉行与周边国家地区和平共处的宗旨，但这种仅着眼于政治仪式层面的外交政策，忽略了文化层面的外交交流（这里的文化层面，主要指带有意识形态的宗教、信仰、教育及生活方式等）。而这种带有政治仪式意味的外交政策，将随着政治的变动而变动，缺乏长久的延续性。因此，到 17 世纪后东亚及中东的政治版图发生变化时，中国对南亚、西亚以至中东的政治影响力迅速衰退。

通过对中国历代政府对外海洋政策的分析，我们不难了解到，中国历代政府所制定的对外海洋政策，主要围绕政治稳定展开，海洋经济的发展，基本上不能进入政府决策者的考量之中。虽然说政府也在某些场

① 毛佩琦：《明代海洋观的变迁》，载中国航海日组委会办公室、上海海事大学编《中国航海文化论坛》（第一辑），海洋出版社，2011，第 268 页。

总
序

合、某些时段对民间海上私人贸易设立管理机构并予以课税等，但是这些行为大多是被动的，是为了更有效地管制民间的"违禁"贸易行为。这种"超经济"的对外海洋政策和"朝贡体系"维系了中国与周边地区，也就是亚洲地区近两千年和谐共存的国际关系，使亚洲不曾出现像欧洲中世纪那样国与国之间攻伐不断的混乱局面。另一方面，国家政府对民间海上私人贸易活动的禁绝压制，也在一定程度上阻碍了中国海洋文明发展史的顺利前进。

三、宋明以来中国海上丝绸之路发展的两种路径

正如前文所论述的，在中国的海洋文明发展史上，宋代是一个关键的转折期。宋代以前，中国的海洋事务基本上在政府的"朝贡体系"下施行。而宋代以后，特别是明代以来，民间从事海上私人贸易活动的现象日益增加，最终大大超出国家政府"朝贡体系"控制下的经济活动范围。从中国海洋活动的范围看，唐宋时期中国的海洋活动及文化的对外传播，主要局限在亚洲相邻国家以至中东地区，和欧洲等西方国家的联系及对其的影响，是间接的，且相对薄弱。但是到了明代，情况就不一样了。双方不但在贸易经济上产生了直接并带有一定对抗性的交往，而且由于西方大批耶稣会士的东来，双方在文化领域也产生了直接的交往。

明代中叶之后，伴随世界地理大发现和新航路的开通，西方的思想文化及科学技术也日渐向外传播。而明代嘉靖、万历时期社会经济发展，海外贸易引发对传统商品扩大再生产和改革工艺的要求，迫切需要科学技术的创新和总结。欧洲耶稣会士带来的西方科技，如天文、历算、火器铸造、机械制造、水利、建筑、地图测绘等知识，又以其新奇和实际的应用刺激了讲究实学的士大夫的求知欲望。在这双重因素的交互推动下，出现了一股追求科技知识的新潮，产生了一次小型的"科学

革命"①。这种思想文化与科学技术的变化，充分地体现了这一时期中国文化与西方文化直接碰撞和交融的初步成果，同时也折射出当时的中国社会在面对新的世界格局调整时，是以一种包容开放的心态来与西方展开交流的。

正因为如此，尽管当时西方耶稣会士是带着传教目的来的，而且对所谓"异教徒"文化往往怀有某种程度的蔑视心态，但是在较为开放的中国社会与文化面前，这批西方耶稣会士敏锐地意识到中国传统文化的博大精深，所以他们中很少有人用轻视的眼光看待中国文化。由于有了这种较为平等的文化比较心态，明代后期来华的耶稣会士们，在一部分中国上层知识分子的协助下，开始较为系统地从事向欧洲译介中国古代文化经典的工作，竭力把中国的政治、经济、社会的基本状态及文化的基本内涵，介绍到西方各国。在这种较为平等的中西文化交流与文化传播中，中国的文化在西方获得了应有的尊重。

到了清代中期，中国政府采取了较为保守封闭的对外政策，尤其是对思想文化领域的交流，逐渐采取压制的态势。在这种保守封闭的政策之下，中国文化的对外传播受到了一定的阻碍。更为重要的是，随着西方资本主义革命的不断胜利和工业革命的巨大成功，"欧洲中心论"的文化思维已经在西方社会牢固树立。欧洲的政治家和知识分子也逐渐失去了对中华文化的敬畏之心。直至近代，虽然说仍然有一小部分中外学人继续从事翻译介绍中国文化经典的工作，但是在绝大部分西方人士的眼里，所谓中华文化，只是落后民族的低等文化。尽管他们的先哲也许在不同的领域提及并赞美过中国的儒家思想，然而到了这个时候，大概也没有多少人肯承认他们的高度文明思想跟远在东方的中国儒家文化有什么瓜葛。时过境迁，18 世纪以后，中国以儒家经典为核心的意识形态文化在世界文化整体格局中的影响力大大下降，对外传播的作用日益衰微。

但是我们还必须看到，随着宋元以来民间私人海上经济活动的不断

---

① 杨国桢、陈支平：《明史新编》，傅衣凌主编，人民出版社，1993，第 427—432 页。

加强，沿海一带的居民也随着这种海上活动的推进，不断地向海外移民。这就促使中国海洋文明发展与海上丝绸之路形成了两种不同的路径，一种是由政府主导的"朝贡体系"和由知识分子主导的以传播儒家经典为核心的意识形态文化，另一种是随沿海商民迁移海外而传播出去的与一般民众生活方式相关的基层文化。

据文献考察，宋明以来，特别是明代以来，中国迁居海外的移民基本上来自明代私人海上贸易最发达的地带，往往是父子、兄弟相互传带的家族式移民。1571年，西班牙殖民者进抵菲律宾群岛并构建了以马尼拉城为中心的殖民据点，积极开展与东亚各国的贸易往来，采取吸引华商前来贸易的政策，前往菲律宾岛的华商日渐增多，其中不少人定居下来。明代福建官员描述："我民往贩吕宋，中多无赖之徒，因而流落彼地不下万人。"① 有的记载则称这些沿海商民"流寓土夷，筑庐舍，操佣贾杂作为生活"，"或娶妇长子孙者有之，人口以数万计"。② 到了清代，中国东南沿海人民往海外的迁移活动，基本上呈不断递升的状态。随着国际交往的扩大和资本主义市场的网络化，中国海外移民的数量及所涉及的地域均比以往有所增长。到了近现代，中国东南沿海海外移民的足迹，已经遍布亚洲之外的欧洲和美洲各地，甚至到了非洲。

这种家族、乡族成员连带的海外移民方式，必然促使他们在海外新的聚居地较多地保留祖地的生活方式。于是，家族聚居、乡族聚居生活方式的延续，民间宗教信仰的传承，风尚习俗与方言的保存，文化教育与娱乐偏好的追求，都随着一代又一代移民的言传身教，顽强地延续下来。这种由民间传播至海外的一般民众的生活方式，逐渐在海外形成了富有中国特色的文化象征。因此，我们在回顾中国以儒家经典为核心的意识形态文化在明代后期向西方传播的同时，绝不能忽视明代中后期以来一般民众生活方式对外传播的文化作用及意义。当近代以来中国的意识形态文化在西方人眼里日益衰微的时候，以往被人们忽视的由沿海商

---

① 张燮：《东西洋考》卷五，载《东洋列国考》，中华书局，1981，第91页。
② 顾炎武：《天下郡国利病书》卷九三《福建三》，广雅书局光绪二十六年刊本，第13册。

民迁移海外而传播出去的一般民众的基层文化传播途径，实际上成了 18 世纪以后中华文化向海外传播的主流渠道。

虽然说从 16—17 世纪以来，中国东南沿海居民不断地、大批地向世界各地移民，形成华侨群体，并在自己的居住国形成具有中华文化特征的社会文化氛围，但是我们还必须看到，这种由下层民众传播到世界各地的中华文化，无论是宗教信仰、生活习俗，还是文化教育及艺术娱乐，基本上都是在华人的小圈子里打转，极少扩散到华人之外的族群当中去。也就是说，中华文化在海外的这种传播，不太可能对华人之外的群体乃至国家、地区产生重要的影响力。

中国历代的对外关系，基本上是遵循两条道路开展的：一是王朝政府的朝贡体系，一是宋代以来民间海外贸易与对外移民的系统。如前所述，王朝的朝贡体系，关注的是政治礼仪外交，宋代以后缺乏带有国家层面的文化输出和传播。而宋明以来的民间海洋活动，关注的是经济问题，民间文化输出的目的在于维系华人小群体和谐相处的稳定局面，极少往政治层面上去思索，因此这种民间文化的输出，影响力极其有限。也就是说，中国海上丝绸之路的发展模式，自宋代以来，严重缺失了国家层面的对外文化传播与输出。反观 15 世纪以来西方殖民者的东扩，在庞大的商业船队到来的同时，天主教的传教士也不断涌入，想方设法地在东方世界包括中国在内的广大民众之中传播西方的宗教信仰与意识形态。时至今日，西方天主教、基督教对中国社会的渗透，依然十分强大。有些东亚国家，如韩国，其民众对基督教的信仰大大超出了以往对东方佛教的信仰。起源于中东地区的伊斯兰教，同样也是如此。本来，华人移民率先进入东南亚地区，但是后来的伊斯兰教徒，充分利用和扩展与东南亚国家和地区上层阶层的交往，使伊斯兰教在东南亚地区得以迅速传播，如今东南亚地区的许多居民被伊斯兰教同化。伊斯兰教文化在这些地区后来居上，占据了统治地位。虽然有少部分中国学者一厢情愿地认为明代前期郑和下西洋对东南亚地区的伊斯兰教传播起到了重要作用，但是这种论点的历史依据，大多是属于现代的，很难得到东南亚

地区伊斯兰教系统文献的印证①，基本上属于自娱自乐、自说自话的范畴。

在中国历代海洋事业及海上丝绸之路的发展历程中，文化传播与输出的缺失，极大地限制了中国对周边国家特别是东南亚国家和地区的整体影响。尽管中国历代政府希望通过朝贡体系谋求与周边国家的和平共处，中国海外移民也对居住国社会经济的发展作出了重大的贡献，但是由于文化上的隔阂，使得无论是中国与周边国家、地区的关系，还是华侨华人与当地族群的关系，都处于比较尴尬的境地。就东南亚地区百余年的发展情况而言，华侨华人在经济上为当地的发展作出了重大的贡献，但是经济上越成功，对当地的贡献越大，往往越难与当地族群形成亲密和谐关系，二者之间的隔阂始终存在。一旦这些国家或地区出现政治上、经济上的波动，当地族群往往把社会、政治及经济上的怨恨发泄到华侨华人群体上。百余年来，东南亚地区是华侨华人人数最多的地区，同样居住在这些地区的其他外来族群，却很少受到血腥的排斥，唯独华侨华人，不时受到当地政府或当地民众的排斥、攻击与屠杀。这其中的原因当然是十分复杂的，但是我们不得不认识到，中国海上丝绸之路在发展历程中忽视了文化的传播与输出，造成不同国家与地区之间文化上的隔阂，无疑是其中一个重要的因素。

中国的海洋文明发展历史及中国海上丝绸之路历史的前进道路，虽然在18世纪之后受到一定的挫折，但是其整体发展趋势并没有发生明显的改变，中国通过海上丝绸之路与世界的联系，始终保持波浪式的前进态势。而随着中国改革开放的大踏步前进，到了21世纪，中国发展包括"海上丝绸之路"在内的"一带一路"重大倡议日益坚定。"建设丝绸之路经济带和21世纪海上丝绸之路的战略构想，兼顾陆地与海洋，是建立在中国既是一个陆地国家，又是一个海洋国家的历史土壤上，统筹陆海

---

① 如孔远志先生是主张郑和下西洋时向东南亚地区传播伊斯兰教的学者，但是他也承认："海外现有的关于郑和在海外传播伊斯兰教的记载，尚缺乏有力的佐证。"参见孔远志：《论郑和与东南亚的伊斯兰教》，载中国航海日组委会办公室、上海海事大学编《中国航海文化论坛》（第一辑），第81页。

大格局、全方位对外开放的大手笔。它秉承和平合作、开放包容、互学互鉴、互利共赢的精神，通过政策沟通、道路联通、贸易畅通、货币流通、民心相通等一系列规划项目和实践，促进沿线国家深化合作，建设成一个政治互信、经济融合、文化包容的利益共同体、命运共同体和责任共同体。这个构想本身就是对传统中华文明的传承和弘扬。21世纪海上丝绸之路建设不是简单的经济过程、技术过程，而是文明的进步过程。仅仅靠资金的投入和技术的推广是不够的，需要正确的理论指导和历史经验教训的借鉴。因此，忽视基础研究并不可取，挖掘海洋文明史资源，深化中国海洋文明史研究，推动历史研究与当代研究的互通互补，不仅是提高讲好海洋故事能力的必要条件，更是推进中国文明的现代转型、建设海洋强国的内在诉求。"① 正因为如此，我们今天梳理中国海洋文明发展历史与中国海上丝绸之路历史的前进脉络，其现实意义是不言而喻的。

四、我们撰写"中国海上丝绸之路通史" 的基本思路

中国海洋文明的发展及由此形成的中国海上丝绸之路，不仅给中国的社会经济与文化增添了不断奋进的鲜活元素，同时也为世界文明注入了不可或缺的源头活水。自现代以来，中外学界的不少学者都对中国的海洋文明发展史及海上丝绸之路历史文化进行过诸多探讨解析。但是迄今为止，学界对中国海洋文明发展史及海上丝绸之路历史文化的研究，主要侧重中国对外交通史、中国海外贸易史和中外文化交流史等领域。而对中国海洋文明发展史及海上丝绸之路的另外一种发展路径，即上面论及的以往被人们忽视的由沿海商民从事的海洋事业，以及由此迁移海外并传播到世界各地的基层文化的传播途径的研究，是缺失的。中国的海洋文明发展史及海上丝绸之路历史文化，从根本上讲，是由从秦汉以来一代又一代的民众构筑起来的。我们今天探讨和解析中国海洋文明发

---

① 杨国桢、王鹏举：《中国传统海洋文明与海上丝绸之路的内涵》，《厦门大学学报（哲学社会科学版）》2015年第4期。

展史及海上丝绸之路历史文化，理应将较多的关注点放在构筑这一光辉历史与文化的下层民众上。近年来，随着中国海洋意识的提升，学界对中国海洋文明发展史及海上丝绸之路历史文化的讨论和学术研究日益增多，涌现出诸多富有见识的学术论述，其中以杨国桢先生主编的"海洋与中国"丛书、"海洋中国与世界"丛书和"中国海洋文明专题研究"丛书最具规模。这三套丛书用很大篇幅探讨、剖析了海洋文明与海洋文化中一般民众的生活方式及基层文化，使中国海洋文明发展史和海洋社会经济史的研究更贴近海洋草根文化的本源真实。

近年来，学界还组织出版了一些以"海上丝绸之路"为主题的研究成果，这其中有清华大学出版社出版的《海南与海上丝绸之路》、厦门大学出版社出版的"海上丝绸之路研究丛书"、世界图书出版社出版的"海上丝绸之路断代史研究"丛书和安徽人民出版社出版的"南方丝绸之路研究丛书"。在这几种有关海上丝绸之路研究的图书中，《海南与海上丝绸之路》是地域性研究著作，而厦门大学出版社出版的"海上丝绸之路研究丛书"则是专题性研究成果的汇集。这些专题性研究成果的出版，将进一步推进对海上丝绸之路历史文化的研究，扩展我们对海上丝绸之路的考察视野，具有良好的学术意义。然而，这批著作过于注重专题性的叙述，因此也缺乏对中国海上丝绸之路历史文化的整体把握。世界图书出版社出版的"海上丝绸之路断代史研究"丛书，比较简要地概述了从秦汉至明清时期中国海上丝绸之路的演变历史。但是这一历史叙述基本建立在中国本土立场上展开，对海上丝绸之路涉及的其他区域及华侨华人在世界上的伟大贡献，基本上未涉及，这不得不说是一个很大的遗憾。因为海上丝绸之路是世界性的，我们无法忽视中国海上丝绸之路与沿路各地的相互联系。正是这种联系，使其成了真正意义上的海上丝绸之路。

回顾近 30 年中国学界对中国海洋文明发展史及海上丝绸之路历史文化的研究，不难发现以往对中国海洋文明发展史和海上丝绸之路历史文化的研究，更多是建立在宏观概念的探讨与专题性分析上。需要指出的是，在当前国家提倡"一带一路"重大倡议时，社会上乃至学界的一部分人，蹭着国家重视海洋意识的热度，赶着海上丝绸之路的时髦，提出了一些脱离中国海洋文明发展真实历史的观点，正如杨国桢先生所批评的："现在一些研究成果，对海洋的历史作用的认识存在分歧。一种认为传统中国是一个陆权国家，海洋并不重要，现代国家的发展要重建陆权。一种急于表达中华海洋文明是世界领跑者、优秀角色，提出中国或福建是世界海洋文明发源地，近代以前至少15世纪以前是海洋之王……这些现象的出现，是中国海洋史学发展不成熟的表现。一些声音很高的人本身对历史毫无素养，写的书是'非历史的历史研究'，他们看了一些历史论著就随意拔高观点，宏观架构出理论体系，当然会对社会产生误导。比如最近在海峡两岸引起轰动的南岛语族问题，考古学界、人类学界、语言学界的研究成果，把他们的一部分来源追溯到我国东南沿海或台湾地区。于是台湾有人说：'台湾是人类文明发源地。'福建有人说：'福建是世界海洋文明的发源地。'这是真的吗？我认为史学界应该重视，开展讨论，辨明是非。这类问题还有不少，不宜视而不见。"①

从这样的思考出发，我们认为有必要撰写一系列比较全面又清晰体现中国海洋文明发展史及海上丝绸之路历史文化的著作，尤其是能在一定程度上反映历代中国商民从事的海洋事业，以及由此迁移海外而传播到世界各地的一般民众基层文化传播途径。当然，要使我们的这系列著作能够达到这样一个目标，涉及三个方法论的问题，有必要在这里与大家逐一探讨。

首先，作为中国海洋文明发展的全史性著作，叙述书写的边界在哪里？所谓中国海洋文明发展通史，顾名思义，要叙述的是与海洋相关联的社会经济活动。但是我们不能赞同有些学者把中国的海洋文明发展史局限在海洋之中发生的历史事件。在本文的开章伊始，我们对中国的海洋历史形成这样的认识：中国海洋文明存在于"海—陆"一体的结构中。中国既是一个大陆国家，又是一个海洋国家，中华文明具有陆地与海洋的双重性格。中华文明以农业文明为主体，同时包容游牧文明和海洋文明，形成多元一体的文明共同体。中华民族拥有源远流长、辉煌灿

① 朱勤滨：《海洋史学与"一带一路"——访杨国桢教授》，《中国史研究动态》2017年第3期。

烂的海洋文化和勇于探索、崇尚和谐的海洋精神。中国海洋文明发展的这种"海—陆"一体的结构，决定了其与大陆文明的发展，具有天然的、不可分割的联系。从某种意义上讲，中国的陆地文明与海洋文明是相互促进、相互制约、相辅相成的。二者的发展历程，是无法断然割裂的。基于这样的思考，我们对叙述中国海洋文明发展历史边界的整体把握，并不仅限于发生在海洋当中的活动，而是从较为宏观的视野考察中国历代海洋活动中陆地与海洋的各方关系，从而更加全面地描述中国海洋文明发展的基本概貌。

其次，我们撰写的这部中国海洋文明发展通史，既然是基于中国海洋文明存在于"海—陆"一体结构的观点之上，那么这一极为宏观的审视所牵涉的领域又未免过于空泛和难于把握。为了更集中地体现中国历代海洋活动的主体核心部分，我们认为，在中国海洋文明发展历史的进程中，人的作用始终是第一位，海洋社会的核心是海洋活动中的人。"在海洋发展历史上，不同的海上群体和涉海群体塑造了不同的海洋社会模式，如古代的渔民社会、船员社会、海商社会、海盗社会、渔村社会、贸易口岸社会等等。他们有各自的身份特征、生计模式，通过互动结合，形成不同风格的群体意识和规范。海洋史就是要去研究海洋社会中的结构、经济方式，及其孕育的海洋人文。"① 我们只有更加深入与全面地反映历代人民在中国海洋文明发展进程中所发挥的无与伦比的历史作用，才能更加贴近中国海洋文明发展历史与文化的真实面貌，还原出一个由历代人民艰苦奋斗创造出来的历史本真。当然，要较为全面且如实地描述历代人民在中国海洋文明发展历程中所扮演的角色及其所发挥的作用，就必须深入地剖析历代人民所秉持的生活方式的方方面面，举凡社会、经济、精神、宗教信仰、文化教育、风俗习尚等，都是我们这部著作所要体现的重要内容。

再次，我们这部中国海洋文明发展史，虽然把论述的核心放在海洋活动中的"人"，但是中国自秦汉以来就是一个中央集权制国家，国家

---

① 朱勤滨：《海洋史学与"一带一路"——访杨国桢教授》，《中国史研究动态》2017年第3期。

制度对政治、社会、经济、文化等各个方面都具有不可替代的强制力，而传承了两千多年的儒家文化等上层意识形态，同样也对中国历代的政治、社会、经济、文化等各个方面的发展起到不可忽视的影响作用。中国的海洋文明发展进程同样也是如此，无论是汉唐时期政府主导的"朝贡体系"，还是宋明以来民间私人海上贸易与海外移民的兴起，无不在相当程度上受到国家政府的制度设计和制度约束，从而在不同程度上影响着中国海洋文明发展的历史进程。特别是明清以后，国家政府对民间私人海上贸易活动及海外移民活动基本采取了压制的政策，对中国海洋文明的国际化进程产生了一定的阻碍作用。中国历代政府与中国海洋文明发展的这种复杂又多元的关系，以及中国传统儒家文化、道德观念对中国海洋文明发展历程所产生的影响力，无疑是我们在探讨中国海洋文明发展史及中国海上丝绸之路历史文化时应关注的内容。

最后，关于中国海洋文明发展历史，虽然最初海洋活动的产生是基于海岸线上的生产生活活动，如捕捞、养殖以及沿着海岸线的短途商业活动等，但随着海洋活动的扩展与进步，中国的海洋活动势必从海岸线走向大海，走向东南亚、南亚、中东以至欧洲、美洲各地。因此，中国海洋文明发展史，无疑是中国海洋活动不断向大海拓展活动空间的历史，而这一历史发展进程，就不单单涉及中国一个国家或地域的问题，而是涉及双向的国际问题。我们现在论述中国海洋文明发展史，总是脱离不了中国海上丝绸之路的话语，这正说明了中国的海洋文明发展史，是与中国海上丝绸之路的发展史紧密联系在一起的。海上丝绸之路是亚洲海洋文明的载体，不是中国一家独有的。从文化视角出发，海上丝绸之路可阐释为"以海洋中国、海洋东南亚、海洋印度、海洋伊斯兰等海洋亚洲国家和地区的互通互补、和谐共赢的海洋经济文化交流体系"。在某种意义上，海上丝绸之路是早于西方资本主义世界体系出现的海洋世界体系。这个世界体系以海洋亚洲各地的海港为节点，自由航海贸易为支柱，经济与文化交往为主流，包容了各地形态各异的海洋文化，形成和平、和谐的海洋秩序。中国利用这条海上大通道联通东西洋，既有主动的，也有被动的成分；沿途国家加入海上丝绸之路的运作，不是中国以武力强势和经济强势胁迫的。从南宋到明初，由于造船、航海技术

的发明和创新，中国具有绝对的海上优势，但中国并不利用这种优势追求海洋权力，称霸海洋。所以海上丝绸之路自开辟后一直是沿途国家交往的和平友善之路，直到近代早期欧洲向东扩张，打破了亚洲海洋秩序，才改变了海上丝绸之路的和平性质。海上丝绸之路作为历史的符号，覆盖了西太平洋和印度洋的地理空间，代表传统海洋时代和平、开放、包容的精神和文化。① 从这样的思路出发，我们对中国海洋文明发展史的认识，应该是具备国际视野的。从某种意义上或许可以说，中国的海洋文明发展史，也是我们海洋先民的足迹不断地向海外跋涉迈进的历史。这一点，同样是我们在这系列专著中力求表达的一个重要部分。

从以上的学术思路出发，我们撰写的"中国海上丝绸之路通史"丛书，应该是一套能充分体现中国历史上海洋事业与海上丝绸之路的纵向发展与横向发展的全方位的史学著作。也就是说，这批著作一方面较详尽地阐述了中国自先秦至民国时期海上事业与海上丝绸之路的发展概貌，另一方面也对各个历史时期中国海洋事业与海上丝绸之路发展阶段的主要特征进行专题性研究。其次，我们必须把研究的视野从中国本土逐渐向世界各地延伸，而不能局限于中国本土，不能仅仅以中国人的眼光来审视这一伟大的历程。我们必须追寻我们华侨先人的足迹，他们不惧汹涌的波涛，走向世界各地，从而为中华文化的对外传播，为世界各地的社会发展作出巨大的贡献，他们与祖籍家乡保持紧密联系、始终与祖籍家乡同呼吸共命运。中国海洋文明发展史与海上丝绸之路历史与文化的世界性，是该系列专著要表达的一项重要内容。其三，以往对中国海洋文明发展史及海上丝绸之路的研究都只关注社会经济活动，而事实上中国海洋事业与海上丝绸之路的发展演变过程除了包含社会经济活动，还包含文化、思想、教育、宗教等方方面面的上层建筑领域的内涵。因此，该系列专著还包括政治制度、文化精神等方面的内容，探索中国海洋社会经济发展的基本历程及其与文化等上层建筑领域的相互关系，寻找中国海上丝绸之路的文化意义及其对世界的重要贡献。

---

① 杨国桢、王鹏举：《中国传统海洋文明与海上丝绸之路的内涵》，《厦门大学学报（哲学社会科学版）》2015 年第 4 期。

当然，要比较全面而清晰地反映中国海洋文明发展史及海上丝绸之路历史文化，并不是一件简单的事情，没有一定的篇幅，是不足以反映中国海洋文明发展史及海上丝绸之路历史文化的全貌的。因此，我们联络了厦门大学、中国人民大学、闽南师范大学、福建中医药大学、闽江学院等多所高等院校的研究学者，分工合作，组成撰写 20 卷作品的研究队伍。我们从中国海洋文明发展史及海上丝绸之路历史文化的纵向和横向两个方面，进行多视野、多层次的探讨，经过三年多的努力，终于完成了这套数百万字的著作。我们希望这套专著能把两千年来的中国海洋文明发展史及海上丝绸之路历史文化，特别是把从事海洋事业、构筑海上丝绸之路的一般民众艰辛奋斗的历史，以及把中国传统文化传播到世界各地，推动世界文明多元化前进的本真面貌，呈现给广大读者。

我们深切知道，要全面深入地呈现中国海洋文明发展史及海上丝绸之路历史文化，单凭这样一套专著是远远不够的。由于我们的学力有限，这部多人协作完成的专著一定还存在不少缺点和错误。我们希望借这套专著的出版问世之机，向各位方家学者求教，希望得到方家学者的批评指正，以促使我们改进，并与海内外有意于研究中国海洋文明发展史及海上丝绸之路历史文化的同仁们一道探索，一道前进，共同促进中国海洋文明发展史及海上丝绸之路历史文化的学术研究更上一层楼。

陈支平

2022 年 10 月

总

序

目 录

前　言

新航路开辟以来，真正意义上的近代世界体系开始形成，中西之间文化交流亦随之提速。明末清初以降，中西文化之间既有接纳与吸收，也有冲突与拒斥，根源于审视对方文化的不同态度与立场。总体而言，中国对西学的态度大体经历了"西学中源""师夷长技""中体西用""全盘西化""会通中西"等变化过程，与之相伴随的是中国迈向近代化进程中的探索与挫折。

在中国与西方双向的文化交流过程中，西学传入中国固然有西方强加、中国被动接受的一面，但同时也有中国人通过接触西方文化，发现西方文化的长处，主动学习的一面。但无论是被动接受还是主动学习，都值得我们深刻反思。近代中西文化交流，并非在和平与平等的关系中进行，而是在中国沦为半殖民地半封建社会的情况下输入的，实质上是为西方列强将中国纳入其主导的世界体系服务的。而主动学习西方文化，同样面临着两种极端态度带来的负面影响。一种是醉心欧化，对本民族文化持否定的虚无主义态度。这种文化输入一度使国人堕入西方的话语体系，难以认识西方列强主导的国际秩序的本质。一种是抱残守缺，不加分析地鼓吹"本土文化优越"论，在面对西方文化时的虚骄自大与迂腐使中国付出了沉重的历史代价。对待中西文化产生不同的观点和态度，是中西文化交流过程中冲突与交融的反映。时人通过不断探

索、反思和论争，逐渐摆脱非此即彼的绝对化、片面化的导向，提倡中西文化的会通融合。如康有为"泯中西之界限，化新旧之门户"的思考，严复"必将阔视远想，统新故而视其通，苞中外而计其全，而后得之"的主张。

往事未远，这本书试图钩沉、梳理晚明至清代中西文化交流的大事因缘，审视与反思三百余年来中西文化深度接触、双向影响的历史进程，以期从中汲取经验教训。时至今日，如何缓和、避免多种文明之间的冲突依旧是棘手的课题，强权霸凌依旧是国际社会动荡不安的主要因素。如何尊重文明的多样性？如何在新的历史关口把握中西文化交流中的态度与立场问题？这些依旧是我们无可回避的命题。中国迈向近代化的挫折与历程表明，只有开放胸襟、勇于吸收西方文化中真正有生命力的、体现全人类共同价值取向的精神因素，才能开展文明互鉴，寻求合作的最大公约数。只有不以自我为中心，在平等与相互尊重的基础上开展交流，才能彻底摒弃文化交流中的傲慢、偏见以及自卑。只有对中西方文化价值有客观与理性的判断，才能清醒地洞察世界秩序的本质，以合作代替对抗，并致力于共建多元文明和平共处的国际社会。

第一章
中西初识：明末清初的中外交往

第一节　晚明以前的中外文化交流

一、明以前中外文化交流

先秦时期人们对外部世界的了解十分有限，对外活动具有很大的盲目性。通向远方的道路正在形成，有些还没有完全开通。山川、沙漠等地理阻隔，还有语言不通，都不是古代人类能轻而易举克服的障碍。先秦时期中外接触大多是间接的，文化交流过程更加复杂缓慢。这也是尽管年代已经久远，汉代张骞通西域仍然被誉为"凿空"的原因。

最早有关中外接触交流的中国古籍可能要数所谓"汲冢古书"中的《穆天子传》。西晋初年（280 左右），汲郡（今河南卫辉一带）人盗掘战国魏王墓，得竹简数十车，其中有《穆天子传》五篇。《穆天子传》是战国时代的人所写的一部小说，主要讲周穆王（前 976—前 922 在位）西巡至昆仑会见瑶池西王母的故事。对于书中的地名，数十年来中外学者聚讼纷纭，没有取得一致意见，但基本同意这样的看法：周穆王见西王母虽未必真有其事，但《穆天子传》反映出，到战国时期（前 476—前 221），中国人对西部乃至中亚地区已经有了一些地理和历史知识。这表明中原与西域之间，已经存在某些形式的经济文化交流。

秦汉时期（前 221—220）是中国古代对外交通开辟的重要时期。西

汉张骞通西域，越过葱岭，到达大夏，直接同域外人接触，使中国人对周围外部世界的认识开始摆脱传说与神话的影响。从这个意义上说，丝绸之路始于张骞凿空是合乎情理的。[①] 由于张骞的西行以及西汉王朝对河西走廊与西域的控制，使中国西北出现了若干条通往中亚与欧洲的交通路线，这对以后的中西文化交流产生了深远影响。中国正式的对外海路交通，尤其是南海交通的开辟，也始于秦汉时期。因此，秦汉时期是中西交通与文化交流的发端时期。

魏晋南北朝的对外交流，较秦汉时期有了更大的发展，并且表现出新的特点。首先，对外交流的区域与国家不断扩展，到达的地区与国家有身毒（今印度河流域）、粟特（今塔吉克斯坦和乌兹别克斯坦境内）、大秦（罗马帝国）等。其次，对外交流的路线增多，海、陆丝绸之路并举，开辟了北新道。最后，对外交流的内容更丰富多彩。魏晋南北朝的中外文化交流更侧重在生活、宗教、思想上方面，如佛教的传入促进了魏晋南北朝时期文学、艺术的发展。

隋唐时期是我国历史上经济繁荣、军事力量强大、文化发达、对外开放包容的时间段，在一定程度上促进了民族之间的交流。唐朝对外来文化采取开放、兼容的态度，唐太宗曾说：“自古皆贵中华，贱夷狄，朕独爱之如一。”[②] 整个唐代，广泛接受外来文化，大量外族移民进入，商旅往来络绎不绝，不同宗教得到进一步的传播，西域各国的风俗习惯、文化影响着长安、洛阳及南北丝绸之路沿线地区。这些地区的饮食、衣着、歌舞乃至婚俗，杂取中西、混合南北。长安成为中外经济、文化交流的中心，水陆交通网络得到长足发展。

随着大一统唐朝的崩溃，中国进入了宋、辽、夏、金等多元政权对峙并立的时期。这一时期虽然是多元政权并立的格局，但当各政权间力量达到均衡态势时，社会也能维持相当长久的和平。各政权间的竞争，加上这一时期中国文化发展水平仍处于世界领先地位，有力促进和推动着中外文化的交流，令其达到一个新的高度。中外海上交通的蓬勃发

---

① 夏鼐：《中国文明的起源》，文物出版社，1985，第66页。
② 司马光：《资治通鉴·唐纪十四》，贞观二十一年五月条。

展，则是这一时代突出的特点。随后，忽必烈建立大一统的元朝，使得中西交通路线畅通，并达到前所未有的高度。大规模的移民活动以及文化的交流、激荡是蒙古汗国时期中外交流的典型特征。

二、明代前中期中外文化交流

1368 年正月，朱元璋在应天府（今江苏南京）即皇帝位，定国号大明，是为明太祖。同年八月，元朝灭亡。元顺帝北奔上都（今内蒙古正蓝旗东），形成北元政权。洪武二年（1369），明军攻占元上都，北元皇帝逃往漠北。

明太祖一改元初四处用兵的政策，对外推行睦邻政策，努力与周边各国建立友好的关系。洪武朝 31 年间，明政府先后派遣使者 30 次对周边的 12 个国家进行访问，都取得了积极的回应，有 17 个国家的使者也先后 135 次访问中国，友好往来相当频繁。明太祖还总结了历史上对外关系的经验教训，把睦邻政策写入他所编定的《皇明祖训》中。他说："四方诸夷皆限山隔海，僻在一隅，得其地不足以供给，得其民不足以使令。若其不自揣量，来挠我边，则彼为不祥。彼既不为中国患，而我兴兵轻伐，亦不祥也。吾恐后世子孙倚中国富强，贪一时战功，无故兴兵，致伤人命，切记不可。"[①] 此后，明朝历代皇帝大都遵守祖训，使睦邻政策成为明代处理对外事务的基本国策。

为消除东南沿海残余的反明势力及防范倭寇侵扰，明政府实行勘合贸易与海禁政策。明初对外贸易主要是在官方主持下进行的，贸易地点或在京师，或在明政府规定的港口。在京师进行的官方贸易又称"朝贡"贸易，即外国使者来朝带来贡物，明政府则给以不等的"赏赐"。一般说来，赏赐的物品多于贡物。明政府还允许朝贡使臣附带本国特产，由礼部主客司安排与京师各铺行商人进行公平交易。明政府规定的港口贸易由所在港口市舶司负责。明初在太仓黄渡（今上海市嘉定区

① 朱元璋：《皇明祖训》首章，《四库全书存目丛书》，史部第二百六十四册，齐鲁书社，1997，第 167 页。

南）设立市舶司，管理海外贸易。洪武三年（1370），罢太仓黄渡市舶司，改设泉州、明州（浙江宁波）、广州三个市舶司。洪武七年（1374），又罢泉州、明州、广州三个市舶司，使官方贸易受到一定影响。明前期与明朝保持朝贡关系的国家有朝鲜、日本、琉球、安南、真腊、暹罗、占城、苏门答腊、爪哇、彭亨、百花、三佛齐、浡泥等。

（一）郑和下西洋与明前期海路交通

明太祖为防范流亡海外的方国珍、张士诚的旧部与内地反抗势力勾结，危及明朝统治，故对私人海外贸易采取严厉的限制政策，并多次"申禁人民不得擅出海与外国互市"，此即所谓的海禁政策。

成祖朱棣即位后，继续推行海禁政策。与明太祖不同的是，明成祖对发展与各国政府的关系和海外贸易表现出更大的热情。他下令复设泉州、宁波、广州三个市舶司，并派郑和进行举世闻名的海外远航。

郑和（1371—1433），云南昆阳（今晋宁）人，回族，原姓马名和，小字三宝。郑和家族世代信奉伊斯兰教，其祖父和父亲都曾到过伊斯兰教圣地天方（麦加）朝圣。郑和"才负经纬，文通孔孟"，办事机敏强干，深得朱棣赏识。郑和又号"三保太监"。"三保"，即三宝，指佛、法、僧三宝。今留存有他在永乐十八年（1420）捐钱刻印的《大藏尊经》中署名"大明国奉佛信官太监郑和，法名福吉祥"的字样，可知郑和跟随朱棣以后又皈依佛教。1405 年，郑和与王景弘一道受命组织宝船队下西洋。[①] 郑和远航始于永乐三年六月，止于宣德八年（1433）七月，凡七次，历时 20 余年，经历亚非 30 多个国家和地区。根据《明太宗实录》《明史·成祖本纪》和《明史·郑和传》等史籍的记载，辅之以郑和在宣德六年（1431）分别于太仓刘家港所立的《娄东刘家港天妃宫石刻通番事迹碑》和福建长乐南山天妃宫所立的《天妃灵应之记碑》，郑和七下西洋的时间及所到地域大致如下。

---

① 明中叶以来有东、西洋之分，是以婆罗洲（今加里曼丹岛，又译浡泥、文莱）为界，婆罗洲以东称东洋，以西称西洋，郑和所到之处大都在婆罗洲以西，所以称为郑和下西洋。

第一次，1405 年 12 月—1407 年 9 月 2 日，所到国家和地区有占城（今越南南部）、爪哇（今印度尼西亚爪哇岛）、旧港（今印度尼西亚巨港）、暹罗（今泰国）、满剌加（今马来西亚马六甲）、锡兰山（今斯里兰卡）、苏门答剌（今印度尼西亚苏门答腊）、古里（今印度西海岸卡利卡特）、溜山（今马尔代夫群岛）等地。

第二次，1407 年 12 月—1409 年 8 月，所到国家和地区有占城、暹罗、爪哇、满剌加、浡泥（今文莱）、锡兰山、加异勒（今印度南部东岸的卡异尔）、柯枝（今印度柯钦）、古里。

第三次，1409 年 12 月—1411 年 6 月，所到国家和地区有占城、暹罗、爪哇、满剌加、古里、天方、阿鲁（今苏门答腊岛北部亚路群岛）、锡兰山、柯枝、苏门答剌、溜山、阿拨把丹（今印度西部坎贝湾以北之阿默达巴德）、小葛兰（今印度西南海岸奎隆）、甘巴里（今印度西部坎贝湾）等地。

第四次，1413 年 12 月—1415 年 7 月，所到国家和地区有占城、爪哇、满剌加、锡兰山、苏门答剌、柯枝、古里、阿鲁、彭亨（今马来西亚彭亨）、急兰丹（今马来西亚吉兰丹）、忽鲁谟斯（今伊朗霍尔木兹）、木骨都束（今非洲东岸索马里之摩加迪沙）、卜剌哇（今索马里之布腊瓦）、麻林（今非洲东海岸肯尼亚之马林迪）等地。

第五次，1417 年 12 月—1419 年 7 月，郑和奉命伴送 15 国使团返国，所到国家和地区有占城、爪哇、满剌加、彭亨、锡兰山、柯枝、古里、忽鲁谟斯、阿丹（今阿拉伯半岛西南端也门之亚丁）、剌撒（亚丁附近）、木骨都束、麻林、卜剌哇等地。

第六次，1421 年 1 月—1422 年 8 月，郑和奉命伴送忽鲁谟斯等 16 国使节还国，所到国家和地区有占城、暹罗、满剌加、榜葛剌（今印度半岛孟加拉国）、锡兰山、古里、忽鲁谟斯、阿丹、祖法儿（今阿拉伯半岛东南岸之佐法尔）、剌撒、溜山、柯枝、木骨都束、卜剌哇等地。

第七次，1431 年 12 月—1433 年 7 月，所到国家和地区有占城、满剌加、苏门答剌、暹罗、锡兰山、溜山、小葛兰、加异勒、柯枝、古里、忽鲁谟斯、天方、祖法儿、剌撒、阿丹、木骨都束、竹步（非洲东海岸朱巴河口一带）等地。

从航线上看，郑和船队从福建长乐闽江口五虎门等地扬帆出海，先至占城，后遍历爪哇、旧港、暹罗、满剌加、苏门答剌，接着向西驶向印度洋，赴锡兰山、柯枝，到达当时东西方海上交通的重要港口古里。从古里往西到达波斯湾重要贸易港口忽鲁谟斯。① 郑和船队最远到达红海和非洲东海岸（肯尼亚），航海足迹遍及亚非 30 多个国家和地区。郑和下西洋，其规模之大，人数之多，范围之广，在中国古代史上是空前绝后的，当时在世界上也从未有过。

郑和在 15 世纪前期能够进行规模巨大的远航，绝非偶然，有其历史条件：一是宋元以来海上交通与海外贸易大发展，海船建造技术与航海技术大为提高，海外的地理知识也日渐丰富，这为郑和的海外航行创造了十分有利的条件；二是明朝经过洪武年间经济的恢复和发展，永乐时代已进入极盛时期，国力雄厚。随着国内形势的转变，朝廷的眼光开始移向海外，要求拓展对外关系，以远播明朝声威，为郑和远航奠定了坚实的物质条件与开放的政策条件。雄厚的物质基础，使得郑和船队规模无与伦比。第一次下西洋时，有大型宝船 62 艘，官兵 27800 余人；第四次有大型宝船 63 艘，官兵 27600 余人；第七次有宝船 61 艘，官兵 27500 余人。郑和船队的宝船，其中大者长 44 丈 4 尺（合 148 米多），宽 18 丈（合 60 米），有 9 桅，张 12 帆，"体势巍然，巨无与比，篷帆锚舵非二三百人莫能举动"②，这是当时世界上最大的船只。郑和的船队以宝船为主，此外还有马船、粮船、坐船、战船等许多船只，构成了当时世界上最大的船队。

郑和下西洋的主要目的是宣扬明朝的国威，扩大明朝在海外的影响力；除此之外，还为了发展海外贸易，吸引各国来朝来贡，构建朝贡贸易体系。也有观点以为郑和远航目的在于追寻建文帝的踪迹。确实不能排除这种可能性，但这不会是郑和远航的长期目的。

郑和远航接通了中国、东南亚、印度洋、阿拉伯海之间的海上交通

---

① 万明：《传播中华文明的伟大使者——纪念郑和下西洋 600 周年》，《求是》2005 年第 13 期。

② ［明］巩珍：《西洋番国志》，向达校注，华文出版社，2017，第 6 页。

网络，为东西方海上经济、文化的大交流开辟了道路。郑和远航有着重大的意义。郑和下西洋开始于永乐三年，发生在西方所谓"地理大发现"之前，对世界航海事业作出了巨大贡献。

其一，郑和远航扩大了中国同亚、非各国的经济文化交流。远航活动没有征讨和杀伐，仅有个别自卫行动。郑和船队总是满载货物往返，主要以中国的手工业品换取各国的土特产品。通过友好交往，亚、非各国纷纷遣使来中国建交和进行贸易，络绎不绝于途。永乐十三年（1415），东非麻林国（今肯尼亚海岸）遣使来贡"麒麟"，一时轰动京师。因为麒麟在中国被视为吉祥物，永乐皇帝亲自登承天门受礼，文武大臣莫不称贺。永乐二十一年（1423），忽鲁谟斯等16国使者来京，共1200人，使者一时充盈朝廷。据统计，永乐年间，有60个国家和地区的使团曾245次访问中国，其中浡泥、满刺加、尼八刺（今尼泊尔）、苏禄（今菲律宾苏禄群岛）、锡兰（今斯里兰卡）、古麻刺朗（今菲律宾棉兰老岛）等六个国家的八位国王九次访问中国。此外，浡泥国王、苏禄国东王和古麻刺朗国王在访问中国时不幸病故，分别葬于南京安德门外、山东德州北郊、福建福州西湖南面茶园山。他们的墓葬是中国对外友好关系的历史见证。

其二，自郑和远航以后，到南洋谋生的中国人也越来越多。马六甲一带有不少中国人的坟墓，墓碑多有"皇明"字样。继唐宋元时代中国人开始"住番"之后，明代又有更多的中国人移民南洋，有聚居千家以上成为市镇的。移民把中国进步的生产技术传播到南洋各地，对南洋开发起到巨大的推动作用。

其三，远航活动开拓了中国人的眼界。远航随行人员马欢著有《瀛涯胜览》，费信著有《星槎胜览》，巩珍著有《西洋番国志》，记载了所经各国的情况，丰富了中国人的海外地理知识。郑和下西洋时还绘有航海图，原名《自宝船厂开船从龙江关出水直抵外国诸番图》，一般简称为"郑和航海图"。此图蜚声中外，虽有些许错误，但在世界海图史上占据重要地位。

客观地说，远航活动与对外交流成果是以明朝财政的巨额消耗为代价的。纯粹官方的朝贡贸易，并没有促进社会经济发展，反而成为国家

的沉重负担。"所取无名宝物不可胜计，而中国耗费亦不赀"[1]"三保下西洋，费钱粮数十万，军民死且万计"[2]。巨大的消耗使得远航活动与官方朝贡贸易不具有持续性，终在宣宗时期（1426—1435）罢止远航活动，重新回到洪武时期的海禁政策。由此带来的后果是中国退出了海洋活动，中国与西洋诸国建立起来的联系也从此中断。中国不自觉地退出了当时正酝酿形成的世界性市场，而西方人趁机填补了海洋活动的空白，导致此后中国历史进程面临极为被动的局面。

对内来说，宣宗朝重申海禁政策，使海外贸易的渠道几乎完全堵塞。宣德六年（1431）九月，宁波知府郑珞请弛海禁许出海捕鱼以利民，宣宗不许，斥之为"知利民而不知为民患""贪目前小利而无久远之计"[3]。海禁政策直接影响沿海人民的生计，打击了沿海地区社会经济的发展，迫使一些商民沦为海寇，以致后来与倭人勾结，酿成嘉靖时期的"大倭乱"。

（二）明前期的中西陆路交通

相较于郑和下西洋等海上交往的壮举，明初在陆路方面与西方亦有一些往来。明初尚维持着中外交往的陆路交通孔道，尤其对河西走廊倍加重视。洪武五年（1372），宋国公冯胜率大军西征，史称"冯胜下河西"，于肃州（今甘肃酒泉）以西70公里的嘉峪山麓筑土城（后来的嘉峪关城）驻兵防守。明初的河西走廊，北邻蒙古瓦剌，南面与吐蕃各部相连，为了确保河西走廊的安全，明初采取了一系列措施。

首先，在河西地区设置了一系列卫所。这些卫所之中，有些由当地少数民族首领担任长官并与明王朝保持直接隶属关系，即羁縻卫所。其中有安定卫、阿端卫、曲先卫、罕东卫、赤斤蒙古卫、沙州卫和哈密卫，号为"关西七卫"。明朝与西域的关系及中西交往，直接与关西七

---

① [清] 张廷玉等：《明史》卷三百四，《郑和传》，中华书局，1974，第7768页。

② [明] 严从简：《殊域周咨录》卷八《琐里，古里》，余思黎点校，中华书局，1993，第307页。

③ 《明宣宗实录》卷之八十三，宣德六年九月壬申条。

嘉峪关

卫的兴衰相关联。依靠关西七卫，明朝保持了从建立之初到16世纪20年代，将近一个半世纪中西陆路交流的畅通。

其次，修筑长城。在甘肃段西起嘉峪关、东北至宁夏下马关（今同心县），全长约2000公里。明朝沿长城设立的九个重镇，即"九边"，其中就有甘肃镇、宁夏镇等。同时，为稳固卫所系统，明朝还在河西地区设立了大量军屯。

元朝灭亡以后，西域地区分裂为众多大小不等的政权。其中势力最大的是别失八里（以天山以北的吉木萨尔为中心），其次是哈密、吐鲁番、于阗等。尤其是别失八里主动与明修好，并通过古丝路与内地进行贸易。

"洪武中，蓝玉征沙漠，至捕鱼儿海，获撒马尔罕商人数百。太祖遣官送之还，道经别失八里，其王黑的儿火者（和卓），即遣千户哈马力丁等来朝，贡马及海青，以二十四年（1391）七月抵京师，帝喜，赐王彩币十表里，其使者皆有赐。九月命主事宽彻、御史韩敬、评事唐钲使西域"。[1] 永乐年间，明朝与别失八里的关系达到相当密切的程度，双

---

① 《明史》卷三百三十二，《西域四》，第8606页。

方来往频繁。这种关系一直持续到景泰年间（1450—1457）。此外，明朝与吐鲁番等政权关系亦较为密切。

在更远的中亚、西亚地区，明朝主要的交流对象是帖木儿帝国。该帝国是原西察合台汗国大臣、军事首领帖木儿于1370年夺权后，在河中地区（锡尔河与阿姆河）建立的军事性征服帝国，因建都撒马尔罕，故《明史》称其为"撒马尔罕"。永乐五年（1407），双方正式建立友好关系，并一直持续到1507年帖木儿帝国被乌兹别克汗国所灭。

明朝与帖木儿帝国交往的过程中，双方多次互派使节，其中最著名的要数陈诚出使西域。陈诚多次出使西域。永乐十一年（1413），明成祖派陈诚等率骑兵300多人护送西域使臣归国，同时代表明朝出使西域。陈诚在出使过程中不断与当地统治者加强联系，疏通商道并考察各地风土人情，并于当年闰九月到达目的地——哈烈（今阿富汗赫拉特）。次年（1414），完成使命的陈诚与西域各国使臣①偕行返回北京。归国后，陈诚根据沿途见闻与李暹合作写成《使西域记》二卷，上卷《西域行程记》，下卷《西域番国志》，通称《西域行程记》。所记范围包括哈烈、撒马尔罕、别失八里等17个国家和地区，涵盖了整个中亚细亚、东西察合台的辖境。

此后，陈诚又多次出使西域。陈诚出使西域，不但加强了西域各国与明朝的联系，使得中西陆路文化交流在永乐年间达到高峰，而且让中国再次熟悉西域的风土人情，增进了明代中国对中亚、西亚地区的了解。另外，也有学者把陈诚西行与同期的郑和下西洋相提并论。② 通过中亚地区的连接，波斯湾、阿拉伯半岛上的国家也与明朝建立了陆路联系。陈诚出使西域时，曾到达失剌思（今伊朗设拉子），失剌思也曾派

① 这个使团由哈烈的沙哈鲁王发起，故称作"沙哈鲁使团"。使团中有一个叫火者·盖耶素丁的使者，他回国后著有《沙哈鲁遣使中国朝廷记》。此外使团中还有专门到明朝贸易的商人。但学界最新研究成果表明：沙哈鲁国系子虚乌有。参见南炳文、张磊：《清官修〈明史〉一个极其重大的失误——该书〈沙哈鲁传〉所载其国子虚乌有》，《史学集刊》2022年第3期。

② 关连吉：《明代对西域的经营及中西经济文化一体化交流》，《甘肃理论学刊》2004年第3期。

使臣到中国，其与天方国（麦加）的队伍商定日期进入甘肃，有的还前往北京进谒明朝皇帝。

但总的来说，明代的中西陆路交通已远不如汉唐时期。中西交通的孔道河西走廊长期处在北部的瓦剌和南部的青海高原各部落的夹缝之中，中亚地区的政局又缺乏稳定性。成化年间（1465—1487），在察合台后王控制下的吐鲁番入侵哈密，即所谓"哈密危机"。明朝统治者坚持以"闭关绝贡"对策来解决危机，结果非但未能化解危机，反而使危机愈演愈烈。明朝因国力不支，中西陆路交通陷于低谷。

总体而言，明代前期，特别是永乐年间，通过海、陆两条通道对外保持着密切的经济、文化交流。明王朝通过朝贡贸易的形式，造就"万国来朝""四夷宾服"的形象，笼络海外诸国，形成有利于明朝的国际环境。郑和远航，直接出海进行官方贸易的形式，也在一定程度上弥补了明初民间海外贸易衰落对国内经济发展的部分影响，由此形成海外诸国"执圭捧帛而来朝，梯山航海而进贡"的局面。[1] 史称："永乐改元……贡献毕至，奇货重宝，前代所希，充溢库市，贫民承令博买，或多致富，而国用亦羡裕矣。"[2] 但随着郑和远航的结束，明代前期中外官方贸易的鼎盛局面亦戛然而止。宣宗朝重申海禁并不意味着民间私人贸易归于沉寂。相反，大量沿海绅民违禁下海通番贸易。官方的严禁与民间私人贸易的盛行，加之葡萄牙人东来与倭寇复炽，最终导致嘉靖年间的"大倭乱"，进而推动明后期海禁政策的转变。

第二节　新航路开辟与西人东来

新航路的开辟，有着深刻的经济根源和社会根源。15世纪以来，西欧商品交换活跃，对铸造货币的黄金需求量猛增。自从13世纪末《马

① 费信：《星槎胜览校注》，冯承钧校注，华文出版社，2019，第8页。
②《殊域周咨录》卷九《佛郎机（附）》，第324页。

可·波罗行纪》在欧洲流传以来，欧洲人一直把东方（包括中国）看成是黄金遍地的"人间天堂"，这激发了欧洲上层到东方寻找黄金、香料、珠宝和丝绸的热情。当时通往东方的重要商路有三条：一条在北部，经小亚细亚、黑海、里海至中亚细亚；一条在中部，从地中海东岸经两河流域至波斯湾，再从海路到东方各地；还有一条在南部，经埃及的亚历山大港到红海，再从海路到东方。北部通道被奥斯曼土耳其帝国所控制，中部与南部通道被阿拉伯人所控制，鉴于伊斯兰教世界和基督教世界的敌对状态，欧洲的贵族和商人被迫想方设法绕过中东地区，另寻途径，到达中国和印度。后历经迪亚士、麦哲伦、哥伦布和达·伽马等人的探索，到了15世纪末期，欧洲人终于开辟了通往东方印度与中国的新航路。

新航路的开辟引发了"商业革命"，远洋商业活动的频繁，扩大了世界各地区、各民族之间的经济和文化交往，大大加速了从分散走向统一的世界历史的进程，中国与西方的交流也进入加速阶段。随着西方积极的殖民活动和西学东渐，中外文化交流开始向深层发展。西方力求了解中国社会及其思想意识，中国人也开始接触西方的自然科学知识，这是划时代的巨大进步。

一、新航路开辟与西方殖民活动

1453年，拜占庭被奥斯曼土耳其灭亡，奥斯曼帝国占领了西亚，吞并了埃及和北非，控制了红海、波斯湾和黑海通往地中海的交通线，向过境各国商人勒索大量捐税。在陆上，欧洲和亚洲各国的商业往来长期受制于埃及卡拉米商人和阿拉伯骆驼商队，导致陆上运输迟缓、运费昂贵及缺少安全保证，故亚欧各国的贸易逐渐无法适应欧洲市场的需要。西欧各国，特别是西班牙、葡萄牙、法兰西、英吉利等新兴国家，早就热切地希望摆脱意大利城邦对东西方贸易的垄断，寻求从欧洲直航印度、中国的航路。其中，葡萄牙、西班牙在发现新航路方面首先取得成功。1498年，葡萄牙的瓦斯科·达·伽马率领的一支由四艘船组成的舰队，绕过南非好望角首航印度卡利卡特。接着，西班牙支持哥伦布开辟了北美航线，麦哲伦和他的同伴在1522年完成了环球航行。

最先来到中国的西方航海贸易势力是葡萄牙，明朝当时称之为"佛郎机"。[①] 在15世纪初，葡萄牙的航海家们已沿非洲西海岸南行，先后到达现今的几内亚和加纳等地。1488年，航海家迪亚士抵达非洲最南端，发现了好望角。1497年，航海家达·伽马又率船四艘，绕过好望角，进至非洲东海岸，于第二年（1498）五月，到达印度西南海岸的卡利卡特（中国古籍称为"古里"），开辟了通往东方的新航路。16世纪初年，葡萄牙商人不断率领船队东来。他们先是在水上用船做货栈，再进一步在陆地上建筑营垒，建立自己的移居地。1510年，葡萄牙人占领了印度西海岸的果阿，此地此后就成了葡萄牙国际商人经营东方的基地；1511年，又占领了满剌加（今马来西亚马六甲州）。随后，葡萄牙殖民者就到中国活动来了。

1513年5月，葡萄牙驻印度总督阿方索·德·阿尔布克尔克派阿尔发莱斯等人乘中国商船，首次来到广东珠江口外的屯门岛（在今香港特区新界西）活动。其后阿尔布克尔克又数次遣使来华，但直到1517年9月，由托梅·皮雷斯和费尔南·佩雷兹·德·安德拉德组成的使团才被准许进入广州，安德拉德被准许在广州贸易。安德拉德于当年10月返回，皮雷斯则通过贿赂武宗幸臣江彬并冒充马六甲使臣而得以在1521年进京。但随着马六甲因葡萄牙的入侵而遣使入华乞援以及武宗的驾崩，皮雷斯等人被发送广东监禁。明政府责令葡萄牙归还满剌加故土，下令驱逐屯门岛的葡萄牙殖民者。正德十六年（1521），明广东海道副使汪鋐领兵收复屯门岛，逐走葡萄牙殖民者。嘉靖元年（1522），葡萄牙殖民者卷土重来，向广东新会县西草湾大举进犯。明军予以迎头痛击，大获全胜，缴获葡萄牙大炮，将其称为"佛郎机炮"。

葡萄牙殖民者在广东不能立足，又转到福建和浙江沿海活动，侵占浙江宁波的双屿、福建漳州的月港及泉州的浯屿等地，荼毒沿海年甚一

①"佛郎机"本是阿拉伯人对欧洲人的通称，阿拉伯人也按照习惯把葡萄牙称作"佛郎机"，意思即是欧洲人。明朝昧于世界大势，不审虚实，便也以"佛郎机"称呼葡萄牙，错把"佛郎机"当作国名。

第一章 中西初识：明末清初的中外交往

年，日甚一日。为了荡平祸乱，明世宗任命朱纨提督浙闽海防军务，巡抚浙江。朱纨到任后，于嘉靖二十七年（1548）收复双屿，翌年（1549）收复月港、浯屿，并在福建诏安县取得走马溪大捷，肃清了葡萄牙殖民者，巩固了闽浙海防。

但是，葡萄牙殖民者并未就此退出中国沿海。他们野心勃勃，最终占据广东香山县（今中山市）南端的澳门。嘉靖三十二年（1553），葡萄牙殖民者托言商船遇到风涛，请求在澳门晾晒货物，贿赂明朝广东海道副使汪柏，遂得入据澳门。葡萄牙殖民者在澳门，开始不过搭棚栖息，不久渐次筑室居住，聚众至万余人，有庐舍数百区，并在澳门半岛以北的青洲建立大教堂，后来借口防御荷兰人，在澳门建筑城堡。从此，他们以澳门为基地，从事走私商业贸易与传教活动。对于葡萄牙人在澳门的扩张，明朝采取抑制措施。万历年间，朝廷在澳门半岛与香山县内的连接处建城立关、设官防守，并对葡萄牙人征收租地银与税银，作为他们在澳门居住的条件。

西班牙也是新航路的开拓者与当时的海上强国，在远航方面的成就胜过葡萄牙。发现新大陆（美洲）的哥伦布和最先环球航行的麦哲伦，都是由西班牙国王派遣的。与葡萄牙人不同的是，西班牙人是沿着哥伦布、麦哲伦开辟的航路自西向东来的。① 嘉靖二十一年（1542），西班牙国王派维拉洛博斯率船五艘自墨西哥启航，驶往今菲律宾群岛。维拉洛博斯抵达后，用西班牙王子菲利普的名字，将群岛命名为菲律宾，但未能于此立足。嘉靖四十三年（1564），西班牙驻墨西哥总督派船五艘，共四百余人，于次年（1565）到达菲律宾群岛，渐次征服各岛；隆庆四年（1570）侵入吕宋岛，次年（1571）占领马尼拉城，并将其建成西班牙在东方殖民统治的政治、军事、经济和宗教中心。万历三年（1575），西班牙驻菲律宾总督遣教士至福州，要求通商传教，但未获允许。

---

① 1492年哥伦布发现新大陆后，葡、西两国为争夺市场和殖民地展开长期斗争。1493年5月，罗马教皇亚历山大六世发布训谕，规定在佛得角群岛以西100里格（一里格约合6公里）处，自北极至南极画一条线，线东属葡萄牙势力范围，线西属西班牙势力范围。

自西班牙殖民者占据菲律宾后，这里的华侨备受凌辱，陷于痛苦之中。万历二十一年（1593），西班牙驻菲律宾总督马里纳斯领兵往攻摩鹿加群岛（今马鲁古群岛），与荷兰殖民者争夺这块香料产地，并且驱迫华侨250人为兵。华侨潘和五等忍无可忍，群起杀死总督马里纳斯等殖民者数十人，然后驾船潜逃，不幸失路至安南（今越南），人员财货均被安南国王下令没收扣留，仅郭惟太等人返国。事变发生后，吕宋岛的华侨多遭驱逐，纷纷驾舟回国。明朝一向视海外华侨为自弃王化的奸民，于华侨被逐一事置之不问。从此，西班牙殖民者更加肆无忌惮，先后两次大举屠杀华侨。一次是在万历三十一年（1603），先是设计收购华侨铁器，然后屠戮赤手空拳的华侨，华侨死者25000人。华侨暴尸海外，含冤异域，无地申诉。另一次是在崇祯十二年（1639），华侨丧生者两万余人。此时明朝已被农民军及清军弄得焦头烂额，无暇顾及屠戮华侨事件。入清以后，西班牙殖民者又屡屡屠杀华侨，造成数次流血事件。

　　除在菲律宾屠杀华侨外，西班牙殖民者又侵扰占领中国领土。万历二十六年（1598），菲律宾总督又派船到广东，进泊于虎跳门（今中山市西南），妄图建立入侵据点，随即被明军驱逐。此后，为了同占据台湾安平的荷兰人争夺海上贸易控制权，他们遂将台湾作为殖民目标。天启五年（1625）后，西班牙霸占台湾岛北部鸡笼与淡水，建立殖民点。

　　17世纪初期，葡萄牙、西班牙的海上势力渐衰，荷兰殖民者的势力兴起，掌握了东方海上的霸权，占领了印度尼西亚的爪哇岛及摩鹿加群岛等，同时也把触角伸进中国。荷兰殖民者到中国来，首先欲夺取澳门，排除葡萄牙在澳门的势力，因为夺取澳门不成，便转而侵据澎湖及台湾。万历二十九年（1601），荷兰殖民者韦麻郎率船至澳门要求通商，并且侦察地势，因见葡萄牙人有准备，又不得明朝官吏许可，遂逗留一月而去。这是荷兰殖民者的船只第一次闯入中国领海。万历三十年（1602），荷兰成立了东印度联合公司。万历三十一年（1603），荷兰东印度公司派出船队，携带荷兰国会和奥伦治亲王的函件，要求明朝允许通商。次年（1604）七月，船队指挥官韦麻郎率帆船两艘进入澎湖，欲建立殖民据点。福建官员发觉其图谋，拒绝其互市要求，并勒令其退出澎湖，同时加强海上防范。

天启二年（1622），巴达维亚（今印度尼西亚雅加达）荷兰总督又遣雷约兹率领船队来中国，意在夺取澳门或澎湖。雷约兹先至澳门，与葡萄牙人争战，结果被击败，因而身亡。荷兰殖民者败北之后，遂复率舟东驶，再次强占了澎湖。荷兰殖民者在占据澎湖期间，不断进袭大陆沿海内地，一再侵犯厦门，又犯鼓浪屿等地，均被明军击退。他们又四处掳掠中国人，驱到澎湖修筑城堡；并将所掠中国人运到南洋卖为奴隶，数目以千百计。天启四年（1624），福建巡抚南居益派兵收复澎湖，大败荷兰殖民者。

荷兰人退出澎湖后，转到台湾南部，在台南海外无人岛建筑城堡；又用欺骗手段和极低的价格（15匹粗棉布）从当地少数民族手中购取台南大片土地，并建立普罗文查堡，即赤崁城（今台南市安平区）。天启五年（1625）开始，荷兰人逐渐在附近的"番社"和北港的汉人移垦区扩张势力，经过十几年的经营，基本上占据了台湾南部。崇祯年间，荷兰人以台湾为中转地，发展巴达维亚与中国、吕宋、日本之间的贸易，逐渐排挤葡萄牙、西班牙势力。崇祯九年（1636）后，日本禁止与葡萄牙、西班牙通商，荷兰更是独占与日本的贸易。崇祯十五年（1642），荷兰军队北上攻取西班牙人占据的淡水和鸡笼，占领了整个台湾岛，直到清初才被郑成功驱逐。

二、中外贸易与外来作物的引入

（一）明中叶以后的中外贸易

郑和下西洋活动的结束，宣告了明代中外贸易活动最鼎盛时期的结束。明王朝一改永乐年间主动外出的朝贡贸易方式，恢复到藩国朝贡贸易的格局。随着新航路的开辟，嘉靖年间西方人在东亚商业贸易的拓展，原有的朝贡贸易体系已经远远不能满足需求。中国东南地区的私人海上贸易蓬勃发展，海禁政策已成为中外贸易的巨大障碍。朝廷为防御外寇，同时出台闭关和禁海政策，导致了嘉靖大倭乱的爆发。虽然关于开海与禁海的争论终嘉靖一朝而未断，但当时由于战事吃紧，禁海抗倭成为明王朝当时的选择。

禁海期间，东南沿海地区出现大批势力雄厚的武装走私商人集团。他们的武装船队"往来络绎于海上"① 或从事走私，或劫夺番船，登岸则攻城略地，敌杀官军，甚至导引、勾结倭寇，"连舰数百，蔽海而至。浙东、西，江南北，滨海数千里，同时告警"②，掀起了大规模的武装叛乱，造成明中期著名的"南倭"问题。为解决"南倭"问题，明朝一方面调集军队进行剿灭，另一方面调整政策、宽弛海禁。隆庆元年（1567）正式开放海禁，宣布以福建漳州月港（海澄）作为中国商民出海贸易港口。此举在一定程度上促进了明代私人海外贸易的发展，月港也成为中外海商进出海洋的基地和进出口商品的集散地。中外商舶穿梭往来，各种商品琳琅满目，时人张燮在《东西洋考》一书赞叹月港海外贸易之盛："市舶之设，始于唐、宋。大率夷人入市中国，中国而商于夷，未有今日之夥者也。"③ 随着海禁的开放，沿海各地的中外贸易活动进入了一个崭新的时期。

时人周起元为张燮《东西洋考》作序时就描述了这种盛况："我穆庙时除贩夷之律，于是五方之贾，熙熙水国，剡艅艎，分市东西路，其捆载珍奇，故异物不足述，而所贸金钱，岁无虑数十万，公私并赖，其殆天子之南库也。"隆庆、万历时期，中国商船在苏门答腊以东的海洋贸易中仍然十分活跃，中国商品不仅满足当地的需求，还有相当一部分被中转到欧洲。虽然明朝禁止与日本通商，但从海上走私到日本的商品仍不少。

明代中国对外贸易中，仍以丝绸和瓷器为大宗。明末以前，朝廷禁止私人海外贸易，中外丝绸贸易主要是朝贡贸易。丝绸作为中国的传统外销产品，不但是中国政府馈赠外邦的重要礼品，也常常是朝贡贸易的结算手段。地理大发现以后，随着东西方贸易的增长，中国丝绸以前所

① ［明］张时彻：《招宝山重建宁波府知府凤峰沈公祠碑》，载陈子龙等选辑《明经世文编》卷二四三，中华书局，1962 年影印本，第 2542 页。

② 金安清：《东倭考》，载中国历史研究社编《倭变事略》，上海书店，1982，第 203页。

③ ［明］张燮：《东西洋考》，中华书局，1981，第 153—154 页。

未有的规模流入美洲和欧洲。就是在亚洲传统的贸易区域中，丝绸贸易也有了显著的增长。一个世界规模的丝绸市场已经开始形成。[①]

欧洲人东来以后，中国民间与东南亚的经济联系仍然十分密切。中国生丝在东南亚有很大的市场，东京（越南北圻）、爪哇、马六甲及印度洋沿岸商品贸易较为发达的地方仍是明季以后中国丝绸的主要销售处。据估计，17世纪中国生丝在菲律宾以外的东南亚地区的年销售量为2000—3000担。而在中国商人贩往菲律宾的货物中，丝绸同样是大宗，马尼拉华人社区的市场也因之称为"生丝市场"。

中国丝绸早就是欧洲上流社会的奢侈品。随着海外殖民的发展，特别是美洲白银的不断涌入，16世纪欧洲市场的购买力骤然增大。经印度洋运销丝绸的航线为葡萄牙人所控制，据17世纪末出版的《葡属亚洲》所引的一份报告称，16世纪末，葡萄牙人从中国每年输入丝绸5300箱，每箱有250匹各色丝绸，但亦有学者估计为1300箱。据中国学者统计，中国对葡萄牙的丝绸年输出量在数千担之多，如1635年为6000担。

明中期以后，海禁放开，明代瓷器的输出主要通过私家贩运。葡萄牙人东来，即迅速加入这一瓷器贩运的行列，贩运量十分惊人。例如，1602年，荷兰东印度公司在海上俘获一艘葡萄牙商船"克拉克"号，船上装有大量来自中国的青花瓷器，因瓷器产地不明，欧洲人把这种瓷器命名为"克拉克瓷"。克拉克瓷的主要品种是青花瓷器、素三彩瓷器等。1604年，荷兰人在大泥（今泰国南部北大年）俘获葡萄牙船"加迭里纳"号，内装万历彩瓷60吨，约10万件。

与丝绸贸易相同，西班牙人也在亚—美—欧航路上运销中国瓷器。1600年被荷兰军舰击沉于吕宋岛西南马尼拉湾的西班牙"圣迭哥"号商船沉址，经1991年以来的大规模发掘，获得了包括561件华瓷船货在内的数万件沉船货物，其中大量是被西方考古学家称为"克拉克瓷"或"汕头瓷"的青花瓷器。据研究，主要是闽南漳州窑仿景德镇窑的

---

① 刘迎胜：《丝路文化·海上卷》，浙江人民出版社，1995，第288—295页。

制品。①

万历初年，葡萄牙人占据澳门之后，接通了澳门—果阿—里斯本、澳门—长崎的航路，转贩中国商品，从澳门运往果阿的中国商品，以生丝和丝织品为大宗。尤其重要的是，福建月港—菲律宾马尼拉—墨西哥阿卡普鲁可之间横越太平洋的航路开始接通。福建与菲律宾之间的贸易虽早在宋代就已经开始，但大规模发展起来还是在嘉靖四十四年（1565）西班牙开始占领菲律宾之后。为了加强美洲与菲律宾的联系，西班牙政府每年都要派 1—4 艘（经常是 2 艘）载重 300—1000 吨（有时载重达 2000 吨）的大帆船，往返于马尼拉与阿卡普鲁可之间。这条横越太平洋的航路因而又叫"大帆船航路"，因这条航线产生的贸易也称为"马尼拉大帆船"贸易。

西班牙人用美洲的白银换取中国的生丝、丝绸、瓷器、茶叶、珠宝等商品。美国历史学家苏尔兹在 1939 年出版的《马尼拉大帆船》中指出："中国往往是大帆船贸易货物的主要来源，就新西班牙（墨西哥及其附近广大地区）的人民来说，大帆船就是中国船，马尼拉就是中国与墨西哥之间的转运站，作为大帆船贸易的最重要商品的中国丝货，都以它为集散地而横渡太平洋。在墨西哥的西班牙人，当无拘无束地谈论菲律宾的时候，有如谈及中国的一个省那样。就马尼拉方面来说，每年航经中国沿海的商船，就是它的繁荣的基础。"大帆船上的货都是从中国沿海省份运到马尼拉的，这些中国平底帆船运来的中国货，在菲律宾装上大帆船后销往美洲各地。另一方面，西班牙人运到菲律宾的巨额美洲白银，恰恰为中国国内商品经济发展所必需，且银价低下，这就大大刺激了中国商人的兴趣，"于是射利愚民，辐辏竞趋，以为奇货"。因而，这条大帆船路在近年又被研究者称为"白银之路"。20 世纪七八十年代福建漳州、泉州地区发现许多西班牙银币，这些银币大部分是西班牙在墨西哥铸造的，可能是 16、17 世纪之际经国际贸易流入漳泉地区的。

万历八年（1580），西班牙兼并葡萄牙，澳门葡人成为西班牙公民，

---

① 吴春明：《环中国海沉船——古代帆船、船技与船货》，江西高校出版社，2003，第 43—50 页。

从而取得在菲律宾贸易的最优惠关税待遇，于是大力发展澳门—马尼拉贸易。在这些因素的共同作用之下，中国的东洋航路与西班牙的大帆船航路实现对接之后，中国的生丝、丝绸等商品便源源不断地经由马尼拉输往美洲市场。这些丝货以品质优良、价格低廉深受新大陆市场欢迎，成为维系长达两个半世纪的太平洋大帆船航路的物质基础。万历中后期，即 16 世纪末 17 世纪初，欧洲陷入经济萧条，大西洋贸易衰退，以转贩中国商品为主的太平洋贸易发展为世界市场中的最活跃部分。中国商品大量进入世界市场，在一定程度上缓和了世界市场贵金属相对过剩与生活必需品严重短缺的不平衡状态；由嗜好中国精美商品而掀起的"中国热"，刺激和影响了欧洲工业生产技艺的革新，促进了经济的发展。中国商品为 17 世纪西方资本主义的兴起做出了不可磨灭的贡献。但这种贸易繁盛局面未能长期维持，到万历末年，随着国家政治的内外交困而急剧走向衰落。

清初，为了打击割据台湾对抗朝廷的郑氏政权，朝廷于顺治十三年（1656）颁布了《申严海禁敕谕》，规定浙江、福建、广东、江南、山东、天津各地"严禁商民、船只私自出海……即将贸易之人，不论官民俱行奏闻处斩，货物入官"①。顺治十八年（1661），清廷又下令迁海，"迁沿海居民，以垣为界，三十里以外，悉墟其地"。这两项措施无疑给发展自明中叶的繁盛私人海外贸易以沉重打击。

直到康熙二十三年（1684），清朝始开放海禁，设立海关作为掌管对外贸易的专门机构。1684 年，在厦门设立闽海关；1685 年，又在广东南海、浙江镇海、江南上海分别设立粤海关、浙海关和江海关；同时，又设立洋行垄断中外贸易。1686 年，为加强对海外贸易的管理在广州设立洋货行，又称洋货十三行。1720 年，广州 16 名著名行商为了垄断价格结成公行。随着海禁的开放，对外贸易随之发展起来，例如福建"商舶交于四省，偏于占城、暹罗、真腊、满刺加、浡泥、荷兰、吕宋、日本、苏禄、琉球诸国"，外国商船也大批前来。

---

① 厦门大学台湾研究所、中国第一历史档案馆编辑部编《郑成功档案史料选辑》，福建人民出版社，1985，第 169 页。

然而，清政府对外开放海禁是有限度的，政策是摇摆的，特别是制定了一系列限制航海贸易的措施，对民间海船规模、商人出洋期限等做出严格限制，并颁行南洋禁航令，规定"凡商船照旧令往东洋贸易外，其南洋吕宋、噶喇吧等处，不许前往贸易"①。以后虽然开放了南洋贸易，但以前许多限制条令依然保留，并陆续增添了许多新的限制。1744年，清政府制定了《管理澳夷章程》，次年（1745）建立保商制，在行商贸易中进一步推行保甲法，最终在1757年将多口通商改为只准在广州一口通商。此外，加税也是限制与西洋各国通商的办法之一。乾隆年间，清朝即以加重浙江等地的海关税来抵制外船北上的政策。1759年底制定的《防范外夷规条》则表明清朝已形成一整套保守的外贸管理体制。

清前期的对外政策从本质上说是"闭关锁国"的，它并不因表面海关的"开"与"闭"而影响封闭自固的实质。这不仅严重影响了对外经贸活动的开展，而且导致了中国在对外文化交流中陷于被动局面。

（二）外来作物的引入

随着明末清初中外贸易交流的繁盛以及"大帆船航路"的开通，许多美洲的农作物也经这条海路传到中国。美洲大陆物产丰饶，部分植物品种为其他各洲所无。地理大发现后，欧洲殖民者在美洲发现了许多他们不知道的植物品种，并逐渐把它们移植到世界其他地方的殖民地。中国就是在这一时期从东南亚地区间接获得了原产于美洲的玉米、甘薯、马铃薯、花生、番茄、向日葵、辣椒和烟草等农作物，并在国内逐渐推广种植。到今天，它们已经成为我们日常生活的必需品了。玉米、甘薯、马铃薯等主要粮食作物对中国历史与社会的发展起到重大影响，成为中国18、19世纪人口快速增长的重要推手。

玉米的原产地在拉丁美洲，至少在公元前3500年前，美洲人就已经开始种植和食用玉米了，玉米在美洲人工饲养业中起到重要作用，因此人类学家将印第安文明形象地比喻为"玉米文明"。16世纪中期，玉米传入中国。据研究，其传入途径主要有三条：一是由西北陆路，也就是

---

① 《清朝文献通考》卷三三《市籴二》，浙江古籍出版社，2000，第5157页。

经波斯、中亚、西亚传入甘陕地区；一是经西南陆路，由缅甸传入云南；一是由海路，从南洋群岛先传入福建等沿海地区，然后传入内地。明代的玉米称"番麦"，又称"御麦"。玉米在李时珍的《本草纲目》、徐光启的《农政全书》中都有相关记载。据统计，17世纪，玉米已在江苏、山东、陕西、河北、贵州、湖北、山西、江西、广东、辽宁、湖南、四川、台湾、广西、新疆、青海、吉林、黑龙江等地推广，在当地的地方志中都有记载。今四川一带仍称玉米为"御麦"。

甘薯是块根类植物，属旋花科，又有番薯、红薯、白薯、金薯、红苕、地瓜、山芋等名称。甘薯的原产地在美洲，欧洲人发现美洲以后，甘薯被传到世界各地。大约16世纪80年代，甘薯从东南亚地区间接传入中国。据清宣统《东莞县志》记载，明万历八年（1580），广东东莞人陈益到越南，当地人用甘薯招待他，陈益通过酋长仆人得到薯种，于1582年带回国内。其后在东莞等地推广种植，并名之为"番薯"。另据

1961年在福建发现的刊行于1765年的珍贵孤本《金薯传习录》记载，明万历二十一年（1593），福建长乐人陈振龙去吕宋经商，看到当地种植一种食用块根，根大如拳，皮色朱红，生熟可食，产量高，味道好，耐瘠薄，是一种保丰补歉的备荒作物。他想到家乡"土瘠民贫，粮食缺乏"，如果能把它引种回国，可以使百姓荒年无饥饿之忧。但是甘薯是西班牙殖民者从美洲引来的，严令禁止外传。陈振龙只好冒着危险，花重金购买了几尺长的甘薯藤秧，把它缠在缆绳

先薯亭

上，表面涂以污泥，经过七天海上航行，才带回福州。陈振龙叫他儿子陈经纶向福建巡抚献甘薯藤，并上了禀帖。巡抚金学曾看了呈文，要陈经纶赶快试种。陈经纶在自家屋后栽种，四个月后，掘得"形如玉瓜、

藕臂""味同梨枣，食可充饿"的累累块根。这位巡抚亲尝了滋味，下令在各地推广种植。后人为纪念他们，在福州乌石山上，建了先薯祠，以纪念他们的功绩。明末，甘薯开始向北方传播，到清代中后期，已在华北、东北等地大面积种植。

马铃薯是块茎类植物，俗称"土豆""地蛋""洋芋"，原产于南美洲。1536 年，西班牙水手把马铃薯从秘鲁引种到欧洲。明朝末年，荷兰船只将马铃薯运到中国和日本，并迅速传播开来。清初康熙年间成书的《畿辅通志·物产志》已经提到："土芋一名'土豆'，蒸食之味如番薯。"

我国古代已有花生[①]，但始终没有成为主要的油料作物。现在我国种植的花生，原产于在美洲巴西、秘鲁一带。随着新大陆的发现，花生便逐渐传往世界各地。大约在 15、16 世纪之交，花生从南洋群岛引入我国，起初只在沿海各省种植。在明孝宗弘治十五年（1502）的《常熟县志》中有"三月栽，引蔓不甚长，俗云：花落在地，而生之土中，故名"的记述。张璐的《本经逢原》中载："长生果产闽地，花落土中即生，从古无此，近始有之。"

番茄为茄科，一年生草本植物，亦称"番柿""六月柿""西红柿""洋柿子"等，原产于南美洲安第斯山地带。大约在 17 世纪，由西方传教士从东南亚经海路传入中国。最早记载见于明代王象晋于 1621 年所撰的《群芳谱》："番柿，一名六月柿，茎似蒿，高四五尺，叶似艾，花似榴，一枝结五实或三四实，一树二三十实……来自西番，故名。"

向日葵为菊科，一年生草本油料作物，亦称"西番菊""朝阳花""葵花"等，原产北美。大约 17 世纪从东南亚传入中国，最早见于王象晋所著的《群芳谱》，称"西番菊"。清人陈淏子于 1688 年所撰的《花镜》中始称"向日葵"。

辣椒为茄科，一年生或多年生草本植物，别名"番椒""海椒""秦

---

① 我国也是花生原产地之一，自古名称颇多，包括"落花生""落地松""落生""无花果""万寿果""千岁子""长生果"等，魏晋时期成书的《三辅黄图》、西晋稽含的《南方草木状》、南宋范成大的《桂海虞衡志》、周去非的《岭外代答》都有关于花生的记载。

椒""地胡椒""辣茄"。原产于中南美洲热带地区，1493 年传到欧洲，1593 年至 1598 年间传至日本。学界认为辣椒传入中国有两条途径：一是经由古丝绸之路传入甘肃、陕西等地，一是经海路引入广东、广西、云南等地。中国关于辣椒的记载始见于明人高濂于 1591 年所作的《遵生八笺》一书："番椒丛生，白花，子俨似秃笔头，味辣，色红。""辣椒"一词最早见于乾隆二十九年（1764）《柳州府志》。

烟草也属茄科，一年生作物，原产于中南美洲，后经西班牙和葡萄牙人传至欧洲和世界各地。17 世纪初期，烟草由福建水手从吕宋带入我国，时称"淡把姑（淡芭菰）"，为印第安语烟草的音译。最早记录烟草的文献是明人张介宾的《景岳全书》："此物自古未闻，近自我明万历时始出闽、广之间。"烟草的别称还有"相思草""金丝烟""芬草""返魂烟"等。有研究认为，烟草传入我国有三条途径：一为从菲律宾到台湾，到漳、泉，再传到北方九边；二为由越南输入广东；三为由日本经朝鲜传入辽东。烟草在中国传播的速度非常快，崇祯末年已经有"三尺之童，无不吸烟"的记载。清代时则吸食之风更盛，据清初董含在《莼乡赘笔》一书中记述："明季服烟有禁，惟闽人幼而服之，他处百无一二焉。近日宾主相见，以此为敬，俯仰涕唾，恶态毕具。初犹城市服之，已而沿及乡村；初犹男子服之，既而遍及闺阁。习俗移人，真有不知其然而然者。"

第三节　16、17 世纪欧洲人
关于中国的报道

一、16 世纪葡萄牙和西班牙人的见闻录

明末清初，随着西方人的东来，特别是使节与传教士进入中国，使得西方人进一步了解了中国。这些信息主要包括两类，一类是使节与旅行家的游记文学，另一类则是耶稣会士向欧洲系统地寄送书信中关于中

国的报告。①

16世纪欧洲第一部介绍中国的书籍是前文提到的葡萄牙来华使节托梅·皮雷斯所写的《东方诸国记》，这是他利用在南洋搜集的材料编成的，书中有专章介绍中国。随皮雷斯出访中国的克里斯·维埃拉也于1524年在明朝的监狱中写了一封长达57段的长信寄回欧洲，书信后半部分详细描绘了广东的地理概貌、行政司法、生产结构、商贸潜力、军事力量及人民日常生活，皆记耳闻目睹、亲身经历之事。

随着葡萄牙人的大量东来，这一时期出现了多部葡萄牙人所写的有关中国的游记，包括卡斯坦涅达的《葡萄牙人发现和征服印度史》，加里奥特·佩雷拉的《中国报道》，加斯帕尔·达·克鲁斯的《中国情况详介专著》等。除了葡萄牙人的作品外，当时还有出自意大利人弗朗塞克·卡尔勒地的《议论之方法》。这一时期的游记作品，其作者对中国的了解普遍比较有限，有些人甚至根本没有到过中国，即使是那些进入中国的人，也由于行动上受到诸多限制而不可能深入了解中国社会。因此，他们的记述在很大程度上仍是在马可·波罗影响下的一种幻想。在他们的笔下，16世纪的中国民丰物阜、法制先进、文明进步。当然，在对中国赞不绝口的同时，其中一些亲历中国的欧洲人也对中国的宗教状况和军事力量表露出鄙薄和轻视。

在耶稣会士的报告流行以前，欧洲人认识中国的最主要途径是门多萨（西班牙奥古斯丁会士）于1583年受教皇格利高里十三世之托编辑的《中华大帝国史》。由于有教皇的支持，门多萨可以系统地利用当时在欧洲所能获得的所有付印资料和大量未付印资料。此书第一部分介绍中国的地理位置、历史、土地、宗教、礼仪、帝王、官员和习俗等一般情况，并着重讲述中国人的宗教信仰；第二部分有三卷，第一卷是拉达等人的福建行记，第二卷是西班牙方济各会士奥法罗等人的中国行记，第三卷是根据传教士旅行报告编写的环行世界的经历。

耶稣会创立之初，就要求传教士报告其所传播福音之地的人情风俗

---

① 张国刚：《从中西初识到礼仪之争——明清传教士与中西文化交流》，人民出版社，2003，第141—191页、第255—273页。

和地理情况。因此，耶稣会的成员们需定期向罗马上交详细描述其活动的报告，这成为一种制度；加上耶稣会士日益发展的在华势力与足够的学识以及对中国的足够了解，耶稣会士寄回欧洲的报告逐渐成为欧洲人了解中国更为重要的来源。

最早向西方描述中国的耶稣会士是圣方济各·沙勿略。1548 年，他根据一位商人提供的材料写了一份关于中国的报告。此后，1552—1882 年间出版的 16 本耶稣会士印度书信集中间或涉及中国，1570 年和 1575 年的日本书信集都提到中国，但真正写于中国的第一批耶稣会士书简是 1583—1584 年间罗明坚、巴范济、弗朗西斯科·卡普莱勒和利玛窦等人的书信。这之后，在耶稣会海外传教士书信集中，来自中国的报告的内容日益占据了较多的篇幅。

从中国方面来说，对西方的认识也是一个渐进的过程。据考证，现存最早的欧洲人图像见于万历十四年（1586）成书的蔡汝贤的《东夷图像》。① 此外，还有游文辉于 17 世纪初绘制的利玛窦画像，以及明代《三才图会》中的"红夷国"与"西洋国"人物的图像。清代乾隆时成书的《澳门记略》和《皇清职贡图》也绘有欧人形象。清初，尽管传教士大量进入中国，但清人对西方世界的了解依然有限。甚至到乾隆五十八年（1793），在答复英国使臣马戛（嘎）尔尼请求扩大通商的谕旨中说："天朝物产丰盈，无所不有，原不借外夷货物，以通有无，特因天朝所产茶叶、瓷器、丝斤为西洋各国及尔国必需之物，是以加恩体恤，在澳门开设洋行，俾得日用有资，并沾余润。"② 这句话充分体现了清政府对于外部世界的无知，清前期统治者的傲慢及闭关锁国政策，后来也招致了恶果。

---

① 汤开建：《中国现存最早的欧洲人形象资料——〈东夷图像〉》，《故宫博物院院刊》2001 年第 1 期。

② 《清朝续文献通考》卷五十七《市籴考二·市舶互市》，浙江古籍出版社，2000，第 8119 页。

二、17世纪以来中西双方的认识

17世纪以后，随着欧洲人的进一步东来以及贸易活动的展开，特别是耶稣会士寄回欧洲的报告所提供的素材，来华的使节、商人等写出了更多关于中国的游记，西方人对于中国的认识逐渐深入。例如，1655年，荷兰东印度公司派特使团前往北京谒见清朝的皇帝，试图叩开与中国贸易的大门。特使团的管家约翰·纽霍夫在中国境内两年多的旅行中，不仅详细记录了各地的见闻，还画了大量的速写。这次外交使命虽然功亏一篑，但是纽霍夫于1665年在阿姆斯特丹出版了一本附有100多幅插图的游记——《从荷兰东印度公司派往鞑靼国谒见中国皇帝的外交使团》。有人认为，这是继马可·波罗游记之后，第一部真实可信且在西方广为流传的中国报道。后来也有相关的游记出版，如英国人安森的《环球航行记》。这些记述除了主观想象以外，还有了更多准确的描绘，有学者认为这些报道，"在以中国为题的书籍中形成了独具特色的流派"，其特征是观察理智，颇具匠心、十分缜密。

17世纪还出版了一批由耶稣会士撰写的有关中国的专著，例如蓝方济所著的《大中华王国新见解》，金尼阁于1615年在德国奥格斯堡出版利玛窦遗著《基督教远征中国史记》，卫匡国（1614—1661，意大利人）的《鞑靼战纪》，汤若望的《1586—1669年在华耶稣会传教区的创建和发展史》，李明的《中国现势新志》等。

耶稣会士的作品较为全面地介绍了明清时期中国的人口、物产、科技、文化以及国家制度。不过，17世纪的耶稣会士虽然逐渐了解了中国，却因为将传教的希望维系在皇帝身上而刻意去描述一个幸福的国度及其完美的形象。但从18世纪初起，在华传教士因从事各种科学工作的缘故，报告内容就已经较多地涉及科学。中期以后因多种原因，在华耶稣会士无论是叙述中国的科学还是人文，都呈现出学术性的转向，不再那么热心维护传教事业所需要的"中国形象"了。

而这一时期中国人对西方地理的认识，总体上看，福建人走在前列。隆庆、万历时期，明政府开放漳州月港后，西班牙和荷兰相继东

来，不少福建人获得了更多与欧洲人打交道的机会，率先对欧洲地理产生了相对准确的认识。例如，一些福建人对葡、西两国的特殊关系已有了比较准确的认识，福建官员和商贾中已有人认知到侵占吕宋的是"干系腊"而非"佛郎机"，率先认识到"红毛夷"为荷兰，等等。过去对欧洲诸国究竟位于何处，明人一直处于懵懂状态，但这一时期，福建人对欧洲一些国家的位置有了相对准确的认识。①

值得注意的是，成书于清嘉庆年间（1796—1820）的《海录》，却从一个海商看世界的角度，为我们描述了当时中国人对外部世界的初步认识。该书作者谢清高是多年从事民间海外贸易的商人，随外国商船在世界各地闯荡十余年，并努力学习外国语言，留心外国情势。后口授见闻，由杨炳南整理成书。《海录》全书内容分三部分：第一部分记载了西南海，即今之东南亚、南亚次大陆沿岸各国的情况，如安南、暹罗、咕兰丹（今属马来西亚）、麻六呷（今马六甲）等；第二部分记载了南海，即今之南洋诸岛情况，如柔佛（今属马来西亚）、亚齐（今属苏门答腊）、噶喇叭（今属爪哇）、三巴郎（今三宝垅）等；第三部分描述了西北海，包括今之欧、非、美、澳及北太平洋的一些国家与地区，如咭利（今英国）、佛郎机（今葡萄牙、西班牙）、咩哩干（亦为咪喇坚，即今之美国）等。全书共记述了 90 余个国家与地区的海路航程、种族物产、风土人情，以及经济政治制度等情况。尽管书中也多有错谬之处，但作为一部亲历记，在当时的中国仍不失为一本不可多得的描述世界概况的著作。更为重要的是，谢清高以一个海商的眼光审视他所看到的世界，不仅大量记载了华侨在东南亚、南洋一带的商业贸易、经济文化活动，还充分注意到了英、法、荷等西方国家的殖民扩张活动，为鸦片战争后中国兴起的"开眼看世界"思潮提供了弥足珍贵的背景材料。②

从 17 世纪中叶起，法国成立的海外布道会也开始了积极活动。最早

---

① 张强：《明隆庆万历前后福建人在欧洲地理认识上的突破》，《东南学术》2022 年第 3 期。

② 黄顺力：《清代海商眼中的世界——〈海录〉》，《中国社会经济史研究》1996 年第 4 期。

由耶稣会派遣来华的法国传教士是金尼阁，他于 1611 年到达中国。70 年以后，应康熙皇帝之邀，法国国王路易十四（1638—1715）向中国派出了 6 位精选的卓越数学家兼耶稣会士前往北京，其中 5 位于 1688 年 2 月到达，他们是白晋（字明远，1656—1730）、李明（字复初，1666—1727）、张诚（字实斋，1654—1707）、刘应（字声闻，1656—1737）、洪若翰（1643—1710）。这批法国耶稣会士在中国展开了多方面的活动：张诚参加了 1689 年中俄《尼布楚条约》的谈判和签约，并为康熙绘制了《皇舆新图》；洪若翰、刘应介绍西方医学，因用奎宁为康熙皇帝治愈疟疾而获准在北京建立北堂；白晋以研究《易经》著称，康熙鉴于他对《易经》颇有研究而对他十分器重，他作为德国伟大学者莱布尼茨的文友，利用通信把《易经》介绍给了后者；李明兼通天文、地理、博物之学，是杰出的观察家和卓越作家，对中国的文化和事物有细致深刻的描述。1697 年，白晋又奉康熙之命回国，向法王再次请增 10 名传教士来华，其中有马若瑟（1666—1736）、雷孝思（1663—1738）、巴多明（1665—1741）。

第四节　明末清初西方传教士与中国

一、明代耶稣会士的传教

自陆上丝绸之路开通以来，历千余年，欧洲与中国在物质与文化层面时有交流。但严格说来，双方都谈不上对对方的民族精神和社会心理有深入的认知，从《马可·波罗游记》对中国情况的描绘可知，直到 13 世纪下半叶，这种情况依旧没有多大变化。西学东渐与中学西传，双方在文化和学术层面开始互相了解，则应归功于明清之际来华的传教士。

耶稣会成立于 16 世纪三四十年代，是天主教中最保守的一派，由西班牙贵族依纳爵·罗耀拉所创，归罗马教皇掌领。该会教士以布道海外、重振天主教的声望为职责。耶稣会士初到中国是在 1552 年，从

1552 年到 1795 年清乾隆皇帝去世，来华的耶稣会士有姓名可考的大概800 人。这些耶稣会士中，英籍的只有一人（安德鲁·杰克逊），其余均来自欧洲大陆的天主教势力根深蒂固的国家和地区，以葡、西、法、意、比籍者为多，弗兰德尔（今比利时与毗连的法国北部）、德、奥、波、捷等籍者次之。与耶稣会同来东方传教的还有天主教的多明我会、方济各会、奥古斯丁会。在这些教团传教活动中，耶稣会因有严密的组织，并依靠会士们坚韧不拔的意志和多才多艺而较早地打开了局面。

根据教皇亚历山大六世（1492—1503）制定的"教皇子午线"，葡萄牙王国享有在远东的"保教权"。因此，凡是到东方传教的传教士必须得到葡萄牙国王的批准，宣誓效忠国王，然后从葡萄牙首都里斯本出发，绕过好望角，驶入印度洋，最后来到亚洲。最早沿好望角新航路前来中国的耶稣会传教士是圣方济各·沙勿略（1506—1552，西班牙人，耶稣会创始人之一）。他于 1541 年从里斯本启程，先后到过印度果阿和日本传教。1552 年，他来到靠近广东台山县正南的上川岛，希望从这里进入中国内地。但由于当时明朝海禁很严，他最终没能实现自己的愿望，且于同年 12 月病死在上川岛。1554 年以后，随着葡萄牙人在澳门站稳脚跟，天主教传教士便络绎来到澳门。他们以澳门为基地，吸引中国人信仰天主教。他们一方面是为扩大天主教会的势力范围，在东方国家开拓罗马教皇治下的教区；另一方面也是适应资本主义殖民扩张的需要，为西方国家的殖民活动服务。

当时在澳门的传教士分别属于不同的修会，有奥古斯丁会、多明我会、方济各会，其中势力最大的则是耶稣会。经过 30 多年的经营，到16 世纪 80 年代左右，澳门已经成为远东的传教中心之一。不过，当时明政府虽然允许在澳门的这些葡萄牙人自由地信仰他们的宗教，却严禁传教士进入广东及内地传教。在沙勿略以后的近 30 年中，尽管不断有人作出努力，但欧洲传教士始终无法进入中国内地，传教亦无法打开局面。当时耶稣会也规定，凡入教者，都要学习葡萄牙语言，取葡萄牙姓名，按葡萄牙方式生活。因而，中国人入教，即等于变作葡萄牙人。这时耶稣会士初来中国，不通中国语言不知中国民俗风情，按照这种方式传教，没有得到显著结果。

直到 1578 年，耶稣会派到远东的教务巡视员范礼安（1538—1606，意大利人）仍在澳门对着中国内地发出无可奈何的悲叹："岩石呀岩石，你何时打开，岩石？"① 但是，此时的传教士毕竟得到了更多接近华人的机会，并有机会到广州，有些人还与中国商人、官员有过来往，这一切都促使他们不断反思。罗明坚（1543—1607，意大利人）、范礼安等逐渐意识到：要传教，就必须先了解中国风俗习惯，学习中国的语言文字。罗明坚在澳门、广州一带学会了汉语。随后利玛窦（字西泰，1552—1610，意大利人）、巴范济（1551—1612，意大利人）等也到澳门来与罗明坚一起学习汉语。

1580 年，罗明坚随葡商进入中国，因其举止彬彬有礼，颇合中国礼仪，还说一口流利的汉语，很快赢得了当地官员的好感，被获准在接待暹罗贡使的驿馆里居住。就这样，罗明坚成为明朝第一位获准在中国内地居留的传教士。随后，他到过广东肇庆、浙江绍兴、广西桂林等地传教，最后返国去世。真正为在中国的传教事业打下基础的是利玛窦。1583 年 8 月，利玛窦利用机遇进入广东。这位年富力强的传教士抵达中国时，即奉当时在日本传教的范礼安之命学习汉语，并认真研究中国传统文化，以期尽快找到接近中国士大夫阶层乃至中国君主的途径和方式，为顺利布道创造条件。②

利玛窦在中国传教过程中，根据中国情况，开创新的传教方式。他的传教方式可主要归纳为三条。其一，走上层路线，利用他的西方科学知识和汉文化修养，与官僚士大夫交往，结识名公巨卿及大儒学者等，并且争取皇帝的支持，因而得以迅速在中国立足。其二，尊重中国风

① ［葡］曾德昭：《大中国志》，何高济译，李申校，上海古籍出版社，1998，第 273 页。

② 钟永宁认为：罗明坚是最早进入中国内地长期居住的意大利耶稣会士，创造了中西文化交流史上的多个"第一"，对中西文化交流有开创性的铺路之功。通过他不寻常的经历和著述，中西方文化实现互动。1588 年，他被安排回欧洲，因利玛窦的影响更大，罗明坚的功绩被利玛窦等后来进入中国的传教士的光芒所掩盖，成为"消失者"。参见钟永宁：《消失的铺路人——罗明坚与中西初识》，中华书局，2022。

俗，以减少传教的阻力，如学习中国语言，读儒家书籍，改穿儒服，又以儒家经典来解释基督教教义，力图说明基督教教义与儒家思想相通，甚至不惜修改教规，允许教徒祭天、祀祖、拜孔等。其三，介绍西方先进的科学技术知识，以此作为传教的门径，即所谓的"学术传教"。由于西方科学知识有裨实用，可补中国之不足，因而得以取信于士大夫，见重于当道，从而引人入教，徐图发展。他的努力很快取得成效。万历二十八年（1600），他和另一耶稣会士庞迪我得到允许前往北京觐见明神宗。他向神宗皇帝献上天主像、圣母像、圣经、十字架、万国地图、自鸣钟、西洋琴等方物。神宗大悦，即留利玛窦住在北京，于宣武门内赐给房屋，并允许其设堂传教，生活所需皆由朝廷供给。此后，利玛窦寄居北京共十年，至万历三十八年（1610）病死，年 58 岁。明神宗赐葬地于北京阜成门外滕公栅栏，以后这里又建教堂，成为北京传教士公墓。

除利玛窦外，明末来中国的著名传教士，还有熊三拔（1575—1620，意大利人）、龙华民（1559—1654，意大利人）、毕方济（1582—1649，意大利人）、艾儒略（1582—1649，意大利人）、罗雅谷（1590—1638，意大利人）、王丰肃（1568—1640，意大利人）、金尼阁（1577—1628，法国人）、汤若望（1591—1666，德国人）、邓玉函（1576—1630，瑞士人）、卜弥格（1612—1659，波兰人）、阳玛诺（1574—1659，葡萄牙人）、庞迪我（1571—1618，西班牙人）等。这些传教士大都遵循利玛窦的传教方法，在中国各地传教。传教士航海来到中国，主要目的是传教，用利玛窦的话来说，就是要"做耶稣的勇兵"，为耶稣来征讨"崇拜偶像（指祭天、祀祖、拜孔等）的中国"，打一场"精神战争"。①

传教事业之所以得以开拓，学术传教的方式起到很大作用。西方先进的科学技术知识，如天文历法、数学、地理学、物理学、火器制造等知识的输入，客观上对于中国士大夫阶层中的少数先进分子起到了一种唤醒的作用。例如，像徐光启、李之藻等近代科学的先驱者，虽未能引起更大的社会反响，但他们介绍西方的科学文化知识的贡献，还是应给

---

① ［法］裴化行：《利玛窦司铎和当代中国社会》第一册，王昌社译，上海东方学艺术社，1943，第 1—2 页。

予肯定。

凭着毅力与策略，在传教方面，他们取得了很大成就。至利玛窦去世，肇庆、韶州、南昌、南京、北京、上海、杭州等地均已建有教堂，教徒约有 2500 人。明末，全国各重要地方几乎都有教堂，教徒已不下数万。至清初时，教徒更增至 15 万人。

利玛窦主张"力效华风"和"融合儒家的道"，他自己号称"西儒"，改穿儒服，与中国士大夫频繁交往。耶稣会士正是凭借着这种尊重中国文化传统的渐进方法，为天主教的顺利传播铺平了道路。但随着 17 世纪天主教各主要修会先后进入中国传教，在耶稣会内部、修会之间，对于中国的主流文化即儒家文化的宗教性在认识上产生分歧，并逐渐发生激烈争论。争论的焦点集中在四个方面：一是"God"一词的汉译问题，二是关于祭祖的争论，三是关于祭孔的争论，四是关于中国民间信仰活动的争论。这场争论历史上称为"中国礼仪之争"。[1]

最早的争论发生在耶稣会内部。继利玛窦任中国传教区区长一职的龙华民便反对前者所用"天"和"上帝"作为"God"的中文译名。1628 年，在中国传教的耶稣会士在嘉定召开会议，讨论译名和礼仪问题，并达成一致结果：不把祭祖祭孔当成偶像崇拜，而是将它与天主教十诫"当孝敬父母"看作一回事。会后不久又对译名问题作出决定，自 1629 年起只使用"天主"之名。到 1633 年，"天"和"上帝"被恢复使用，礼仪之争告一段落。但到 17 世纪 30 年代，在菲律宾的多明我会和方济各会会士来到中国。他们对耶稣会士的做法非常不满，加上修会之间在耶稣会垄断中国传教区的问题上存在利益纠纷，导致"礼仪之争"加剧，并引起教皇的介入。教皇作出了系列裁决，总趋势是反对耶稣会士的做法。在"礼仪之争"愈演愈烈之际，中国却经历了明清易代，天主教内部的纷争自然告一段落。

---

① 林仁川、徐晓望：《明末清初中西文化冲突》，华东师范大学出版社，1999，第 179—181 页。

二、清前期天主教的在华活动

与明朝禁止西方使团来华不同，清朝初年，为了取得海外诸国的承认，提高威望，对海外国家采取怀柔政策，以招徕入贡。对于西欧各国派往中国的外交使节，清廷同样将他们看作是朝贡使臣，并予以接待。在此氛围之下，清初统治者对天主教和西学大体上采取了宽容和开明的政策。

17 世纪中叶，在华耶稣会教士中声名最盛的是汤若望（1591—1666，德国科隆人）。1611 年，汤若望进耶稣会；1622 年抵达澳门，随即到北京继续学习中国语言，后派往西安传教；1629 年 7 月，徐光启主持修历，推龙华民、邓玉函参与其事；1630 年 5 月，邓玉函死于北京，才从开封征罗雅谷，自西安调汤若望进京。未几，李之藻、徐光启相继去世，改订历法工作便在李天经的主持下，由汤、龙、罗三教士继任。

1644 年 5 月，清兵进入北京，汤、龙二教士的住所在皇城之内，本应在三天内迁出，而汤若望为保全历书板片和教典、图书、天文仪器，故提出奏请，后得到特许。从此，汤若望受新王朝信任，与龙华民奉命"依西洋新法"测验天象，改订历法。这年 8 月朔日食预测，翌年正月望月食，汤若望用新法推步，密合天行，新编历书进呈后，顺治帝御批"依西洋新法"五字，定名"时宪历"。因此，汤若望的权力也随之上升。1644 年 11 月起，钦天监印信由汤若望掌管，历局便并入钦天监。1645 年，汤若望成为清朝钦天监第一任外国人监正，1646 年加太常寺少卿衔。

由于北京耶稣会会长汤若望所受恩宠，天主教在北京的教务也得以顺利开展。1650 年，顺治赐汤若望宣武门内天主堂旁空地一方，重建新堂。1652 年，新堂落成，顺治御笔"钦崇天道"匾额。1654 年，又将阜成门外利玛窦墓两旁土地赐给汤若望，建造圣母堂一座。1657 年，顺治又赐亲笔"通微佳境"堂额，送宣武门天主堂，并立御制天主堂碑记，以支持天主教。

汤若望和天主教传教士取得朝廷的信任后，声势嚣张，蓄意排斥

"大统""回回"和"东局"三家历法，企图以"西局"把持历局，引起了新旧之争。回回科秋官正吴明烜首起发难。徽州新安卫官生杨光先在1659年更以《辟邪论》攻击天主教，印刷5000份，广为散发。1660年，杨光先又向礼部控告新历封面刻印"依西洋新法"是暗窃正朔之权以予西洋，而明谓大清奉西洋之正朔。

1662年，利类思（1606—1682，意大利人）作《天学传概》加以辩护，许之渐、李祖白为之作序。杨光先于是在1664年冬作《不得已》继续论战。翌年，利类思著《不得已辩》应战。杨光先在《与许青屿侍御书》中提出，要从政治上警惕传教士："以数万里不朝贡之人，来而弗识其所从来，去而弗究其所从去，行不监押之，止不关防之，十五直省之山川形势、兵马、钱粮，靡不收归图籍而弗之禁，古今有此玩待外国人之政否？"① 由于澳门、台湾，以及海外菲律宾和爪哇的先例，国人已预感传教士实际上充当着欧洲殖民势力的先锋队的角色。

康熙初年，辅政大臣鳌拜等与西方传教士不合，杨光先便在1664年7月向礼部参劾汤若望和其他传教士潜谋造反、邪说惑众、历法荒谬等三大罪状。同年8月，礼部提审73岁的汤若望，汤若望突患痿痹，不能答话。汤若望、南怀仁（1623—1688）、利类思、安文思（1609—1677）四神父被审问；10月，谕旨将四神父和信教职官李祖白、潘尽孝等拘捕，南怀仁等银铛入狱，汤若望监押礼部。两个月后，判处汤氏革职监候绞，其他职官革职充军，各省教士也被拘禁候处。杨光先更著《西法十谬》《选择议》二书，并一再上书指责西方传教士修历、不辨吉凶，以致世祖幼子荣亲王出生三个月而殇，钦天监对殡葬时刻选择不利，致使连累其母和顺治之死。礼、刑两部因此以弑逆罪议处汤若望以肢解之刑，斩李祖白等七人。1665年三月初二，辅政大臣召集大臣200余人共同定案。由于北京连续地震，太皇太后命令开释教士，各省拘禁教士送广东安插。在钦天监任职的30多名人员或处斩或流徙或革职，李祖白、宋可成、宋发、朱光显、刘有泰五名教徒被斩。其他信教大员，如御史许之渐、臬台许缵曾、抚台佟国器均被罢黜。汤若望免处，后在宣武门

① 杨光先等：《不得已》，陈占山校注，黄山书社，2000，第13—14页。

内天主堂南堂去世。

杨光先本着"宁可使中夏无好历法，不可使中夏有西洋人"[1] 的主旨，反对西方传教士职掌钦天监。后杨光先被康熙任为钦天监监正，将汤若望居住的南堂夺为自己的住宅。钦天监教案期间，各省督抚也拘捕教士，1665 年 5 月解京审办。山西金尼阁、陕西李方西、山东汪儒望、江西聂伯多、浙江洪度贞等被拘押。各省解京神父有耶稣会 25 人，多明我会 4 人，方济各会 2 人，共 31 人。不久，这些教士获释，25 人被圈禁在广州耶稣会堂内，不准传教。[2]

杨光先虽任钦天监，但不知推算，所造 1669 年历差误不少。1668 年，康熙命杨光先和南怀仁同测正午日影，光先所测不验，而南怀仁推算不差分毫，测验星象也是西法为准。杨光先仍强词夺理，扬言："中国乃尧舜之历，安有去尧舜之圣君而采用天主教历？且中国以百刻推算，西历以九十六推算，若用西洋历，必至短促国祚，不利子孙。"[3] 康熙于是将杨光先革职，南怀仁进入钦天监。1669 年，南怀仁为汤若望、李祖白等平反，许缵曾、许之渐官复原职。教案平息，广州 25 名教士，奉命在 1670 年 12 月开释，康熙亲书"奉旨归堂"四字分谕教士。此后，在相当长的一段时间，康熙皇帝对于传教士颇为信任，对西学，特别是数学十分喜爱，对天主教也相当尊重。天主教传教士的活动在康熙至乾隆年间达到了高峰。据统计，万历十三年（1585）全国有天主教徒 20 人，1589 年增至 80 人，1613 年再增加到 5000 人，到康熙三年（1664）则已达到 25 万人。[4]

康熙年间，天主教的重振，得力于供职钦天监的比利时教士南怀仁。南怀仁在 1669 年 6 月任钦天监监副，1673 年擢为钦天监监正，1674 年制造天文仪器成功，加太常寺卿；1678 年康熙永年历告成，加通政使司通政使衔；1675 年因铸炮成功，升工部右侍郎。1676 年，南怀仁出任

①《不得已》，第 77 页。

② 沈福伟：《中西文化交流史》，上海人民出版社，2006，第 360—361 页。

③ 转引自王友三主编《中国宗教史》，齐鲁书社，1991，第 909 页。

④《从中西初识到礼仪之争——明清传教士与中西文化交流》，第 219 页、第 222 页。

中国教区副区长，积极要求耶稣会派教士来华，开展传教工作。此时法王路易十四为了对抗葡萄牙、扩张法国势力，要和沙俄、中国联络，便派洪若翰、李明、白普、张诚、刘应五名耶稣会士，在 1685 年启程来华，1688 年 2 月 8 日到京。五教士都精通天文、历算与地理。其后又有雷孝思、马若瑟、巴多明等十名法国传教士在 1699 年 3 月到达中国。此后，蒋友仁（1715—1774）、宋君荣（1689—1759）、冯秉正（1669—1748）、钱德明（1718—1793）相继来华，在传教和科学事业的推进方面都有所建树。传教活动的开展，使 1664—1701 年这不到 40 年的时间里，传教事业发展了一倍。但由于葡萄牙和教廷争夺保教权，中国仍分成澳门、南京、北京三主教区。总计自 1581—1712 年，来华耶稣会士共 249 人（有 127 人在赴华途中去世），多明我会士共 48 人，方济各会士 56 人，奥斯丁会士 17 人，另有不入会教士 30 人。①

三、礼仪之争

天主教能否在中国迅速传播，在一定程度上取决于对中国社会习俗的适应性以及对于儒家学说和传统礼仪的态度。18 世纪发生的礼仪之争，就是在天主教和儒教的关系问题上，不同教派产生的争论。其涉及的主要问题，一是天主的名义，二是祭祖尊孔。

天主教传入中国之初，在教义翻译方面有不小的困难，在"天主"名称的译法这一方面尤为明显。最初把基督教信奉的主宰宇宙之神译作"陡斯"，利玛窦来华后，起先意译成"天主"，待到研习中国经籍后，知道中国古代圣贤用天或上帝指天地的主宰，便改用天或上帝。后来，又了解到朱熹解释天是苍天，不过是种义理，上帝也并非天地唯一的主宰，利玛窦便以天、上帝和天主三名并用。传教士对天主译名问题曾有过激烈的争辩，一派主张用天主二字，禁用天与上帝；另一派以为天和上帝原意与天主相合，可以并用。1704 年、1715 年教皇克莱孟十一世规

---

① ［法］高龙鞶：《江南传教史》，周士良译，台湾辅仁大学出版社，2009，第 465 页。

定"天主"为法定名称，禁用天与上帝。①

祭祖，是中国几千年来的传统礼仪。利玛窦认为祭祖表示子孙对死者尽孝，侍奉一如生前，并没有宗教的含义，遂允许教徒在祖宗牌位前点香行礼。尊孔，也有悠久的历史，与科举关系密切。利玛窦认为生员考中后可到孔庙行礼，但教徒不得参与四季祭典。这些办法本属有利传教的权宜之计，但一部分耶稣会教士，如龙华民，一开始便反对这种天主教中国化的办法。1610年，龙华民接任为会长后，便禁止教徒祭祖尊孔。他先集合教士讨论，后又报告教廷研究，使天主教义和当时中国社会习俗、礼仪制度处于对立的境地。在华耶稣会士支持利玛窦的有闵明我（1639—1712，葡萄牙人）、卫匡国、徐日昇（1645—1708，葡萄牙人）、张诚，赞成龙华民的有利类思、庞迪我、傅泛际。

1631年，多明我会教士在福建传教，对耶稣会容忍教徒祭祖尊孔的行为大为反感。于是，他们的教士向马尼拉总主教报告，马尼拉总主教在1635年诉诸罗马教皇乌尔本八世，但后来撤回了原来的上诉。多明我会士黎玉范却专程赴罗马向宣教部控告耶稣会士，在教廷引起了一场辩论。1645年9月12日，教皇英诺森七世发出禁止这种礼仪的命令。中国耶稣会士派正在布鲁塞尔的卫匡国于1654年到罗马向教皇和红衣主教报告教务，阐明礼仪问题。卫匡国向圣职部提出四项有关礼仪的问题，请求议处。要求根据中国的实际，不把敬拜祖先的仪式和民间迷信活动混为一谈，说明祭祖只是敬死如生，并非认死者是神灵，因此不是偶像崇拜。卫匡国还指出，尊孔礼节已成有识之士的习俗，是民间尊师的礼节。祭祖尊孔纯属中国文化制度的问题。② 经过五个多月的辩论，耶稣会士获胜，于是在1656年3月23日，教皇亚历山大七世（1655—1667）颁布了"按所叙实况，教徒在不妨害根本信仰的情况下，可以自由参加中国礼仪"的指令。

但多明我会对这一决定十分不满，黎玉范死后，便有鲍郎高向圣职部责问：1645年的指令是否宣布取消？教皇克莱孟九世在1669年11月

---

①《中西文化交流史》，第381页。

② 杨森富：《中国基督教史》，台湾商务印书馆，1968，第132—133页。

20 日宣称，1645 年和 1656 年的两次通令，按双方所叙实际环境，都有效力。主张尊重中国礼仪的耶稣会士实际已取得教廷的认可。传教士和华人信徒，更从神哲学上找出天主教和儒教同出一源的依据。这些著作有 1698 年在济南刻印署名利安当的《天儒印》一卷，1715 年仁和张星曜的《天儒同异考》，后者在于证实"西国诸儒，惟知事天主，与吾儒之理合，知所本也"。

钦天监教案发生后，耶稣会士、多明我会士和方济各会士集中广州，议论了 40 天。1668 年 1 月 26 日，他们提出了一个四十二款的决议，同意传教策略暂时回到耶稣会的方式上来，参加者均签押认可。广州多明我会会长纳瓦来特却逃到澳门返回欧洲，于 1676 年出版《中华教会志》，大肆攻击耶稣会。在礼仪问题上，方济各会、奥斯丁会都和耶稣会持同样观点，只有福建主教阎当乘机发布命令，认为 1656 年教廷容忍礼仪的通令，在良心上无须遵守，接着又开除了两名耶稣会士，激起耶稣会会众的反对，阎当请教廷重新审议。1697 年，教皇英诺森十二将该案交付"异教徒裁判所"审处。欧洲哲学界也对礼仪问题展开激辩，围绕耶稣会士多数派观点，发表了许多论文，出版了不少专著，增进了欧洲对中国文化的了解。

在华耶稣会士向康熙提出了"祭祖和敬孔是否具有宗教性质"的问题，康熙在 1700 年 11 月 30 日正式宣称：中国祭祖祭孔的礼节，不过是一种崇敬的礼节，并无宗教性质。反对派却抓住了耶稣会士对教会的事不请求教廷解决，反而依赖教外皇帝裁定的这个行为，抨击他们离经叛道。于是，教皇克莱孟十一世也在 1704 年 11 月 20 日命圣职部发布禁约七条，要点有四：（1）不准以天或上帝称天主；（2）不许礼拜堂里悬挂有"敬天"字样的匾额；（3）禁止基督徒祀孔、祭祖，以之为异端；（4）禁止留牌位在家，因有灵位、神主等字眼。

教廷禁令由多罗主教带到中国，多罗在 1705 年 12 月 4 日抵京后觐见康熙。康熙起初优礼相待，后来知道教皇要中国政府服从禁令，便叫多罗离京。多罗到南京，得悉康熙已有谕旨，规定非持有朝廷准予传教印票的教士不得在中国传教。多罗便于 1707 年 1 月 25 日宣布教皇禁令，要求教士一体遵行。康熙态度分明，于 1707 年 3 月 17 日在苏州对孟由

义等九名教士重申自己的主张："奉旨谕众西洋人，自今以后，若不遵利玛窦的规矩，断不准在中国住，必逐回去。"① 康熙表示"领过票的就如中国人一样"，可以得到中国政府的保护，并派艾若瑟等到罗马宣示自己的意旨。对多罗，康熙则下了逐客令，将其交澳门总督看管。葡政府本怀疑多罗的使者身份，于是加以监禁。1710 年 5 月，多罗死于软禁中。②

对多罗宣布的禁令，在华传教士分成两派。一派为耶稣会士、北京方济各会主教、江西奥斯丁会主教。他们领取了康熙准予传教的印票，对多罗的禁令，陈述理由，上诉教廷。一派如阎当主教、巴黎外方传教会士，大部分多明我会士和少数方济各会士，遵照教会禁令，拒绝领取印票，因而被逐出境。康熙又派耶稣会士到教廷，要求教皇收回成命，遭到否决。1709 年 3 月，克莱孟十一世重申以前的禁令，要求必须严格遵守；1715 年 3 月 19 日，又颁令禁止教士不得再对礼仪问题进行申诉的规定。次年 8 月，禁令传到广东后，各国教士只得遵守。1717 年 4 月 16 日，康熙命礼部禁止天主教在华传教。1720 年，康熙对教廷禁约做了这样的批示："以后不必西洋人在中国行教。禁止可也。免得多事。"克莱孟十一世派嘉乐来华，1720 年觐见康熙，提出所谓"八项宽免"，在华教士因此议论纷纷。但这时西方传教士既不通汉学，又妄自干涉中国传统的礼仪，因此遭到康熙严厉斥责。鉴于在华教会争论不休，教皇本笃十四世（1742—1758）在 1742 年 6 月 11 日下令取消"八项宽免"，仍照克莱孟十一世颁布的 1715 年禁令执行，并以对此项禁令的服从作为入教的条件。

礼仪问题的争论，根本在于罗马教廷反对利玛窦所开创的耶稣会传教士尊重中国社会制度和儒家学说的传统，无视中国的礼俗和社会特点，妄图干预处于科举制度下中国知识分子的社会生活，终于导致了天主教在华陷于绝境。③

---

① ［意］马国贤：《清廷十三年——马国贤在华回忆录》，李天纲译，上海古籍出版社，2013，第 148 页。

②《中西文化交流史》，第 364—365 页。

③ 同上书，第 365 页。

康熙以后，雍正、乾隆、嘉庆、道光年间，都与罗马教廷的禁令相颉颃，清廷相继颁布了多项限禁天主教传教的命令。雍正初年，有福建教案。福安多明我会士建筑教堂，有人控告教士，闽浙总督满宝向雍正提出："请将各省西洋人除送京效力人员外，余俱安置澳门，其天主堂改为公廨，误入其教者，严行禁饬。"①

雍正元年（1723），雍正下令各省传教士在半年内离境。各省教士50多人（其中耶稣会士37人），连同5位主教都被驱逐出境。1732年8月集中到广州的35名教士也被两广总督驱逐到澳门。在钦天监工作的教士20人，以监正戴进贤、监副徐懋德为首，仍继续留用，但不准传教。雍正又召见巴多明、冯秉正、费隐三司铎，声明中国为维护国家主权，不能使中国人都成天主教徒，听命于教皇，"教友惟认识尔等，一旦边境有事，百姓惟尔等之命是从；虽现在不必顾虑及此，然苟千万战艘，来我海岸，则祸患大矣"②，表示禁止传教的决策不变。1725年10月，罗马教皇本笃十三世的使者到北京，要求弛教禁，雍正有答书致罗马，重申禁教的必要。

不久，苏努案发。贵族苏努因在王位继承问题上襄助康熙第八子允禩，开罪于雍正。苏努全家信教，其子勒什亨在西宁传教，被雍正召回北京收押，祸及苏努本人和葡萄牙耶稣会士穆经远。1726年，葡萄牙派使者麦德乐来华营救，向雍正赠送厚礼。但这丝毫未能动摇雍正的禁教方针，国内教堂仅保留北京的南堂、东堂、北堂和雍正时专为宣教部教士建造的西堂。③ 1742年，教皇本笃十四世下"自上主圣意"谕，坚持罗马教廷1715年的禁令，严格禁止中国教徒遵行中国礼仪。清乾隆皇帝则以驱逐教士的行动相回敬。从这时起直到鸦片战争后缔结南京条约的百年间，西方传教士在中国几乎停止了活动。"礼仪之争"自17世纪20年代爆发以来，至乾隆时期驱逐传教士止，延续百余年之久。

① ［明］徐宗泽：《中国天主教传教史概论》，上海书店出版社，2010，第155页。
②《中西文化交流史》，第385页。
③ 同上书，第366页。

第一章　中西初识：明末清初的中外交往

第二章
西学东渐：明末清初以降西学传入

　　明初郑和远航结束后，明王朝逐渐停止了海洋活动，至新航路开辟西人东来这段时期内，中西交流陷于沉寂。期间，西欧一些国家由于农业与手工业技术的进步，社会劳动分工日益深化，城市商品生产大为发展，开始产生资本主义萌芽。以"人文主义"为基础的"文艺复兴运动"开始兴起，宗教文化对思想的束缚开始减弱，自然科学发展迅速。例如，波兰天文学家哥白尼于 1543 年出版了《天体运行论》，提出了与托勒密的地心说体系不同的日心说体系。意大利科学家伽利略融会贯通了数学、物理学和天文学三门学科，建立了实验的科学方法，发明、利用望远镜观察天体。法国人笛卡儿创立了坐标系与解析几何学。探险家们的航海活动与地理大发现也促进了近代地理学的产生。可以说近代科学在欧洲已经蔚然成风，相较于中国的迟滞，西方人在自然科技方面已然超越中国。

　　对中国来说，当新航路开辟、欧洲人东来之时，中国人对西方的认知却依然是极为有限且充满讹误的。利玛窦入明后，把西洋地理新知识介绍到中国，说中国地处亚细亚洲，而另有欧罗巴洲，中凡七十余国，意大利为其一。中国士大夫多不相信，称其说"荒谬莫考"。但随着欧洲人的大量东来，他们逐渐觉得"其地固有之，不可诬也"，却仍将信将疑。明代对欧洲人的记载渐多，但内容则多为讹传，如"佛郎机人食小儿"，"（佛郎机）其地如牛皮大"，凡此种种。倒是因为双方间的武装冲突，使明人对西洋之坚船利炮印象极为深刻。

　　明末清初时期，把西学（主要是西方的科技文化）传入中国的主力军是传教士。当利玛窦开始在中国传教时，为了便于传教，他把自己从西方带来的自鸣钟、三棱镜、书籍和自己制造的天文仪器、自己手绘的《坤舆万国全图》，陈列在自己的住所，让前来的中国人参观。在同中国官员、士绅、儒生的交往中，总是先介绍西方的自然科学知识，而后开始传教。这种"学术传教"方法在相当长的一段时间内为来华的传教士所奉行，从而使大量西方科技知识传入中国。同时，由于传教士的大力推广，一部分中国士大夫，如明代的徐光启、李之藻、杨廷筠，甚至帝王如康熙、乾隆等都对外来科技产生了浓厚兴趣，这也为西学的传入和传播铺平了道路。明清时期的西学东渐是全方位的，其内容涵盖了军事、天文历法、数学、物理学与机械工程学、地理学、生物学、医药学等自然科学领域以及建筑、绘画、音乐等艺术领域。

第一节　明清时期的西学观念演变

一、明末士大夫的西学观念

（一）明末士大夫的西学热潮及代表人物

明末急剧变化的政治局势与多元的思想状态，为西学的传播创造了良好的氛围；加之利玛窦等耶稣会士传教的方式及其策略契合明末士大夫的政治倾向，于是在社会上掀起了学习西学的热潮。士大夫笃信西学崇善、重伦、事天的思想，可以用来继续鼓吹儒学，弥补儒学的不足。此外，不少传教士具有优良的品德，且精通音乐、算术、天文、机械等领域，因而受到明末士大夫的推崇。

在西学热潮中，涌现出了许多与传教士关系密切的人。据林金水《利玛窦交游人物表》中的统计，与利玛窦来往的官员有 137 名，"这些人当中有王公贵族、朝廷宰臣、六部各卿、地方名宦、学者、僧侣、商

贾，直至黎民庶人，几乎包括了当时各界的知名人物。"① 他们帮忙翻译、介绍西学；倾尽全力保护教会及传教士的安全；努力引导西学与传统儒学相适应，试图通过学习西学，找到解决政治危机的办法。这些士大夫的代表人物有徐光启、杨廷筠、李之藻三人，并称为"圣教三柱石"。他们与传教士密切接触、往来，促进了西学在明末社会的传播。

徐光启（1562—1633），字子先，号玄扈，上海人，教名为保禄。万历二十四年（1596），徐光启前往广西浔州，途经广东韶州，认识了一位传教士——郭居静（1560—1640）。万历二十八年（1600），徐光启拜访在南京的利玛窦，加深了对天主教的认识。万历三十一年（1603），徐光启再次前往南京，此时利玛窦已经北上传教，罗如望接待了他，并送他《天主教要》和《天主实义》两本书。他"于邸中读之，达旦不寐，立志受教。"② 经过研读书目，了解教礼、教义后，徐光启受施洗入教。万历三十二年（1604），徐光启中进士，此后仕途发达，官至内阁大学士。无论身在何处，徐光启始终保持着虔诚的天主教信仰。他入教后不久，因参加会试入京，"到达后的第一要务就是来拜访教堂，行忏悔礼以及领圣餐。有人说，保禄（徐光启）是如此虔诚，以致在领圣餐时竟忍不住流下泪来，就连站在圣坛栏杆旁的人们看了也一样泪流不止。"③ 他在京为官时就努力宣传教义，向家人、朋友、同僚传教。

同时，徐光启支持传教士的传教活动，为维护教会尽心竭力。万历四十四年（1616），南京礼部侍郎上疏反对天主教，请求驱逐西方传教士，兴起南京教案，逮捕大量教士，迫害教徒。在这期间，徐光启为保护传教事业四处奔波，不仅写信嘱咐在上海的家人保护教士、料理教务，还上《辩学章疏》，为教会及教士辩护。此外，徐光启积极引进西方的器物，使朝廷意识到西方科技的重要性；推荐传教士担任官职，在

① 林金水：《利玛窦交游人物表》，载中外关系史学会编《中外关系史论丛》（第 1 辑），世界知识出版社，1985，第 117 页。
② ［意］艾儒略：《大西利先生行迹》，转引自梁家勉编著《徐光启年谱》，上海古籍出版社，1981，第 69 页。
③ ［意］利玛窦、［比］金尼阁：《利玛窦中国札记》，何高济等译，何兆武校，中华书局，1983，第 263 页。

一定程度上提高了传教士的声望，对天主教的传播起到了正面作用。

万历四十七年（1619），徐光启请李之藻派人前往澳门购买火炮。次年（1620），李之藻的门生张焘从澳门购得一批火炮，并带回炮手前来教学。后来，袁崇焕守宁远，用西洋火炮大败清军。朝廷看到西洋火炮的威力，决定下诏到澳门招募洋人和传教士来京供职。崇祯二年（1629），徐光启主持西局，督领修历，并借机邀请传教士龙华民、邓玉函、罗雅谷、汤若望等入京参加修历，对他们格外关照。在去世前一天的上疏中，他还为传教士请功："如远臣罗雅谷、汤若望等，撰译书表，制造仪器，算测交食躔度，讲教监局官生，数年呕心沥血，几于颖秃唇焦，功应首叙；但远臣辈守素学道，不愿官职，劳无可酬，惟有量给无碍田房，以为安身养赡之地，不惟后学攸资，而异域归忠，亦可假此为劝。"①

徐光启对天主教的虔诚信仰和传教士活动的保护，受到传教士的高度赞扬，耶稣会士柏应理在《徐光启行略》中写道："现在西国，大圣父与国王及公卿士庶，无不称赞中国之徐公，诚心恭敬天主，著书立行，德高业盛，真为天学干城，国家桢干。"②

徐光启还主张引进、仿制西方火器，增强明帝国军事实力，这是徐光启接触西学之后重要思想特点。徐光启继承"器械不利，以其卒予敌也"的思想，认为"切盔甲、面具、臂手、刀剑、矛戟、车仗、牌盾、大小火器之类，务求精密坚致，锋利猛烈，数倍于奴"③。"若有人无器，则人非我有矣。"④ 他尤其重视火器，认为"今守城全赖火器"⑤。这里

---

① ［明］徐光启：《治历已有成模恳祈恩叙疏》，载徐光启撰，王重民辑校《徐光启集》下，上海古籍出版社，1963，第427—428页。

② 许明龙主编《中西文化交流先驱》，东方出版社，1993，第65页。

③ ［明］徐光启：《辽左阽危已甚疏》，载王重民辑校《徐光启集》卷三，上海古籍出版社，1963，第109页。

④ ［明］徐光启：《处不得不战之势宜求必战必胜之策疏》，载王重民辑校《徐光启集》卷六，上海古籍出版社，1963，第309页。

⑤ ［明］徐光启：《记崇祯二年十一月初四日平台召对事》，载《徐光启集》卷六，第270页。

的火器，主要是指西方的大炮。徐光启认为："夫兵器至于大炮，至猛至烈，无有他器可以逾之。"① 要想战胜敌人，独有神威大炮一器而已。因此，他强调制造火器要精。求精之法，对于西洋火器就是要尽用彼术，毫厘不差，即不走样的模仿；对于已有的火器，要选择能工巧匠制造，"除积弊，立成规，酌旧法，出新意"。②

徐光启提出"火器者今之时务也"③，并提出要向西方学习，"尽用其术"，主张完全效法西方。徐光启积极向西方学习先进的技术，以保卫自己的国家，这点是难能可贵的。徐光启的主张如能实现，不仅有可能改善明军的武器装备和防御能力，且可使中国的军事技术接近或赶上西方的水平。

杨廷筠（1557—1627），字仲坚，号淇园，今浙江杭州人，教名弥额尔。万历二十年（1592）中进士。万历三十年（1602），杨廷筠结识了利玛窦，接触到天主教和西学。万历三十九年（1611），杨廷筠见到郭居静、金尼阁两位传教士，"欣然叩其宗旨，既而恳觌主像，竦息瞻拜，恍若大主临而命之也，因延先生（指郭居静、金尼阁）至家，厚礼之。"④

此后，杨廷筠奉天主教。他把自己家中原先供奉菩萨的厅堂改成圣堂。本着博爱精神，杨廷筠做了许多救济普通百姓的善举，如建立仁会，召集缙绅将每日存储或劝募所得捐出，使"饥者得食，病者得医，死者得葬"⑤。他兴办仁馆，让无钱读书的穷孩子入馆学习，亲自为孩子们讲授伦理道德。同时，杨廷筠也为传教士提供了很大的物质帮助。他买了一处房子作为传教士住处，便利传教士在杭州居住和传教。他为修

---

① ［明］徐光启：《钦奉明旨敷陈愚见疏》，载《徐光启集》卷六，第 310 页。

② 《辽左阽危已甚疏》，载《徐光启集》卷三，第 109 页。

③ ［明］徐光启：《略陈台铳事宜并申愚见疏》，载王重民辑校《徐光启集》卷四，上海古籍出版社，1963，第 207 页。

④ 丁志麟：《杨淇园先生超性事迹》，转引自方豪《李之藻研究》，海豚出版社，2016，第 49 页。

⑤ 林坚：《明末天主教儒者杨廷筠》，《中国天主教》1990 年第 1 期。

建教堂出钱出力，一生共修了四座教堂。① 此外，他还写过多部弘扬天主教的著述，主要有《代疑编》《代疑续编》《天释明辨》《鸮鸾不并鸣说》《圣水纪言》等。

李之藻（1565—1630），字振之，号凉庵居士、存园寄叟等，今浙江杭州人。万历二十六年（1598）中进士，任南京工部营缮司员外郎、福建学政、南京太仆寺少卿、广东布政使、光禄寺少卿等职。"万历辛丑（1601），利氏（利玛窦）来宾，余（李之藻）从寮友数辈访之。"② 之后，两人开始了密切交往。李之藻向利玛窦学习西方科学，利玛窦向李之藻宣传天主教义。李之藻受洗加入天主教，教名良，传教士称他为"良博士"。入教后，他捐献黄金 100 两，用于修筑北京的教堂。

李之藻早年信奉佛教，在家中设佛堂，供奉菩萨。皈依天主教后，他将家中的佛像换上天主教耶稣救世主像，还在自家附近建造了一所小教堂。李之藻还积极撰写、编著相关文章和书籍。他为传教士的著述作序，向世人介绍传教士和天主教。晚年，他致力于编辑刻印《天学初函》，于卒前一年（1629）完成。这是中国历史上第一部全面介绍西学的丛书，汇集了李之藻、徐光启与利玛窦等传教士的译著，共 20 种，54卷，32 册。丛书分为《理编》《器编》《二编》，《器编》主要介绍西方科学技术书籍，而《理编》10 种则多为宣传天主教教义的著作。李之藻信教的虔诚和为天主教的发展所做的努力，得到了传教士的高度评价："中国的基督教，在所有的情况下，都要大大地感谢李良博士（李之藻）非凡的虔诚和提供的仁慈帮助。"③

徐光启、李之藻、杨廷筠是"同时代的朋友，生活在经济上最发达、学术上最活跃的同一地区（杭州和上海）。他们受过良好教育，都有官职，在经济上也有保障，因而他们是传教事业的最大支持者和保护者。他们撰写著作，帮助翻译、编辑、出版耶稣会士的著作，寻求儒家和基督教之

---

① 林坚：《明末天主教儒者杨廷筠》，《中国天主教》1990 年第 1 期。

② 李之藻：《刻职方外纪序》，载徐宗泽《明清间耶稣会士译著提要》，中华书局，1989，第 414 页。

③《大中国志》，第 292 页。

第二章 西学东渐：明末清初以降西学传入

47

间富有活力的融合"①。特别在"南京教案"发生以后，三人都尽己所能，或上疏抗辩，说明传教士来华，于国有利；或甘冒风险，藏匿被逐之西人。他们因此被称为天主教在中国开教的"三大柱石"②。

（二）朱彝尊、黄宗羲与西方文化的对话

1. 朱彝尊对西方文化的拒斥态度

朱彝尊（1629—1709），浙江秀水（今嘉兴）人，经历了明朝覆亡。顺治末年，朱彝尊参加抗清活动。康熙十八年（1679），朱彝尊应试博学鸿词科，做了翰林院检讨。他参与清朝修撰明史的工作，且负责记录皇帝的起居注，阅读了大量的官方藏书。"他在博览群书与梳理考证的基础上，完成了《日下旧闻》《经义考》等书籍。众多文人士子对他的评价极高，潘耒于《曝书亭集序》中载：'竹垞之学，邃于经，淹于史，贯穿于诸子百家。凡天下有字之书，无弗披览，坠闻逸事，无弗记忆，蕴蓄闳深，搜罗繁富。析理论事，考古证今，元元本本，精详确当。发前人未见之隐，剖千古不决之疑。'"③

自明万历年间利玛窦来华，西学书籍逐渐被翻译成汉文，至清康熙年间，西学书籍繁多。朱彝尊"无所不窥"，自然阅读了不少西学书籍。他在文集中，表达了对西方传教士及西方书籍的看法。文集中提及的传教士主要有利玛窦与汤若望。明万历十年（1582），利玛窦开始来中国传教。期间经过多年努力，于万历二十九年（1601），得以觐见皇帝。当时接待利玛窦的礼部尚书朱国祚正是朱彝尊的曾祖父。朱彝尊在《书冯尚书元飙〈题首善书院诗〉后》中记述了曾祖父的故事："万历二十九年二月庚午朔，天津河御用监少监马堂，进大西洋利玛窦所贡土物。时先文恪公以礼部侍郎掌本部尚书事，疏言《会典》止有西洋琐里国，无所谓大西洋，其真伪不可知。又寄住二十年方行进贡，与远方慕义献琛者

---

① [意] 柯毅霖：《晚明基督论》，王志成等译，四川人民出版社，1999，第 334 页。

② 熊月之：《西学东渐与晚清社会》，上海人民出版社，1994，第 62 页。

③ 于翠玲：《朱彝尊对西洋传教士及其书籍的看法——康熙朝文人阅读史个案探析》，《北京行政学院学报》2012 年第 2 期。

不同。且所贡天主、天主母图，既属不经，而行李中有神仙骨。夫既称神仙，自能翀举，安得遗骨？此韩愈所云凶秽之余，不宜令入宫禁者也。乞速勒归国，勿许潜居两京，与内监交往，以致别生支节，眩惑愚民。疏进，不报。迨天启初元，邹忠介、冯慕定同官都察院，都人建首善书院于大时雍坊，为讲学之所。二年……西洋人汤若望以其国中推步之法，证《大统历》之差。徐宫保光启笃信之，借书院作历局，遂距其中，更名天主堂。书院废而逆祠建矣。诵冯公诗，足当诗史。"① 天津税监马堂向朝廷进利玛窦所献之物，奏报利玛窦请求入京。朱彝尊记述其先祖朱国祚上奏指出《大明会典》不载大西洋，"真伪不可知"，以及利玛窦所献之物不宜入宫中，请赐给冠带令其回国，不许在南北两京居住，阻止利玛窦等人的传教工作。神宗没有采纳，准利玛窦入京，进献天主像、圣母像、天主经典、世界地图等，利玛窦等人的传教活动得到了官方认可。后来，利玛窦在徐光启等人的支持下，改书院为天主堂。朱彝尊称天主堂为"逆堂"，"逆"字可见他对西方传教士持排斥的态度。

朱彝尊除了排斥西方传教士，还批评西学书籍。继传教活动取得合法地位后，陆续有传教士来华。他们为了更好地传教，学习汉语与儒家经典，翻译了大量的西学著作，涉及诸多领域。朱彝尊作为一个藏书大家与学者，为大量书籍写了序跋，其中甚至包括为朝鲜人所写的《高丽史》与日本人所著的《吾妻镜》。但综观朱彝尊的文集，没有一篇是为西洋书籍所写的序跋，仅在《竹垞行笈书目》中有一句"西洋书四十三本"，并未指明具体的西洋书名。

随着西方历法传入中国，朱彝尊也在文集中提及对西方历法的看法。朱彝尊在《张氏〈定历玉衡〉序》中充分肯定了张简庵这本书的价值，"博综历法五十有六家，正古今历数之谬四十有四，成书一十八卷。既择焉而精，语焉而详矣，始稽之吴江王寅旭氏，继又往证之宣城梅定九氏"，并举王锡阐（1628—1682）、梅文鼎（1633—1721）为辅证。此外，他拿此书与西洋传教士所编写的中国历法书作对比，认为"凡西洋

---

① 朱彝尊：《曝书亭全集》，吉林文史出版社，2009，第491页。

之言，溺于数之中，出于理之外，傲人以所不知者，弗受其惑焉……是书传，足以伸儒者之气，折泰西之口，而王氏、梅氏为不孤矣"①。朱彝尊在这里提倡博览古籍、严谨实证的治学方法，排斥西方"傲人以所不知者"的态度。

与朱彝尊同为"博学鸿词科"出身的彭孙遹（1631—1700）则写出《永年历法赋》，称颂西洋传教士南怀仁所编著的《康熙永年历法》。王宏撰（1622—1702）区分了西学中的宗教与科学。尤侗（1618—1704）参与修撰《明史》，在《明史·外国传》中大量引用了传教士艾儒略《职方外纪》的内容；闲暇时撰《外国竹枝词》一卷百首，其中涉及海外国家和地区的有 80 余首。②

2. 黄宗羲：吸纳西学，排斥天主教

黄宗羲（1610—1695），字太冲，一字德冰，号南雷，浙江余姚人。明亡后隐居著书讲学，学问广博，是明清之际著名的思想家和史学家。少年黄宗羲"好窥群籍"，对西方历算颇感兴趣。据《年谱》记载，天启三年（1623），宗羲十四岁，"补仁和博士弟子员。秋，随侍忠端公（尊素）至京……公（宗羲）在京邸，好窥群籍，不琐守章句。"③ 黄宗羲在诗歌《赠百岁翁陈赓卿》中记录了汤若望对自己的西学启蒙："西人汤若望，历算称开辟。为吾发其凡，由此识阡陌。"④ 他并不满足于与传教士的往来，而是走访各地，广购典籍，始终关注包括西方历算在内的最新西学成果。

黄宗羲擅长西洋历算学的研究，所撰述的自然科学著作涉及天文、数学、地理等学科，撰写了《西历假如》《新推交食法》《时宪历法解》《句股

---

① 于翠玲：《朱彝尊对西洋传教士及其书籍的看法——康熙朝文人阅读史个案探析》，《北京行政学院学报》2012 年第 2 期。

②［清］尤侗：《西堂全集》，康熙刻本。关于《外国竹枝词》，载王慎之、王子今辑《清代海外竹枝词》，北京大学出版社，1994，第 5—38 页。

③［清］黄炳垕：《黄宗羲年谱》（卷上），王政尧点校，中华书局，1993，第 11 页。

④［明］黄宗羲：《赠百岁翁陈赓卿》，载［清］全祖望选辑《南雷诗历》卷四，清郑大节刻本。

图说》《开方命算》《测圆要义》《割圆八线解》等书。① "黄宗羲撰于康熙元年（1662）的政治社会思想代表作《明夷待访录》，全面描绘了他设计的理想社会蓝图，主张将历算、测量、火器、水利等涉及科学技术的专门学问列入国家选拔人才的范围，并奖励研究发明者。"② 黄宗羲提倡的这些学问，正是明末清初西学东渐的主要内容，这与他强调的实学与实绩思想相符。黄宗羲吸收西学成果，但并不盲从，而是试图补足不完善之处，以实现会通中西的追求。全祖望对此有过评价："黄氏（宗羲）最精历学，会通中西。"③ 他推崇徐光启的《崇祯历书》，但也就书中存在的问题提出自己的见解。他针对《授时历》等传统历法，不载"其作法根本"，而使人不知历法原理的缺陷，向弟子提出"某意欲将作表之法，载于志中，使推者不必见表，而自能成表，则尤为尽善也"④。

黄宗羲师从刘宗周，而刘宗周视天主教为邪教，他对西学的激烈反应，影响到刚刚接触西学的黄宗羲；另一方面，刘宗周后来的遭遇和明清之际时势的变化促使黄宗羲对师父的西学观作出反思。黄宗羲在《破邪论》中斥天主教为邪教，"为天主之教者，抑佛而崇天是已，乃立天主之像记其事，实则以人鬼当之，并上帝而抹杀之矣。此等邪说虽止于君子，然其所由来者未尝非儒者开其端也。"⑤ 在贬斥天主教为邪教的基础上，黄宗羲一方面尽管承认地狱"使阳世不得其平者，于此无不平焉"，但是又指出，化解人世阴惨荼毒的最佳利器，不是"以阴止阴"的爱恶攻取，而是"阳和之气"。显然黄宗羲虽接受了西学的相关知识，但是在对待天主教的问题上，仍保持着排斥的态度。

① 李勇：《魏大中传》，上海三联书店，2021，第313页。

② 同上。

③ [清] 黄宗羲：《答万贞一论〈明史·历志〉书》，载《黄宗羲全集》第十册，浙江古籍出版社，2012，第206页。

④ [清] 永瑢等：《四库全书总目》卷一〇七，中华书局，1965。

⑤ [明] 黄宗羲：《叙陈言扬句股述》，载沈善洪主编，平慧善点校《黄宗羲全集》第十册，浙江古籍出版社，1993，第35—36页。

（三）西学中源说与中学西源说

明末清初，大量西方传教士来华，促进了中西文明的沟通与融合。在双方交流互动的过程中形成了"西学中源"与"中学西源"两种交流理论。

1. 西学中源

明清之际的西方传教士为了更好地传教，力图用儒家思想来佐证基督教义，采用"合儒"方式进行附会解读。例如，宣称儒家思想中的"天"即为基督教的"天主"，儒家思想中的"仁"即为基督教的"博爱"，儒家思想中的"忠孝廉节"即为基督教的"敬天爱人"；卫匡国（1614—1661）为了调节中西双方的文化心态，在绘制世界地图时，标注了以北京和以欧洲为中心的两条子午线。[①] 利玛窦在深入研究儒家经典学术著作之后，将中国历史与西方文化调和后介绍给西方。1595年，利玛窦在南昌刊刻《天学实义》，在书中引用了诸多儒家经典文献来佐证基督教义。1608年，利玛窦写成《畸人十篇》，通过十封信函的形式，将中国的儒、释、道与西方的神学、哲学思想进行对比。这是欧洲学术史上第一部对中西思想进行对比的著作。[②] "利玛窦实为明季沟通中西文化之第一人。自利氏入华，迄于乾嘉厉行禁教之时为止，中西文化之交流蔚为巨观。西洋近代天文、历法、数学、物理、医学、哲学、地理、水利诸学，建筑、音乐、绘画等艺术，无不在此时期传入；而欧洲人之开始移译中国经籍，研究中国儒学及一般文化体系之演进，以及政治、生活、文学、教会各方面受中国之影响，亦无不出现于此时。"[③]

在各国传教士中，法国耶稣会士的贡献最大。正如韩琦所说："洪若翰负责中国天文学史和地理学史，以与巴黎天文台所做的天文观测相比较；刘应负责中国通史，汉字与汉语的起源；白晋负责动植物的自然史和中国医学的研究；李明负责艺术史和工艺史；张诚负责中国的现状、警察、官

---

① 孟德卫：《奇异的国度：耶稣会适应政策及汉学的起源》，陈怡译，大象出版社，2010，第35页、第36页、第118页。

② 武斌：《中华文化海外传播史》，陕西人民出版社，1998，第1724页。

③ 方豪：《中西交通史》，岳麓书社，1987，第692页。

府和当地风俗，矿物和物理学（指医学）的其他部分，即指白晋研究以外的部分。"① 他们对中国的方方面面进行了系统的调查与记录。

自利玛窦之后，许多传教士向西方汇报中国的各种情况。卫匡国在《中国新图》《中国上古史》《鞑靼战纪》中介绍了孔子、孟子和儒家思想及儒家经典，尤其对孟子有极高的评价，认为他是"非常高尚和极有雄辩力的哲学家"。龙华民认为利玛窦等人把中国人的"上帝"等同于西方人的"上帝"是错误的。他认为中国哲学是自然主义的，是与基督教思想不相符的，尤其是宋儒所说的"理""太极"，实际上是一种物质世界的本源，其本身也是物质性的，而不是神性的②，因此"中国礼仪"是不符合基督教教义的。李明在《中国现势新志》中介绍宋代儒学时认为：宋代哲学家主张自然以外不存在任何东西，而"理"则是自然中最根本的原则。白晋是法国来华耶稣会士中的重要人物，深受康熙器重，著有《中国语言中之天与上帝》，力图证明中国人称天主为"天"，为"上帝"。③

但是，在西方传教士利用儒家思想进行传教的同时，中国的一些学者对西学产生了一些误解。正如佛教传入中国之初，《旧唐书·经籍志》将此附会为"道家"；明末清初学者也将"基督教"视作"道教"，如《明史·艺文志》将《寰有诠》归入"道家"。西方传教士的附会，引起了误解，所以明末清初的士大夫提出了"西学中源"的假说。黄宗羲根据"天子失官，学在四夷"的理论，推测勾股之术最初乃为周公之学，但后来在中国逐渐失传，为西方人所继承，再传入中国。④"对于'西学中源说'讲得比较明确的要数康熙帝了，当时传教士为了取悦康熙帝，故意把代数的译名'阿尔热巴达'转译为'东来法'。据此，康熙帝不无自豪地说，西洋'算法之理，皆出《易经》'，'彼称阿尔朱巴尔，传自东方之谓也'。由此，他便断言传教士带来的西学'源出自中国，传及

① 韩琦：《中国科学技术的西传及其影响》，河北人民出版社，1999，第 20 页。
② 张西平：《中国与欧洲早期宗教和哲学交流史》，东方出版社，2001，第 310 页。
③ 张西平：《跟随利玛窦到中国》，五洲传播出版社，2006，第 153—157 页。
④ 郑云艳：《中西文明互鉴中的三种知识汇通模式》，《北京行政学院学报》2019 年第 4 期。

于极西'。皇帝的话具有至高无上的权威，况且这话又恰恰很符合人们的传统文化心理。"① 梅文鼎是"西学中源"说的集大成者，对康熙帝的说法大为赞同，"伏读圣制《三角形论》，谓古人历法流传西土，彼土之人习而加精焉尔天语煌煌，可息诸家聚讼。"② 由此可见中国士大夫面对西方文化输入的复杂心态，他们虽认识到西方文化的先进之处，却又无法摆脱传统文化的枷锁，为寻求心态平衡，"西学中源说"由此萌发。

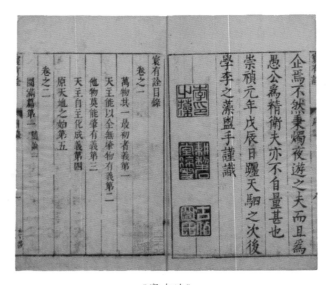

《寰有诠》

在此之后，传入中国的西学被吸收到中国的文化体系之中，如1631年，李之藻与葡萄牙耶稣会士傅泛际（1587—1653）合译《名理探》，书中将"伦理学（ethics）"译作"克己"，将"经济学（economics）"译作"治家"，将"政治学（politics）"译作"治世"，这与儒家"修身、齐家、治国、平天下"的理念相一致。③ 纪昀在《四库全书总目》中对

① 安宇：《冲撞与融合——中国近代文化史论》，学林出版社，2001，第113页。
② ［清］梅文鼎：《绩学堂诗钞》卷四《西坐山窗·上孝感相国》，清乾隆二十二年刊本。
③ 郑云艳：《中西文明互鉴中的三种知识汇通模式》，《北京行政学院学报》2019年第4期。

"西学"有如下解释："文科如中国之小学，理科则如中国之大学，医科、法科、教科者，皆其事业，道科则在彼法中所谓尽兴致命之极也。其致力亦以格物穷理为本，以明体达用为功，与儒学次序略似。"①

2. 中学西源

中国的"西学中源说"传回西方后，引发了西方史学界的大讨论，他们中的大多数人持相反的观点，支持"中学西源"说，试图在中国的典籍记载中寻找人类的语言起源。"索隐派"提出"东西经典互证理论"来论证"中学西源"说。如有西方学者认为，中国古代典籍因"焚书坑儒"事件，所以之后的记载不可信，但是西方的记载是连续的，可以用《圣经》来解释中国古代历史。② 为了平息西方的宗教冲突，"中学西源说"兴起。因此，该学说最初多以"西文"形式在欧洲流传。

明末清初，西方传教士所传入的"西学"是有限的。据艾尔曼（1946—？）的研究，耶稣传教士所传入的"西学"是经一定的筛选的。传教士翻译的大量西学著作，成为"中学西源"说的主要支撑。例如，利玛窦与徐光启合作译介的《几何原本》前六卷，成为中国科学与西方科学"会通归一"的先导，丰富了中国传统几何学；利玛窦与李之藻合作刊刻的《坤舆万国全图》引进了地圆概念，并以经纬度划分球面，介绍五大洲、三大洋的地理位置；熊三拔与徐光启合译的《泰西水法》，介绍了西方的水利科学，具体阐述了取水工具、蓄水、寻水、辨别水质及蒸馏提取药露的诸种方法，绘有龙尾车、玉衡车、水库的简图；德国耶稣会传教士约翰·特伦茨（1576—1630），中文名为邓玉函，他负责口译，王征笔述绘图而成的《奇器图说》，系统地以中文介绍西方机械原理等，包括地心引力、阿基米德浮力、天平、杠杆、滑轮等原理；意大利传教士艾略儒在《职方外纪》《西方问答》中介绍各国山川河流、风土人情、物产风俗、西洋海陆交通等情况，帮助中国人更好地了解世界各国。尽管如此，当时最新的西学并未及时传入。

---

① ［清］纪昀：《四库全书总目提要》，河北人民出版社，2000，第3236页。
② 肖清和：《清初索隐派传教士马若瑟的三一论与跨文化诠释——认〈三一三〉为中心》，《北京行政学院学报》2018年第4期。

18 世纪中叶后，中西文化交流中断。19 世纪"洋务运动"之后，新一轮的西学知识传入中国。与早期耶稣会士不同，近代传教士摆脱以往单纯的宗教宣传，而是将宣传的重点放在西学上。1855 年，英国传教士合信（1816—1873）的《博物新编》专门向中国人介绍了西方气象学、物理学、化学、天文等各类知识；1874 年，英国传教士傅兰雅（1839—1928）创办的格致书院则主要教授西方矿务、电学、测绘、工程、汽机、制造等知识。随着大量新西学知识的输入，"中学西源说"再次出现。[①]

二、清代前中期皇帝的西学观念

明清易代，西学继续在中国传播。从传统的"夷夏观"看，清朝统治者是"外族"，以"夷"代"夏"，所以清初政局不稳。而西学作为外来之学，也被一些传统的士大夫视为"夷"。清初的统治者，重视西学，尤其重视对巩固政权有利的西洋炮火，利用西学中的历法、天算，取得"代天而言"的正统，缓和与汉族的矛盾，达到笼络人心、巩固政权的作用。随着康乾盛世的到来，顺、康、雍、乾四位帝王对天主教及西学的不同对策，为西学的进一步深入传播提供了契机。德国耶稣会士汤若望于明天启年间来华，参与修订历书和铸造火炮，深得崇祯皇帝的信任。而自 1644 年，清兵入关，改朝换代，汤若望继续留在北京传教。清初，为了验证政权的正统，统治者亟需懂得天文历算及制作炮火的人才。统治者的需要，为汤若望施展才华与传教提供了机会。

顺治十四年（1657），顺治皇帝御赐汤若望《天主堂碑记》，从这可看出顺治皇帝对西方科学的态度："于时汤若望航海而来，理数兼畅，被荐召试，设局授粲，奈众议纷纷，终莫能用。岁在甲申，朕仰承天眷，诞受多方，适当正位凝命之时，首举治历明时之典。仲秋月朔，日有食之，特遣大臣，督率所司，登台测验，其时刻分秒起复方位，独与若望预奏者，悉相符合。及乙酉孟春之望，再验月食，亦纤毫无爽，岂

---

① 郑云艳：《中西文明互鉴中的三种知识汇通模式》，《北京行政学院学报》2019 年第 4 期。

非天生斯人，以待朕创制立法之用哉。朕特任以司天，造成新历，勅名时宪，颁行远迩。"① 顺治帝重视西方天文历算与历法，因它与农业生产及敬天勤民息息相关。同时，顺治帝认为汤若望有真才实学，能利用西方天文历法准确测日月食，这也直接证明清朝政权是"代天而言"的，具有合法性。于是，汤若望受到顺治帝的重视，仕途亨通。顺治元年（1644），顺治帝令汤若望掌管钦天监印信，此举开了西方传教士任职钦天监监正的先河；顺治十二年（1655），顺治帝授汤若望通政使司通政使衔，用二品顶戴；顺治十四年（1657），赐《天主堂碑记》及"通玄佳境"匾额；顺治十五年（1658），汤若望又升任光禄大夫。

顺治帝重用耶稣会士汤若望、重视西方天文历法的出发点乃是被汤若望的博学多才打动，利用西学证明清朝政权"代天而言"的合法性。而对于天主教，顺治帝在碑文中说得很清楚："朕巡幸南苑，偶经斯地，见神之仪貌，如其国人……夫朕所服膺者，尧舜周孔之道，所讲求者，精一执中之理。至于玄笈贝文，所称《道德》《楞严》诸书，虽尝涉猎，而旨趣茫然。况西洋之书，天主之教，朕素未览阅，焉能知其说哉。"② 顺治帝选择的是孔孟之道，对天主教"素未览阅，焉能知其说哉"③，毫无兴趣。顺治帝虽然对天主教不感兴趣，但是没有公开禁止传教，而是重用汤若望，令天主教的传教活动得以在清初继续发展，教徒"有十万零四千九百八十名，而在这以前，自明万历九年（1581）至顺治七年（1650）的七十年中，却仅有十五万人左右"④。

康熙帝时期，来华传教士不再仅限于耶稣会士，方济各会、多明我会等修会会士也在康熙年间相继来华。他们大多深入康熙宫廷，在天文历学、数学、地理学、音乐、绘画、医药学等领域颇有贡献。康熙初年的"历狱"后，康熙皇帝认识到西洋"历皆合天象"⑤，积极倡导研究西

① 李兰琴：《汤若望传》，东方出版社，1995，第 144 页。
②《汤若望传》，第 144—145 页。
③［德］魏特：《汤若望传》第二册，杨丙辰译，知识产权出版社，2015，第 297 页。
④ 清史编委会编《清代人物传稿》上编第一卷，中华书局，1984，第 297 页。
⑤《清圣祖实录》卷二十八，康熙八年二月庚午条。

学，准予康熙九年（1670）推行西洋九十六刻历日。"历狱"虽然对西方传教士打击不小，但进一步印证了西方科技的真理性，"授西洋人南怀仁为钦天监监副"①，"自是钦天监用西洋人，累进为监正、监副，相继不绝。"②康熙十三年（1674）"加南怀仁太常寺卿衔，仍治理历法"③，并令有司"习熟之人方准生用，其未经学习者，不准升用"④。

康熙帝对西学的研究相当广泛，涉及天文学、数学、地理学、药理学、解剖学等。他推动以西法治历，学习研究新式的天文仪器；组织编纂大型数学丛书；认可"地圆说"，并且开展地图测绘等实践；疾病被治愈后热衷医学，对人体组织以及功能感兴趣，学习解剖学，而后在宫廷内开设化学实验室研究西药制剂等。康熙帝对西学推崇，以及对西学功用的认识主要集中在"技用"，例如历法准确性、西方火器性能的优良性、西方测绘学的实操应用性等。西方的学术研究有着极强的实用性，康熙帝对西学的认识以及研究的重点也放置在"技"和"用"上，学习西学有着"断人之是非"的功利性。他提倡西学的目的也是在于他认为西学能维护清王朝的统治。

在康熙帝的推动下，西学思潮日益兴起，东西方文化不断交流碰撞，但是西方文化对中国社会的影响更多出现在科学技术领域上。康熙帝的西洋教师白晋、张诚、南怀仁等人的身份皆为传教士，来华的本意皆为布道，但异域文化和宗教信仰差距较大，给他们的传播带来了很大的障碍。于是，他们选择了宗教之外的手段——用科学来叩开中国的大门。科学是一种普遍原理，具有普适性，超越了信仰价值取向，适用于不同的文化圈层。以科学作为媒介，可以缓解不同文化背景下的人们对西方思想的排斥和抗拒。但是，康熙帝在接受了传教士的科学思想后，没有把西方的宗教信仰及天主教一并吸收。他不仅不信奉天主教，并且

---

① 《清圣祖实录》卷二十八，康熙八年三月庚戌条。
② ［清］赵尔巽等：《清史稿》卷二百七十二，载《列传五十九·南怀仁》，中华书局，1977，第 10025 页。
③ 《清圣祖实录》卷四十六，康熙十三年丁酉条。
④ ［清］王先谦编《东华录》卷四，康熙十五年八月庚申条。

下令禁止传教士开展非正常的宗教信仰活动。他对西学的选择性接受可以概括为"节取其技能而禁传其学术"。与此同时，他还提倡发端自明末遗民的"西学中源"说。以"华夏""天朝上国"自居的清廷为了维护统治，为了避免"用夷变夏"的论说，康熙帝提倡"西学中源"，为采用西方科学技术成果提供了合理的依据。首先，康熙帝认为西学是"技""用"，是器物、技术，进而认识到掌握西学的技术需要运用逻辑思维能力；其次，他提倡西学是因为西学具有很强的现实功利性，可以维护和巩固清朝的封建统治；最后，他为了合理地使用西学，提出"西学中源"，并且把西学的传播局限在"器物"与"应用"上，是一种传统的实用主义观。

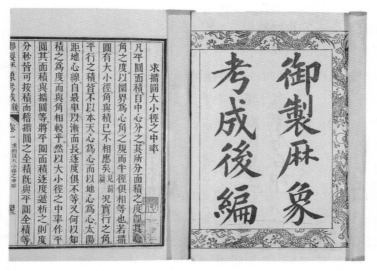

《御制历象考成后编》

在康熙的大力推动下，清前中期，中国的科学技术取得新的成果，其中以《律历渊源》和《皇舆全览图》最为著名。《律历渊源》囊括了各个方面的西方科学知识，涉及了天文历法、音乐和数学知识，共有一百卷，是一部体现当时中国自然科学最高水平的总结性巨著。其中，天文历法有《历象考成》四十二卷，音乐知识有《律吕正义》五卷，数学知识有《数理精蕴》五十三卷，介绍了众多西方近代的数学知识，包

括：指数概念、新的割圆方法、多项式乘除法则以及对数造表法等。

1723 年，雍正帝即位，一改此前"以宽大为主"的主政风格，雷厉风行地革除弊政，打击异己，厉行文化专制，社会氛围颇为紧张。康熙晚年，觊觎储君之位的众皇子蠢蠢欲动，拉帮结派，组建各自的政治智囊，西方传教士也参与其中，为有极大继位可能的皇八子出谋划策，奔走效劳。但雍正皇帝最终继承大统，这意味着传教士的政治理想至此破灭。雍正皇帝继续执行康熙末年的禁教政策，使天主教的传播一度陷入低谷。

雍正皇帝虽然禁止天主教在中国的传播，但并不意味着他绝对排外。在雍正二年（1724）的一道圣谕中，雍正皇帝告诫群臣因传教士"通晓历数，故国家用之"①，可见雍正皇帝对西学是有选择性的接纳。他不喜天文历算等数理知识，而是偏爱西洋艺术及西洋奇器，天文测算仪器、西药等物品。此外，宫中活跃着精通数学和天文学的日耳曼人戴进贤、擅长医药与外科的意大利籍修士罗怀忠、以宫廷画师著称的意大利籍传教士郎世宁、精于地理勘测的雷孝思与费隐、通晓满汉文的法国籍传教士冯秉正和巴多明、被誉为"最博学的耶稣会传教士"的拉丁语教师宋君荣等人。

西方传教士投雍正皇帝西洋奇器之好。雍正十年（1732），戴进贤、巴多明、徐懋德、德理格等向雍正皇帝进献西洋奇器。雍正帝也喜好西药，据《清宫医案研究》一书中记载，雍正十一年（1733），罗怀忠向雍正皇帝进献西洋药酒配方说帖三张，分别介绍了各个配方的配制方法、药性等。② 此外，雍正帝闲暇之余，也注重运用西洋艺术陶冶性情，在中国第一历史档案馆编的《清中前期西洋天主教在华活动档案史料》第四册中，汇集了西方传教士在雍正宫廷的活动史料。这些史料包括雍正元年（1723）三月二十五日的《怡亲王谕传西洋人冯秉正郎世宁认看鱼骨画眉石》、雍正元年四月二十五日的《西洋人冯秉正罗怀忠认看西洋铜手镯》、雍正四年（1726）正月十一日的《传旨着西洋人巴多明认看日晷》

① 张泽：《清代禁教期的天主教》，台湾光启出版社，1992，第 34 页。
② 陈可冀主编《清宫医案研究》，中医古籍出版社，1996，第 2192—2193 页。

等史料。

雍正帝虽施行禁教政策，但依然让西方传教士在宫廷任职，这进一步说明了雍正皇帝对西学的吸纳是有选择的，西洋器物只是雍正皇帝闲暇之余消遣娱乐的玩物，西方传教士则充当为雍正皇帝源源不断地引进并制造各式各样新鲜奇特的西洋器物的角色。西方传教士极力宣扬的天主福音，在雍正时期是不可能得到官方正式推动的。

乾隆帝对西方艺术喜爱有加，擅长舞文弄墨，移情草木山水。郎世宁、魏继普、鲁仲贤、汤执中、艾启蒙、贺清泰、潘廷璋、李俊贤、蒋友仁、纪文、宋君荣、杨自新、傅作霖、高慎思等西方传教士在朝廷供职，西学继顺、康、雍之后继续在宫廷传播。从《清中前期西洋天主教在华活动档案史料》第四册所汇集的有关史料来看，西方传教士在乾隆宫廷主要充当皇室的御用画师与技师，乾隆皇帝通过西洋画师之手勾画出一幅幅大清盛世图，满足其好大喜功的帝王心理。乾隆元年（1736）四月十二日，传旨：“端阳节着郎世宁、唐岱、沈源各画绢画一张。记此。”① 乾隆三十六年（1771），传旨：“着艾启蒙等恭画皇太后圣容一幅。”②

乾隆帝对西方音乐也颇感兴趣，曾让传教士教内廷太监学习音乐知识。乾隆七年（1742），“七月十九日司库白世秀、副催总达子将西洋人鲁仲贤认看得大拉琴一件，长拉琴一件持进，交太监高玉呈览。奉旨：此西洋人会弹即令伊等交内廷小太监学习，如乐器上缺少之物，将名色开来，里边查给。钦此”③。来华西方传教士向乾隆皇帝进献西洋奇器，以期博得乾隆的欢心，最后达到在华顺利传教的目的。乾隆三十七年（1772），李俊贤、潘廷璋恳请进京效力并进献西洋贡品，包括“潘廷章（璋）自画人物一张，铜版画六张，新法望远镜一架，银累丝画奁一面，银镶吕宋果壳凉盏一对，槟榔膏四瓶，玻璃片画花篮一对，法琅珠荷包一个，金丝洋锦织荷包一个，装露瓶法琅珠套一个，草绣花囊一个，黑

①《清中前期西洋天主教在华活动档案史料》第四册，第 50 页。
② 同上书，第 350 页。
③ 同上书，第 106 页。

龙涎香一匣，青天鹅线一端，剪子四把，洋刀二把，花布二匹，白布一匹，验气筒一件"①。乾隆帝对天文历算学没有钻研的兴趣，但他能认识到算数测量学的重要性，并不排斥西方的天文仪器和科技产品。康熙年间绘制的《皇舆全览图》，碍于当时新疆等边疆势力，没有进行实地勘测。乾隆帝时期重新勘测西部地图，绘成更精确的《乾隆十三排图》，"准回二部地图之测制，虽由何国宗、明安图、努三、哈清阿等董其事；然实际上担任测绘及铸版者，皆西洋教士也。"② 西洋传教士在地图重新勘测的过程中发挥了重要作用。

乾隆帝以当时强大的国家实力为后盾，充分利用西方传教士各方面的技能为清廷效力。传教士画家充当宫廷画师，创作了大量中西合璧的画作，既有表现重大历史史实的纪实画、展现自然风光的山水花鸟画，又有彰显权力与高贵的帝后御容画。西方的铜版画、油画等画种以及透视法、明暗对比法等技法丰富了中国画的艺术表现力，增强了中国画的生命力。西方传教士在造办处充当宫廷工匠，为皇帝修理钟表或乐器，制作各种奇巧玩物；还充当宫廷建筑师，为皇帝营造圆明园等皇家园林；担任乐师，弹奏西乐与教授乐理。此外，他们将西方天文历法运用到天文观测的实际中，还编纂天文学著作，例如戴进贤编成的《历象考成后编》、刘松龄等人合编的《仪象考成》。乾隆时期的中西文化交流达到了一次高潮。

三、清初至乾嘉西学论

清初的西学观，主要受"夷夏观"的影响。明末遗民经历战争与政权的变更，积极总结明亡的经验教训，期冀能通过反清斗争推翻清政权。他们一方面批判空谈心性，提倡经世致用；另一方面，以"夷夏"思想作为他们反对清政权的武器。同时，面对"西学东渐"，他们也对"四夷"保持拒斥的态度。

---

① 《清中前期西洋天主教在华活动档案史料》第四册，第 355—356 页。
② 《中西交通史》，第 611 页。

黄宗羲著有《大统历法辨》《西洋历法假如》等。他认同"西学中源说"，对天主教保持着排斥的态度。黄宗羲在《破邪论》中的《上帝篇》对社会上流行的四种上帝学说作了批判，并斥天主教为邪教，"为天主之教者，抑佛而崇天是已，乃立天主之像记其事，实则以人鬼当之，并上帝而抹杀之矣。此等邪说虽止于君子，然其所由来者未尝非儒者开其端也。"[①] 方以智（1611—1671）也是明末遗民，他虽然也强调"夷夏"观念，对西学持强烈的排斥态度，主张"扬中抑西"，但他与多位传教士保持着频繁的联络，认识并主张学习西学的先进之处。在他的著作中，常引用中国古人的论述来印证西方学说，如他在《物理小识》论述地圆说，认为"地体实圆，在天之中，喻如脬豆，脬豆者，以豆入脬，吹气鼓之，则豆正居其中央，或谓此泰西之说。愚者曰：黄帝问岐伯：地为下乎？岐伯曰：地，人之下天之中也。帝曰：凭乎。曰：大气举之。邵子、朱子皆明地形浮空兀然不坠……子曰：天子失官，学在四夷，犹信"[②]。

　　清政府中有一批顽固的大臣，在他们看来，中国为"天朝上国"，西方各国是附属国、藩属国，认为"天下甚大，九州岛之外，复有万国，其安危理乱，总以中华为转移，中华，万国之斗杓也。故海不扬波，则越裳重译而来朝。大林国有神铁之山，若中国之君有道，神铁即自流溢，镕之为剑，以贡万物，此类不可胜纪，然斗杓之转，又在人主一心"[③]。

　　自传教士来华，他们译介了诸多西学书籍，并用儒家经典学说与西学相比拟，为中国人了解西方技术、文化提供了良好的契机。传教士凭借博学的知识、儒雅的态度，得到统治者的赏识。传教士在清初掌握了钦天监，但明代以来的历法之争并没有结束。而自清代的"礼仪之争"与"历狱事件"，统治者开始实施限教政策，尽管允许传教士在朝廷任

① 《叙陈言扬句股述》，载《黄宗羲全集》第十册，第35—36页。
② ［明］方以智：《物理小识》卷之一，商务印书馆，1937，第18页。
③ 韩琦：《熙朝崇正集　熙朝定案（外三种）》，吴旻校注，中华书局，2006，第293页。

第二章　西学东渐：明末清初以降西学传入

63

职，但是限制他们的传教活动，且不许他们与普通百姓接触。乾嘉时期，组织编撰《四库全书》，就有对此前东传而来的西学的总结，"节取其技能，而禁传其学术"，反映出统治者"西学中源"的主张。为乾隆修撰《四库全书》的馆臣们，一方面排斥西学，不承认它的作用与地位；另一方面，吸收部分西学，在"西学中源说"的基础上赞誉西学。例如，在介绍葡萄牙傅泛际《寰有诠》时："欧罗巴人天文推算之密，工匠制作之巧，实逾前古，其议论奇诈迂怪，亦为异端之尤。国朝节取其技能，而禁传其学术，具存深意。[①]"他们肯定西方的科学技术，但是贬斥西方思想为"异端"，提倡百姓学习技术，但是不要学习思想。他们认识到西学的先进之处，但强调"西学中源"。既然西学的源流是中学，那么学习西学就不是数典忘祖，而是为了弘扬中学。

清初的士大夫提倡吸收西学的可取之处，在"中学西源"的框架内学习西学，相当一部分的西学知识得到了吸收，促进了中国历法、算学的发展。但是由于清初过于强调"中学"的源头作用，故使得人们忽视了西学中历算的作用，这为乾嘉时期的学术指向埋下了伏笔。

《四库全书》是乾隆年间官修的一部对清代乾隆及以前的古代文化进行整理与总结的巨著，参与编纂《四库全书》的官员被称为"四库馆臣"，他们是修书的主要力量与主持者。乾隆年间，时值西学东渐，四库馆臣在编纂《四库全书》时对西学著作的评价，可以反映出那个时期清代统治者及学术界对西学的态度。

四库馆臣的代表人物戴震在四库馆校理各类西学译作时，从"西学中源"的角度出发，认同西学有值得肯定的地方，可以补中学之不足。四库馆中关于历算的著作多出自他手，如他受西学的启发写下《嬴旋车记》与《自旋车记》。但戴震在论述西法时往往将"恢复古法"之说加以改造，让西方数学在中国古代数学中找到痕迹。钱大昕也说："今人所用三角八线之法，本出于句股。而尊信西术者，辄云句股不能御三

---

①《四库全书总目》卷一二五《寰有诠》，第 1081 页。

角。"他们的说法不免有失偏颇。① 纪昀在《阅微草堂笔记》中有狐鬼对天主教的议论："其一举手北指曰:'此故明首善书院,今为西洋天主堂矣。其推步星象,制作器物,实巧不可阶。其教则变换佛经,而附会以儒理。吾曩往窃听,每谈至无归宿处,辄以天主解结,故迄不能行。然观其作事,心计亦殊黠。'其一曰:'君谓其黠,我则怪其太痴。彼奉其国王之命,航海而来,不过欲化中国为彼教。揆度事势,宁有是理!而自利玛窦以后,源源续至,不偿其所愿终不止,不亦颠欤?'"② 借用狐鬼的话,指出传教士在传播西学的过程中努力适应中国文化,拟合西学与中学的相同之处,在一定程度上满足"天朝上国"的自尊心,为清代统治者及文人士大夫的"西学中源"说提供了理论基础。纪昀认为西学虽可以补中学之不足,但应该警惕西学的传播,因为西学传来以后引起了不少论争与骚乱,恐会对政权与社会不利。于是,四库馆臣们均从"西学中源"出发,"节取其技能,而禁传其学术"。

从四库馆臣如何评判传教士的著作,就可以明确地看出他们对西学及天主教的看法。据统计,《四库全书》共收西学文献 62 部,其中著录书 38 部,存目书 24 部。③《四库全书》总目中录传教士的著作,涉及机械学、水利工程学、音乐、医学等学科,而传教士介绍天主教会的书籍,全部归类在不合正统、有违清朝禁忌的《四库全书》存目中,包括《畸人十篇》《二十五言》《天主实义》《寰有诠》等书。四库馆臣在历算书籍中发现传教士"借推测之有验,以证天主教之不诬"。于是,删除了书中宣教的言论。"'其书中间涉妄谬者,刊除则文义或不相续,姑存其旧',而尽可能地削去有宣教内容的序文,'以免荧听'"④,删去了《泰西水法》《表度说》原序及《天问略》的四序。对其他著作的序文,

① 康宇:《理性的启蒙——中国古代社会中的科技思想发展管窥》,黑龙江大学出版社,2018,第 157 页。
② [清] 纪昀:《阅微草堂笔记》卷七《如是我闻四·鬼狐之见》,嘉庆五年北平盛氏望益书屋刻本,第 24 页。
③ 郝君媛:《〈四库全书〉之西学文献著录研究》,兰州大学硕士论文,2014。
④ 陈占山:《撞击与交融——中外文化交流史论》,汕头大学出版社,2006,第 26 页。

也有不同程度的删减。①

清代中期，学界重训诂、考据，形成乾嘉学派，"家家许、郑，人人贾、马"② 的氛围浓厚。阮元是清代中期的考据学家，他著述丰富，刻有《研经室集》，此后又主持编纂《经籍纂诂》《十三经注疏》《畴人传》《宛委别藏》《揅经室集》与《皇清经解》等著作，在清代学术史上有重要影响。在治学方法上，他继续发扬以戴震等人为代表的考据、训诂之学，"古今义理之学，必自训话始。训诂之学，必自形声始……由形声而得训诂，由训诂而得义理。"③

同时，阮元主张学以致用，重视科学技术的作用。嘉庆四年（1799），阮元组织编纂我国第一部天文历算学史《畴人传》，记录了自三皇五帝至嘉庆年间的天文历法、数学家 200 多人，并于

阮元画像

附录中收入西洋擅历法、天算之人。本书也是从"西学中源"说的基础出发，肯定西学的先进性。他认为《几何原本》精妙，"非熟精度数之理，不能作此造微之论也。"

---

① 陈占山：《四库全书载录传教士撰译著作述论》，《文献》1998 年第 1 期。
② 梁启超：《清代学术概论》，四川人民出版社，2018，第 97 页。
③ ［清］阮元：《冯柳东三家诗异文疏证序》，载《揅经室续集》，中华书局，1985，第 48—49 页。

阮元赞扬传自泰西的八线对数表"其用为至捷"①，欣赏传播西学的李之藻、徐光启等人，认为他们对西学的传播作用极大。他还赞赏西洋奇器，"奇器之作，专恃诸轮，盖轮为圆体，惟圆故动，数轮相触，则能自行。西人以机巧相尚，殚精毕虑于此。故所为自行诸器千奇万状，迥非西域诸国所能及。于此可见人心之灵，日用日出，虽小道必有可观。彼无所用心者，当知自愧矣。"② 但是，阮元反对过度推崇西学，反复宣扬、论证"西学中源"说。他在评论江永之的西学观时说："慎修专力西学，推崇甚至……然守一家言，以推崇之故，并护其所短，恒气注术辨，专申西说，以难梅氏，盖犹不足为定论也。"③ 阮元赞扬传播西学、批评对西学的过分推崇，都是建立在"西学中源"的基础上。他认为正是因为中学精妙，源于中学的西学方能如此先进。"西法实窃取于中国，前人论之已详。地圆之说，本乎曾子，九重之论，见于楚辞，凡彼所谓至精极妙者，皆如借根方之本为东来法，特审译算书时不肯质言之耳。"④ 他认为中国的历法、天算历史悠久。只是在历史发展过程中由于不被重视，"自汉以来，如许商、刘歆、郑康成、贾逵、何休、韦昭、杜预、虞喜、刘焯、刘炫之徒，或步天路而有验于时，或著算术而传之于后。凡在儒林类能为算后之学者，喜空谈而不务实学，薄艺事而不为，其学始衰。降及明代，寝以益微，间有一二士大夫留心此事，而言测圆者不知天元，习回回法者不知最高，谬误相仍，莫能是正。步算之道，或几乎息矣"⑤，而被西方所吸收、发扬，再经由传教士传入中国，"天文算数之学，吾中土讲明而切究者代不乏人。""但可云明之算家不如泰西，不得云古人皆不如泰西也。"⑥ 乾嘉学派的西学观，于此可见。

---

① [清] 阮元：《欧几里德传论》，载《畴人传》卷四十三，中华书局，1991，第555页。

② 《邓玉函传论》，载《畴人传》卷四十三，第579页。

③ 《江永传论》，载《畴人传》卷四十二，第528页。

④ [清] 阮元：《凡例》，载《畴人传（全四册）》，商务印书馆，1996，第4页。

⑤ 《里堂学算记序》，载《定香亭笔谈》卷四，第337—338页。

⑥ 《利玛窦传论》，载《畴人传》卷四十四，第568页。

第二节　西洋火器、物理学、工程学

一、西洋火器

明清时期，西方传入中国的"西洋奇器"中最受重视的要数新式火器。明初，中国即已通过东南亚接触到阿拉伯人改进的火器。但正统之后，一则由于承平日久，没有发展火器的迫切要求；一则由于统治阶级"恐传习漏泄"，[①] 所以火器发展处于停滞状态。但在西欧，由于各国争战不已，火器得到了迅速发展。15 世纪中叶，西班牙人首先发明火绳枪，尽管笨拙，却颇具杀伤力，直到 16 世纪才为滑膛枪取代。同时，臼炮（大口径、短炮身）也开始出现在欧洲战场上。16 世纪，随着葡萄牙人的东来，中国人才开始真正接触到西洋火器。

在与西人冲突过程中，明军见识了火器的强大战斗力，同时也通过战斗缴获西人火器。一些敏锐的有识之士已经开始关注并着手仿造，如1521 年，明海道副使汪鋐就使用新式火铳，驱逐在粤葡人，并夺得大小火铳 20 多管。嘉靖元年（1522），明军在新会西草湾战斗中夺得葡炮，便名之为"佛郎机炮"（明人称葡萄牙为"佛郎机"），又称"红夷大炮"。不久明朝即加以仿制。《明会典·工部·军器军装二》记载，嘉靖二年（1523）造大样佛郎机三十二副，长二尺八寸五分。嘉靖七年（1528）又造小样佛郎机（火绳枪）四千副。

嘉靖三年（1524）四月，南京魏国公徐鹏举上疏朝廷，"请广东所得佛郎机铳法及匠作。兵部议，佛郎机铳非蜈蚣船不能架，宜并行广东取匠，于南京造之。"[②]"至嘉靖八年，始从右都御史汪鋐言，造佛郎机炮，

---

① 《明史》卷九十二《兵四》，第 2264 页。
② 《明世宗实录》卷三十八，嘉靖三年四月丁巳条。

谓之大将军，发诸边镇"①，开始了大批量生产。

佛郎机由两大部分构成：母铳和子铳。母铳"巨腹长颈，腹有长孔，以小铳五个轮流贮药，安入腹中，放之。铳外又以木包铁箍，以防决裂"，"其妙处在前后二照星"。② 这种火器优点有五：长颈，提高了射程；有照星，提高了命中率；有子铳，提高了射速；有铁箍，防止炸裂；有耳轴，架于炮架上可上下左右调整射击角度，提高命中率和杀伤半径。制造佛郎机的技术要求高，时人认为铸造佛郎机最重要的是"子母二铳之口圆径，分毫不差"③。子铳口大，铅子难以打出去，要炸坏母铳；母铳口大，铅子打出去无力。子铳在母铳腹中和母铳口相吻合，使火药的气体不外泄，才能打得远，称得上是精器。

关于佛郎机的型号，文献记载繁杂不一。《明会典》载有大中小三样：大样长 2 尺 8 寸 5 分，重 300 余斤，嘉靖二年（1523）造；嘉靖二十二年（1543）开始造中样，每年 105 副；小样于嘉靖七年（1528）造，4000 副。另外，还有流星炮、佛郎机铁铳、连珠佛郎机炮等称谓。嘉靖年间，汪铉奏造的佛郎机有两种：大者 70 斤以上，小者 20 斤以下。④ 这是做边防用的，小号的用于墩台，大号的用于城堡。

此外，朝廷还依据佛郎机原理仿造无敌大将军。大将军炮早已有之，但它长且重，移动困难，装放不便。仿佛郎机制造的无敌大将军配备子铳，装放比较方便，虽包括子铳重 1500 斤，但载于大将军车上行动也较便当。隆庆至万历初年，戚继光在北方的车营曾装备这种炮。其威力较大，一发 500 子，击阔 20 余丈，配有 3 个子铳，可连续施放。

西方也曾传入另一种火器，叫飞山神炮，也属于佛郎机型鸟铳。鸟铳的传入较佛郎机晚，其途径也较多，有的是从西方直接传入的，有的是通过日本和其他国家传入的。"鸟嘴铳最后出而最猛利。"⑤ 其猛利的

---

① 《明史》卷九十二《兵四》，第 2264 页。

② ［明］郑若曾：《筹海图编》卷十三《经略三·兵器·佛郎机图说》，嘉靖四十一年刻本。

③ 同上。

④ 《明史》卷三百二十五《佛郎机传》，第 8431 页。

⑤ 《筹海图编》卷十三《经略三·兵器·鸟铳图说》，嘉靖四十一年刻本。

原因在于它的构造。第一，"腹长而直"。铳管长，使弹丸出去直且有力，射得远，射得准，并装在铳架上。第二，装有机关：火门、龙头。火药、铅子装入铳后，打开火门，装入引火药，使其与火药相接，再把火绳安入龙头。射击时，用食指拨动扳机，龙头落下，铳响子发。第三，有照星，可以瞄准。正因为铳长直，有托架、发火机关和照星，人们放铳时可以左手在前托架，右手在后拨扳机，双手持铳，脸可贴近铳架瞄准，铅子出去直远，准确性好，能击飞鸟，故称鸟铳。鸟铳的体积小，重量轻，只有五六斤，便于扛拿行军，因此在南方抗倭战争中的使用较为普遍。鸟铳的制造开始较为粗糙，直到嘉靖二十七年（1548），朱纨双屿港之捷，俘获的倭寇中有善于制造鸟铳者，当时的义士马宪、李槐通过学习倭寇的制铳方法，并加以研制，造出了"比西番尤为精绝"的鸟铳。① 后来，人们进一步总结经验，指出：第一，制造鸟铳炼铁要熟，两筒相包，孔要小，用钢钻钻孔，使孔直而光，铳管各处厚薄要一致；第二，铳子大小要和铳的口径一致；第三，用药多少要和铅子的重量一致。嘉靖之后，鸟铳成为部队装备的主要火器。

　　嘉靖至万历年间，传入中国的西方火器还有一种，叫噜密铳。噜密，《明史》作"鲁迷"，系指土耳其人建立的奥斯曼帝国。嘉靖年间正值苏丹苏里曼一世统治时期（1520—1566），国家达到了极盛。从嘉靖二年到四十三年（1523—1564），鲁迷曾六次与明朝通贡。其中，嘉靖三十三年（1554），贡使朵思麻等携带噜密铳来贡狮子等物，并留在明朝，还被授为锦衣卫指挥使。朵思麻本为噜密神器管理官，但在嘉靖年间，该铳并没有引起中国人的注意，直到万历二十五年（1597），文华殿中书赵士桢得知此事并访问了朵思麻，朵思麻拿出从本国带来的鸟铳，并介绍了制放方法。万历二十六年（1598），赵士桢把他仿制的噜密铳连同奏疏上送朝廷，但明廷没有仿制。噜密铳的形制与鸟铳相似，其优点也与鸟铳相同，是鸟铳的一种。它和鸟铳不同的是发火机关。该铳机置铳托

---

①《筹海图编》卷十三《经略三·兵器·鸟铳图说》，嘉靖四十一年刻本。

内，"拨之则前，火然自回"①，简化了发射动作。另外，其火门距离瞄准时的眼睛比鸟铳的稍远，发射之后不致熏眼。因此，它比一般鸟铳优越，被称为鸟铳中"最远毒"者。可惜未见这种噜密铳装备部队。

赵士桢还造有掣电铳、迅雷铳、震叠铳、翼虎铳、鹰扬炮、轩辕铳、九头鸟、旋机翼虎等，也是仿西洋铳并加以改进制造的。"鹰扬等炮，则猛烈间似'三将军'，而便利胜于鸟铳，远可及数里之外，近不下二三百步之间"。② 但除鹰扬炮外，其他也未见装备部队。

总之，明人积极学习西方火器，但不是简单地仿造，而是在制造技术、武器型号、炮架设置等方面有所创新，使这些火器更适合中国的国情，更具威力。他们吸取了西方火器的某些优点，改进了原有火器的不足，创制了一些新型火器。无敌大将军、神飞炮、鹰扬炮、电掣铳等都吸收了西方火器用子铳的优点；轩辕铳、九头鸟等都采用了鸟铳的发火装置；虎蹲炮的改进，使该炮在发射时不再跳跃伤人；火箭加大加重，并发展出多发齐射、并连、多级等多种类型；地雷、水雷、石炮也都有创制。

明代后期，随着西人大批东来，东西方科学技术交流的范围进一步扩大。天启年间西洋大炮的引进，正是在这种背景下发生的。西洋大炮，又叫"红夷炮"，因"红毛夷"而得名。③ 红毛夷，本是明人对荷兰人的称谓，"以其须发通赤，遂呼为红毛夷。"④ 后来，红夷炮开始专指荷兰炮，但明人开始得到的西洋大炮并非出自荷兰，红夷炮不过是作为外国同类火炮的通称。

明人最初了解当时比较先进的西洋火炮主要通过两种途径：一是西方传教士的介绍，二是在东南沿海荷兰船只上看到的实物。从万历十年

① ［明］茅元仪：《武备志》卷一百二十四《军资乘·火》六《火器图说》三《噜密鸟铳》。

② ［明］侯一麟、赵士桢：《龙门集 神器谱》卷一《兵部都察院题覆疏》，蔡克骄点校，上海社会科学院出版社，2006，第380页。

③《明史》卷三百二十五《和兰传》，第8434页，称"红毛番"。

④ ［明］沈德符：《万历野获编》下卷三十《红毛夷》，杨万里校点，上海古籍出版社，2012，第662页。

（1582）利玛窦奉派来中国开始，西方传教士陆续进入中国。他们为了能在中国这样一个具有悠久文明历史的大国传教，便广交明朝士大夫阶层，介绍欧洲先进的科技成果。当时，明朝国势日趋衰落，一些积极寻求富国强兵的士大夫，诸如詹事府少詹事徐光启、光禄寺少卿李之藻、湖广道御史杨廷筠等人，首先成为西方先进科学文化的接受者和传播者，为引进西洋火器作出了贡献。徐光启曾向利玛窦学习过西洋大炮和炮台的造法，并传授给门人孙元化等人。李之藻也向利玛窦询问过西方武备和西洋大炮的情况。① 在此前后，东南沿海官军在与荷兰殖民者的海船接触过程中曾见识过红夷炮。万历二十九年（1601），明军水师在广东海域遭遇荷兰舰船，明军对荷兰人"素不习见，且状貌服饰非向来诸岛所有，亦未晓其技能，辄以平日所持火器遥攻之。彼姑以舟中所贮相酬答，第见青烟一缕，此即应手糜烂，无声迹可寻，徐徐扬帆去，不折一镞，而官军死者已无算"②。由此，明军见识了红夷炮。而将红夷炮引进并用于实战的，乃是明末著名科学家徐光启等人。

明末，东北建州女真迅速崛起。万历四十四年（1616），努尔哈赤称汗，开始对明朝展开进攻。当时，明军数量虽超过后金军，且拥有后金军所没有的大将军、佛郎机、鸟嘴铳等火器，但由于政治腐败，战略失误，加之士气低落，技术不熟，以致在万历四十七年（1619）的萨尔浒之战中惨败。鉴于辽东局势危急，徐光启多次上疏，痛陈时弊，提出了练精兵、致训器的建议，并亲自到通州（今北京市通州区）训练部队，领导造炮。他函托已致仕居家的李之藻、杨廷筠派人到澳门购募红夷炮，"欲以此铳在营教演"③。李、杨二人得函后，"合议捐资"，并于泰昌元年（1620）十月，派李之藻门人张焘往澳门，从澳商"买得大铳四门"。十一月，李之藻回京复命，催促将所购西洋大炮迅速北运，但因

---

① 张小青：《明清之际西洋火炮的输入及其影响》，载中国人民大学清史研究所编《清史研究集》第四辑，四川人民出版社，2012，第 53 页。

② 《万历野获编》下卷三十《红毛夷》，第 622 页。

③ ［明］李之藻：《制胜务须西铳敬述购募始末疏》，载《明经世文编》，第六册卷四百八十三《李存我集一》，第 5324—5325 页。

此时徐光启已被迫辞去练兵职务，只好由"张焘自措资费，将铳运至江西广信"①。天启元年（1621）三月，沈、辽陷落，形势更加危急，李之藻上疏请求用西洋大炮。这样，存放广信（今江西上饶）的四门大炮才于天启元年十二月运到北京，同时又派人"赴广取红夷铜铳及选募惯造惯放夷商赴京"②。天启元年十月，李之藻再次上疏，"乞招香山澳夷，以资战守"③。天启三年（1623）四月，两广总督胡应台派游击张焘解送的"夷目七名、通事一名、傔伴十六名"到达北京④，很可能在这之前又购进 26 门西洋大炮，前后共 30 门。这批西洋大炮是由英国铸造，且是由澳门葡萄牙人从搁浅的英国船上缴获后转卖给明朝的。

明廷将其中的 11 门调往山海关，18 门留在京城。西洋大炮是 17 世纪初西方比较先进的巨型火炮。据李之藻在《奏为制胜务须西铳乞敕速取疏》中称：此炮大者长一丈，重三五千斤，炮筒粗三四尺，口径三寸，内装火药数升和杂用碎铁碎铅，外加精铁大弹，直径三寸、重三四斤。其"弹制奇巧绝伦，圆形中剖，联以百炼钢条，其长尺余，火发弹飞，钢条挺直，横掠而前，二三十里之内，折巨木，透坚城，攻无不摧"⑤。这虽系夸张之辞，但这种炮确有优点：炮身长为口径的 20 倍以上，炮管壁厚与口径相当，可承受火药燃烧产生的巨大压力，射程远；炮身上有准星、照门，可调整角度，瞄准射击，准确性高；火炮架在炮车上，机动性能好；确定射角时使用铳规等仪器，可使用望远镜观察射击距离和效果；等等。因此，李之藻称西洋大炮"真所谓不饷之兵，不秣之马，无敌于天下之神物也"⑥。

天启六年（1626），守臣袁崇焕在保卫宁远之战中，凭坚城、用大炮，打退了努尔哈赤的进攻，红夷大炮第一次显示了它的威力。此后，

①《制胜务须西铳敬述购募始末疏》，载《明经世文编》，第六册卷四百八十三《李存我集一》，第 5324—5325 页。
②《明熹宗实录》卷十七，天启元年十二月丙戌条。
③《明熹宗实录》卷二十七，天启二年十月戊子条。
④《明熹宗实录》卷三十三，天启三年四月辛未条。
⑤《徐光启集》卷四《附录一》《李之藻奏为制胜务须西铳乞敕速取疏》，第 179 页。
⑥ 同上。

各边镇纷纷请炮请人，于是明廷再次向澳门葡萄牙人购买西洋大炮。崇祯二年（1629），购入的 10 门大炮由西洋人陆若汉等人押送到达涿州（今属河北）。此时正值后金皇太极率兵破大安口（在今河北遵化西北），进抵京城周围。此 10 门大炮遂留涿州，进行防守。后金兵听说有西洋炮守城而不敢进攻，弃良乡而走遵化。西洋大炮再次显示了它的威力。于是，徐光启再次请求购西洋铳和募西洋人，并欲亲自偕传教士陆若汉赴澳。但因有人反对，故此次购募活动中途流产。传教士陆若汉后又曾带回大炮，但数目不详。明廷 3 次购置西洋大炮，数量至少在 40 门以上。这些大炮在抗击后金的战争中发挥了重大作用。

西方传教士来中国后，为了在这个儒学统治的国度里传播西方的生活方式和文明，不得不改易姓名、学汉语、穿儒服，传播欧洲的科学文化。明朝当时的上层集团和文化学术界人士正在寻求抗击后金的办法，西方火炮的先进性使他们认识到这是抗击后金的有力武器。一方要以先进的科学技术为手段取得在中国的传教权，一方要利用先进的军事技术抗击后金，目的虽然不同，但这使西方的军事技术在这个古老的国度里有了传播的条件。徐光启向利玛窦学习西方的军事技术，传给他的门人孙元化，孙元化又写成了书，是为《西法神机》。利玛窦后的另一名传教士汤若望于天启二年（1622）来华。他也传播西方的军事技术，这就是由他口授并由焦勖著述的《火攻挈要》（又称《则克录》）。此外，还有《海外火攻神器图说》和《祝融佐理》等。这些书对西方火炮的性能、制造方法、射击技术以及使用的炮弹都做了详细的叙述。

西洋大炮全套制作技术的传入为明廷的仿制提供了条件。仿造西洋大炮之事早在天启元年就由徐光启、李之藻以及兵部尚书崔景荣等提出。兵部要求"移咨广中巡抚诸臣，征取原来善制火器数人，并盔甲兵器数件。广中有工匠曾在吞中打造者，亦调二十余人，星夜赴京"。"西方陪臣阳玛诺、毕方济等，皆博涉通综，深明度数，并饬同来，商略制造"①。

---

① 《徐光启集》卷四《附录二》《崔景荣等题为制胜务须西铳敬述购募始末疏》，第 182 页。

天启六年，朝廷下旨"西洋炮即如法多制，以资防御"①。崇祯二年，辽东形势危急，徐光启再次建议造二号西洋铳。崇祯三年（1630）前后，两广总督王尊德向葡萄牙澳门当局借来各式火炮，雇佣粤匠仿铸铁制大炮200门，并将其中重2700斤者10门、重2000斤者40门解运入京。此外，福建也曾自制红夷二号炮（略轻于1000斤）120门运往北京。② 这些大炮口径与炮身之比大都为1：23左右，基本属于射程较远的攻铳型，有的则达1：34，纯属远射程的战炮，堪称当时仿制的西洋大炮之最。徐光启说："广东旧督王尊德进过西洋大炮一百七十五位，今分散各处，宜查核存留数目，并中铳，鹰鸟铳须再于广东选取，试验解送，仍扣还价值，自行补造。福建搬运间关，大铳难致，鹰鸟而铳亦可多多取用。"③ 可见到了明末，广东以及福建已成为明末先进火器的主要产地。

宁远之战中，后金吃了火器的亏，因此很重视火器的发展。除了在同明军作战中缴获了大量火炮之外，后金在仿制西方火器上也不甘落后，并于天聪五年（崇祯四年，1631）仿制成功。可见，到明末为止，中国引进和仿制的西洋大炮数量相当客观。西洋大炮的引进和仿制对中国军事技术的提高、战争的形态和历史的进程都产生重要影响。

自16世纪始，中国军事技术已落后于西方。西洋大炮的引进，特别是西方军事技术的引进，使中国火炮的制造和使用技术迈上了新的台阶，明显地缩小了同西方的差距。但这之后，直到鸦片战争，中国大型火炮的制造和使用技术几乎没有什么发展，在西方迅速发展的情况下，中国大大落后了。

西洋大炮的使用对当时明、金战争的作战样式和战争进程也有重大的影响。由于有了威力强大的西洋炮，明人对守城提出凭城固守的战

①《明熹宗实录》卷六十八，天启六年二月己卯条。

② 李伯重：《万历后期的盔甲厂与王恭厂——晚明中央军器制造业研究》，载陈支平主编《相聚休休亭：傅衣凌教授诞辰100周年纪念文集》，厦门大学出版社，2011，第378—379页。

③《钦奉明旨敷陈愚见疏》，载《徐光启集》卷六，第316页。

法，并取得成效。天启六年，努尔哈赤率六万大军围攻明辽东军事重镇宁远城。该城明朝驻军"士卒不满二万"①，守将袁崇焕在兵力对比悬殊的情况下，凭坚城用西洋大炮进行固守。东、北两面由火器把总彭簪古负责，西、南两面由袁崇焕的家人罗立掌管。后金兵利用板车、厚盾作掩护，猛烈攻城。城上明军"铳炮迭发，每用西洋炮则牌车如拉朽"②，大量杀伤后金兵，取得宁远保卫战的胜利，这与充分发挥西洋大炮的威力是分不开的。因此，明廷"封西洋大炮为安国全军平辽靖虏大将军。其管炮官彭簪古加都督职衔"③。

天启七年（1627），皇太极再攻宁远。守宁远的袁崇焕、满桂再次使用西洋大炮击退后金军。与此同时，后金成功仿制红夷大炮，也开始用它来攻城略地。是年冬，大凌河在装备红夷炮的后金军进攻下陷落，大批火炮，包括西洋大炮落入后金之手。

后金攻大凌河紧急之时，明廷令登莱巡抚孙元化派兵救援。孙元化标下游击孔有德在赴援途中叛变，诱夺登州数百门西洋大炮。崇祯六年（1633），孔有德投降后金，这些大炮也落入后金之手。此后明军的火器优势不再，双方军力对比发生了重大变化，再难阻挡后金兵锋。西方火炮及其技术的传入，加速了中国的火器发展，并对明、金战争进程产生了重大影响。

二、西式火器著作

西式铳炮的使用，使军事技术有所革新，后来新式火炮试制成功，使明人对西洋铳炮的认识又加深了一步。初期有关著作都是从欧洲书籍编译而成的。赵士桢的《神器谱》和赵氏所藏由祝融佐理的《海外火攻神器图说》："其中法则规制，悉皆西洋正传。然事关军机，多有缜密，不详载，不明言者，以致不获兹技之大观。"孙元化的《西法神机》二

---

①《明熹宗实录》卷七十，天启六年四月辛卯条。

② 同上。

③《明熹宗实录》卷六十九，天启六年三月甲子条。

卷及《嘉定县志》兵家类有介绍："首论铸炮，次论制药，后论命中之由，并绘图式。是书得之西人，大要根于算法。"另外，还有 1621 年阳玛诺、毕方济翻译的西方兵书。张焘、孙学诗曾合著《西洋火攻图》，似也本于葡、荷火器著作。

汤若望的《火攻挈要》、南怀仁的《神威图说》、穆尼阁的《西洋火器法》，皆是明末清初耶稣会教士关于制炮技术和铳炮战术的重要著作。《火攻挈要》又名《则克录》，由汤若望授、焦勖述，崇祯十六年（1643）刻印，收入《海山仙馆丛书》。全书共分上、中、下三卷，前有《火攻挈要诸器图》40 幅。卷上说明了制造火器的方法，列述造铳、造弹、造铳车、狼机、鸟枪、火箭、喷筒、火罐、地雷。卷中说明了制造火药和各铳的试放、装置和运铳。卷下说明了火攻秘要，守城、海战、炮战原则。另有《将略》一书探讨军事技术，常见《火攻挈要》提及。南怀仁负责督造神威大炮，在 1681 年刻印《神威图说》一书，包括理论二十六，图解四十四。翌年，康熙帝加赐南怀仁工部右侍郎职衔。穆尼阁的《西洋火器法》被收入《古今图书集成·戎政典》，作为制造火器的范本。[1]

三、西洋物理学说

西方光学知识的传入是从汤若望的《远镜说》开始的。书中介绍了望远镜的用法、制法和原理。对于光在水中的折射现象，光经凸透镜以放大物像等都有解释。

关于力学与机械工程学著作则有邓玉函口授、王征笔译的《远西奇器图说》。"所录奇器，依切、便、精三原则选择。凡切于民生日用、国家工作，便于成器、工费非巨，精于同类器物、非繁非重者，录入书中。"[2] 书中提到重心、比重、杠杆、滑车、轮轴、斜面等原理，以及应

---

① 此部分内容主要参引《中西文化交流史》，第 374—375 页。
② 龚书铎总主编，毛佩琦主编《中国文化发展史》（明清卷），山东教育出版社，2013，第 84 页。

用这些原理以起重、提重等器械。各种器械和用法都有绘图说明。

向中国人介绍西方工程学中的水利科学知识的则是熊三拔（1575—1620，意大利人）。其著作《泰西水法》六卷，集欧洲水利工程学的精华，介绍了龙尾车、玉衡车、专篇车、恒升车和双升车等几种水利工具，用以汲取河水和井水。该书还介绍了水库这种蓄水工程、寻找水源、打井的方法，以及水利勘测、泄洪疏淤、桥梁建造等方法。明人曹于汴在《〈泰西水法〉序》中赞叹："阅泰西水器及水车之法，精巧奇绝，译为书而传之，规制具陈，分秒有度，江河之水、井泉之水、雨雪之水，无不可资为用，用力约而收效广。盖肇议于利君西泰，其同侪共终厥志，而器成于熊君有纲，中华之有此法，自今始。"①

四、钟表机械

钟表是另一种引起明清上层统治集团广泛关注的"西洋奇器"。明代中叶耶稣会士初来中国，即以钟表作为重要礼物送与中国士大夫。利玛窦向北京进贡的礼品中，也包括自鸣钟。清代康熙、乾隆宫廷都好西洋自动机械，钟表除了鸣报时刻外，还装有琳琅满目的活动玩意儿，有的还可凭借动听的乐曲、逗人的演技、吉祥的寓意博取皇帝的欢心，自然成为宫廷陈设的上佳之选。为了投其所好，传教士以及外国使团均将西洋钟表作为进献礼物带入中国。除了外来实物外，康熙还曾聘请传教士来京制造钟表。例如，1701—1718 年间在宫中专造各种自动机械和钟表的陆伯嘉，1717—1735 年间在宫中从事钟表、风琴的制造与修理的严嘉乐等。

---

① 《徐光启年谱》，第 99—100 页。

第三节　天文学、数学、地理学

一、从《崇祯历书》到《永年历》

明代使用大统历，到万历三十八年（1610），日食十多次，误差二刻以至四刻。因此，一些有识之士，特别是受到利玛窦影响的徐光启、李之藻等人均上书请求改历。崇祯二年（1629），朝廷正式设历局，命徐光启、李之藻以及传教士龙华民、邓玉函等共同办理历事。随后，汤若望、罗雅谷也参与修历。1634 年，修成《崇祯历书》共137 卷。修订后的历法基本是建立在西方数学和天文学基础之上，同时也吸收了中国传统历法推算方法。《崇祯历书》采用了丹麦天文学家第谷（1546—1601）的宇宙体系，这是介于哥白尼（1473—1543）的日心

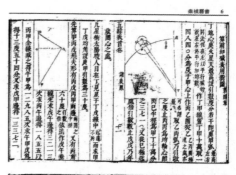

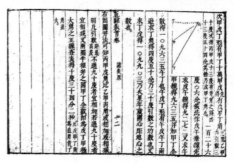

《崇祯历书》内页（故宫珍本丛刊）

体系和托勒密（约 100—170）的地心体系之间的折中体系，认为地球是宇宙中心，月亮等绕地球旋转，而五大行星则绕太阳运行。同时，《崇祯历书》还介绍了哥白尼、第谷、伽利略（1564—1642）、开普勒（1571—1630）等人的天文数据和科学成果。《崇祯历书》完成后，由于明末社会动荡，并未得以推广，直到清代重新刊刻，改名为《西洋新法历书》。1646 年，在汤若望的主持下制定了《时宪历》。1678 年，南怀仁

等人根据汤若望编译的历书和二百恒年表，推算到千年以后，编成《康熙永年历法》32 卷，从此通用西历。从 1690 年至 1721 年，在康熙皇帝的主持下，修撰了《律历渊源》，由《历象考成》《数理精蕴》和《律吕正义》三部分组成。其中，《历象考成》在天文体系上虽沿用西方第谷天文体系，但也吸收了许多中国天文历法内容。因此，《四库全书总目》评价此书"集中西之大同，建天地而不悖，精微广大，殊非管蠡之见所能测"①。

其后钦天监监正戴进贤发现《历象考成》测量天象经常有误，于是皇帝钦命戴进贤主持编写《历象考成后编》，并于乾隆七年（1742）成书，共 10 卷。该书采用了西方天文学诸家的三种新说，一为太阳半径，旧定为地球 5 倍余，依靠望远镜测量，增至 96 倍余；二为清蒙气差（即光经过大气的折射率）采噶西尼新说；三为日月五星轨道，旧为平圆，今为椭圆，此采哥白尼天文三定律之一。依据《历象考成后编》而编制的 300 年（1723—2022）历书《癸卯元历》，从某种意义上，已采用了牛顿的月球运动理论，属于西方历法系统，不同于中国传统历法。但是它作为阴阳历的一种，是以 33 年为周期设置 8 闰的历法，又与西方的不同，是中国天文学家和西方传教士共同创造的一部颇具特色的历法。②

除修历之外，西方的天文仪器也由传教士带入中国，如利玛窦到肇庆传教，"间制地图、浑仪、天地球考、时晷、惜时之具，以赠于当道"。1629 年开始修历后，徐光启提出"急用仪象十事"，增置新式仪器九种：七政象限大仪六座、列宿纪限大仪三座、平浑悬仪三架、交食仪一具、列宿经纬天球仪一架、万国经纬地球仪一架、节气时刻平面日晷三具、节气时刻转盘星晷三具、候时钟三架，另外装修测候七政交食远镜三架。③

用来观测天文的望远镜也开始传入我国，这种新式望远镜的实物可

---

① 《四库全书总目》卷一〇六《子部》，《天文算法类一》，第 897 页。
② 葛荣晋：《"西学东渐"与清初"中西会通"的科学观》，《北京行政学院学报》2004 年第 5 期。
③ 《中西文化交流史》，第 382 页。

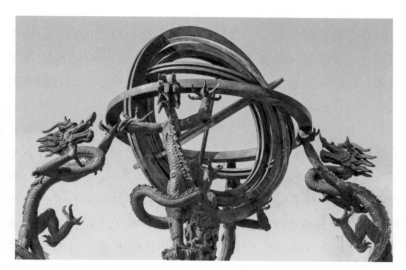

浑天仪

能由汤若望于天启二年（1622）携入。望远镜一经传入，立即受到中国朝野各界的重视，明政府组织力量进行仿制。中国第一架自制望远镜完成于崇祯七年（1634），名曰"窥筒"，崇祯帝命太监卢维宁、魏国征至历局试验。汤若望还曾为清廷制造望远镜、圆规、天体仪、日晷等天文仪器。他亲手制造的一个小型象牙日晷，至今仍收藏于中国历史博物馆。南怀仁主持制造的大型铜仪则有天体仪、赤道经纬仪、黄道经纬仪、地平经仪、象限仪、纪限仪。这些仪器于1674年被安置在北京古观象台。

除了官方仿制望远镜外，民间也出现了仿造活动。崇祯四年（1631），苏州人薄珏曾制造千里镜若干架，"望四五十里外如咫尺"。他把望远镜安置在各门铜炮之上，以侦察敌军之远近。①

二、西方天文学说的介绍

《崇祯历书》系统地介绍了西方天文学原理和测量方法，主要宣传

① 晁中辰：《明朝对外交流》，南京出版社，2015，第279页。

的是丹麦天文学家第谷在 1582 年主张的以地心说为主要内容的第谷体系，它与哥白尼、伽利略、开普勒的日心说处于对立的地位。康熙六十一年（1722）编成的《历象考成全书》42 卷，其前编仍未超越第谷体系。后来，德国耶稣会士戴进贤、葡萄牙耶稣会徐懋德用日益完善的数学方法推测日食，又增补表解图说，于乾隆七年（1742）编成《历象考成后编》十卷，吸收了法国天文学家卡西尼（1625—1712）的理论，纳入有关椭圆的数学知识，才使中国数学增加了一些新内容，计算地球与日月距离也已采用牛顿法。

罗雅谷是第一个介绍伽利略学说的，但由于教会对日心地动说的反对，罗雅谷在《五纬历指》卷八中只举出伽利略关于星体发光的本质的论说。这一学说和 1611 年 3 月伽利略致开普勒函中提出的理论完全一致。在卷三中，他提出的"天汉"，亦即现在通称的银河，是星云的凝集。"问：天汉何物也？曰：古人以天汉非星，不置诸列宿天之上也。意其光与映日之轻云相类，谓在空中月天之下，为恒清气而已。今则不然，远镜既出用以仰窥，明见为无数小星。"参与修历的耶稣会士罗雅谷、汤若望对于伽利略在 1610 年运用望远镜所作的第一批天文观测记录，在《月离历指》《交食历指》中做了整段的转录。汤若望更在所作的《历法西传》中，从天文学发展的角度肯定了伽利略在天文观测上所取得的伟大成就。他说："第谷没后，望远镜出，天象微渺，尽著于是。有加利勒阿于三十年前创有新图，发千古星学之所未发，著书一部。""加利勒阿"是汤若望对伽利略的译法，"著书一部"，大约是指 1632 年推出的《天文对话》（即《关于托勒密和哥白尼两大世界体系的对话》）。[①] 汤若望称得上是第一个在中国支持伽利略学说的耶稣会士，他对于天文望远镜的引进和仿制都曾全力以赴，作过贡献。

王锡阐是一位杰出的天文学家，他对《崇祯历书》也有类似的看法，"吾谓西历善矣，然以为测候精详可也，以为深知法意未可也"。法意即是天文学的基本立论，表示了他对第谷体系的怀疑。一个世纪之后，法国耶稣会士蒋友仁对日心说进行明确的介绍。1744 年，蒋友仁来

---

① 《中西文化交流史》，第 383—384 页。

华后，参加修历、督造宫廷喷水泉；1767年，刊印《坤舆全图》，附有《坤舆图说》。他对哥白尼体系有明白的论述："歌（哥）白尼论诸曜，以太阳静地球动为主。人初闻此论，辄惊为异说，盖止恃目证之故"。后举理由三项，阐明诸曜、太阳与地球运转的关系。自此，哥白尼、伽利略的行星体系才在中国正式得到了传播。18世纪英国制造的演示哥白尼学说的天文仪器也传到了中国。一架是七政仪，原名太阳系仪，是英国仪器制造家黎奇·格里尼（1705—1755）制造的；另一架是浑天合七政仪，它们的引进推动了蒋友仁对日心说的介绍。[①]

三、明末清初对西方数学的介绍和研究

数学也是当时西学传播的重要内容。利玛窦曾于1572—1577年间在罗马神学院师从名师克拉维斯学习数学，因此数学也成为他"学术传教"活动的重要内容。经历过修订《崇祯历书》的实践活动，以及利玛窦、徐光启、李之藻等人的倡议，大量西方数学知识传入中国并被国人接受。清初，由于康熙皇帝对天文、数学等自然科学的爱好与提倡，又有许多西方数学的重要内容经法国传教士传入中国。

欧几里得的《几何原本》是关于平面几何学的系统性著作。1603年，利玛窦应徐光启之请开始筹划翻译，到1607年译成前六卷。《几何原本》的初步译介，对中国人了解和研究作为欧洲天文学、数学基础的几何学，是一个有益的开端。1607年，徐光启、利玛窦合译《测量法义》。1608年，李之藻阐述利玛窦几何学论著《圜容较义》，专论内外接圆问题。1613年，利玛窦与李之藻合译《同文指算》，这是介绍欧洲笔算的著作，主要依据克拉维斯的《实用算术概论》和明代著名数学家程大位（1533—1606）的《算法统宗》编译而成。在这部书中，从加减乘除到开方，中国和西方的算术第一次融合在一起。[②] 由于该书介绍的笔算简便可行，与今天的算法相近，因此被清代数学家继续加以改进

① 此部分内容主要参引《中西文化交流史》，第383—384页。
② 同上书，第385页。

推广。

作为近代数学前驱之一的对数，是波兰人穆尼阁于清初传入的。跟随穆尼阁学习的薛凤祚（？—1680）把他传授的科学知识编成一部包括天文、数学、医学、物理学等内容的《历学会通》。其中，数学部分主要有《比例对数表》《比例四线新表》和《三角算法》。

《律历渊源》构成部分之一的《数理精蕴》，是西洋数学传入中国后的集大成著作。该书系统地介绍了从17世纪初以来传入的西方几何学、三角学、代数学以及算术等数学知识。上编收录了《几何原本》《算法原本》；下编主要讲述了代数学，包括实用算术、度量衡制度、记数法、整数四则运算、三次方程求根法等。《数理精蕴》出版后得到了广泛的流传，掀起了乾嘉时期数学研究的高潮。

在西方数学知识大量传入的背景下，明清时期中国也出现了一些数学家。其中，较著名者有徐光启、王锡阐和梅文鼎。徐光启除了与利玛窦共同译介西方数学著作外，也对西方传入的数学做了初步研究。他撰写了《测量异同》和《勾股义》两书，使中西数学从源流的探讨上趋于一致。王锡阐深入钻研西方历法，在《历说》中指出了西法的若干缺点与讹误，在对中西方法透彻研究的基础上，撰《晓庵新法》6卷，吸取了中西学两者的优点，并有所创新。梅文鼎是清前期成就最大的数学家。在历学方面，他深究中国古代70余家历法而后与西历会通；在数学方面，先习筹算、笔算、三角、对数，而后发挥少广、方程以及勾股诸术，自成一家。梅氏著作丰富，共有88种，200余卷。其中，《笔算》一书，既继承李之藻《同文指算》的学术，又有所发展，如将《同文指算》中的横写一律改成竖写，因为这是"中之圣人之旧而吾人所习也"；同时，他增补了减数、减积并以框图框出，一律用汉字记数，较之《同文指算》更为明确。《笔算》堪称一部中西会通的数学著作。王、梅二人对我国的天文学、数学的发展作出了重要贡献，有"王氏精而核，梅氏博而大，各造其极"[1] 之赞。

---

①［清］阮元：《王锡阐上》，《畴人传》，第429页。

四、《历学会通》《数理精蕴》和西方数学

1646 年来华的波兰传教士穆尼阁，介绍了对数解球面三角形的方法。穆尼阁来华后先后在福建、江苏、广东、海南等地传教。在南京，先后有薛凤祚、方中通（1633—1698）跟随他学习天文、数学和占星术。1652 年，薛凤祚笔录成《天步真原》一卷，后又撰成《天学会通》。1656 年，穆尼阁在肇庆去世后，薛凤祚根据穆尼阁传授的知识，于 1664 年编成《历学会通》。该著作分《正集》《考验部》《致用部》。其中，数学著作有 1653 年的《比例对数表》一卷、《比例四线新表》一卷、《三角算法》一卷。所列对数都是小数六位，是由英国数学家奈皮尔（1550—1617）发明，并由英国布里格斯（1556—1630）进行改良。对数便于计算，极有实用价值，在历法计算上被普遍应用。方中通成书于 1661 年的《数度衍》二十四卷中也有对数，梅文鼎有《比例数解》。

《三角算法》比《崇祯历书》更进一步介绍了平面三角和球面三角。球面三角法除《崇祯历书》中的正弦、余弦定理外，并有半角公式、半弧公式、德氏比例式。梅文鼎也有《平三角举要》《弧三角举要》《环中黍尺》等著作研究三角学。

康熙又派白晋于 1693 年赴法，募集科学著作、征求科学家来华；1711 年，在召见泰州陈厚耀时接受了"请定步算诸书以惠天下"的建议；1713 年在畅春园蒙养斋设算学馆，培养八旗世家子弟 30 多人学习算法，授命数学家梅文鼎的孙子梅瑴成充蒙养斋汇编官，与陈厚耀、何国宗、明安图一起编纂天文历算书；1721 年编成《历象考成》42 卷，《律吕正义》5 卷，《数理精蕴》53 卷，定名《律历渊源》100 卷，1723 年刊印问世。

清康熙年间编集的《数理精蕴》，是西洋数学传入中国后集大成的著作。康熙素好天文、数学等自然科学，延请法国传教士张诚、白晋讲授数学。

《数理精蕴》上编五卷"立纲明体"，收录《几何原本》《算法原本》；下编四十卷"分条致用"，又表四种八卷，卷一至卷三十是实用算术；

卷三十一至卷三十六为《借根方比例》，介绍由欧洲传入的代数学，以假借根数、方数求实数。代数在 13 世纪的中国称天元术（天元，即借根方解）。当时还有种专书《阿尔热巴拉新法》（写本），已解决了表示任意常数的符号，可以使所立方程一般化。《数理精蕴》卷三十八是《对数比例》，卷三十九、卷四十是《比例规解》，大致和罗雅谷同名著作相仿，而对画日晷法介绍特详，对以后天文学著作有影响；书中对假数尺（西洋计算尺）也有说明，故宫博物院所藏实物是象牙制作。

清代中叶，明安图、董祐诚等深入研究三角函数和反三角函数的幂级数展开式，取得重大的成果，这是受到法国传教士杜德美（1668—1720）的启发。杜德美 1701 年来华，传入割圜九术，比徐光启的割圆术更加深入。他讲授正弦、正矢和圆周率的级数展开式，著有《周经密率》一卷、《求正弦、正矢捷法》一卷。张豸冠的《杜氏九术全本》（写本），梅毅成的《赤水遗珍》、丁取忠的《数学拾遗》也都介绍过杜德美的学说。经过康熙年间对西学的提倡和对传统的天文、数学等学科的深入研究，中西科学互相"会通"，西方的科学知识推动中国的数学家独立地完成一些创造性的工作，如汪莱、李锐的方程论，项名达的椭圆求周术，戴煦的二项式定理展开式，李善兰的尖锥求积术等。[1]

五、利玛窦绘制的地图

新航路的开辟，引发了西方地理学知识的大发展。随着传教士的东来，西方的地理学知识也逐渐传入中国。[2] 中国人最早接触到欧洲人绘制的地图是利玛窦和罗明坚带来的由荷兰地理学家奥尔泰里沃斯在 1570 年绘制的《世界地图册》里的世界概图。1584 年，利玛窦应明朝岭西按察使王泮的要求将之译为汉文，是为《山海舆地全图》。此图视地球为圆形体，有经纬度、赤道、五个气候带和五个大洲的轮廓。这对于中国

---

① 此部分内容主要参引《中西文化交流史》，第 387—389 页。

② 有关地理学内容主要参考葛荣晋：《"西学东渐"与清初"中西会通"的科学观》，《北京行政学院学报》2004 年第 5 期。

的"天圆地方""中国居中"的传统地理观念无疑是一次重大冲击，对中国地理学的发展有着深远影响。

此后，利玛窦还先后在南昌、南京、北京等地多次绘制世界地图。其中以 1602 年刊行的《坤舆万国全图》最为完善。为了迎合中国人的心理，在这幅椭圆形的世界地图中，特意把南北美洲绘在亚洲的东面，以保证中国的居中位置。此外，在华耶稣会士艾儒略、毕方济、南怀仁、蒋友仁等也绘有世界地图。梵蒂冈图书馆藏有艾儒略的《万国全图》、毕方济的《坤舆全图》印本。意大利米兰布洛歇图书馆也有艾儒略地图的刻本。南怀仁的《坤舆全图》在 1674 年刊印，现巴黎图书馆、上海徐家汇藏书楼及天津均有藏本。

六、艾儒略、南怀仁的地理著作

在绘制地图的同时，有的传教士还就图立说。其中，最有影响的是艾儒略的《职方外纪》和南怀仁的《坤舆图说》。1623 年刊印的《职方外纪》是在庞迪我的《海外舆图全说》的基础上，经艾儒略增订而成的。书中分五卷介绍五大洲各国的风土、民俗、气候、名胜。第一卷亚细亚（亚洲），第二卷欧逻巴（欧洲），第三卷利未亚（非洲），第四卷亚墨利加（南北美洲）、墨瓦蜡尼加（澳大利亚），第五卷四海总说，列举了海名、海岛、海族、海产、海状、海舶、海道等。卷首有《万国舆图》《南北半球图》，各卷有分图，是中文著作中第一部系统介绍五大洲地理的专书。

清初，南怀仁在明代各家地图及地理学知识基础上，绘制了《坤舆全图》，并撰写了《坤舆图说》两卷。上卷总述自然地理，下卷分五大洲叙说，最后是四海总说。上卷根据利玛窦之说，下卷参照《职方外纪》介绍五大洲的基本情况以及四海之状。①

①《中西文化交流史》，第 392 页。

七、康熙、乾隆年间地图的测绘

在吸收西方传入的地理地图测绘知识的基础上，清初进行了两次规模宏大的地图测绘工程。第一次从1707年开始，到1718年完成，在康熙皇帝的亲自主持下在全国范围内进行。在这次实地测绘中，康熙大胆地引进了西方的球形大地观念、三角测量和地图投影方法，抛弃了中国落后的以地平大地观念为基础的"计里画方"作图法。他派遣了大批传教士，如白晋、杜德美、雷孝思、费隐、麦大成、汤尚贤、德玛诺等到全国各省实地测绘，也派出了满汉官员和中国学者到各地进行测绘，如康熙命喇嘛前往拉萨等地测绘西藏地图，派乌喇总管穆克登前往鸭绿江、图们江进行地形复查，派何国栋去广东，索柱去云南，白映堂去四川，贡额去陕西，那海去河南，明英去浙江，以配合传教士的测绘工作。康熙皇帝在主持这项工作中，还确定了"绳法量地"法，统一了测量尺度，并在科学技术上提出二百华里合地球经线一度的规定，进行了中国测绘史上开创性的工作。① 通过全面测绘，制成总图三十二帧，总称《皇舆全览图》，或称《皇舆全图》《大内舆图》，共有八排。《皇舆全览图》的绘制工程宏大，也是当时最精确的地图。

第二次是继《皇舆全览图》之后，乾隆皇帝命刘统勋、何国宗等人带领传教士傅作霖、高慎思等人随军到伊犁等地测绘。何国宗负责测量天山以北地区，明安图负责测绘天山以南地区，并绘制成地图呈献乾隆皇帝编成《钦定皇舆西域图》52卷。后又钦命传教士蒋友仁在《皇舆全览图》的基础上，补充了何国宗、明安图所绘的西藏、新疆地图和传教士宋君荣（1722—1759，法国人）等人所搜集的有关俄、蒙的图籍编成《乾隆内府地图》（又名《乾隆十三排地图》）。《乾隆内府地图》西至西经九十多度，北至北纬八十度，全图所及地域，北抵北冰洋，南至印度洋，西及波罗的海、地中海和红海，是当时世界上最完善的一幅亚洲大

---

① 葛荣晋：《"西学东渐"与清初"中西会通"的科学观》，《北京行政学院学报》2004年第5期。

陆地图。《乾隆内府地图》是中外学者通力合作、中西合璧的科学成果。①

第四节　生物学、医学、语言学
及建筑、艺术

一、西洋生物学和中国植物

最早向中国介绍西洋生物学知识的译著是《无极天主正教真传实录》，译自西班牙文《自然法的修正与改进》。该书第一章至第三章宣扬天主教义，第四章论地理，第五章论世界万物之事实，第六章论各地草木之类别，第七章论各地禽兽，第八章论世间禽兽的饮食，第九章论世间禽兽的用药。其中，第五至第七章介绍生物知识，第八、第九两章则与兽医药有关。②

葡萄牙人为了打开与中国贸易的大门，曾向康熙进贡狮子。为了向皇帝详细说明狮子的习性，利类思根据阿尔特劳瓦地（1522—1607）的博物学百科全书的内容写成《狮子说》。次年（1608），他又应康熙之命，编著《进呈鹰论》。传教士负有向欧洲报告所在国情况的使命，除了介绍社会情况以外，一些传教士也注意采集中国的植物标本，用西方的方法加以分类研究，并将它们介绍到欧洲。卜弥格用拉丁文写成《中国植物志》一书，1656年在维也纳出版。书中记录中国名花约20种，并有珍奇动物，附图23幅，为研究中国植物的开山之作。巴黎科学院驻华通讯员汤执中来华后为圣彼得堡科学院、伦敦皇家学会采集植物标本。1748年，他曾将在北京附近采集到的标本260种托北京—莫斯科之间的

① 葛荣晋：《"西学东渐"与清初"中西会通"的科学观》，《北京行政学院学报》2004年第5期。

②《中西文化交流史》，第395页。

商队带往俄国。他的相关著作有《北京植物和其他生物学遗物索引》《植物志》。韩国英是另一位在华法国耶稣会植物学家，兼任圣彼得堡科学院通讯员。据记载，韩国英所研究过的中国植物包括：野蚕、榛、竹、荷、玉兰、秋海棠、茉莉、牡丹、橡、栗、香蕈、木棉、草棉、白菜、哈密干葡萄、杏、艾、皂荚等。①

二、西洋的医学与药学

西方现代医学是在 16 世纪通过传教士的传教活动传入中国的。在利玛窦"学术传教"策略中，通过译著和医疗疾病，传播西医学和西药学也是内容之一。在西医学方面，影响最大的是脑神经学和人体解剖学。利玛窦的《西国记法》、傅泛际的《名理探》和艾儒略的《性学粗述》等，先后将西方的脑神经学介绍到中国，从根本上改变了中国人的"心为虑本"的错误观念，确立了"脑为神本"的近代医学观念。② 最早传入中国的解剖生理学专著是邓玉函撰、毕拱臣译的《泰西人身概说》。它与由罗雅谷译述，龙华民、邓玉函校阅的《人身图说》一起，系统地向中国介绍了西方的人体生理构造和人体解剖学，揭开了人体构造的秘密。清代学者姚衡深受他们思想的影响，充分肯定《泰西人身概说》称"其论极为精确，实医学之津梁也"。

汤若望在《主制群征》一书中介绍了建立在 17 世纪西方人体解剖学新发现基础上的血液循环理论，这是清代学者前所未闻的。英国传教士合信与清代学者陈修堂合编的《全体新论》一书，不仅详细地阐述了人体骨骼、脏腑、脑、肌肉及五官的功能，而且系统地介绍了英国科学家哈维的血液循环理论。合信曾对中医学有过深入研究，坚信西医可以为中国人所接受，并在临床上使用了不少中药。他试图用西方最先进的医学理论来检验中医，初步实现了中西医的结合。它是一部中外学者合

---

① 《中西文化交流史》，第 395 页。
② 此部分内容请参见葛荣晋：《"西学东渐"与清初"中西会通"的科学观》，《北京行政学院学报》2004 年第 5 期。

作、中西医会通的医学著作。①

在西医学传入的同时，西方的疾病治疗方法和药物学也引入中国。意大利传教士安文思编写的《西方要记》就介绍了验尿查病法、放血疗法等。汤若望的《主制群征》、熊三拔的《药露说》和艾儒略的《西方答问》等，都详细地向中国人介绍了西药及其制作方法。1935 年发现了附在《泰西人身概说》书末的《药露说》一卷，书中有蒸馏及制造药炉等仪器的图说，附有吴金寿的按语，是最早讲解西药制造技术的专书。明末，这种制药方法已为中国人所实践。如徐光启家书中说："庞（迪我）先生教我西国用药法，俱不用渣滓，采取诸药鲜者，如作蔷薇露法收取露，服之神效。此法甚有理，所服者皆药之精英，能透入脏腑肌骨间也。"据沈德符《野获编补遗》记载，万历时"中国人能伪为之"。②

康熙年间，西医、西药已进入实用阶段。著名医学家王宏翰的《医学原始》广泛地吸取了欧洲的西医理论和西药医疗方法，是中国最早的一部会通中西医的医学著作。传教士石铎琭所著的《本草补》，是最早传入中国的西方药物学专著。乾隆时，药物学家赵学敏在《本草补》的基础上，进一步修正和发展了明代医学家李时珍的《本草纲目》，撰成《本草纲目拾遗》。仅西方药露，本书就补充了数十种。可以说，这是王宏翰之后又一部更为完善的中西药的合璧之作。

这一时期西医仅限于为皇室服务，民间层面的交流和接触很少。康熙宫廷中曾用西方传教士充当御医，并用西药。例如 1693 年 5 月，传教士洪若翰、刘应曾以从国外寄来的金鸡纳（奎宁）为康熙治疗疟疾。康熙服药后很快病愈，从此传教士得到重视和信任。此外，法国传教士罗德先（1645—1715）也曾先后两次为康熙医治心悸和唇瘤，并因疗效显著而被任命为内廷御医。

① 葛荣晋：《"西学东渐"与清初"中西会通"的科学观》，《北京行政学院学报》2004 年第 5 期。

②《明朝对外交流》，第 286 页。

三、中文与拉丁语

西方传教士到中国，首先需要熟习中国语文，因而有相关字典的编写。第一部中外合璧的字典是 1576 年到达福建沿海的西班牙奥斯定会地理学家拉达，根据泉州土音用西班牙文编著的《华语韵编》。郭居静和利玛窦曾合编《西文拼音华语字典》，是按照拉丁字母和中文读音编排的字典。利玛窦又曾和罗明坚合编《葡华字典》，中文题名《平常问答词意》，编成于 1584—1588 年间，采用中国纸书写，计 189 页，附拉丁拼音，1934 年在罗马耶稣会档案室发现。

第一部刊印拉丁拼音的语文书，是利玛窦的《西字奇迹》一卷。该书于 1605 年在北京印行，《宝颜堂秘笈》和《说郛》有复刻本。从此，拉丁字母及拼音法在基督教信徒中便受到了注意。1626 年，金尼阁的《西儒耳目资》在杭州由张问达出资刊印。金尼阁，法国耶稣会士，1610 年来华，著作多用拉丁文。据他自述编著《西儒耳目资》的目的，"在使中国人能在三天内通晓西方文字体系。"书题泰西金尼阁撰述，晋绛韩云诠订，秦泾王征校梓，共三册。第一册译引首谱，从文字学述及编译原则；第二册列音韵谱，按照音韵，排列华字；第三册列边正谱，按子边画排列华字，用拉丁拼音。该书便于西方人士学习中文，耳以听字之韵，目以视字之拼合。这部著作既研究了中国文字的音韵，采用《洪武正韵》和《韵会小补》，而且又用西方语文研究法探讨中国文字，耳资有音韵谱，目资有边正谱，用图解法研究音韵学，解决了中国和西方世界在语言文字上的阻隔，为中西文化的沟通提供了钥匙。[①]

明末清初学者王征、方以智、杨选杞、刘献廷都倾心于拉丁拼音。方以智《通雅》卷五十切韵声原，极其推崇《西儒耳目资》。杨选杞《声韵同然集》更依据金尼阁，自创"宏声字父十五、宏声字母十三、中声子父二十一、中声字母二十、细声字父三十一、细声字母二十四、合成字祖三十一、大韵二十五，并按照金尼阁的音韵活图，自作同然

---

①《中西文化交流史》，第 400 页。

图、宏声图、中声图、细声图"。① 清初刘献廷，字继庄，著有《五经难字》《五经叶韵》，"上附琉球红夷字"（《广阳杂记》卷二），即采用荷兰字母；又有《新韵谱》，参以"泰西蜡顶话、小西天梵书，暨天方、蒙古、女真等音"②。其中，蜡顶话便是拉丁字母。

拉丁文在宫廷中译作喇第诺，1688 年中俄边界交涉过程中，康熙决定派葡萄牙传教士徐日昇参加和俄国的谈判，因为他懂喇第诺文字。1689 年 9 月《尼布楚条约》成立，勒石定界，用汉字及俄罗斯、喇第诺、蒙古字镌刻。此后，中俄外交除用中文和俄罗斯语以外，还用西洋字话（拉丁文），"缮写驰递，庶有印证，以免舛误，至今永为定例"。③

据《大清会典》，内阁规定"西洋诸国用拉体诺字，遇有陈奏事件及表文，皆译出具奏"，翻译都由"西洋堂人"担任。康熙时选派满族子弟在俄罗斯馆学习拉丁文，雍正年间才另设西洋馆。1729 年 3 月，西洋馆正式成立，由巴多明主持，招收满族子弟学习拉丁文。该馆主持以后由宋君荣继任。圣彼得堡议院的公文都由宋君荣译成拉丁文和满文，清政府公文也经译成拉丁文。1748 年，四夷馆和会通馆合并为会通四夷馆，专门翻译和传授外国语，拉丁文仍由"西洋堂人"传译。所编《华夷译语》98 卷，收各种文字 34 种，其中喇第诺语 5 卷，约 500 页，占全书的十分之一。④

四、希腊论理学的翻译

西方论理学（逻辑学旧译）的流传，始自明末葡萄牙科因布尔大学的多种讲义被翻译成中文。1627 年，诠释古希腊亚里士多德论理学的《名理探》，由葡萄牙教士傅泛际译出。全书分上下两编，上编为五公论、十伦论，下编论三段法等推理方法。该书于 1631 年在杭州刊印。1630

① 罗常培：《耶稣会士在音韵学上的贡献》，《历史语言研究所集刊》第一本。
②《中西文化交流史》，第 399—400 页。
③［清］松筠：《绥服纪略》，转引自《中西文化交流史》，第 400 页。
④《中西文化交流史》，第 400—401 页。

年，李之藻去世后，傅泛际在西安续译《名理探》后二十卷；1641 年已有二十卷待刻，但未能实现。传世本都是前十卷。后经南怀仁对未刊印部分校对增补，接续翻译，成《穷理学》六十卷，1683 年进呈康熙，完成了全书的翻译。傅、李两人合译的亚里士多德著作还有《论天》四卷，题名《寰有诠》六卷，1628 年在杭州刊印。[①]

五、西式建筑与圆明园

十六七世纪，西式建筑也逐渐在中国出现，其中主要以教堂为主。澳门曾是明清时期传教士在东方传教的重要基地，因此建有教堂多处，如望德堂、圣老楞佐堂、圣安多尼堂、圣保禄堂、圣奥斯丁堂、圣多明我堂。1572 年，澳门成立圣保禄学院，附设天主之母教堂，以大理石筑成。1835 年失火后，仅存饰有铜质雕像的大理石牌坊，俗称"大三巴"，成为今天澳门的标志性建筑。

澳门大三巴

明万历间，传教士在南京建教堂，俗称"无梁殿"，被认为是中国内地最早的西式教堂。北京最著名的教堂是汤若望建造的宣武门内教堂，俗称"南堂"，后由徐日昇、闵明我改建成西式；1721 年，由葡王

---

①《中西文化交流史》，第 401 页。

斐迪南三世（1637—1657）资助，重加改建，成为巴洛克式的建筑。此外，北京还有北堂（西城区西什库，为北京城规模最大的教堂）、东堂（东城区王府井大街路东）、西堂（西直门内大街南侧）等教堂。

杭州天主教堂，是意大利耶稣会士卫匡国所建，坐落在武林门内天水桥南。该教堂外观为西式，但内里也采用中国传统的木柱结构，中西合璧，成为中国境内最大最华丽的教堂之一。上海天主教堂则以安仁里世春堂最具代表性，1640 年改为敬一堂，也是一座中西合璧的建筑物。在澳门、广州、扬州、安庆等地的民间建筑中也开始出现西洋式样。广州幽兰门西十三洋行，建筑都是西式的。扬州的仿西式建筑有澄碧堂、水竹居、左靠山等。西式建筑在广东各地推广迅速。18 世纪中叶以后，广州将大量的中式房屋改成西洋样式，以招徕外商居住，政府屡禁不止。

清代西式建筑中，最宏大的工程当属圆明园分园长春园中的欧式建筑。这些建筑始建于乾隆十二年（1747），由意大利人郎世宁设计，并由法国人王致诚、蒋友仁协助建造。长春园欧式宫殿建筑是意大利和法国巴洛克建筑的混合体。建筑群体和门窗回廊的风格都具有强烈的意大利式样，门窗仿自彼洛明尼式，又引入热那亚宫殿的格局，雕饰纹样和壁炉、壁柱的设计则接近路易十四时期的法国风格。圆明园规模宏大、构思精巧、风格独特，欧式宫苑与中国园林融为一体，堪称世界造园史上的杰作，法国人王致诚称之为"万园之园"。圆明园今天仁立的断壁残垣，仍向人诉说昔日皇家园林的壮丽辉煌。

圆明园远瀛观

六、西方传教士和西洋画

西洋绘画艺术传入中国也与传教士东来有关，为了扩大宗教的传播，传教士很注意以绘画的形式宣传教义，因此早期的西洋画作品大多是宗教画。在传教士进入澳门时，意大利耶稣会士乔瓦尼·尼科洛在澳门率先创办一所绘画学校，培养圣像画家。

西洋画大量进入中国内地，还是从利玛窦来华传教之后。1600 年，利玛窦向明神宗进呈天主像一幅，天主母像两幅。顾起元在《客座赘语》中记述了利玛窦携来的画像，"所画天主，乃一小儿；一妇人抱之，曰天母。画以铜板为帧，而涂五彩于上，其貌如生。身与臂手，俨然隐起帧上，脸之凹凸处正视与生人不殊"①，讲的就是西洋绘画中的"明暗对照法"。随着天主教在中国的传播，与教堂有关的装饰性宗教绘画大为发展。同时，由传教士携入中国的西方铜版画也广为传布。明代传教士在西洋绘画传入的功绩在于建立了中国南方通商口岸最早的西画传播机构，造就了中国最早的西洋画家以及引进并促进西洋画在中国民间的广泛移植和传播。②

清代，随着西洋画传入宫廷并得到皇帝的赞赏，西洋画家开始云集中国宫廷。西洋画诸画种，如油画、水彩、铜版画等也因此大规模传入中国，北京遂成为中国西画的重镇。康熙时，以西洋画著称的传教士有利类思、南怀仁、马国贤（1682—1745，意大利人）。乾隆时，在如意馆任职的则有郎世宁、艾启蒙（1708—1780，波希米亚人）、王致诚，后来又有潘廷璋、安德义和贺清泰。在这批传教士画家中，居领衔地位的是郎世宁。来华前，他曾师从著名耶稣会士安德罗·保索，学习透视和欧洲风格的油画。1715 年，郎世宁来到中国，很快成为宫廷画师，先后历

---

① 张小庄、陈期凡：《明代笔记日记绘画史料汇编》，上海书画出版社，2019，第
　353 页。

② 胡光华：《传教士与明清中西绘画的接触与传通》（上、下），《美术观察》1999
　年第 10 期、第 11 期。

康、雍、乾三帝，服务长达51年。他精致的肖像画和他画的马，都被公认为杰作。

《八骏图》（郎世宁作）

《平定准部回部得胜图》（郎世宁等作）

郎世宁除了为清朝皇帝作画，还培养了一批中国油画家。据雍正元年（1723）《养心殿造办处各作成做活计清档》记载，至康熙晚年已有13名柏唐阿（满族闲散人）在郎世宁油画房里学过油画和线法。乾隆元

年（1736），在郎世宁的众多弟子中脱颖而出者有戴正、张为邦、丁观鹏、王幼学等四人。①

七、明清时期的西乐

明末西洋音乐和乐器亦随传教士传入中国。最早将乐器带到中国内地的传教士是罗明坚、利玛窦。利玛窦在广东肇庆建立教堂时，教堂内的西洋乐器让中国人开了眼界。《利玛窦中国札记》曾这样记述："他们也羡慕我们的乐器，他们都喜欢它那柔和的声音和结构的新颖。"利玛窦还从澳门定制西洋铁弦琴一具，进呈明神宗。神宗即派乐工四人跟庞迪我学抚琴。据研究，利玛窦送给神宗的是一种风琴。随后，各式的西洋乐器随着天主教传教士的足迹进入北京，作为贡品而为中国宫廷所接纳，并由此而得到社会上层的赏鉴。

例如，乾隆年间任国子监典簿的金焜，在其《妙明书屋诗集》中有一首《听洋琴歌》，诗中刻画了洋琴的形状及弹奏方法。乾隆年间著名文人赵翼在造访天主教传教士、钦天监刘松龄（1703—1774，南斯拉夫人）等西洋人时，得聆西洋乐曲。赵翼曾赋诗惊叹："万籁繁会中，缕缕仍贯脉。方疑宫悬备，定有乐工百。"② 据研究，赵翼当时所见的乐器是管风琴，可能是康熙年间由传教士徐日昇制作的。

徐日昇精于乐理。1699 年，清宫内曾组织一个小型的西乐团，任首席乐师的便是徐日昇。他还著有《律吕纂要》，1936 年曾在北京图书馆发现该书的汉文抄本、精抄本及满文抄本各一册。该书是康熙御定的《律吕正义续编》的祖本。《律吕正义》成书于 1713 年，共分上编正律审音、下编和声定乐和续编内韵度曲。

---

① 杨伯达：《十八世纪中西文化交流对清代美术的影响》，《故宫博物院院刊》1998 年第 4 期。徐家智：《圆明园艺术珍品与耶稣会士郎世宁——17 世纪中西文化交流之一例》，《故宫博物院院刊》1993 年第 1 期。

② ［清］龙顾山人：《十朝诗乘》，卞孝萱、姚松点校，福建人民出版社，2000，第 415 页。

第三章
中学西传：中学与启蒙运动、"中国热"

第一节　汉籍西传与欧洲对中国的研究

一、汉籍西传

利玛窦所开创的传教之路是建立在了解和适应中国社会的基础上的，因此几乎所有入华传教士都重视钻研以四书五经为核心的儒家文化经典。利玛窦对"六经子史等编，无不尽畅其意"。为了向欧洲介绍中国的传统文化，传教士们竞相翻译儒家经典。汉文典籍较早的西译作品是《明心宝鉴》。该书由多明我会会士高毋羡于1590年在菲律宾译成西班牙文，是本童蒙读物，内容主要是训诲幼童的格言。汉文学术典籍的翻译还是从耶稣会士开始的。罗明坚是较早翻译"四书"的人。1578年，他辗转来到广东肇庆，用拉丁语试译了《大学》的部分章节和《孟子》。其中，《大学》的部分章节曾于1593年在欧洲刊行。利玛窦则在1593—1594年间将"四书"译成当时欧洲上层知识分子通晓的拉丁文。金尼阁也于1626年用拉丁文译出"五经"，并在杭州刊印，这成为中国典籍中较早刊印的西文译本。

"四书"较早出版的译本则是由殷铎泽（1625—1696，意大利人）和郭纳爵（1599—1666，葡萄牙人）等人翻译的，并于1662—1669年间在中国建昌、广州和印度果阿陆续出版，但不包括《孟子》。欧洲早期刊

印孔子著作是 1678 年由比利时传教士柏应理（1624—1692）在巴黎完成的，书名为《中国哲学家孔子》，中文标题为《西文四书解》。书中包括中国经籍导论、孔子传和《大学》《中庸》《论语》的拉丁文译文。其中，三书所使用的就是前述殷铎泽等人的译本。此书出版后风行欧洲，1688 年、1689 年、1691 年又先后出过此书的法文、英文节选本，分别题名为《孔子的道德》《孔子与中国的道德》。

"四书"的第一个完整译本出自卫方济（1651—1729）之手。1711 年，其拉丁文译本《中国典籍六种》在布拉格出版，包括《大学》《中庸》《论语》《孟子》《孝经》和《小学》。他采用的是直译的办法，其译本被认为是当时最明晰、最完全的儒家典籍西译本。

除了上述译著外，这一时期也有大量中文原版书流入欧洲。① 20 世纪 30 年代，我国著名学者向达先生曾在国外搜集到一批国内已遗佚的珍贵图书，其中有《两种海道针经》一书。据向先生研究，该书成书于 16 世纪，由在中国传教的耶稣会士带到欧洲。这说明汉籍在明末就由耶稣会士传入欧洲，而汉籍大量地传入欧洲，则是在清初康熙年间。

将中文图书带往欧洲的主要是康熙年间来华的法国耶稣会士。第一批来华的法国耶稣会士，如洪若翰、张诚、白晋等人，他们本身也是法国皇家学术院的通讯员。在来华传教的同时，他们还负有进行学术考察的使命，收集中文图书资料正是他们的学术使命之一。

1682 年，柏应理即带走中国书籍 400 余册。当 1693 年白晋奉康熙皇帝之命赴欧洲招募传教士时，带去康熙赠给路易十四的一批珍贵礼物中就有 49 册 300 余卷装帧精致的书籍，包括《广舆记》《资治通鉴纲目》《书经》《春秋》《大清律》《礼记》《性理大全》《易经》《本草纲目》《算法统宗》《武经七书》《许氏说文》《诗经》等。据研究，这批图书并非康熙直接赠送的礼品，而是白晋自己搜集的，目前仍保存在法国国家图书馆里。至于康熙本人赠送给法王的中文书籍，则是 1700 年，康熙派洪若翰返回欧洲时赠送的，包括《资治通鉴纲目》《御选古文渊鉴》等书。

---

① 关于汉籍传入欧洲的内容主要参考彭斐章主编《中外图书交流史》，湖南教育出版，1998，第 183—185 页。

法国皇家图书馆（今巴黎国家图书馆的前身）自 1643 年起，就不断地多方面搜集汉籍，白晋、洪若翰等人返欧时带回的书籍都放在该馆内，马若瑟也在中国广搜图书，寄给皇家图书馆。第一位在法国定居的中国知名人士黄嘉略（本名黄日升，嘉略是他的教名）在皇家图书馆供职时，曾受傅尔蒙（1683—1745）之托整理过馆藏，并为进一步采购开列了书单。比尼昂（1662—1743）教士担任馆长后，将书单寄往中国，请在华传教士帮助按单采购。傅圣泽就曾应邀采购过图书。

傅圣泽（1665—1741）于 1720 年 11 月 5 日离开北京前往广州候船，随身携带他在华 20 年间陆续购得的 77 箱近 4000 册中文书籍。他用 16 头毛驴将这些书籍驮运到广州。在候船的一年时间里，他又应广州法国印度公司负责人的请求，帮助皇家图书馆按单采购了一批图书，计有 85 种 1764 册。1722 年，傅圣泽到达巴黎，将在中国搜集的 3980 种汉籍捐赠给皇家图书馆。这成为巴黎国家图书馆数量最多、选择最精的一批中文书籍，为法国汉学研究的发展奠定了坚实的基础。

17 世纪，还曾有一大批中文图书被运到德国柏林，成为选帝侯王家图书馆的收藏。柏林教士米勒经常使用这些图书，并为这些图书编制了目录。

二、欧洲的中国研究

在传教的"礼仪之争"过程中，欧洲学界对中国有了初步认识。随着传教士、旅行家提供的信息越来越多，加上各类译著甚至原版书的大量引入，欧洲知识界逐渐加深了对中国的认识，出现了一股研究中国的热潮，并为随之而来的欧洲汉学的兴起奠定了基础。

"礼仪之争"过程中，耶稣会士们把主要精力放在对中国儒家经典四书五经的研究、介绍上，开始以先秦汉儒为主，后来扩展到宋明理学，进而旁及道家和诸子。在那些概述中国历史的耶稣会士作品中，都详略不等地提出四书五经在中国的神圣地位。除此之外，还有许多以介绍研究某一部或几部经典为主题的作品。据统计，17、18 世纪共有 17

位在华耶稣会士留下 34 部这样的作品。[①] "礼仪之争"结束以后，无论是耶稣会士还是欧洲学者对中国文化的关注点都发生转移，宗教与哲学不再是其关注的核心。欧洲学者对中国文化研究的深度和广度都有了长足的进步。

当然，17、18 世纪对中国作出深入研究的还是传教士。其中，以来华的法国耶稣会士取得的成绩最为突出，这与他们在传教之外还负有考察使命有直接关系。参与这项工作的洪若翰在 1687 年 11 月 8 日致法国科学院的信中，概述了他们一行在中国调查和考察的学科，包括天文学、地理学、中国编年史、汉学研究、自然科学和医学，以及中国的政治、经济和社会现状。这些研究汇总成 18 世纪法国出版的三大名著：一是杜赫德（1674—1743）主编的《中华帝国全志》，二是《耶稣会士书简集》，三是《北京传教士关于中国人历史、科学、艺术、习俗论丛》。

（一）中国的历史、地理

利玛窦在深入研究儒家经典学术著作之后，开始将中国历史与文化介绍给西方。1595 年，利玛窦在南昌刊刻《天学实义》（后改名为《天主实义》），在书中引用了诸多中国古典文献，利用儒家经典学说佐证基督教义。1608 年，利玛窦写成《畸人十篇》，通过十封信函的形式，将中国的儒、释、道与西方的神学、哲学思想进行对比。这是欧洲学术史上第一部对中西思想进行对比的著作。[②] 利玛窦实为明季沟通中西文化之第一人。自利玛窦之后，许多传教士也开始写下有关中国的方方面面，并向西方汇报，这引发了中学西渐的热潮。

在《利玛窦中国札记》中，利玛窦以他自身经历为依据，全面地介绍了中国的情况，比那些道听途说的论著更具有说服力。"我们在中国已经生活了差不多三十年，并曾游历过它极为重要的一些省份。而且我们和这个国家的贵族、高官以及最杰出的学者们友好交往。我们会说这个国家本土的语言，亲身从事研究过他们的习俗和法律，并且最为

---

① 《从中西初识到礼仪之争——明清传教士与中西文化交流》，第 522 页。

② 《中华文化海外传播史》，第 1724 页。

重要的是，我们还专心致志、夜以继日地攻读过他们的文献。"① 利玛窦在书中，首先确认了欧洲自古知道的"丝国"就是中国；接着介绍了中国的物产，如粮食、水果、蔬菜、矿产、服饰、建筑、瓷器、河流、茶文化等；还介绍了戏曲、火药、焰火表演、浮雕、绘画及其他手工技艺。

此外，罗明坚的《中国地图集》介绍了中国的地理与历史情况，包括 27 幅地图，37 页的地图说明，细致地介绍了中国 15 个省份的农业生产、粮食产量、矿产、河流及流向、各省边界；首次向西方介绍了中国的行政建制，按照省、府、州、县的顺序，介绍每个省的主要城市，甚至还介绍了驻军的"卫"和"所"；向欧洲人介绍与贸易关联性更强的南方省份。南明王朝永历皇帝派遣波兰人卜弥格前往罗马求援，卜弥格在梵蒂冈留下了一本《中国地图册》，包括 1 张中国全貌图、15 个省份地图、1 张海南岛地图及 1 张辽东地图。此书为西方提供了详尽的中国概况。在这本书中，卜弥格介绍了中国的人文地理，均附有文字说明，内容包括：中国人的起源，中国人如何看待自己所处的地理位置，中国人对日月运行规律的看法，中国的国土、农业、语言文学、宗教、服装、生活习俗等方方面面。

1655 年，意大利耶稣会士卫匡国用拉丁文写成《中国新图志》，全书内有 17 幅地图。《中国新图志》叙述了中国的地理位置、自然环境、居民、城乡状况、手工技艺、建筑、科学、宗教、王朝纪年表、中国长度单位等内容，还介绍了女真族的历史、语言、习俗、宗教及与汉族的关系，以及各省的记载，包括地理位置、名称来源、建置沿革、面积方位、气候物产、名山大川、城镇交通、户口租赋、风俗习惯、人文古迹、掌故逸闻等。② 为了使书中的中国地名所指的地理位置更为准确，并使该书成为一本准确的地理指南，卫匡国将自己在旅行中的所见所闻与他在当时西方文献中读到的有关中国的内容融合在一起。《中国新图志》是当时欧洲了解中国地理的必读之书，还引起欧洲地理学界的重

①《利玛窦中国札记》，第 3 页。

② 沈定平：《"伟大相遇"与对等较量》，商务印书馆，2015，第 391 页。

视，曾被译成几种欧洲文字出版。该书于 1655 年在阿姆斯特丹出版后，1656 年又出版了西班牙语版，1672 年再版于布拉格，在欧洲影响广泛，卫匡国也因此被称为"西方研究中国地理之父"。

除了介绍地理情况，卫匡国于 1658 年在德国慕尼黑出版了《中国史初编》。该书从盘古开天辟地写起，介绍自伏羲开始历朝历代的帝王事迹，包括夏、商、周的灭亡，战国诸侯纵横，诸子百家思想，秦始皇焚书坑儒，汉代域外交流的历史。卫匡国确认伏羲于公元前 2952 年即位的事实，并向欧洲读者证明，自那以后中国人的历史从未间断。① 卫匡国的另外一部历史著作是 1654 年用拉丁文写成的《鞑靼战纪》，于德国、比利时、意大利三国同时出版。这本书记录的是 1644 年清兵入关后与南明的战争。清兵南下之时，卫匡国辗转于中国南方的南京、杭州、绍兴、福建、广东等地，对各地战事有一些记载，"于清军入关及南下情形，所记至详，直言不隐，足补我国正史之阙略。"②

明清之际来华的传教士的著作，除了上述几部地理、历史著作外，还有柏应理的《中国帝王大事年表》、宋君荣的《成吉思汗及蒙古史》与《大唐史纲》等。据有关学者统计，在 1552—1773 年间，来华传教士撰写了 36 部有关中国历史的著作。③

（二）政治制度

关于中国的政治制度，在传教士的多部著作中均有所提及，有利玛窦的《利玛窦中国札记》、白晋的《中国现状志》与《康熙传》、李明的《中国现状新志》等。利玛窦指出：从远古以来，君主政体就是中国人民所赞许的唯一政体。贵族政体、民主政体、富豪政体或任何其他的这类形式，他们甚至连名字都没有听说过。④"我已做过彻底的调查，可以肯定下述的情况是确凿无疑的，那就是：皇帝无权封任何人的官或增加

---

① 《中华文化海外传播史》，第 1739 页。

② 杜文凯编《清代西人见闻录》，中国人民大学出版社，1985，第 1 页。

③ 《中华文化海外传播史》，第 1742 页。

④ 《利玛窦中国札记》，第 44 页。

对任何人的赐钱，或增大其权力，除非根据某个大臣提出的要求这样做。"① "虽然所有大臣制定的法规必须经皇帝在呈交的奏折上加以书面批准，但是如没有与大臣磋商或考虑他们的意见，皇帝本人对国家大事就不能做出最后的决定。"② 欧洲学者对中国的"开明专制"大加认可，伏尔泰认为中国的皇帝或官员常常为人民谋福利（兴修水利、开凿道路等），人民对君主、官员保持着敬意，于是养成了顺从的美德。③ 魁奈（1697—1774）提倡以农为本，他赞赏中国的重农主义政策，在《中国专制制度》中认为"中国的'合法专制'是世界上最好的政治形式"。利玛窦阐述了中国皇帝的统治方式与传位原则、中央与地方政府的组织形式，认为中国的皇帝与人民均没有征服世界的野心。"西方国家似乎被最高统治权的念头消耗得精疲力竭，但他们连老祖宗传给他们的东西都保不住，而中国人却已经保持了数千年之久。"④

此外，还有许多传教士提及中国的科举制度。在来华传教士的眼中，古代中国秩序井然、一派繁荣景象，他们认为这归功于通过考试选拔官员，"在一些古人所指定的政府的模式、方案中，我们或许不会见到像中国的君主制那样完美、缜密……似乎是上帝自己动手缔造了这个帝国。他们的政府方案历经四千年的考验之后，依然完美如昔。"⑤ 利玛窦注意到科举考试程序对国家、社会至关重要。考试场所贡院宽敞、宏伟，考试过程中严格执行考试规则，试卷批改极其小心，人才选拔严格，发榜后还要举行宴会，由皇帝主持殿试，这些都让来华的传教士感受到科举考试的严肃。传教士用大量的篇幅介绍中国的政治制度，为欧洲学者反思自己国家的政治制度提供了异域的借鉴方式。他们希望欧洲能够借鉴这种选才方式，"假如其他王国也能遵循这一惯例，我们就不再会看到那么多的老爷、贵族的子弟如此愚昧无知，因为（对他们来

---

① 《利玛窦中国札记》，第 44 页。

② 同上。

③ 朱谦之：《中国哲学对于欧洲的影响》，中华书局，1995，第 295 页。

④ 《利玛窦中国札记》，第 59 页。

⑤ ［法］伊莎白尔·拉瑟拉：《欧洲人眼中的儒学教育》，载［加］许美德、［法］巴斯蒂等《中外比较教育史》，上海人民出版社，1990，第 30 页。

说）真正的高贵似乎并不包含学问及光辉的精神品质"①。

利玛窦生活于晚明的中国，他在看到明代繁荣富庶的景象的同时，也以外国人的旁观角度，观察到明王朝官僚体制的日趋腐朽、贪风日盛，社会各种矛盾激化的情况。"大臣们作威作福到这种地步，以致简直没有一个人可以说自己的财产是安全的，人们都整天提心吊胆，唯恐受到诬告而被剥夺他所有的一切。""贵族奢靡的生活都来自普通百姓。""所以不难想象他们构成多么大的公众负担。由于他们不担任一切公职和行政，他们变成了一个无所事事的阶级，耽于逸乐的生活而且蛮横。"②

（三）语言文化与哲学思想

传教士们意识到，如果要学好汉语，就必须要有一本可以与汉语相对照的词典，于是传教士展开了中文字典、中文文法的编译工作。学界普遍认为第一部中西合璧的字典，是西班牙奥斯丁会的地理学家拉达于1575年编写的《华语韵编》，这本字典是根据泉州土音，用西班牙文编著的，但这部辞典未正式出版。传教士所编的真正成熟的汉外对照辞典是1598年由利玛窦和郭居静所编的辞典。利玛窦说明了当时他们编纂辞典的情况，"神父们利用这段时间编了一部中文字典。他们也编了一套中文发音表，这对后来传教士们学习中文有很大的帮助……神父们选定了五个音标，使学生一看就知道该是哪个音。中国字共有五音，郭居静神父在这方面贡献很大……神父们决定，以后用罗马拼音时，大家一律利用这五种符号。为了一致，利玛窦下令，以后大家都要遵守，不可像过去那样，每个人一种写法，造成混乱。现在用这种拼音法编的字典，以及以后还要编的其他字典可以使每位传教者，都能一目了然。"③继利玛窦之后，传教士们又编辑了许多部字典，其中有《满汉蒙藏拉丁文对照字典》，这说明当时传教士对汉语的学习和研究已达到相当高的程度。

---

① 《中外比较教育史》，第34—35页。

② 《利玛窦中国札记》，第93—94页。

③ ［意］利玛窦：《中国传教史》，刘俊余、王玉川译，台北光启出版社，1986，第286—287页。

除了编译词典，传教士还钻研中国哲学思想，翻译了大量的儒家经典。据钱存训先生统计，明末清初大概 200 年的时间里，传教士共译书437 种，其中宗教书籍 251 种，自然科学书籍 131 种，人文科学（包括语言文学、地理等）55 种。[①] 曾德昭（1586—1658）在《大中国志》中介绍了儒家思想及中国的教育制度；利玛窦在广东肇庆、韶州等地结交官绅、研究儒学。1594 年，利玛窦翻译儒家经典，把《大学》《中庸》《论语》《孟子》等儒家经典翻译成拉丁文，名为《中国四书》，开启了中西宗教、哲学等领域的对话与交流。此后，法国传教士金尼阁于 1626 年将儒家经典"五经"译成了拉丁文；1662 年，意大利耶稣会士殷铎泽与葡萄牙人郭纳桑（1599—1666）合译《大学》《论语》，题名为《中国之智慧》；比利时的卫方济（1651—1729）于 1711 年来华，编译《中华帝国经典》，包括了"四书"、《孝经》、《劝学》等经典。以四书五经为代表的儒家经典，在被译成拉丁文后，各国译本相继出现，在欧洲广泛流传。

利玛窦晚年时把他的传教过程记录下来，后经金尼阁整理、翻译成拉丁文，命名为《利玛窦中国札记》，于 1615 年在欧洲出版，引起了巨大的轰动。利玛窦在这本书里用崇敬的态度来看待孔子："他既以著作和授徒，也以自己的身教来激励他的人民追求道德。他的自制力和有节制的生活方式使他的同胞断言他远比世界各国过去所有被认为是德高望重的人更为神圣"[②]。利玛窦认为儒家"这一教派的最终目的和总的意图是国内的太平和秩序。他们也期待家庭的经济安全和个人的道德修养。他们所阐述的箴言确实都是指导人们达到这些目的的……[③]"书中还介绍明代的政治制度、经济、思想、地理风物、历史、文化等方面的内容，对欧洲人更真切地了解中国发挥了重要作用。

中西文化的交流是双向的，影响也总是相互的。在中西文化的交流过程中，既存在着"西学东渐"，也有过"中学西渡"。18 世纪正是欧洲启蒙运动蓬勃发展的时代，中国这个远处东方，具有和欧洲完全不同气

[①] 钱存训：《近世译书对中国现代化的影响》，戴文伯译，《文献》1986 年第 2 期。

[②]《利玛窦中国札记》，第 181 页。

[③] 同上书，第 31 页。

质的文明大国，经过传教士的推介，成为欧洲启蒙运动人士汲取精神力量的源泉。正如英国学者赫德逊所论："18世纪的欧洲在思想上受到的压力和传统信念的崩溃，使得天主教传教士带回来的某些中国思想在欧洲具有的影响，超过了天主教教士在中国宣传的宗教。"① 中国文化对欧洲启蒙运动的推动作用，最主要体现在给莱布尼兹（1646—1716）的古典思辨哲学，伏尔泰的自然神教和魁奈、杜尔哥的重农派学说以丰富的养料，促进了近代欧洲文明的诞生。

集哲学家、逻辑学家、数学家、历史学家、法学家、语言学家于一身的德国人莱布尼兹在近代自然科学史、欧洲哲学史以及中西文化交流史上，都占有着特殊的地位。他21岁开始研究中国，非常崇拜中国儒家哲学的自然神论，并于1687年读过在巴黎出版的孔子的论著和传记。根据耶稣会士的著述和提供的材料，他在1697年出版了拉丁文本《中国近事》，向读者介绍他所搜集和掌握的有关中国的情况；同年，他又和在北京的白晋通信，共同探讨他的二进制算术和易卦，前后共有六年；此后，他将白晋的《康熙皇帝传》翻译成拉丁文。1715年，他还向法国摄政奥尔良公爵的顾问德雷蒙写了《论中国哲学》的长函，认为中国的天命、天道是天在其运行中确定不移的法则，要服从理性的法则就必须顺天，以达到先定的和谐。②

（四）科学技术

来华传教士关注中国的医学、天文学、生物学、数学等方面，并对它们进行深入的研究。法国耶稣会士系统、全面、有组织地介绍了中国的科学技术，在中学西渐的过程中起了重要的作用，正如韩琦在《中国科学技术的西传及其影响》中说道："洪若翰负责中国天文学史和地理学史，以与巴黎天文台所做的天文观测相比较；刘应负责中国通史，汉字与汉语的起源；白晋负责动植物的自然史和中国医学的研究；李明负

---

① ［英］G. F. 赫德逊：《欧洲与中国》，王遵仲、李申、张毅译，何兆武校，中华书局，1995，第267页。

② 《中西文化交流史》，第419页。

责艺术史和工艺史；张诚负责中国的现状、警察、官府和当地风俗，矿物和物理学（指医学）的其他部分，即指白晋研究以外的部分。"①

利玛窦曾说：中国的医疗技术方法与我们所习惯的大为不同。不过他们按脉的方法和我们的一样，治病也相当成功。② 波兰传教士卜弥格对中医投入了相当多的热情，他来华之前，担任波兰王室的御医，来华后写成《中国脉理医钥》，译有王叔和的《脉经》及视舌苔、诊气色诊病方法，还有一本未刊稿的《中国医家》。③ 17 世纪末，英国一医生将卜弥格书中"中医脉学"这一部分译成英文，连同自己的著述一起出版，书名为《医生诊脉表》。杜赫德的《中华帝国全志》的第三卷是中医专辑，收录了《脉经》《脉诀》《本草纲目》《神农百草经》《名医必录》等经典的译文，同时介绍了诸多中医处方，如阿胶、五倍子、乌桕树等。④

巴斯蒂、韩国英等人向西方介绍过中国的天花人工接种技术，韩国英在《北京教士报告》中提及中国医治天花的原理，巴斯蒂在寄往俄国的信件中介绍了中国的人工痘接种术。法国人巴多明对中国的本草学也进行了研究，并研读了李时珍的《本草纲目》。巴多明在写给法国科学院的信中报告了大黄、冬虫夏草、三七、阿胶等中药的药性。传教士来华期间，中国的针灸学也被介绍到了欧洲。1683 年，德国的格荷马出版了《应用灸术治疗痛风》一书，其中论及中国的针灸术是当时治疗痛风最安全、最优良的治疗方法；1674 年，布兰库特在荷兰出版了《痛风专论》，介绍了中国的针灸术治疗风湿病的案例。此后，针灸术流传到意大利、西班牙等国家。

在农艺及饲养方面，法国耶稣会士钱德明著有《中国乾隆帝和鞑靼权贵的农业观》，韩国英的《养蚕说和养蚕法》《园艺之研究》《说竹之种植和功用》《说若干种中国植物》等介绍了中国的水稻、桑树、茶叶、荷、玉兰、秋海棠、茉莉、牡丹、棉花的种植及养蚕的方法。

① 《中国科学技术的西传及其影响》，第 20 页。

② 《利玛窦中国札记》，第 34 页。

③ 《中西交通史》，第 801 页。

④ 武斌：《文明的力量：中华文明的世界影响》，广东人民出版社，2019，第 170 页。

（五）汉学兴起

"汉学"通指外国学者运用西方的评价标准，采用西方研究方法，研究中国古代历史、文物、制度、文学、艺术、风俗等内容。西方汉学兴起主要经历了游记汉学、传教士汉学与专业汉学三个阶段。

游记汉学最早可以追溯到古希腊罗马时期，当时人们依靠一些零星的、道听途说的材料，掺杂着虚构的因素，如罗马人一直以为中国丝绸中的丝，是像棉花一样直接长在树上的。13世纪，大蒙古国横跨欧亚大陆，一些商人和冒险家来华，才有了真正的游记汉学，意大利旅行家、商人马可·波罗的《马可·波罗游记》是其中的代表作。16世纪是大航海时代，中西海路贯通，越来越多的商人、旅行家通过海路来到中国，这时候的游记汉学著作较多。卡斯·坦涅·达写出《葡萄牙发现征服印度史》，但并未亲历中国，而是凭借传闻资料介绍中国佛教的仪式、中国流行的一些神怪以及庙宇，其间涉及些许中国的风俗制度与官职。多明我会士加斯帕尔·达·克鲁斯著有《中国情况详介专著》。该书是在欧洲出版的第一部专门介绍中国的著作，而且被人称作"有史以来有关中国最值得注意的著作之一"。① 这本书共29章，内容丰富庞杂，叙述了中国的名称、人种、疆域、政区等国家概况，中国的自然环境，中国人的生活方式、风俗习惯、宗教信仰，中国的法律、官吏，中国与葡萄牙人的交往等情况。② 这些游记的作者大多没有来过中国，多靠搜集各方资料介绍中国的情况；而来到中国的游记作者，多以商人为主，他们不懂汉语，且主要停留在沿海的港口城市，居住的时间短，更加关心各地的生活物产，未涉及制度、精神文化层面。所以，这个时期的汉学仅停留在较为浅显的介绍上。

---

① ［英］雷蒙·道森：《中国变色龙——对于欧洲中国文明观的分析》，常绍民、明毅译，时事出版社，1991，第42页。

② ［葡］费尔南·门德斯·平托等：《葡萄牙人在华见闻录——十六世纪手稿》，王锁英译，澳门文化司署、东方葡萄牙学会、海南出版社、三环出版社，1998，第84—130页。

传教汉学兴起于 1583 年，传教士入华。传教士与商人不同，他们不关心商业价值，入华的主要目的是传教。他们潜心学习汉语，等到汉语水平到达能够跟人交流、阅读典籍的程度后，才开展大规模的传教活动。西方传教士翻译大量的西学著作，对中国的社会文化产生影响的同时，通过文字书信的形式，向西方报告在华的传教活动、介绍中国各方面的情况。

至 18 世纪，欧洲掀起"中国热"，推动了欧洲近代思想的变迁。1814 年，汉学作为一门正式课程在法国法兰西学院开设，同时设立汉学教授席位，这些标志着西方汉学进入了"专业汉学"时期，并成为一门独立的学科。此后，汉学研究有了自己独特的研究领域，不再受传教汉学框架的影响，在研究方法、研究内容上都日趋专业化和学术化。[1]

第二节 "中学西传"与欧洲启蒙运动

一、儒学译介与西传

18 世纪震荡欧洲的启蒙运动，倡导理性主义，崇尚人类认识自然规律和理性法则的合法性，反对神灵和奇迹的赐予。这股社会思潮发轫于英国，展开于德国，而在法国进入了高峰，成为资产阶级进行社会革命的先兆。启蒙运动的发动者捍卫天赋人权，提倡智慧与教育，与主宰中世纪欧洲社会的基督教宗教神学处于对立的地位。而起源于本土的古希腊文化的悟性统治世界说和宗教家对神意的信仰一样，始终难以使"抽象"和"具体""理性"和"自然"趋于和谐一致。启蒙运动者唯有向非基督教世界的东方求助借鉴，吸取合乎理性法则的思想材料。[2]

中国这个远处东方，具有和欧洲完全不同气质的文明大国，经过耶

---

① 王云靖：《来华传教士与西方汉学的兴起》，首都师范大学硕士论文，2012。
②《中西文化交流史》，第 418 页。

稣会士的介绍，成为启蒙运动人士汲取精神力量的源泉。中国古代哲学，孔子的儒家学说以"天"为自然法则的代表，以及宋儒理学以"道"这一理性为基本原则，认之为"天地之本、万物之源"。孔子以"仁"为核心的伦理道德和提倡教育的思想，成为法国哲学家笛卡尔（1596—1650）倡导理性主义的基本来源。中国历史上传统的仁君统治和大一统的思想，特别是清初康熙年间的安定和繁荣的社会景象，通过耶稣会士的报道，更是主张开明君主专制的启蒙思想家反对欧洲王权扩张所追求的社会楷模。① 中国优秀的文化在启蒙运动澎湃展开的时代，曾给予莱布尼兹的古典思辨哲学、伏尔泰的自然神教和魁奈、杜尔哥的重农学派以丰富的养料，推动了近代欧洲文明的诞生。

在启蒙运动之前，欧洲经历了黑暗的中世纪，天主教会建立了一套严格的等级制度，控制人们的思想，打击科学与其他教派，文学、科学、思想等领域死气沉沉。中世纪后期，佛罗伦萨、威尼斯等城市资本主义萌芽，产生了商人和工场场主等新兴的资产阶级，他们渴望摆脱中世纪神学对人们精神的控制，要求以"人性"反对"神性"，渴望世俗的享乐，文艺复兴运动兴起。启蒙运动是继文艺复兴之后的思想解放运动，最初发轫于英国，而后发展到法国、德国与俄国。其中，以法国的启蒙运动的影响最为深远。随着欧洲资本主义的发展，资产阶级不断壮大，他们要求在政治上摆脱封建专制，争取民主自由的平等权利。他们将文艺复兴提出的以"人性"为中心考察一切提高到用"理性"去批判封建专制和宗教神权的统治，号召消灭专制王权、贵族特权和等级制度，追求政治民主、权利平等和个人自由。②

持续100多年的"礼仪之争"围绕基督教中"造物主"的译名、天主教徒能否祭孔、祭祖等问题展开，中西思想碰撞，以儒家为代表的中国哲学思想传入欧洲，成为启蒙运动反神学、反宗教的思想武器。中国的传统文化，尤其是以孔子为代表的儒家文化，是传教士通过译介方式传到欧洲的。欧洲当时处于反对宗教、主张理性的时代，非宗教的儒家

---

① 《中西文化交流史》，第418页。

② 刘瑞强：《翻译效应论》，国防工业出版社，2014，第169页。

文化启发了欧洲各国的启蒙思想家，成为反对宗教的思想武器。罗马教会则认定以孔子为代表的儒家学说是异端邪说。正如赖赫韦恩所说："那些耶稣会中人，把中国经书翻译出来，劝告读者不但要诵读它，且须把中国思想见诸实行。他们不知道经书中的原理，刚好推翻了他们自己的教义；尤其重要的是，他们不但介绍了中国哲学，且将中国实际的政情亦尽量报告给欧洲的学者，因此欧洲人对于中国的文化，便能逐渐了解，而中国政治也就成为当时动荡的欧洲政局一个理想的模型。当时欧洲人都以为中国民族是一个纯粹德性的民族了。"①

德国著名哲学家莱布尼兹非常崇拜中国儒家哲学的自然神论。他在《致德雷蒙先生的信：论中国哲学》中说："这种哲学学说或自然神论是从约三千年以来建立的，并且极有权威，远在希腊人的哲学很久以前。"他以中国古代哲学中的天道观和基督教对神的信仰为一致，认为中国人也将神和物质合而为一。中国哲学家的信念，是尊崇最高的理性，而最高的理性，却是到处都可以得到表现的。②

莱布尼兹是西方第一个确认中国文化对于推动欧洲文化的发展十分重要的哲学家。他在《中国近况》的序言中肯定中国文明，无情鞭笞欧洲的基督教文明："我们从前谁也不信在这世界上还有比我们伦理更完善，立身处世之道更进步的民族存在，现在从东方的中国，竟使我们觉醒了。"③ 他对欧洲社会发出了忠告："在我看来，我们目前已处于道德沦落难以自拔之境，我甚至认为必须请中国派遣人员，前来教导我们关于自然神学的目的和实践，正如我们派遣教士到中国去传授上帝启示的神学一样。"对于中西文化，他做了一个恰当的比较："欧洲文化的特长在于数学的、思辨的科学，就是在军事方面，中国也不如欧洲；但在实践哲学方面，欧洲人就大不如中国人了。"他努力贯彻中国的实践哲学，倡导成立柏林、维也纳、彼得堡的科学院，将对中国的研究列入柏林、彼得堡科学院的研究项目。他的国家观是建立在一个具有仁爱、正义毅

① 朱谦之：《中国哲学对于欧洲的影响》，福建人民出版社，1985，第188—189页。
②《中西文化交流史》，第419页。
③ 同上书，第420页。

力和广博知识的开明君主治理下的统一国家，中国的康熙皇帝又正好成了一个表率。①

莱布尼兹的某些科学成就，例如1678年正式提出的《论二进制计算》，和宋儒的《伏羲六十四卦次序图》《伏羲六十四卦方位图》完全一致；1714年发表的《单子论》，包含着老子、孔子和中国佛教关于"道"的观念。莱布尼兹开创的德国古典思辨哲学，在他的高足佛郎克和沃尔夫那里得到了继承。1707年，佛郎克在哈雷创设东方神学院，有中国哲学专科。莱布尼兹的辩证精神经过沃尔夫过渡给沃尔夫的弟子康德。莱布尼兹与沃尔夫思想的二重来源，即除了柏拉图以外还有中国哲学，这在与沃尔夫同时代的德国哲学家路德维西的《莱布尼兹哲学发展史》一书的序文中，便已明白予以论述了。莱布尼兹和中国儒家学说关系的密切，已经到了难分难解的地步。②

另外，18世纪时，法国耶稣会士汇辑了大量传教士的信件、笔记、报告等材料，合成三部丛书：《耶稣会士书简集》《中华帝国全志》《中国回忆录》。《耶稣会士书简集》由法国耶稣会士卢哥比安（1653—1708）、杜赫德、帕都叶先后分类编纂而成，共计34卷。其中，第16—26卷是传教士通过书信报告中国政治、风俗、哲学思想等情况。《中华帝国全志》是法国传教士杜赫德在《耶稣会士书简集》的基础上，集合了20多位传教士的书信、著述、记录等，辅以康熙年间传教士实测绘制的中国地图，综合而成的一本著作，共计4卷。《中国回忆录》先后由法国耶稣会士、突厥古史研究专家与著名的东方学家三人主编，共16卷。"这部巨著的出版标志着几个世纪前顺利地由利玛窦开创的一种事业的完成，标志着耶稣会士的中国学研究达到了'顶峰'。"③ 三部丛书一经出版，就在法国乃至欧洲地区引起了巨大的轰动，启蒙思想家伏尔泰、卢梭等人从研究中国文化中，得到了不少启发。

伏尔泰目睹欧洲教会的黑暗与对人思想的钳制，终其一生反对基督

---

① 《中西文化交流史》，第420页。

② 同上书，第419—421页。

③ 忻剑飞：《世界的中国观》，湖北人民出版社，1991，第128页。

教及其教会。伏尔泰对中国文化的价值和观念极力推崇，他在创建新的社会制度的斗争中，惊奇地发现了中国这个实例，并将它作为锐利的武器投向旧制度和旧势力。[1] 他在研究中国文化时发现了中国哲学的精妙之处，不谈灵魂与来世的生活，而是重视修养道德品质。伏尔泰以儒家思想为武器抨击天主教及教会，并且在杜赫德的《中华帝国全志》与李明的《中国现状新志》的基础上，重新编成《诸民族风俗论》，并将中华民族的风俗置于显耀的位置。狄德罗是法国百科全书派的代表人物，他翻阅了当时西传的中国思想典籍，称赞中国是最开明的国家，赞美孔子学说，即只需以理性和真理便可以治国平天下，这也正契合百科全书派反对封建神权、主张理性的精神。[2]

二、"中学"与 18 世纪的欧洲

17—18 世纪的欧洲正经历一场资产阶级和人民大众的反封建、反教会的思想文化运动，其核心思想是用理性之光驱散愚昧的黑暗。随着中国典籍的译介、西传欧洲，中国政治制度、科举制度、宗教政策、重农政策等方面的合理性原则对欧洲启蒙运动产生了极大的推动作用。

在反教会、反封建的过程中，中国的政治制度及自然法则受到极大的推崇。法国的思想和政治革命开始于狄德罗主持的百科全书派，他们热心研究中国思想、探讨中国文化，孟德斯鸠、霍尔巴赫（1723—1789）、伏尔泰、波维尔、魁奈等通过来华耶稣会士的著译和报道，对中国的历史、思想、刑法、社会习俗、政治制度做了深入的研究。孟德斯鸠在 1713 年曾和侨居巴黎十年、在皇家图书馆工作的福建兴化黄姓基督教徒做了长谈，并写了详细的笔记。[3] 对中国文明推崇最有力的是主张自然神论和开明君主专制的伏尔泰（1694—1778），他曾和法国耶稣会士

① 许明龙：《欧洲十八世纪"中国热"》，外语教学与研究出版社，2007，第 168 页。
② 梁真惠：《中国儒家学说的译介对欧洲启蒙运动的影响——以法国启蒙运动思想家为例》，《昌吉学院学报》2010 年第 3 期。
③《中西文化交流史》，第 421 页。

傅圣泽多次晤谈。伏尔泰作为英国唯物主义者洛克的信徒，曾对莱布尼兹进行了批判，同时也继莱布尼兹，借中国文明的榜样，无情抨击和嘲弄了受基督教神学影响而自诩为世界上真正的文明的欧洲社会。

中国这个古老且优秀的文明被欧洲"发现"，伏尔泰认为这正是对基督教世界的妄自尊大最有力的反驳。他在《哲学辞典》的"光荣"条目下赞扬中国是"举世最优美、最古老、最广大、人口最多和治理最好的国家"。他用中国的年代学驳倒了《圣经》中的上帝创世说，《旧约》记载的创世年代是公元前 3761 年，而百科全书派的启蒙学者承认中国"整个民族的聚居和繁衍有五十世纪以上"[1]。伏尔泰指出当中国已是广大繁庶、有完善且明智的制度治理的国家时，"我们还只是一小撮在阿尔登森林中流浪的野人哩！"这和基督教会的西方文明观相对立。他认为人类文明、科学和技术的发展史都是从中国肇始，而且长期遥遥领先。他赞扬中国的历史记载："几乎没有丝毫的虚构和奇谈怪论，绝无埃及人和希腊人那种自称受到神的启示的上帝的代言人；中国人的历史从一开始起便写得合乎理性"。他惊奇地表示，中国文明的伟大还在于"全世界各民族中，唯有他们的史籍持续不断地记下了日食和星球的交会。我们的天文学家验证他们的计算后惊奇地发现，几乎所有的记录都真实可信"[2]。

伏尔泰也把孔子的儒家学说当作一种自然神论，是和欧洲盛行的那种基于迷信的"神示宗教"完全不同的"理性宗教"的楷模，这种具有崇高理性、合乎自然和道德的新的"理性宗教"，便是他所追求的信仰。他认为"孔子使世人获得对神的最纯真的认识"，要求人们修身、治国，都必须遵循自然的规律——理性，"而无需求助于神的启示"。伏尔泰以孔子的"己所不欲，勿施于人"的道德规范为准则，追求天赋与理性、文明的发展与理性的进步的统一。伏尔泰和百科全书派的启蒙学者，通过对中国思想和政治的赞美，表达了他们反对神权统治下的欧洲君主政治的残暴统治，而把一个具有崇高理性、合于道德、宽容而有节度的政

———————————

①《中西文化交流史》，第 421 页。

② 同上。

治制度作为理想的目标。①

　　重农学派的创始人魁奈因在 1767 年发表《中国的专制制度》，被誉为"欧洲的孔子"。在该书的《导言》中，他提出中国的政治是合法的专制政治，中国皇帝是合法的专制君主。他在《自然法则》一书中把中国奉为按自然法则建立国家的圭臬②，"自然法则是人类立法的基础和人类行为的最高准则"，"但所有的国家都忽视了这一点，只有中国是例外"。他认为自然秩序是人类理性的根源，而人类理性又是人的自然权利的依据。③　狄德罗夸奖儒教："只须以理性或真理，便可治国平天下"④。霍尔巴赫以中国为政治和伦理道德结合的典范。他说："中国是世界上唯一的将政治和伦理道德相结合的国家。这个帝国的悠久历史使一切统治者都明了，要使国家繁荣，必须仰赖道德。"他主张以德治国，使用了"德治"一词，写出了《德治或以道德为基础的政府》。他公然宣称："欧洲政府必须以中国为模范。"⑤　波维尔在《哲学家游记》中更以中国法律为榜样，以为"如果中国的法律变为各国的法律，中国就可以为世界提供一个作为去向的美妙境界"⑥。中国儒家的自然观、道德观和政治理想，都已成为无神论者或自然神论者的有力武器。

　　除儒家的自然观外，中国的教育制度也曾令欧洲人耳目一新，并试图有所效法，欧洲人在思索中国教育制度是否有合理性因素的过程中开始了自己的教育改革。以中国科举来抨击本国政府选拔官员时的种种不合理行为，这在 17 世纪的英国是屡见不鲜的。耶稣会士的作品不仅描摹出令不满于本国政治、社会和宗教状况的法国思想家向往的中国政府原则及其效果，还向思想家们强调，那些作为政府公仆制约皇帝最高权力的官员们，都是通过考试制度才跻身官场问鼎权位的。

---

① 本段内容主要参见《中西文化交流史》，第 421—422 页。

② 冯天瑜、何晓明、周积明：《中华文化史》，上海人民出版社，2005，第 699 页。

③ 吴斐丹、张草纫选译：《魁奈经济著作选集》，商务印书馆，1979，第 304 页。

④ 朱谦之：《中国思想对于欧洲文化之影响》，山西人民出版社，2006，第 276 页。

⑤《中西文化交流史》，第 422 页。

⑥［德］利奇温：《十八世纪中国与欧洲文化的接触》，朱杰勒译，商务印书馆，1962，第 82 页。

17 世纪在伦敦出版的《显赫的君主国——中国通史》和 18 世纪迪阿尔德的《中国概况》是两本介绍中国制度的学术专著，两书系统论述了中国科举制度及对它的评价。大量著作的涌现，极大丰富了欧洲各界人士对于这一制度的了解。[1] 马菲在《16 世纪印度史》中对中国科举制度大加赞扬，认为中国无世袭的贵族，任何称号、官职都不会合法地从上一代传到下一代[2]。西方传教士用大量的篇幅介绍中国的科举制度，为欧洲统治者反思自己国家的人才选拔提供了异域的借鉴方式。利玛窦就表露过这种想法，"考试在中国确实是件大事。过去我曾谈到过一些，但都不完全，现在我就开始介绍中国科举，也希望您把这种制度介绍给目前服务的公侯，要他们知道这在中国和意大利各邦所推行的有多大区别"[3]。

中国科举制度相对古代西方的任官制度更公平，更重视个人能力。此种选拔人才的制度一经传入欧洲，很快就引起了巨大反响。以法国启蒙思想家为代表，他们支持学习中国的科举制度，改革国家的人才选拔方式。伏尔泰十分推崇中国的文官体制，认为中国官僚奉行儒家信条，恪尽职守，唯命是从，他们都是通过层层严格的考试才进入到官僚队伍之中的，言下之意在于抨击本国势力庞大的世袭贵族。重农学派的魁奈在《中华帝国的专制制度》中介绍了中国官员的选拔方式、官员的责任与升迁奖惩制度。他认为，中国的文人需要经过长时间的学习，通过科举考试才能为官，"中国无世袭贵族，官爵仅靠功绩与才能获得"，科举制度倡导平等，"工匠的子弟也能当上总督"。[4] 他认为西方应该以中国为榜样，以加强有助于国家利益的国民教育。"人们只有依靠使他们区别于禽兽的理性之光，才能够掌握自然法则。因此，一个繁荣和持久的政府应当按照中华帝国的榜样，把深刻研究和长期普遍地宣传在很大程

[1] 李涛、李群：《"最后的东学西渐"——十九世纪中国科举对西方文官考试制度的影响及反思》，《海南师范学院学报（社会科学版）》2003 年第 3 期。

[2] 张国刚：《明清传教士与欧洲汉学》，中国社会科学出版社，2001，第 94 页。

[3] 吴孟雪：《明清时期——欧洲人眼中的中国》，中华书局，2000，第 254 页。

[4] 李永强、马慧玥：《论中国科举制度对西方文官制度的影响》，《中国人民大学学报》2008 年第 1 期。

度上构成了社会框架的自然法则，当作自己的统治工作的主要目的"。① 魁奈首先倡导教育应该世俗化和普及化，这与中国的教育目标和教育思想颇有相通之处。

重农学派在 18 世纪 60 年代还将中国文明在政治经济领域中加以推广。魁奈非常赞赏中国的重农主义和历代君主重视农业的政策。他提倡以农为本，认定只有农业才能够增加财富，贬低货币和商业资本的作用，要求改变轻视和束缚农业的现状的思想，这主要导源于苏格拉底、伏羲、尧、舜和孔子。魁奈去世后，他的学生所致悼词中，更把他在 1758 年发表的著名的《经济图表的分析》和一生致力的目标，说成是实现孔子的教导和道德规范，以敬天爱人和节制私欲为行动的准则。魁奈关于实行土地单一税政策的主张，也出于中国古代税制，特别是受《周礼》均田贡赋法的启示。② 他以为数千年来中国政府之所以能使自己处于社会安定的局面中，得益于向土地所有者的纯产品收入征税，以提供国家所需的赋税。③ 某种意义上，关于中国的知识确实构成了魁奈重农学说的重要灵感源泉。

重农学派的改革家是在 1774—1776 年出任财政大臣的杜尔哥（1727—1781），他对经济法则的理解是从个人心理表现出发的，因此更加注意研究财富流通过程中各个环节及相互关系。杜尔哥同在法国留学的中国青年高类思和杨德望相识。在 1764 年他们两人回国时，杜尔哥写了《给两位中国人关于研究中国问题的指示》（以下简称《指示》），委托他们收集中国工艺和科学技术。为了让两人系统了解重农学派的理论和学说，杜尔哥撰写了《关于财富的形成和分配的考察》这部名著。《指示》所列的调查提纲，包括中国的土地、资本、劳动、地租、赋税等有关农业经济问题，造纸、印刷、纺织等工艺问题，自然地理、物产和历史问题。重农学派在法国的改革需要借助中国的社会实践，因此才

① ［法］弗朗斯瓦·魁奈：《中华帝国的专制制度》，谈敏译，商务印书馆，2018，第 122 页。
②《中西文化交流史》，第 423 页。
③ 同上。

第三章 中学西传：中学与启蒙运动、「中国热」

有这样的调查计划。

耶稣会士根据重农学派对中国农业和农艺学研究的要求，将他们收集的丰富资料寄往法国。传教士重点研究了中国的水稻、桑树和茶叶的栽培，考察了中国农具和储存粮食的方法，连同种子送往法国。钱德明写了《中国乾隆帝和鞑靼权贵的农业观》一书，于 1770 年在巴黎发表。1779 年，他又给法国御医勒莫尼埃寄送中国农业资料，这些资料现在大都保存在巴黎国家图书馆和各美术馆，其中最好的一套是中国茶叶的栽培和加工的图片。中国的谷筛在 1727 年传到了佛兰德斯，1730 年传遍了法国。同一时期，中国的犁也传到了欧洲。中国的花草和嫁接技术资料也在这时引入欧洲，使 18 世纪欧洲园圃的面貌大为改观。

第三节　欧洲 18 世纪的"中国热"

一、中国工艺美术的影响

16 世纪初，与传教士、外交使节一起来到中国的欧洲商人开始将视线投向了工艺美术品，主要是瓷器。据载，葡萄牙人于 1516 年到达中国广东的澳门后便向欧洲运回大量中国瓷器。如今，"英国伦敦大英博物馆就收藏着最早被运到欧洲的两件白色瓷瓶。德国画家丢勒（1471—1528）在其 1515 年所画的素描中置于两根奇特柱子之间的便有这种具有中国陶瓷特征的花瓶：一件是宋元时期的青花瓷器，另一件细长的瓷壶，应该是明朝景德镇产的白瓷。丢勒的素描可能是欧洲著名画家对中国艺术产生兴趣的最早体现"[1]。

中国的工艺美术品，尤其是中国瓷器，在 17 世纪的上半叶的荷兰得到了广泛传播。因此，"在 17 世纪 30 年代，中国瓷器，尤其是青花瓷，开始大量出现在荷兰的静物画中。1660 年，荷兰著名画家伦勃朗曾因为

---

① 王才勇：《东亚美术西渐考》，《近现代美术》2007 年第 3 期。

破产被迫拍卖收藏的大量艺术品和古董，供拍卖的藏品目录中就有中国的瓷碗和小瓷像"。

　　到了 17 世纪，欧洲的工艺美术领域出现了大量效仿中国的尝试。此后，欧洲艺术掀起了"中国时尚"，它与洛可可艺术一起出现。当时，在艺术挂毯、装贴画、制陶、室内装饰、园林、家具制作等工艺美术领域出现了一股影响广泛运用中国美术品中构图形象的风潮。当然，这种运用并非纯粹艺术上的跟风，而是将当时在运到欧洲的中国工艺美术品中看到的中国美术要素，如人物、花鸟、建筑造型等运用到构图之上。英国皇家博物馆、英国维多利亚·亚尔伯特博物馆、德国克雷菲尔德纺织博物馆等就收藏有大量作为当时"中国时尚"代表作的艺术挂毯、装贴织画和绢画。如今的伦敦大英博物馆、巴黎的布鲁尔博物馆、圣彼得堡的艾尔米塔什博物馆、纽约的米德罗伯利博物馆等就收藏很多这方面的陶瓷制品，这些陶瓷制品不仅在造型构图上，而且在制作工艺上都受到了中国陶瓷的影响。当时荷兰、德国一带著名的德尔福特瓷器在工艺上的精美就直接来自对中国瓷器的模仿。①

　　乾隆时期的宫廷画师、耶稣会士王致诚向欧洲介绍了圆明园小桥流水、绿荫中点缀着假山、溪流蜿蜒经过庭院的园林艺术，认为中国园林建筑风格不同于西方，"水池的砌法完全是自然的，不像我们那样，要在四周砌上用墨线切割成的整齐石块。它们错落有致地排放着，其艺术造诣之高，使人误以为那就是大自然的杰作。河流或宽或窄，迂回曲折，如同被天然的丘石所萦绕。两岸种植着鲜花，花枝从石缝中挣扎出来，就像天生如此"②。王致诚还批判欧洲的园林艺术过于呆板、整齐，不贴近自然，缺乏灵动美，这在欧洲引起了极大反响。受到中国园林建筑的启发，英国建筑师威廉·钱伯斯撰写了《论东方园林》《中国房屋、家具、服饰、机械和家庭用具设计图册》等著作。1762 年，在英国王室的支持下，威廉·钱伯斯在伦敦西部地区建造了著名的丘园，园内有假

① 王才勇：《东亚美术西渐考》，《近现代美术》2007 年第 3 期。
② ［法］王致诚：《中国皇帝的游宫写照》，转引自罗芃、冯棠、孟华《法国文化史》，北京大学出版社，1997，第 447 页。

山、小涧曲折，湖畔有一座九层的高塔，塔檐有龙作为装饰，参观者络绎不绝。此后，欧洲各地掀起模仿中国园林建筑的热潮。在法国，路易十四按照荷兰人尼霍夫在游记中所附的南京大报恩寺素描，为其情妇蒙特斯庞夫人修建了凡尔赛大特里亚农宫；德国波茨坦的逍遥宫，采用中式的屋顶，屋檐内外运用了中国的雕刻艺术；普鲁士腓特烈大帝的威廉夏因花园，吸收了中国园林建造艺术，园内有亭台楼阁、溪水拱桥，一派中国风光。① 中国园林艺术风行，集中反映在当时欧洲的"洛可可"风格上，它是对巴洛克风格的反叛，其灵感源自中国园林艺术。"洛可可"建筑风格包括高耸的中国塔、宽大的中国屋顶、自然的中国庭园、多种形状的窗棂等，取代了以往古典、整齐的建筑风格。

二、中国绘画和庭园的推广

中国山水、人物画对于欧洲绘画产生的影响，远远超过了瓷器、漆器等工艺品，成为著名画家的摹本。最杰出的是法国画家安东尼·华托（1684—1721），其作品中的景色常以浅色表现，黯淡的流云和纯朴的山景构成了画面中烟雨迷蒙的韵致。有人评价其作品深得中国六法。他所作的《孤岛帆阴》陈列于卢浮宫，更是一派中国风格。此外，具有中国情调的画家有倍伦、基洛、彼里门等。法郎沙瓦·蒲契以擅长花鸟著称，继承他画风的还有法拉古纳。

中国画风通过水彩画感染了英国山水画家柯仁（？—1794），他的设色山水和中国画一般无二，常用棕灰底色，再涂上红、蓝二色烘托，好用毛刷蘸色和墨，以墨法草图。水彩画在欧洲发展的初期，多用中国墨法，显出洛可可时代绘画的特色。柯仁的弟子克里斯托尔、里弗西奇和特涅都没有延续他的笔法，而是用人物水彩。特涅也用墨法，但在1800年以后便不再用中国墨作画了。英国山水画大家康斯保罗的晚年作品，深受中国画影响，其最后杰作《绿野长桥》，洒脱出尘，一如江南风光。19世纪法国印象派画家也都间接受到中国画风的感染，使用泼墨法作

---

①《中国与欧洲早期宗教和哲学交流史》，第205页。

画，莫里斯尤其以模仿中国瓷画见长。

洛可可运动的后期，醉心中国风尚的，都是西方园囿建筑，但布置呆板、单调，和中国风尚格格不入。中国庭园艺术匠心独运，迎合自然，和路易十四时代园林崇尚修饰、追求对称划一截然相反。英国文豪约瑟夫·艾迪生、诗人亚历山大·蒲伯都按照中国园林布置花园，社会上群起效法。德国华肯巴特河旁的费尔尼茨宫首先按照中国式屋顶建筑，此后德国波茨坦和荷、法、瑞士等地也多竞相修筑中国式钟楼、石桥、假山、亭榭。英国建筑师威廉·查布斯早年曾到过中国，担任英王建筑师后，再去中国考察，于 1757 年出版了一部《中国建筑、家具、衣饰、器物图样》，风行欧洲，成为中国风尚的范本。他在《东方造园艺术》（1772 年出版）一书中，赞扬中国园林："中国人设计园林的艺术确是无与伦比的。欧洲人在艺术方面无法和东方灿烂的成就相提并论，只能像对太阳一样尽量吸收它的光辉而已。"他设计的中式庭园，1757 年初次出现在丘城，称丘园，是为肯特公爵建造的别业。园内有湖，湖中有亭，湖旁有高 163 尺的十层四角形塔，角端悬以口含银铃的龙。塔旁更有孔子楼，图绘孔子事迹。① 1763 年，查布斯对丘园的建筑出了专书：《丘园设计图》。哈夫佩尼于 1750 年也出版了相关著作：《中国庙宇、穹门、庭园设施图》。中国庭园建筑在英国日趋完善，后传到法国，便称为"中英式花园"。② 德国卡塞尔附近的威廉王宫、荷兰的海特·罗、法国的香德庐、德国的慕尼黑木塔，都是此风的余波。卡默斯、贝郎格、奥古斯丁都是这类建筑的设计者。1773 年，德国派园林设计家西克尔到英国，研究中国庭园，同年又出版了温塞的《中国庭园论》，表示德国对英国新兴的这种建筑应该迎头赶上。此后，卡塞尔伯爵在威廉索痕筑木兰村，村旁小溪起名吴江，村中一切情景都模仿中国，俨然中国江南园林。

---

① 《中西文化交流史》，第 430—431 页。

② 因法国在 1770—1787 年间刊印书籍《中英式花园》，其中收录有法国宫廷收藏的中国园林宫室铜版图和瑞典切弗尔收藏的铜版图 100 多帧，所以才有"中英式花园"这一专名流行。

第四章
盛世隐忧：迟暮帝国面临的挑战

在 17 世纪，欧洲人对中国的认识基本是正面的，而自 18 世纪开始，欧洲人对中国的认知开始产生二元分化，并最终对中国持负面评价。中国依旧是那个中国，产生这种转换的原因主要是欧洲时代风向的变化。通过资产阶级革命与工业革命，欧洲开始确立新理想与进步观念，因此原先的那个中国在他们眼里开始变得"寒碜不已"。

第一节　17、18 世纪的中国形象

一、传教士眼中理想化的中国

17 世纪的欧洲，教会起着主导作用，知识界的思维大体还被宗教问题所占据，因而格外重视与宗教神圣性有关的中国道德哲学、历史起源等问题。从门多萨在《中华大帝国史》中提出中国是地球上治理得最好的国度开始，所有 17 世纪描述中国的文章都非常关注中国的政府管理方面，而提供此类信息的主要是长期在中国生活的耶稣会士，他们对中国赞誉有加。

欧洲人首先关心作为中国政治核心的皇帝的绝对权力。杜赫德从诸多传教士的叙述中集萃出中国皇帝在欧洲的主导印象，那就是"拥有最高程度的治国之道，他本人身上汇集了构成一位正人君子和君主的一切品质。他的风度举止，他的体形，他泰然自若的种种特征，某种高贵气息，再加上温和仁慈的性情，使人刚一见到他就不由得产生出爱戴敬重之情，从一开始就向人表明他是宇宙间最伟大的帝国之一的君主"①。传教士大肆颂扬清朝皇帝有两个重要原因："其一是他们不比晚明那些游弋于士林的耶稣会士，而是在皇恩的沐浴下寄身宫廷的，此外他们还寄希望通过获取皇帝本人的好感来迅速劝化中国。因此当康熙在 1692 年颁布《容教令》后，传教士奉康熙为旷世明君，并且在他们的影响下，欧洲大陆也把康熙与当时众人仰慕的'太阳王'路易十四比肩而论。另一个原因是，这些不惜笔墨颂扬中国皇帝的传教士以法国耶稣会士为主，他们是享受法国政府津贴来到中国的传教士，还希望能得到法国政府更多的支持，因此要报告一些令法国君主感兴趣的内容，以康熙的荣耀来映衬'太阳王'的光辉，以中国集权君主制的成功来证明法国集权君主制的英明，这也是耶稣会士们吸引法国政府注意力的策略之一。"②

耶稣会士在分析中国的政治制度时认为，由于不存在世袭贵族与皇帝分享权力，因而中国实行的是君主专制制度。但他们也觉察到，文官系统对皇权的制约。利玛窦就认为只有与大臣磋商或考虑过他们的意见后，皇帝才能对国家大事作出最后决断。皇帝在赏赐家族成员时只能从他的个人财产中支出，皇室的开支由国库提取，每项开支都由法律规定和管理。③ 这显示出皇帝虽有绝对权力，但中国法律防止了皇帝滥用权力。

此外，中国的监察系统与科举选拔制度令耶稣会士印象深刻。他们认为，监察系统对政府的有效运转意义重大。利玛窦曾介绍，监察官分为科吏（给事中）和道吏（监察御史），各由 60 位以上经过挑选的谨慎可靠、忠君爱国的哲学家组成，他们是公众良知的捍卫者，负责监察并向皇帝报告各地的违法事件。④ 利玛窦注意到，道吏位低权重，负责监

①《中国变色龙——对于欧洲中国文明观的分析》，第 62 页。

② 张国刚、吴莉苇：《启蒙时代欧洲的中国观：一个历史的巡礼与反思》，上海古籍出版社，2006，第 185 页。

③《利玛窦中国札记》，第 48—49 页。

④ 同上书，第 52 页。

察宫廷与全国的法律和风俗是否正确，并判断官员们是否公正地行使职责，百姓是否安分守己。科吏同样权力了得，负责劝谏皇帝和监察六部，并向皇帝汇报。中国历史上时常出现无畏谏臣，这显示出监察系统对皇帝的制约作用。17世纪后半叶的耶稣会士对清朝监察系统的描述接近于利玛窦对明代监察系统的描述。

旨在选拔文官的科举制是中国政治系统的重要基础，此制度引起耶稣会士和本土欧洲人的高度关注与兴趣。耶稣会人文学者马菲（1533—1603）在介绍中国的科举制时大施笔墨。他说中国的考试是笔试，考生在戒备森严的考场中根据考官指定的关于公共事务、国家大事和人性问题的题目即席作文，考官对文章进行筛选后录取90份最出色的试卷，金榜题名者受到皇帝的接见，并被授予官职。马菲称赞科举入仕的公平，认为每个人都是自己命运的奠基者，任何称号、官职都不会合法地从上一代传到下一代。① 1590年，澳门刊印《关于日本使节朝拜罗马教廷的对话》，有关中国的材料来自入华耶稣会士的记录。材料对科举制秀才、举人和进士的三级升迁制与考试方式描述得十分详尽与准确。他们认为："中国的行政管理，就其主体而言，与自然本能相合，权力交由那些熟谙学问的用途、知道如何使用它们的人执掌，而不是交给鲁莽和缺乏技巧的人。"② 利玛窦与曾德昭虽未对科举制作出太多评价，但李明对科举制可谓赞不绝口，他说年轻人因为要参加考试而勤奋学习，杜绝了无知和懒散，而且学习使他们增长智慧；中国的官员都是从通过一次次严格考试的年轻人中层层选拔出来的。换言之，科举考试是获得官职的前提，官职不能世袭，故可以撤换不胜任者。③ 无疑，文官系统是中国制度的基础。在许多欧洲观察家眼里，中国是一个由西方人称为哲学家的文人学者阶层管理的井然有序的国度。曾德昭认为有功名的士大夫和尚未取得学位的学子都属于中国的贵族，成为贵族是靠学问而非世系传

---

①《启蒙时代欧洲的中国观：一个历史的巡礼与反思》，第189页。
②《中国变色龙——对于欧洲中国文明观的分析》，第55页。
③《启蒙时代欧洲的中国观：一个历史的巡礼与反思》，第191页。

承，而且这种贵族不能世袭，如果后代不学习上进，也还会跌入困境。[1] 文官的至高地位还体现在对军队的控制与约束方面。"战争政策由哲学家规划，军事问题仅仅由哲学家决定，他们的建议和意见比军事领袖的更受皇上的重视。"[2] 另外，中国政府的某些管理方法也受到耶稣会士的普遍称赞。比如回避法，文官不能在家乡所在省任官，以免为亲友谋私。为防止官员势力坐大和结党营私，在一地连任不得超过三年。这三年的政绩会被严格考评，作为升黜的依据。[3] 这样看来，中国的政治制度相较于西方，无疑更具有合理性。

总之，在耶稣会士眼中，中国实行着开明专制君主制并且有着行之有效的行政管理体系。相较于庞迪我、利玛窦、曾德昭等早期耶稣会士在景仰中国的同时也不乏批判性，17世纪后期的耶稣会士则渲染中国政治制度与儒家伦理的优越性，目的是让欧洲的宗教赞助者和教会认可儒学作为道德、哲学、政治、宗教合一的体系，与基督教有相似之处，进而论证在中国传播福音前景广阔。随着17世纪末期礼仪之争的日益升级，耶稣会士压力倍增，为了争取更大范围的同情与支持，耶稣会士有意识地加强对中国的正面描述，对中国的赞美之声远远压倒批评之辞。尽管此前有不少耶稣会传教区和欧洲来华使团的报告已经有中国官员傲慢专制、太监贪婪成性、政府部门派系纠葛、办事程序烦琐且效率低下等报告，但这些都被有意地忽略了。

耶稣会士对中国的认知显然对欧洲有相当的影响，英国政治家威廉·坦普尔（1628—1699）认为，孔子的著作"讲的是私人道德、公众道德、经济上的道德、政治上的道德，都是自治、治家、治国之道，尤其是治国之道。他的思想与推论，不外乎说：没有好的政府，百姓不得安居乐业，而没有好的百姓，政府也不会使人满意。所以，为了人类的幸福，从王公贵族以至于最微贱的农民，凡属国民，都应当端正自己的思想，听取人家的劝告，或遵从国家的法令，努力为善，并发展其智慧

---

①《大中国志》，第146页、第148页。

②《利玛窦中国札记》，第59页。

③《大中国志》，第175—176页。

与德性"。① 他认为："希腊人注意个人的或家庭的幸福，至于中国人，则注重国家的康泰。"因此，中国治理良好不足为奇。②

二、启蒙思想家推崇的中国形象

经过 17 世纪末以来的各种阐发，耶稣会士向欧洲描绘了一个成功实行君主集权制的远东帝国，没有世袭贵族和教会这样的特权阶层，皇帝的权力由上天赐予，并通过皇帝任命的学者——官吏组成的官僚机构进行统治。中国伦理与政治一体化的模式已为许多法国人熟知，其成效也被许多法国人认为是有目共睹。所以，尽管法国"哲学家"们对中国其他方面褒贬不一，对中国政治制度和政治思想却是交口称赞。伏尔泰自不必说，连一向被认为反对中国文明的卢梭与对中国持有苛刻评论的狄德罗亦认同中国政治。

伦理与政治一体化的中国模式符合伏尔泰的理想。伏尔泰认为一个理想的政府必须是专制集权的，但又必须依据宪法行事，集权不等于独裁。他这样定义独裁政府："君主可以不遵循一定形式，只凭个人意志，毫无理由地剥夺臣民的财产或生命而不触犯法律。"③ 中国皇帝虽然是专制的，但中国政府并不独裁。因为由学者、哲学家和文人指引的官员代表了人民的呼声，这正是伏尔泰眼中理想的政府。伏尔泰认为这是由中国政治制度基础——父权观念所带来的结果。他以为："儿女孝敬父亲是国家的基础。在中国，父权从来没有削弱。儿子要取得所有亲属、朋友和官府的同意才能控告父亲。一省一县的文官被称为父母官，而帝王则是一国的君父。这种思想在人们心中根深蒂固，把这个幅员广大的国家组成一个大家庭。"④ 伏尔泰认为中国之所以有如此良好的政治制度和

---

① 范存忠：《中国文化在启蒙时期的英国》，译林出版社，2010，第 14 页。

②《启蒙时代欧洲的中国观：一个历史的巡礼与反思》，第 219 页。

③［法］伏尔泰：《风俗论》下册，商务印书馆，谢戊申、邱公南等译，郑福熙、梁守锵校，2017，第 460—461 页。

④［法］伏尔泰：《风俗论》上册，商务印书馆，谢戊申、邱公南等译，郑福熙、梁守锵校，2017，第 216 页。

政治实践，其根源在于孔子所制定的道德，孔子的道德和中国的法律实际上合二为一。

卢梭在谈论道德问题时，虽然以中国为例论证道德和艺术不能给人类带来幸福，但卢梭在《论政治经济学》中颂扬中国的行政和司法。他不像伏尔泰那样把道德和政治连为一体并几乎让政治从属于道德，他看重的是一些具体的政治行为。卢梭提出好政府的三条基本原则：首先，合法和受欢迎的政府最重要的规则在于每件事上遵循普遍意愿；其次，当达成普遍意愿后，使所有个别意愿都能与此普遍意愿相符合，这样才能建立起统治效果；最后，仅仅拥有公民并保护他们还不够，政府还必须考虑公民的生计。他认为中国提供了关于这方面最接近的例子。"在中国，皇帝的座右铭是在每场官民争议中务须支持人民。"正是认为政府有保障人民生计的职责，卢梭在经济方面有重农倾向。①

狄德罗固然总体上对中国的批评多于肯定，但在其思想转变之前，也如伏尔泰一样赞赏家长制下的政治制度，称赞以此为基础的中国政府的稳定性，说这个帝国的皇帝可以易人，但它的政体固若金汤。狄德罗在编纂《百科全书》时下这样的结论："人们一致认为，中华民族历史悠久，精神高尚，艺术精湛，才智出众，政治清明，还具有哲学素养。在以上各方面，根据某些人的看法，他们甚至可以和欧洲文明最发达的国家相媲美。"② 1759 年曾担任法国财政总监的西卢埃特也颂扬中国制度。其时法国贵族势力十分强大，人们冀望能大力改革，西卢埃特也以此自许。从他发表的议论中可以看到他对中国政治制度的认识："中国人不承认贵族而只承认品德，不承认头衔而只承认从属于一个人职务的官衔。他们通过这种明智的政策使贸易繁荣，而贸易在大多国家由于贵族的好逸恶劳而萧条。"③

另一位百科全书派人物霍尔巴赫是无神论者，在《自然的体系》一书中提出的"自然的体系"实际就是无神论的原则，借此蔑视教会神学

①《启蒙时代欧洲的中国观：一个历史的巡礼与反思》，第 230 页。

② 同上书，第 231 页。

③ 同上书，第 232 页。

宣扬的道德内容并攻击神的概念。他在《健全的思想》一书中强调道德和美德不需要宗教，理性与信仰水火不容，人们应该要道德、美德和理性而拒绝宗教与信仰。他以中国为例说明"存在真正的宗教"这一说法极其荒谬，是政府动荡的根源，并称赞中国既奉行宗教宽容又禁止以宗教干涉政治的政策是中国人享受幸福安宁的重要原因，并在《社会体系》一书中提出以中国的道德原理和政治体系为建立社会新秩序的理想范本的观点。① "哲学家"们中对中国制度的揄扬之情影响到一些实务派人士，他们想把从中国经验中得到的启发运用于法国的政治中，这便是重农学派的理论诞生的背景。

从路易十三到路易十四时代，法国都推行重商政策，这固然让法国财富增长，但法国政府的重商主义行为是以牺牲农业利益为前提的，18世纪后半期农民的苦难渐渐引发严重的社会和政治问题。重商主义为法国积累的财富也因战争逐渐罄尽，于是法国的重农主义思想在18世纪中期开始兴起。重农主义者宣称，国民财富的增长不是靠破坏别国的贸易而达成，而是靠劳动分工以及国家间的合作。他们与重商主义者相反，认为国内市场优先于国外市场，日常消费品优先于奢侈品。因此，应增加农产品，其途径在于扩大农业规模。重农主义的理论创始人魁奈论述了重农主义学说的本质——"农民穷则国穷"。他认为农业就业增长和农业繁荣将刺激贸易和工业。重农主义者坚持土地是财富的源泉，为了让其源源不断地流淌财富，就要解除农民的不合理税负，应该废除人头税之类所有其他税种而只留下土地税。② 魁奈认为：除了专事掠夺的民族外，所有类型的民族都是以农业为共同特征，农业使社会团体完善，只有从事农业的民族才能在一个综合和稳定的政府统治之下建立起稳固和持久的国家。而中国历来是重视农业发展的国家，所以中国政府对农业的态度无疑为重农主义者提供了很有利的论据。18世纪中期的法国学者不论在其他方面的分歧有多大，却普遍重视农业问题，像孟德斯鸠这样对中国政治制度颇有非议的人也认为中国的重农政策是善政。在此情

---

① 《启蒙时代欧洲的中国观：一个历史的巡礼与反思》，第233—234页。
② 同上书，第237页。

况下，强调中国重农思想的可资借鉴的作用也就顺理成章了。法国重农学说也以 1768 年春天法国王太子仿效中国皇帝的亲耕礼为标志而达到巅峰。

三、欧洲对中国形象的宣扬与运用

当欧洲人的思维从关注神转向关注人、从关注古代转向关注当前时，对手里的中国知识的态度也立刻充满了现实感。而中国与欧洲的现实一相比照，对本国现状的责任感即刻飙升，所以有关中国政治与社会的例子总是被欧洲人拿来指摘本国的不是。而英国由于君主集权制时间较短，较早具备宽容的政治氛围，因此尽管英国人一向对中国比较挑剔，但他们非常喜欢利用中国来苛评本国政治。文官选拔和公开谏议这两项由来已久的中国制度被认为值得英格兰效仿。

18 世纪 30 年代以来，英国的辉格党（执政党）和在野党之间的斗争异常激烈。中国在此时就频频成为在野党用作攻击辉格党的武器，尽管 18 世纪的英国人其实对中国的批评多于赞誉。报界一位叫巴杰尔（1686—1737）的人认为："在一个国家中，每一个有名或有利的职位，都应当论功行赏。一切治理完善的国家都应奉行这一准则。如果哪一位现代政治家认为这一准则尽管本身尽善尽美，但不适用于像大不列颠这样一个地域辽阔、人口众多的国家，那么，我请求转告这位政治家，就在当今世界上，这一光荣的准则，正在一个幅员最广、人口最多、治理最好的帝国中得到严格遵守和奉行。我所说的这个国家就是中国。"① 巴杰尔最直接的目的在于抨击执政党，因此在他眼中中国几乎成了乌托邦。1739 年《工匠报》上的一篇文章极力推崇中国的谏议制度。文章认为：谏议制度最值得在英国推行，"特别是当国王是个暴君，或者是当国王被搬弄是非和残忍贪婪的人团团围住的时候，'恶劣自私的大臣们，由于处理政务方面的愚蠢和腐化，已经引起全国的愤恨，他们最怕的是：对他们的行为进行自由的探讨。我知道那些人对这个最完善、最合

---

① 《启蒙时代欧洲的中国观：一个历史的巡礼与反思》，第 196 页。

于宪政的办法，即吁请帝座纠正行政违失的办法，总会捏造一些东西使那个办法蒙上许多最虚假的色彩。'"① 总之，18 世纪 30—40 年代，巴杰尔、《工匠报》以及政论家等都发现运用中国故事攻击执政党能够别开生面。他们在评论本国社会时所引用的中国例子有部分是真实的，有部分是想象的。他们并不大关心中国是否真是如此，关键是通过比较来承载他们的政治理想。

除了用于政争攻讦的实例，改变当时欧洲宗教不宽容行为的愿望也是欧洲人援引中国实例的重要原因。欧洲 16—17 世纪的宗教战争和教派纷争引发的灾难历历在目，宗教不宽容在很长时期内曾经是指导世俗君主政治决策的重要精神动力。其实欧洲人到 17 世纪末期已经厌倦了这种纷争，光荣革命之后的英国政府率先表现出宽容各教派的姿态，欧洲大陆的知识分子们受此感召，也更加急切地在本国呼吁宗教宽容。在耶稣会士的宣扬中，中国宽容的政治态度正是基督教能够立足中国的现实基础，欧洲人因而意识到中国是个宗教政策宽容的国家，于是不失时机地引用中国的事例来与欧洲国家的不宽容政策和行为作斗争。

1739—1740 年，法国启蒙作家阿尔让侯爵发表《中国人信札》，模仿孟德斯鸠《波斯人信札》的体例，让一名中国人游历欧洲并批判法国人的思想和风俗习惯。阿尔让是位自由思想家，他挑战权威宗教与经院哲学，认为凡事应依据实证理性和个人道德。他写了大量有关宗教、哲学和历史的论战性通俗读物，曾被伏尔泰引为同道。《中国人信札》中，这名中国人认为，如果法国落后于中国，那是它忽略了伦理而又成功地专注于物理学和实用科学。但如果法国人忽略了伦理，那是由于伦理已被神学家独霸。因此，中国人可以维持道德，而其伦理却独立于神学。尽管阿尔让对中国人所标榜的道德和实际的道德水准间的一致性表示怀疑，但他至少肯定中国人在实施宽容政治方面的成功无可置疑。中国从未遭受欧洲那种宗教战争和教派纷争造成的灾难，这正是由于中国的宗

---

① 《中国文化在启蒙时期的英国》，第 70 页。

教不排斥异己。① 伏尔泰明确表示出他对宗教派别带来的各种不宽容行为的深恶痛绝，他认为只有在欧洲的一小部分地区，例如法国，才让这种出于宗教偏见的杀戮成为普遍之事，法国的新教徒不是被绞死，就是绞死别人，法国很快就成为人间活地狱，这一切宗教迫害都是野蛮的反常现象。伏尔泰在批评欧洲因为自命比他人优越而产生的宗教不宽容态度时，经常引中国为证。

　　18 世纪的法国推崇中国的政治原则同当时的社会改革思潮密切相关。17 世纪的法国建立起君主中央集权制度，政治上的统一有助于法国在各方面迅速发展，很快成为欧洲强国。但到 18 世纪，路易十四时代的连年战争严重消耗了法国的财力、物力和人力。有财富但没有地位的资产阶级损失最大，激起他们对现行制度的不满。18 世纪法国兴起了两个完全不同的提倡改革的思想流派：自由主义者和新君主主义者。自由主义者开始注意造就英国繁荣的制度，而新君主主义者希望扫除贵族及教士特权，但不相信议会制和民主。他们鼓吹"开明专制主义"，希望使法国君主专制制度本身成为改革的工具，期望它恢复先前反对贵族和教会的斗争，自动清除封建主义残余以达到自我拯救。最终，新君主主义者在中国找到了他们的范例和根据。新君主主义者并不认为路易十四传下来的政治原则错误，而是怀疑国家的苦难是由错误使用这些专制原则造成的，因此只需加以适当改良。② 中国的君主看起来同法国的完全一样，中国皇帝专制主义基础的原则是父权。这个模式很适合新君主主义者，尤其是中国提供了专制君主制原则成功运用的范例。因为耶稣会士告诉他们中国历史悠久，君主制原则始于其国家创立之初，在此原则统治下，中国至今繁荣昌盛，秩序井然。18 世纪的法国政府面临种种困境，政府问题成为时代关注的热点，在此情况下，中国的政府原则及其实践就格外吸引法国人注意了。新君主主义者甚至认为："在中华帝国中发现了对法国政府的原则更加理想的运用，即一种由于感情而缓和了

---

① ［法］维吉尔·毕诺：《中国对法国哲学思想形成的影响》，耿昇译，商务印书馆，2013，第 476—477 页。

② 张国刚、吴莉苇：《中西文化关系史》，高等教育出版社，2006，第 456—457 页。

的专制主义。"① 作为中国政府指导原则的孔夫子伦理特别符合人道精神，能够增强"开明专制主义"的运用效果。

第二节　欧洲中国形象的转变及其原因

一、中国形象的转变

17世纪的欧洲上承文艺复兴的传统，弥漫着崇古的气息，使中国古老历史和制度被赞扬与借鉴。当欧洲人的崇古之风衰歇，而代之以对当代文明成果的喜好和对进步潜力的期望，则中国的形象也随之发生巨大改观。

总体而言，英国人率先抛弃对古代的崇拜之情，开始津津乐道于本国现行制度下所取得的各种成就，所以英国人较早地开始批评中国。在笛福（约1660—1731）的《鲁滨逊漂流记》的续集中，我们可以看到他对中国刻薄的态度。他以鲁滨逊的口吻叙述道："他们拿什么同英国、荷兰、法国和西班牙进行普遍贸易？他们的城市在财富、坚固、外观的艳丽、富足的设施和无穷的样式上有什么可与我们的城市相比？他们那停泊了几艘帆船和小艇的港口如何同我们的航运、我们的商船、我们巨大而有力的海军相比？"② "由于他们的力量和他们的步兵团，同样还有航海术、商业和农业与欧洲同类事物相比都很不完善；他们的知识、学问、科学技巧也拙劣非常或缺陷百出，尽管他们有地球仪或天体仪，以及一点浅显的数学，并自以为比世界其他人知道得都多。但他们对天体的运行几乎一无所知……以至发生日食时，他们以为是一条巨龙袭击了它，并在随巨龙逃跑；于是他们敲打全国所有的鼓和壶把妖怪吓跑，就

---

① 《中国对法国哲学思想形成的影响》，第486页。
② 《启蒙时代欧洲的中国观：一个历史的巡礼与反思》，第280页。

像我们使一群蜜蜂入巢时的做法一样！"① 笛福还借鲁滨逊之口贬低儒家学说："孔子学说中政治、道德和迷信纠缠在一起，既不一贯，实际上也没有多少道理。"② 显然笛福刻薄的观点已经把中国的繁荣、富足、强大、文明的形象统统粉碎了。他完全针对耶稣会士所描述的中国形象进行反驳，他评价中国时着重于依据英国现状比较军事力量、国家实力、经济状况，而不像同时期欧洲大陆的作家们热衷于道德水准、历史传统、文化内涵等事项，这反映出18世纪初英国和大陆国家间的国情差异。③ 英国走上近代资本主义发展道路后，综合国力节节攀升，这就使得英国人对文明与先进的看法与法国人和其他欧洲大陆人的大不相同。

如果说笛福根本没有到过东方，他的游记只是根据各种文本资料汇编而成，不具有代表性，那么英国海军准将安森男爵却以其亲身经历讲述了对东方的看法。他于1748年出版了《环球航行记》，书中反驳耶稣会士所说的中国的优良政府和制度以及中国人的高尚道德水准。他以为："中国地方官特别喜欢严格执行禁令，因为他们可以从中获得巨大利益，即掠夺剥削那些触犯法律的人以中饱私囊。"传教士著作中通过某些特别人物所标榜的中国道德理论，只体现出对某些不重要方面的荒谬的忠诚，而不是基于理性和平等原则的人类行为的正确标准和行为规范。中国人所自命的文雅道德其实只是外表举止有度，而非内心诚实和仁慈。④ 这部《环球航行记》大大改变了欧洲人对中国的印象，成为18世纪后半叶许多人批评中国的重要依据。⑤

休谟尽管承认中国人富有、政策良好，但像包括笛福和安森在内的众多英国人一样，他对中国军队的衰弱印象深刻。他虽然认为中国的君主制并非独裁政治，但对缺乏维护国家安全的能力和保障民主权利意愿的制度感到不满。安森对中国人道德的看法也影响了法国的孟德斯鸠，

①《启蒙时代欧洲的中国观：一个历史的巡礼与反思》，第280—281页。
② 同上书，第283页。
③ 同上书，第280页。
④ 同上书，第286—287页。
⑤ 同上书，第286—289页。

他在《论法的精神》中将西班牙人和中国人的性格对比，说西班牙人以信实著称，而中国人的性格恰恰相反。中国的气候和土壤性质并不十分适合农耕，再加上人口众多，造成中国人生活不稳定，这使他们具有一种超强的活动力和贪得欲，因此没有一个经营贸易的国家敢信任他们。[1]18 世纪末的英国东方学家琼斯（1746—1794）也认为，中国的民间宗教则是相当晚近才从印度传入。他们的哲学仍处在原始状态中，几乎不值得被称为"哲学"。他们没有足以使人约略推测其民族起源的古代遗迹。中国人的科学完全是外来的，他们的机械工艺没能体现这个民族特征的内容。中国并不拥有其他人所不能发现或改进的东西。[2]

在英国人毫不留情地批评中国之时，法国对中国制度的追捧却日渐高涨，并于 18 世纪中叶达到顶峰，甚至直到 18 世纪晚期还有重农学派或他们的同情者试图引进中国制度。法国社会对中国的态度发生总体性转向要到 1760 年代才体现出来。这时期耶稣会士失势，法国君主专制制度下的社会矛盾日趋激烈，这使很多人放弃新君主主义的理想，自由主义者的主张被更多地表达。此情此景，君主集权的中国显然失去了参考价值，而来自古希腊罗马的自由主义传统和当代新思想则越发熠熠生辉。1760 年代以前的法国也不乏对中国的批评，如卢梭和孟德斯鸠等。卢梭和孟德斯鸠固然是为了论证自己的特定理论而把中国引为例证，比如卢梭论证科学与艺术的进步无助于道德进步时举中国为反面典型，论证好政府应关注民生、合理定税时又引中国为正面例子；孟德斯鸠谈论专制暴政的危害时举中国为证，但也赞赏中国的重农政策。他们对中国的评论反映出用自己的政府和制度原则衡量他们所掌握的中国知识后所得出的意见，这种意见就本质上说是一贯的，即中国的制度不符合他们的理想，中国的制度和风俗所造成的国民品性也不是他们所乐于接受的，即使有个别善政也不能掩盖这一制度的整体缺陷。[3]

卢梭在《论科学与艺术》一文中，将埃及、希腊、罗马和中国——

[1]《启蒙时代欧洲的中国观：一个历史的巡礼与反思》，第 290 页。

[2] 同上书，第 292 页。

[3] 同上书，第 293—294 页。

举出，将它们作为沉迷于科学与艺术而造成生活奢侈、道德腐化、国力衰败，最终被外族或少数民族征服的民族的例子。① 孟德斯鸠认为历史上出现过的政府原则上可以分为共和国政体、君主政体和专制政体。他并不相信同时代人鼓吹的"开明君主专制"，专制政体在孟德斯鸠眼里就是独裁暴政，没有什么开明与不开明之分，而中国就是这样的国家。他不相信传教士对中国政府和制度的颂扬，而对安森和其他商人报告的中国官吏的掠夺行径更感兴趣，坚持认为中国是个用棍棒治理的典型的专制主义国家，没有荣誉可言。②

狄德罗对中国的态度很典型地体现出法国人中国观的时代变化的特征。18 世纪前半叶的狄德罗与大多同时代人一样关注宗教问题，他第一篇论述中国的重要文字即《百科全书》的《中国》条目。该文称赞中国的道德哲学，尤其是孔子的实践伦理。1760 年，法国知识界的注意力已从宗教问题转移到社会和政治问题，且法国正沉迷于开明君主制理想。但直到 1760 年代末期，狄德罗都没有对具体的政治事务表现出积极兴趣，他的兴趣仍在攻击教会上，以为攻击教会的基础是瓦解现有秩序的正确途径。然而耶稣会士被驱逐并没有如预期的那样从内部削弱法国统治者的力量。路易十六上台后，反对贵族的改革失败，这加深了狄德罗对所谓"开明专制"的愤恨，导致他从政治角度重新考虑整个中国问题。狄德罗对中国的修正观点体现于一些匿名文章中，他认为人口过多是解释中国人偏好农业、饥荒频繁、叛乱不断、科学和艺术不能进步的普适原因。他对中国的赞扬者们所举出的中国的优点比如人民勤劳、土地属于所有人民等逐项加以否定。他说家长制是暴政的幌子，他不相信家长制下的中国能有圣洁皇帝这一神话。③

狄德罗意在摧毁启蒙时代关于中国特出性的理论，以及一种把中国变为希望的最后避风港的哲学乐观主义。他也激烈反对那些贬低自己的国家和习俗而赞扬遥远异域的人。这些都透露出在启蒙时代晚期，思想

① ［法］卢梭：《论科学与艺术》，何兆武译，商务印书馆，1997，第 13—14 页。
②《启蒙时代欧洲的中国观：一个历史的巡礼与反思》，第 294—295 页。
③ 同上书，第 298—299 页。

家们已经转而立足现实，从时代进步和本土文化的传统中寻找其思想的渊源并决定走向。① 受时代潮流影响而变化观点的还有霍尔巴赫，他在1773 年发表的《社会体系》中曾称引中国的道德及政治体制。但霍尔巴赫并不赞成专制主义，似乎与孟德斯鸠一样认为专制即为独裁。在《自然政治论》中，霍尔巴赫认为：国家的安定长久并非政府高度贤明的标志，亚洲几个幅员辽阔的国家几千年来一直在无理性的专制压迫下呻吟着，尽管政权频繁易手，但这种专制制度始终同样地统治着不幸的人民。人民囿于无知，更囿于迷信，对压迫习以为常，甘心忍受。他们的生活方式所养成的麻木不仁，使他们不知道世上还有比他们的苦命好得多的幸运的人。② 1776 年发表《普遍道德》时，霍尔巴赫把讽刺矛头直指孔子，指责正是他的学说导致中国的专制主义。

二、中国形象转变的原因

18 世纪中叶以来中国形象发生的根本性转变，归根结底是欧洲人看待中国时的坐标已经斗转星移。这种形象转变，有人称之为"中国神话"的破产。但也有观点以为：严格地说，许多人一再渲染的"中国神话"在历史上并不存在，而是欧洲人以理性的发现对中国形象进行了修正。③ 随着欧洲经济、政治、社会和思想的全面发展，欧洲人深化了他们对中国的认识，在对早已为人所知的中国种种弊端进行由表及里的剖析之后，最终断然抛弃一度被奉为楷模的中国。换言之，中国一直是美丑并存、善恶兼容的形象，绝非完美无缺，对中国的景仰之所以成为主流，对中国的贬斥之所以未能引起更多的注意，那是时代精神使然。可以据此认为两大原因使中国失去了魅力：第一，中国科技落后，社会停滞、专制的国情；第二，欧洲进步观念的确立。

---

① 《启蒙时代欧洲的中国观：一个历史的巡礼与反思》，第 299 页。
② ［法］霍尔巴赫：《自然政治论》，陈太先、眭茂译，商务印书馆，1999，第 63 页。
③ 许明龙：《十八世纪欧洲"中国热"退潮原因初探》，《世界史研究年刊》1995 年总第 1 期。

对于中国的政治和哲学是否先进的观点，在18世纪的欧洲至少可以听到两种不同的回答。而对于中国的科学技术是否落后，他们的意见出奇一致。即使是对中国最为着迷的伏尔泰也毫不客气地指出："中国人掌握并应用了对社会有益的东西，但在科学方面却远远落在我们后面。我承认，在物理学方面，他们仅达到我们二百年前的水平。"① 而17世纪起，欧洲理论科学和应用科学都有长足的进步，人们开始以科学发展水平作为衡量社会进步的重要尺度。孔多塞认为："所有政治上和道德上的错误，其基础都是哲学上的错误，而哲学错误本身又是与物理学的错误相联系的，没有一种宗教体系和超自然的妄诞不是建立在对自然规律的愚昧无知的基础之上的。"

欧洲人从科学在社会中的地位去寻找中国科学技术落后的原因，发现原因主要有三点：第一，中国统治者不重视科学，不尊重科学人才，科学家的劳动和成就得不到应有的报酬和奖掖。在欧洲享有盛名的巴多明神父在1730年写给法国科学院院长的信中提道：钦天监见到的情况令人忧虑，在那里供职的科学家地位不高且升迁无望；经费仅够日常开支，无力进行新的研究。因计算有误而受到严厉惩处的不乏先例，因工作出色而受奖的却从未有过。因此，官员对科学研究缺乏热情，不求有功，但求无过，只愿按陈规行事，不思有所创新。宁可用肉眼观测天象，不愿使用来自西方的望远镜。第二，科举的误导作用。中国科举制度在欧洲受到普遍的赞扬，与世袭制和鬻卖制相比，科举制既体现了公民平等的原则，又为官员素质提供了一定的保证。但是欧洲人看重的是科举制度，而不是中国科举考试的内容。他们发现，科举考试不要求考生掌握任何自然科学知识，只要求他们熟读官方指定的经书并按照官方认可的诠释加以发挥，就可能写出一篇好文章。凡是想通过科举而出人头地的书生，必须把全部精力用于钻研经书上，"在中国只有一门科学，那就是道德、治国之术和法律。"一切有思考能力的人，都以这门科学为研究对象。既然很少有人投身于科学研究，科学难以进步就是必然的

① 许明龙：《十八世纪欧洲"中国热"退潮原因初探》，《世界史研究年刊》1995年总第1期。

结果了。第三，中国闭塞，忽视与鄙视贸易。清朝统治者根本没有与世界其他地区互通有无的贸易意识，由于缺乏交流，中国人对欧洲知之甚少，欧洲的先进科学知识极少传入中国。中国人不但难以发现自己在科学方面的落后状态，反而还增强了虚妄的优越感。

认识到中国社会的停滞与专制也是欧洲人对中国印象转变的原因。启蒙时代是欧洲人强烈追求社会进步的时代。在一些思想家看来，过去的一切只应得到怜悯和鄙视；更多的人则认为，昔日的辉煌固然值得夸耀，但重要的是不断地进步和持续的发展。欧洲人渐渐发现，漫长的岁月几乎未曾给中国带来任何重大的变化。赫尔德写道："当人们考察中国历史发展进程，研究它的活动的时候，谁不为他们在许多方面一事无成而感到惊诧！……几千年来，他们始终停滞不前，……这个帝国是一具木乃伊，它周身涂有防腐香料，描画有象形文字，并且以丝绸包裹起来；它体内血液循环已经停止，犹如冬眠的动物一般。"①

孟德斯鸠在《论法的精神》中，从中国的人口问题入手，并对此进行了有益的探索。他认为由于地理环境和传统观念的双重原因，中国人口严重过剩，这成为国家的沉重负担，其直接后果便是普遍贫困。一旦遇上严重的自然灾害，许多人便生计无着，轻则流民成群，重则饿殍遍地，政府若处置不当，饥民便会啸聚为寇，一呼百应，酿成大规模的骚乱，严重威胁王朝的安全。历史上的王朝更迭，起因于农民起义的不乏其例。所以，"中国的皇帝知道，如果他统治得不好的话，就要丧失他的帝国和生命。"② 因此，"中国的立法者们的主要目标，是要使他们的人民能够平静地过生活。"③ 统治者们认为政府维持太平的最适宜的方法是让臣民服从。基于这种思想，他们认为应该激励人们孝敬父母；并且，他们集中一切力量，使人恪遵孝道。④ 于是，孝道超越了伦理道德

① ［德］夏瑞春编《德国思想家论中国》，陈爱政等译，江苏人民出版社，1989，第88 页。

② ［法］孟德斯鸠：《论法的精神》（上册），欧启鸣译，译林出版社，2016，第129页。

③ 同上书，第 132 页。

④ 同上书，第 315 页。

范畴，变成了政治原则，变成了防止人民造反起义最有效的手段。孝道不仅主宰家庭成员之间的关系，也维系着王朝的兴衰存亡。孝道的核心是对祖先的无限崇敬和对父辈的绝对服从。凡是有悖祖宗遗训的想法都是异端邪说，凡是不符合传统习俗的行为都是忤逆。创造、革新和进步，不但得不到鼓励反而被视为越轨，会受到无情的压制和惩罚，泥古成了最高行为准则。英国哲学家休谟的《论艺术和科学的兴起和进步》虽然谈的是科学和艺术，但他也认为泥古和守旧是中国社会发展缓慢的重要原因。

1776年亚当·斯密出版的《国民财富的性质和原因的研究》，从经济生活的角度论证了中国的停滞不前。他指出中国缺乏发展能力，其往日的辉煌已变成今日的衰落。"其财富也许在许久以前已完全达到该国法律制度所允许有的限度，但若易以其他法制，那末该国土壤、气候和位置所可允许的限度，可能比上述限度大得多。"① 这就说明，亚当·斯密认为社会和政治制度对一个国家的发展来说也许比自然资源更重要。阻碍中国发展的是它的现行制度，比如中国忽视或鄙视国外贸易，禁止在其他法制下所许可的交易，贫者或小资本家缺乏安全保障且随时可能遭受下级官吏的掠夺，国内各行业无法投入充足资本和自由经营，富者的垄断成为制度以致中国高利贷盛行。

孔多塞于1795年发表了《人类精神进步史表纲要》，其基本思想就是人类可以持续进步到最终的完美状态。他展示了人类以与其他野兽无异的最低级的野蛮状态为起点，不间断地在启蒙、美德和快乐之路上前进的历程。"孔多塞把中国文明安排在第三个时代，即刚刚脱离了游牧时代，而且似乎一直没能进入到科学的进步时代。他说这个时代是几乎所有已知宗教的起源，并且这些宗教的创造者和皈依者制造出迷信的体制，垄断教育，愚弄人类不再想打碎束缚自己的枷锁，若知道这种任意摧残人类能力的权力能发展到什么地步。"② 中国"似乎从不曾在科学上

① ［英］亚当·斯密：《国民财富的性质和原因的研究》上卷，郭大力、王亚南译，商务印书馆，1994，第87页。
②《启蒙时代欧洲的中国观：一个历史的巡礼与反思》，第323页。

和技术上被别的民族所超出过，但他们却又只是看到自己被所有其他的民族——相继地超赶过去。这个民族的火炮知识并没有使他们免于被那些野蛮国家所征服；科学在无数的学校里是向所有的公民都开放的，唯有它才导向一切的尊贵，然而却由于种种荒诞的偏见，科学竟致沦为一种永恒的卑微；在那里甚至于印刷术的发明，也全然无助于人类精神的进步。"① 总之，孔多塞描述的中国是一个被专制、迷信所束缚而不能在科学、艺术与精神的进步上有所成就的国家，它展示给世人一个落后迟钝的面目，丝毫没有早年传教士们所说的那般光辉夺目。

对东方专制主义的理性认识也是促使中国形象转变的重要因素，这在休谟的《论艺术和科学的兴起与进步》一文中有充分的展现。此文其实在论证艺术和科学的进步得益于进步的自由政治制度。首先，他认为艺术和科学的最初发展绝不可能发生在专制政治之下，唯有自由政治才是艺术和科学诞生的唯一适宜摇篮。其次，已经进入文明社会之后的自由社会仍比专制社会更适于艺术与科学的发展，事实上对学术发展最有利的条件就是小国林立，存在一些彼此为邻、由贸易和政治往来联系在一起的独立国家，它们之间的相互仿效和竞争是促进学术文化进步的显著动力。最后，已经培养起来的科学与艺术可以移植到其他政体下，共和国对于科学的成长最有益，即使是文明的君主国也不如共和国。概言之，君主制与共和国的差别在于，在共和国里想往上爬的人必须眼睛向下才能得到人民的选票，因此得到成功的是强有力的天才；在君主国里，他们则必须讨得大人物的恩惠和宠爱才能实现目的，因此能培养出注重机敏、谦顺和礼仪的人。刻意讲求恭谨或相互致敬旨在取悦他人，从而形成一种人身依附关系，这在权力近于平等、每个成员很大程度上彼此独立的共和国里是毫无必要的。休谟坚持今天优于古代，并且不赞成专制制度，哪怕是开明君主专制，所以他对中国的态度也就一望而知。在《论艺术和科学的兴起与进步》中，他将中国列为一块不适宜科学与艺术进步的土地，因为它太广大，与小国林立的自由竞争局面相

---

① ［法］孔多塞：《人类精神进步史表纲要》，何兆武、何冰译，生活·读书·新知
　三联书店，1998，第 36—37 页。

反，在专制的氛围下，受着传统的深刻束缚，它在法律、语言、思想上的统一成为阻碍科学与艺术进步的重要原因。①

随着欧洲经济、政治、社会和思想的全面发展，中国国情与欧洲的进步观念及社会理想愈加背离。基于科学、理性等现代价值观而形成的优越感，促使欧洲以新的标准重新审视中国的时候，中国被持有进步观念的欧洲人所排斥和批评应该说是理所当然了。在此情况下，中国不再是遥远的神话般的理想国度，而是成为落后的象征。

法国的一些学术刊物，如《支持和反对》与《近代著作评论》，就是立足进步立场和现代优越感反对中国先进说的阵地。《支持与反对》表明，中国政府法制的稳定性与持久不变的思想正说明这种一成不变性不是先进而恰恰是落后，是阻止他们取得任何进步的原因。以中国教育制度为例，其曾令欧洲人耳目一新并试图有所效法，并事实上在19世纪对欧洲文官考试制度的形成产生影响。但我们会发现，欧洲人是在理性分析耶稣会士推崇的文官体制基础上，批判地接受科举制度的精髓。耶稣会士曾向欧洲思想家描摹中国文官制度下，那些作为政府公仆制约皇帝最高权力的官员们，无论其本身是学者、哲学家还是文人，都是通过考试制度才跻身官场问鼎权位的。这令伏尔泰十分推崇中国的文官体制，认为中国官僚奉行儒家信条，恪尽职守，他们构成一个各部门能相互制约和自我调节的好政府。他格外强调，能够进入这样的衙门工作、令人景仰的官员们都是通过层层严格考试的人。以魁奈为首的重农主义者也把教育视为国家的利益，进而把教育同政府管理相联系，并且在18世纪首先倡导教育应该世俗化和普及化，这与中国的教育目标和教育思想颇有相通之处，因此中国以教育为选拔官吏之前奏的做法和普及教育的努力成为他的论据。②

本来以为法国会从这种"官僚统治模式"中大大受益，但实际上没有。根本原因还在于中国的教育思想与这时期欧洲正在兴起的自由主义者的教育思想扞格不通，因此随着中国教育思想不合时宜性质的显露，

① 《启蒙时代欧洲的中国观：一个历史的巡礼与反思》，第318—319页。
② 《中华帝国的专制制度》，第122页。

第四章　盛世隐忧：迟暮帝国面临的挑战

143

中国教育思想在欧洲很快被冷落。由魁奈首倡的普遍的国家教育后来虽也成为自由主义者的一种理想，但自由主义者的教育理论与重农主义者的不同，他们把受教育看成是每个人的权利。重视个人教育的启蒙思想家克劳德·阿德里安·爱尔维修曾对中国教育思想持批评态度，他认为中国文明是衰落的、专制的、压抑人的，而且导致它不能进步的首要障碍就是古老和过时的考试制度，这一切同当时法国正在兴起的正确理性理想和好政府理想背道而驰。毕竟，旨在将教育从教会（法国以耶稣会士为代表）控制下解脱出来的自由主义教育思想，隐含着人类可以通过自身的努力求取进步并达到完美的理想，正是理性时代最吸引人的呼声。因此，自由主义教育思想实在与中国那种以培养传统秩序维护者为目的教育思想没有什么相通之处。这正可以解释中国的教育体制在经过一阵风光之后很快就遭到批评，最终被人淡忘。值得指出的是，随着资本主义工商业的迅猛发展，工商阶层在经济地位、政治生活、社会意识中都扮演着重要角色。重农学派倡导的土地为一切财富来源的观点也逐渐不适宜于已步入商业社会的欧洲，中国这个过去的榜样也就被弃之不用了。

第三节　中西分流与马戛尔尼使华

一、中西历史的分流

近代资本主义缘何兴起于西方，并进而导致中西历史分流？为何曾是世界上最发达地区的中国江南没有自主跨入近代资本主义的门槛，反而是落后于中国江南的西欧，特别是英国能够后来居上，率先跨入资本主义工业社会的大门？资本主义起源的动力是复杂的，这也致使学界对资本主义起源的原因有着不同的理解，并对此进行持续探讨。

马克思认为，资本主义起源是多重因素综合作用的结果，各种不同因素之间相互交叉影响，不能仅从其中某一因素出发去进行探究，甚至使之独自成为资本主义的根源。马克思从土地所有权性质的转变描述近代资本主义的生成过程："土地所有权的历史表明了封建地主逐步转化为地租所得者，世袭的半交代役租常常是不自由的终身租佃者逐步转化为现代租地农场主，以及依附于土地而没有迁徙自由的农奴和徭役农民逐步转化为农业短工的过程，这种历史也许事实上就是现代资本的形成史。"① 这表明劳动力成为商品是货币转化为资本的关键，近代资本主义进而生成。

马克斯·韦伯则从伦理、宗教等文化层面解析西方资本主义发展原因，他在《新教伦理与资本主义精神》等一系列论著中运用比较文化学，特别是比较宗教学的方法，分析了中国宗教、印度宗教和犹太教等的价值体系，判定中国、印度和犹太传统都缺乏一种与现代社会进程相契合的"新教伦理"式的观念体系，从而反证出新教伦理与资本主义有着重要的内在联系，得出近代资本主义只能出现在西欧那些信奉新教的国家这一论断。韦伯认为资本主义的形成是以欧洲的理性主义为精神基础、以理性的资本核算为集中体现的。它根植于由一套独特的价值观念、思维方式和行为方式构成的完整的文化体系中。这套文化体系的源头就是欧洲的基督教文明。韦伯认为从传统社会向现代社会转型有两个关键点：其一是家庭与农业的分离，首先是出现了无地的自由劳动者，与之相应的是逐步壮大的劳动力市场，以及人们对于资本积累无休止的"伦理"追求，这种资本主义精神的核心是"天职观念基础上的理性行为"，禁欲导致了资本积累，而限制消费则促进了生产性财富的增长。其二是社会的"去家庭化"，韦伯描述了一个从氏族社会到父子共同拥有财产的大家庭社会，再到以个人为根基的核心家庭变化过程。他与马克思都抓住了这个社会转型的核心，即从封建等级制社会转换为现代资本主义市民社会。②

概言之，启蒙时代以来西方学者逐渐形成一种共识：与中国历史处于长期停滞的状态不同，近代资本主义之所以在西方兴起，是由一系列

① 中共中央马克思恩格斯列宁斯大林著作编译局编译《马克思恩格斯文集》第三十卷，人民出版社，1995，第208页。
② 徐大建：《西方经济伦理思想史》，上海人民出版社，2020，第147页。

独特因素促成的，这是一个质变的过程。这些因素主要包括：近代民族国家的形成、法权体系、重商主义、国际市场等。

民族国家与法权体系。在西方近代历史上，民族国家的形成和发展对各国的经济发展起过非常重要的作用。其主要表现为：国家作为一个政治军事经济实体，不断参与国际竞争，中央集权的强化有助于国内市场的扩张，战争对科技的促进，海外扩张和殖民地争夺对母国经济的贡献，等等①；国家还用法律对无产者进行约束，迫使无产者不得不走入工厂，"自愿"出卖自己，客观上为资本主义的发展提供了大量的自由劳动力。更有学者强调，推动近代欧洲经济持续增长并进入工业资本主义的决定性因素是体现在民族国家这个政治实体中，并促进民族国家兴起的国民意识，即民族主义。因此，把民族主义称作真正的资本主义精神，甚至比马克斯·韦伯所说的新教伦理更为恰当。②

在经济伦理方面，启蒙运动基于个体主义契约伦理和自由主义正义理论，提出了一种以社会财富的增长为经济活动的目的，以私人产权和公平竞争来达到私利与公益相结合的功利主义理论。在此基础上建立的以私有制和雇佣劳动为基础的市场经济体系，需要得到以自由平等的正义观念为基础的现代法权体系的保障。而英法资产阶级革命实现了公民的自由平等权利，建立政治制度确保市场经济的合法性，保障商业和自由贸易不受干扰，为建立大规模工厂所需的市场、技术、资本、人才提供了制度保障。

20世纪六七十年代，新制度经济学代表人物道格拉斯·诺斯通过对西方近代产权制度演变的研究，讨论了西方世界崛起的原因。他认为："有效率的经济组织是经济增长的关键，西方世界兴起的原因就在于发展了一种有效率的经济组织。"所谓有效率的经济组织是指由国家明确界定并有效保护的产权制度，这样的制度安排可以激励人们把他们的经

---

① 刘昶：《国际比较视野下的江南研究：问题与思考》，载王家范主编《明清江南史研究三十年（1978～2008）》，上海古籍出版社，2010，第347页。
② 同上书，第347—348页

济努力集中于那些其私利和公益回报相接近的经济活动中去。① 这种观点即是肯定法权体系对西方崛起的作用。

重商主义与市场体系。国家的商业本位思想也是导致中西历史分流的重要因素。近代西方兴起过程中一直流行着重商主义，重商主义理论和政策的目标和结果，不是要维护已有的经济、社会结构，而是要破坏它，促进资源、国内产业根据商业的需要而重组，最终导致了原有结构的解体，形成新的经济、社会结构。因而，重商的国家管制导致了近代西方的精神、产业和制度革命，使之日益走向强盛。中国农本主义思想则和政策相反，其目标是如何强化、稳定已有的经济社会结构，从而稳定和强化自己的统治基础。中国重农抑商的国家经济管制，扼杀了任何变革的萌芽，使中国长期停滞不前，最后走向衰败。

在重商主义、海洋贸易和殖民传统的推动下，"世界贸易和世界市场在16世纪揭开了资本的现代生活史。"② 统一的、规模扩大的国际市场的出现，使商品能够在更广阔的范围内流通，大规模的商品贸易推动着资本主义大生产的发展。海外殖民与地理大发现也为资本主义的原始积累带来了第一桶金，贵金属源源不断地流入欧洲，导致物价普遍上涨，刺激了欧洲工场手工业的发展。殖民活动、地理扩张和国际贸易综合作用形成世界市场，世界市场的形成反过来又推动资本主义的发展。以18世纪后期英国工业革命为起点，西方社会一举打破了人类历史上数千年来一直徘徊不前的物质生产水平，实现了质的飞越。

以上所述是相当长一段时间里西方学者认为西方社会能够超越中国、实现质的飞跃的重要原因。而在这些原因中，不管是新教伦理，还是民族国家、法权观念、重商主义、世界市场，显然都是当时的中国所缺乏的，中国社会自然就被视为是停滞不前的。近代中西方社会发展的巨大落差，推动中国学者追问中国缘何不能进入资本主义社会的问题，

① 《国际比较视野下的江南研究：问题与思考》，载《明清江南史研究三十年（1978～2008）》，第347页。
② 中共中央马克思恩格斯列宁斯大林著作编译局编译《马克思恩格斯全集》第四十四卷，人民出版社，2001，第171页。

第四章 盛世隐忧：迟暮帝国面临的挑战

20世纪关于中国资本主义萌芽问题的研究即是发端。作为原先领先于西欧的中国江南，也自然成为研究热点。人们相信，把江南置于国际比较的视野之下，能够帮助我们更深入和全面地认识和回答西方资本主义起源的秘密和中国在近代落伍的原因。

20世纪，中外几代学者江南研究的成果让人们对近代以前中国经济社会发展水平和成就有了全新的认识。江南研究向人们展示了中国经济的活力和韧性。在前工业时代，中国人口的增长率要明显高于世界上的其他地区，中国农业经济始终能保持与人口的同步增长。在明清时期，由棉纺织业推动的江南地区生气勃勃的商业化和市场扩张达到了一个新的高度，使得江南成为全国的制造业（特别是轻纺工业）中心。不过，在20世纪90年代，中外历史学者大多数都同意：宋代以来，特别是明清时期，中国经济陷入一种"高水平均衡陷阱"，或者如黄宗智所说的"内卷化"。由于中国社会内部（政治、经济、文化、社会等）原因，使得它无法在质上有重大突破，自主进入近代工业社会。①

20世纪90年代后期，除了江南研究对停滞论的拨正，中外一批历史学者先后挑战强调西方历史独特性的"欧洲中心论"者，其中以贡德·弗兰克与彭慕兰为典型。贡德·弗兰克在《白银资本》一书中，以全球视野来取代欧洲中心视野，他认为存在一个自古以来一以贯之的世界经济体系。18世纪以前甚至18世纪，这个世界经济体系一直被亚洲的生产、竞争力和贸易支配，印度和中国因为在制造业方面所拥有的绝对与相对的优势生产力而成为世界经济最"核心"的两个地区，中国则更是全球多边贸易的中心。西欧直到很晚才因美洲贵金属的输入而得以越来越多地参与到这个世界经济中。18世纪晚期才发生了亚洲的衰落与欧洲的崛起。在19世纪，欧洲才得以建立新的"霸权"秩序。

彭慕兰在《大分流》一书中认为：明清时期中国经济社会的发展程度与同时期的西欧相比绝不逊色，特别是中国的江南，直到工业革命发生前夕，在许多方面都优于西欧最发达的英国。如果说，中国经济因为

---

① 《国际比较视野下的江南研究：问题与思考》，载《江南研究三十年（1978～2008）》，第340页。

资源和生态的约束而陷入"内卷化"的话，那么，18世纪的英国和西欧也面临着同样的困境。真正使英国摆脱资源与生态制约，从而向近代工业社会成功转型的主要因素是海外殖民掠夺和易于开采运输的煤矿。换言之，欧洲的科学、技术和理念趋势等社会内部因素并不是解析西方崛起的唯一合适的解释，而是某种外部的、偶然的原因导致的。他认为：如果不是煤、殖民地促成的资源制约的松弛，欧洲其他的革新不会独立，并促使欧洲向近代工业社会成功转型。不难看出，弗兰克与彭慕兰关于中国的论述有相似之处，认为中国与欧洲的分野到19世纪才表现出来，中国的落后并非早年韦伯式的分析所显示的为文化与制度性痼疾所致。他们认为外部的和偶然的原因导致了中西分流，并以此反驳欧洲中心论的观点。

　　不管对于近代资本主义兴起原因的争论如何，纵观欧洲近代资本主义兴起的历史，其产生和发展确有种种错综复杂的因素。诸如商业和手工业引领的资本主义萌芽，市民阶级和民族国家的兴起，封建贵族的没落，海洋贸易和殖民传统引发的地理大发现和世界市场的形成，伦理道德观念的变革，资产阶级革命，法权体系和意识形态所决定的国家商业本位的根本态度，科学技术与合理经营知识的增长，蒸汽机和机器的发明，等等。似乎缺少其中的某些因素，近代资本主义就很可能不会产生或发展。例如，在较早出现资本主义萌芽的意大利、北欧和西班牙等地区，其发展就由于各种不同因素的欠缺受到了阻碍，反而是萌芽发展较晚的英国，由于各种因素的聚合，资本主义率先发展了起来。由此看来，即便在欧洲，近代资本主义的自发产生似乎也并非社会发展的普遍规律，而只是由于种种机缘巧合而发生的一个特例。[①]

　　由于历史条件的完备，从18世纪中后期开始，英国爆发了一系列革命性的技术发明。1733年发明纺织飞梭，1770年发明珍妮纺纱机，1779年发明走锭纺纱机等。更具意义的是，1776年瓦特制造出了可用于实际生产的蒸汽机，并于19世纪初成为纺织厂、面粉厂和其他工业的动力。由于新型棉纺机和蒸汽机需要钢铁和煤炭的大量供应，又激发了采矿和

---

①《西方经济伦理思想史》，第148页。

冶金工业方面的技术发明，如焦炭炼钢法。而纺织业、采矿业、冶金业以及商业和国际贸易的发展，又促发了交通业的大发展。蒸汽机作为动力的使用，推动了火车和轮船的发明，进而引发了通信领域的革命，出现了电报和越洋电缆。最终使得英国于 19 世纪上半叶出现大批具有现代意义的机械化工厂，完成了工业革命，并将工业革命的成果逐步扩散到整个欧洲。19 世纪后半叶，德国接过工业革命的接力棒，将英国开创的棉纺、采矿和冶金工业的革命发展为化工业的革命。工业革命，一举打破了人类历史上数千年来一直徘徊不前的物质生产水平，使得飞速发展的社会生产力在 100 多年的时间里创造出了此前整个人类历史都没有产生的巨大物质财富，让欧洲的农业社会彻底转型为工业社会。在此情况之下，近代中西历史的分流彻底形成。

英国工业革命中的纺织厂

二、马戛尔尼使华

通过资产阶级革命与工业革命，英国成为当时世界上经济实力最强大的国家，并先后击败了葡萄牙、西班牙和荷兰，称霸海洋，一跃成为头号资本主义强国。"不断扩大产品销路的需要，驱使资产阶级奔走于全球各地。"① 开拓殖民地和海外市场成为英国政府的国策，"到远东各国从事贸易一向是受到历代英王的鼓励和支持的。"② 英国组织了东印度公司垄断对东方的贸易，占领了印度，开始了在亚洲活动的猖獗时期。英国在对清贸易中很快压倒其他西方国家居于首位。然而英国运来的商品，如金属、玻璃、钟表等在中国缺乏广阔市场，中国的茶叶、生丝、陶瓷等在欧洲却十分畅销。所以，直到19世纪初鸦片大量输入前，清朝的对外贸易始终保持顺差地位。由于外商的非法活动，统一台湾后开放的海上贸易又遭到禁止，乾隆时期，清政府重施海禁。

清政府虽然允许小规模的对外贸易，但仍然厉行闭关政策。这是由当时中国农业和家庭手工业相结合的自给自足的自然经济状况决定的。同时，清朝统治者严格防范汉族人民，惧怕外国人支持汉族人民反抗清朝的活动，正如马克思所说：清政府由于这种原因，外国人才被禁止同中国人有任何来往，要来往只有通过离北京和产茶区很远的一个城市——广州。外国人要做生意，也只限和行商进行交易；政府特许这些行商专门从事对外贸易，用这种方法阻止其余的臣民同他所仇视的外国人发生任何接触。③ 清政府主张"华夷之大防"，因此在对外贸易中实行公行制度，由政府指定少数商人设立"牙行"，从事进出口贸易，称为"洋行"，并代表清政府与洋商交涉，外商不得与官府直接交往。清政府还规定外商不得常驻广州，只有在贸易季节才准来广州，季节一过，即使交易未完，也必须离开。另外，外商在广州的活动范围也有明确规定。

清政府对外贸易的政策使外国商品难以大量输入中国，同时英国对华贸易的主要商品如呢、绒等滞销，常常是在亏蚀的情况下才能出售；

① 中共中央马克思恩格斯列宁斯大林著作编译局编译《马克思恩格斯全集》第一卷，人民出版社，2001，第254页。

② ［英］斯当东：《英使谒见乾隆纪实》，叶笃义译，上海书店出版社，2005，第18页。

③ 中共中央马克思恩格斯列宁斯大林著作编译局编译《马克思恩格斯选集》第二卷，人民出版社，1972，第7页。

而中国的传统出口商品，如丝、茶等，却销路很广，大受欢迎。仅茶叶一项，英国人在 18 世纪初，消费不超过五万磅，到 18 世纪末，达到两千万磅，在不到 100 年的时间内，增加了 400 倍。因此，英国在与中国的双边贸易中，中国一直保持着大量的出超。英国资产阶级为了扭转这种局面，一心想在广州以北开港，突破贸易限制，打开中国市场。乾隆二十年（1755），英国武装商船驶至宁波，引起了清政府的严重关切。乾隆二十二年（1757），清政府为了巩固"浙省海防"，下令只准在广州一口贸易。

英国殖民主义者对此不肯罢休，英国朝野上下出现了要求与清政府进行官方交涉的呼声。由于英国对中国这个外表强大的国家所知甚少。因此，英国政府决定派遣正式使团访华，其目的是想通过与清政府的谈判，推动清政府取消在对外贸易中的种种限制和禁令，使英国人获得更多的特权，用他们自己的话来说，就是"取得以往各国所未能用计谋或武力获致的商务利益和外交权利"[1]。同时，也是为了搜集有关中国的情报，评估中国国力，为

马戛尔尼

英国殖民主义者下一步行动提供依据。马戛尔尼使团就是带着这种商务和政治的双重目的来华访问的。[2]

英国政府对使团出访做了充分的准备。马戛尔尼勋爵之所以被任命为特使，因为他长期从事外交，是推行殖民主义的老手。他曾在印度担

---

① ［英］爱尼斯·安德逊：《英使访华录》，费振东译，商务印书馆，1963，第 92 页。

② 此部分内容主要参考王思治：《英使马戛尔尼来华》，载王思治《清史论稿》，巴蜀书社，1987，第 356—369 页。

任重要职务，后来出任英国驻彼得堡公使，与俄国签订了十分有利于英国的商务条约。马戛尔尼的经历被认为是"一位对外国及其宫廷有长期经验"的人，是受到英国资产阶级各政党"一致称赞的唯一人物"。① 副使斯当东也是一个推行殖民主义政策的老手，曾受英王指派在海外处理过许多事情②，并有在印度从事殖民地外交的丰富经验，英王指定他可以代行正使的任务。

英国使团还包括秘书、医生、翻译、东印度公司职员，精通化学、天文、力学以及各门科学和航海的专家博士。为了壮大使团的声势，还有卫士一队，都是从步兵和炮兵中精选出来的，他们携带的武器是为了向中国人"显示出欧洲的现代战争技术的进步"③。访华使团的旗舰"狮子"号是艘装备 64 门大炮的第一流军舰，"狮子"号舰长高厄爵士有丰富的实战经验，且有过两次环球航行的经历。这对于不熟悉中国沿海航道，且从未走海路到过天津的使团来说显然是最合适的人选。英国使团中有大量军事人员和科学人员，正是为了刺探当时他们尚不了解的中国虚实。使团船队除"狮子"号外，还有东印度公司载重量最大的船之一"印度斯坦"号，以及"豺狼"号等较小的船只。使团人员共百人左右，加上各条船上的工作人员和水手，共计 800 多人。④ 这是一支阵容豪华的庞大船队，其用意是要凭此向中国炫耀大英帝国的既富且强。英王给马戛尔尼下达了指示，明确地指出："在中国经商的英国臣民很久以来多于任何其他欧洲各国。我对于自己远方臣民不能不予以应有的关怀，并以一个大国君主的身份有力地要求中国皇帝对于他们的利益予以应有保护。"⑤ 关于收集中国的情报，英王也给了明确的暗示，中国"是地球上第一个神奇国家，因而组织这次旅行显得尤其必要"。⑥ 可见，了解"神

---

① 《英使谒见乾隆纪实》，第 31 页。

② 此部分内容主要参考《英咭唎国表文》，载故宫博物院掌故部编《掌故丛编》，中华书局，1990。《英咭唎国表文》是马戛尔尼使华时，英王给乾隆的信的中译版。

③ 《英使谒见乾隆纪实》，第 33 页。

④ 《清高宗实录》卷 1431，乾隆五十八年三月戊寅谕军机大臣等。

⑤ 《英使谒见乾隆纪实》，第 39—40 页。

⑥ 同上书，第 40 页。

奇"的中国，是英王给使团指定的重要任务。

　　1792 年 9 月 29 日，英国使团带着英王给乾隆皇帝的信和大批礼物，从朴次茅斯港出发，直航天津。囿于"天朝上国"的孤陋偏见，乾隆对马戛尔尼使团来华，一方面颇为轻视，另一方面又对接见英国使团会带来外患而感到忧虑。基于这种考虑，警惕的乾隆决定在热河行宫接见英使，下令"所有料理英咭唎贡船一事，著专交与征瑞承办"。征瑞是长芦盐政，驻扎天津，英使到达天津后，由征瑞"带同前赴热河"。① 1793 年 6 月 21 日，英国使团船队过澳门，派人通知广东巡抚郭世勋，郭世勋立即向北京报告。7 月 26 日，英国使团船队抵达天津。英国船队对中国沿海航道和停泊城市及其附近区域都做了详细的考察记录，测量了经纬度和海潮涨落差；对中国军队及其武器配备、停泊城市（如舟山的定海）的城防等，也都有经过仔细观察后的记录。

　　直隶总督梁肯堂和征瑞在天津宴请英使，送给使团丰富的米、面、鸡、鸭等生活物资，英使递送了礼品单和礼品说明书。礼品包括天体运行仪、地球仪，以及英国最大最新的军舰模型。说明书特别强调，"英国在欧洲是第一位海军强国，素被称为海上之王，有一百零十门重炮装备的巨大军舰上的各个微细部分俱在模型上表现无遗"②，大肆夸耀英国的强大无敌。

　　英使到北京后，先住在宏雅园（海淀与圆明园之间）。马戛尔尼同征瑞多次商讨谒见乾隆的礼节仪式，为此还给和珅写了一个备忘录。9 月 2 日，马戛尔尼使团由北京出发前往热河行宫，在途经古北口时，英使团军事情报专家巴瑞施上尉，对长城进行了极其详尽的测量，力求对中国"建筑和军事技术可以有一个清楚的认识"③。英使到达热河后，住在热河镇的顶南端，位于行宫和热河镇之间。

　　马戛尔尼同和珅反复磋商谒见乾隆的礼节，和珅起初坚持英使必须向乾隆行三跪九叩首大礼，英国人认为这是"表示屈服和顺从"，拒不

①《清高宗实录》卷 1428，乾隆五十八年五月。
②《英使谒见乾隆纪实》，第 250 页。
③ 同上书，第 352 页。

接受。马戛尔尼考虑到，如果因礼节争执不能面见乾隆，"这对英国和英属印度甚至全欧洲的商业的关系是重大的"。于是他提出两个方案：第一，"假如坚持叫他磕头，那么位同特使身份地位的中国官员必须在特使携来的英王陛下御像前也行同样的磕头礼"；第二，用晋见英王的礼节。① 最后他们决定：按照谒见英王的礼节（即单腿下跪，但免去吻手）来谒见乾隆。9月14日，乾隆在万树园接见了英使。②

乾隆回到北京后，和珅同英使又在圆明园进行会谈，马戛尔尼再次提出了一系列有关贸易的要求，并说明他本人奉英王之命准备作为英国大使"久驻北京"③，如果中国同意选派使臣，"尤为英王政府所欢迎"④。和珅没有当面答复英使提出的要求。此后清政府召集会议讨论英王的信件内容及今后如何应付英国人的方针。⑤ 会后第三天，和珅在皇宫召见马戛尔尼，当面交给他乾隆给英王的复信。乾隆在复信中一一驳回英方提出的各项要求。英国提出的要求与清政府的答复如下：

一、英方要求派使臣常驻北京。中方答复："此与天朝体制不合，断不可行"；

二、英方要求来浙江宁波、珠山、天津开口贸易。中方答复："所有尔使臣恳请向宁波、珠山，及直隶天津地方泊货贸易之处，皆不可行"；

三、英方要求在北京设立洋行。中方答复："京城为万方拱极之区，体制森严，法令整肃，从无外藩人等在京城开设货行之事"；

四、英方要求舟山附近一小岛（实际上是要求中国割让领土），以便存放货物。中方答复："天朝尺土俱归版籍，疆址森然，即岛屿沙洲，亦必画界分疆各有专属"，"此事尤不便准行"；

五、英方要求在广州附近拨给一小块地方给英商居住。中方答复：

<hr />

① 《英使谒见乾隆纪实》，第 320、321、359 页。

② 《清高宗实录》卷 1434，乾隆五十八年庚，"上御万树园大幄次，英咭唎国正使马戛尔尼、副使斯当东等入觐。并同扈从王公大臣，及蒙古王、贝勒、贝子、公、额附、台吉，暨缅甸国使臣等赐宴，赏赉有差。"

③ 《英使谒见乾隆纪实》，第 408 页。

④ 同上。

⑤ 同上书，第 406—407 页。

"自应仍照定例，在澳门居住"；

六、英方要求货物由广东至澳门在内河行走时，不上税或少上税。中方答复："应照例公平抽税，与别国一体办理。"①

乾隆全部拒绝英国提出的各项要求，主要是由两个原因决定的。一是自给自足的自然经济结构，使清政府并没有感到有发展对外贸易之必要，如乾隆宣称："天朝物产丰盈，无所不有，原不借外夷货物，以通有无"②，因此，清政府把对外贸易看作是对外国的"加恩体恤"③；二是，清政府唯恐外国人与中国各阶层接触频繁，将遗患无穷，危及其统治，因此，在给英王的复信中一再重申清政府的基本原则是"立中外之大防""华夷之辨甚严""从不许外藩人等稍有越境掺杂"④ 等等。同时，对外国特使常驻北京，"或其心怀窥测"⑤，也持有一定警惕。

尽管清政府从维护统治出发，全部拒绝了英国政府的要求，凸显了"天朝上国"的偏见。但清政府断然拒绝英国要求割让舟山一小岛和广州附近的领土，则是完全正确的。当年 10 月 7 日，英国使团带着乾隆回赠英王的大批礼物离开北京，取道广州回国。

由于清政府全部拒绝英国的要求，乾隆估计英国政府可能借此生事捣乱。在热河时，他就对军机大臣说："该国王奉到敕谕后，或因不遂所欲，心怀觖望，恃其险远，借词生事，亦未可定。"⑥ 因此，他命令两广总督觉罗长麟"当存之于心""先事防犯"⑦，特别要注意防止在澳门和广州的其他外商与英人勾结。乾隆回到北京后，鉴于"英咭唎在西洋各国中较为强悍"，且"心怀叵测"，对英国的担心更加重了，于是多次下令沿海各省督抚，会同各省提督及沿海各镇守，"相度形势，先事图维，毋任英咭唎夷人潜行占据"沿海岛屿。为此要加强海防，沿海口岸

---

① 《清高宗实录》卷 1435，乾隆五十八年八月己卯，敕谕英咭唎国王。

② 同上。

③ 同上。

④ 同上。

⑤ 同上书，乾隆五十八年八月己卯，谕军机大臣。

⑥ 同上书，乾隆五十八年八月乙卯。

⑦ 同上。

必须"防守严密"。①

马戛尔尼希望开拓中国市场的使命失败了。但是，使团搜集中国情报为英国下一步行动提供决策依据，却在一定程度上完成了。乾隆末年，大清帝国日益走向衰落，国内矛盾尖锐，英国使团敏锐地觉察到这一点，预感到大清政局不稳。他们认为，"中国老百姓身家性命的安全操在官吏们的手中，对于这种命运，他们是不甘心的"，因而会产生不可抑制的复仇心理。"这种心理经常在一个或另一个地方引起暴乱。"②这是英国人对时有发生的小规模农民起义的描写。

乾隆时代的中国虽顶着盛世的光环，但普通自耕农的生活水平已经大为下降。马戛尔尼使团在来华期间，以旁观者的视角记录了大清王朝民间的点滴生活，让我们对所谓的乾隆盛世有了更深刻的认识。踏上大清国的土地，触目所及的贫困，与使团成员心理期望值形成强烈反差。使团成员记述说："不管是在舟山还是在溯白河而上去京城的三天里，没有看到任何人民丰衣足食、农村富饶繁荣的证明，除了村庄周围，难得有树，且形状丑陋。房屋通常都是泥墙平房，茅草盖顶。偶尔有一幢独立的小楼，但是绝无一幢像绅士的府第，或者称得上舒适的农舍，不管是房屋还是河道，都不能跟雷德里夫和瓦平两岸相提并论。事实上，触目所及无非是贫困落后的景象。"③

清朝官员们为了接待洋人，雇佣了许多老百姓服务英国使团，给英国人端茶倒水，扫地做饭。善于观察的英国人又发现了问题，这些老百姓都太消瘦了，显然是营养不良，在他们中间，"很难找到类似英国公民的啤酒大肚或英国农夫喜气洋洋的脸"。"中国不是一个生产瓷器、丝绸和茶叶的国度吗？为什么身处商品产地的普通民众却没有能力消费这些物品呢？"④

---

① 《清高宗实录》卷 1436，乾隆五十八年九月辛卯。

② 《英使谒见乾隆纪实》，第 395—396 页。

③ ［英］约翰·巴罗：《我看乾隆盛世》，李国庆、欧阳少春译，北京图书馆出版社，2007，第 53—54 页。

④ 波音：《王朝的家底：从经济学角度看中国历史》，群言出版社，2016，第 183页。

马戛尔尼使华见闻图

旁观者清，英国经济学家亚当·斯密就观察到了一个现象，他认为："中国历来就是世界上一个顶富裕，也是一个最肥沃、耕耘最得法、最勤奋而人口众多的国家。可是看来她长久以来已处在停滞状态。马可·波罗在 500 多年前游历该国，盛称其耕种、勤劳与人口众多的情形，和今日旅行该国者所说几乎一模一样。可能远在当日之前，这国家法律与组织系统容许她聚集财富的最高程度业已到达。"① 在断言古代中国经济发展已达极限后，亚当·斯密又发现，至少从他那个时代上溯 600 年，中国的农具并没有什么革新，这的确是个发人深思的现象，说明古代中国社会的知识和技术创新即使存在，也不能用于底层的自耕农。②

此次出使期间，为了博取清王朝的好感，马戛尔尼邀请清政府官员观看英国枪炮演示。不料受邀的清政府官员对此不屑一顾，淡淡地回答道："看亦可，不看亦可，这火器操法，谅来没有什么希罕。"③ 即使十

① 《王朝的家底：从经济学角度看中国历史》，第 183—184 页。

② 同上书，第 184 页。

③ ［英］马戛尔尼：《乾隆英使觐见记》，刘半农译，转引自陈登原《中国文化史》下，商务印书馆，2014，第 679 页。

多年后的嘉庆皇帝，仍以鄙薄的口气指外国机器为"饥不可食，寒不可衣"，并且提醒臣下要警惕外洋之"奇技淫巧"，"勿令外夷巧取，渐希淳朴之俗"。① 这些都反映出最高统治者对世界变化的无知与消极态度。

马戛尔尼使团通过仔细观察，认为清王朝实质上是极其虚弱的。马戛尔尼写道："清帝国好比是一艘破烂不堪的头等战舰。它之所以在过去150多年中没有沉没，仅仅是由于一班幸运的、能干而警觉的军官们的支撑，而它胜其邻船的地方，只在它的体积和外表。但是，一旦一个没有才干的人在甲板上指挥，就不会再有纪律和安全了!"② 他还认为："英国从这一变化中将比任何其他国家得到更多的好处"。③ 马戛尔尼确信要击败清王朝并不困难。从此，西方各国改变了对清王朝的看法。乾隆六十年（1795）十二月，英王又特备物品多件致函乾隆，交来华英船带交英国在广州的大班波朗，交由洋行商人蔡世文代呈广东巡抚朱珪、粤海关监督舒玺转奏。英王在信中说："蒙大皇帝谕称（指乾隆给英王的敕谕），凡我国的人来中国贸易，俱要公平恩待。这是大皇帝最大的天恩，虽然天朝百姓不能来我国贸易，若有来的，我亦要尽心一样看待。我已吩咐在港脚等处地方官员，遇有天朝百姓兵丁人等，务要以好朋友相待。"另外，英王再一次要求扩大通商。乾隆在回信（敕谕）中声称："天朝抚有万国，琛尽来庭，不贵其物，惟重其诚。"回信中以"天朝上国"自居，傲视外国，对世界充满着无知，因而对英王提出扩大通商的要求，只字未予答复。④

习惯上认为马戛尔尼使团成员对中国的观感代表了欧洲重新认识中国的开始，这渗透着当时正代表着西方文明进步方向的英国人的傲慢。但事实上，欧洲人挣脱耶稣会士的引导而对中国文明采取否定态度的趋

① 中国史学会主编，齐思和、林树惠、寿纪瑜编《中国近代史资料丛刊·鸦片战争》（一），上海人民出版社，1957，第187页。《清仁宗实录》卷五十五，嘉庆四年十一月癸未。

② ［苏］纳罗奇尼茨基等：《远东国际关系史》，北京外国语学院俄语系首届工农兵学员译，商务印书馆，1976，第68页。

③ 王思治：《明清史学术文库·清史述论》下，故宫出版社，2016，第119页。

④《明清史学术文库·清史述论》，第720页。

势，在 18 世纪前期的英国已经在酝酿。因此，18 世纪末马戛尔尼使团成员留下对中国的各种轻视言辞不足为奇。英国这一欧洲最早开始资产阶级革命与工业革命的国家，他们不仅以制度感染大陆国家，还以文化价值观念感染大陆国家，让欧洲大陆那些呼吁理性与启蒙的思想家最终承认，理性之光存于欧洲在近代科学发展导引下的进步机能中，而遥远东方神话般存在的中国也将因清政府统治者抱残守缺、故步自封的态度与虚妄的"天朝上国"的优越感付出惨痛的代价。

第五章
以西为师：晚清以来的中外文化交流

第一节　怀柔远人的失败与西学观演变

怀柔意为"招来并使之安宁"。怀柔是古代统治者用来缓解阶级、民族矛盾而采用的一种政治策略，主要有和亲、赐姓、册封、封赏和觐见等方式，以实现政治目的。"柔远人则四方归之，怀诸侯则天下畏之。"① 孔颖达疏："柔远人则四方归之。远，谓蕃国之诸侯；四方，则蕃国也。怀诸侯则天下畏之。怀，安抚也，君若安抚怀之，则诸侯服从，兵强土广，故天下畏之。"晚清时期的怀柔政策表现在外交上，尤其体现在与欧洲各国的往来上。

晚清时期，力主"怀柔远人"的官员们有一个共识，即"以天朝四海为家，大皇帝如天之仁，无所不覆，而遐荒绝域，亦在并生并育之中"②。在他们眼中，这个世界分成三个类型的国家，首先是清朝自身，"天朝上国、物产丰富"，将自身置于世界第一的位置；其次是附属国及藩属国，如安南、缅甸、琉球等国家；最后一个类型为"化外之民"，如欧洲各国。在清朝官方看来，"尔等虽生于外国，而身家性命养活全靠天朝"。"准令诸夷互市，原系推恩外服，普示怀柔，并非内地赖其食

---

① 子思：《礼记·中庸》。
② ［清］梁廷楠：《夷氛闻记》，邵循正校注，中华书局，1959，第 16 页。

用之资，更非关榷利其抽分之税"①，"各国夷商倘属恭顺，自应加恩，准予照常互市，以示怀柔"②。道光十八年（1838），邓廷桢、怡良上奏称："我圣朝泽覃中外，德重怀柔"；同治年间，恭亲王也曾奏称："窃维怀柔之道，必先自治而后可以治人。"③ 即使战败，朝廷上下也皆认为那不过是"怀柔远人"政策的一点小挫折，依然沉浸在"天朝上国"的想象之中，未看清国内外形势，也未检讨战争的教训，"兵兴三载，縻饷劳师，曾无尺寸之效，剿之与抚，功费正等，而劳逸已殊。靖难息民，于计为便。"④ 显然，清政府君臣用"靖难息民"这一套说辞安抚国民。江苏巡抚梁章钜甚至认为白门城下之盟不过是大清王朝的"不得已权宜之计"，是"皇上之顺民情以顺夷情，此经中之权，史传中屡有之"⑤。欧洲在华官民熟知清政府的外交思想，如英国领事义律在林则徐下达给予英人买办的谕令后立即递禀称颂林则徐"昭彰怀柔远人之至意无疆"⑥，连臭名昭著的鸦片烟贩子在接到林则徐驱逐其回国的命令后，都声称"仰慕大皇帝怀柔远人之至意"⑦，用清政府的"怀柔"政策做幌子，拖延时间。

清朝统治者认为来华的西方资本主义国家是来"上贡""朝奉"的，无视西方政治体系，将他们强行纳入附属国的行列里，不仅未能达到捍卫"天朝上国"地位的目的，反而暴露了清朝政府的妄自尊大、愚昧无知的缺陷。两次鸦片战争，清朝统治者都试图用"怀柔远人"的政策解决与英国之间的问题。清朝统治者套用对待国内农民起义的方式，对英国采取安抚的手段。于是，鸦片战争中出现了三战三抚的局面。此后，

① 中国史学会主编，齐思和、林树惠、寿纪瑜编《中国近代史资料丛刊·鸦片战争》（二），上海人民出版社，1982，第 200 页。

② 同上书，第 161 页。

③ 中国第一历史档案馆、福建师范大学历史系合编《清末教案》第一册，中华书局，1996，第 759 页。

④ ［清］夏燮：《中西纪事》，岳麓书社，1988，第 117 页。

⑤《夷氛闻记》，第 119 页。

⑥《中国近代史资料丛刊·鸦片战争》（二），第 277 页。

⑦ 同上书，第 289—291 页。

第二次鸦片战争失败，从最初设想中国为世界的中心，到卑躬屈膝的境地，彻底粉碎了清政府"怀柔远人"的美梦。①

一、睁眼看世界：师夷长技

清政府实施闭关锁国政策，有其社会历史根源与现实政治需要。一方面，中国特有的地理环境和自然环境，决定了中国的自然经济可以自给自足，商品经济充其量只是一种辅助的经济手段，历代王朝因而实施重农抑商政策；并由于历来政治经济文化的优势，产生了夜郎自大的心态，自命为天朝上国，周边都是落后的夷狄之国。另一方面，闭关锁国政策又是清朝统治集团民族狭隘性的表现。它企图通过海禁政策，将国人与外界隔离，防止他们内外勾结，形成倾覆清朝的力量。因此，清朝统治者根本没有与世界其他国家互通有无的贸易意识。他们把所有来中国做生意的外国人，统统视作藩属国来天朝进贡的，这在乾隆末期的马戛尔尼使团访华事件中表露无遗。清朝统治者腐朽无能，不顾已经发生巨大变化的世界形势，还盲目地骄纵自大，沉醉在"天朝上国"的美梦之中无法自拔。此时，清政府在经济政策上保守，政治上排外，文化上愚民，朝野上下对中国之外的世界处于无知的状态。

第一次鸦片战争中列强的炮舰开始改变这一切，晚清的一些有识之士开始意识到"天朝上国"只是一个美梦。"睁眼看世界"的士大夫们了解到天下体系之外尚有"夷情"，开始产生与传统观念截然不同的新思想，用新的眼光探索性地观察世界，发现在所谓"天朝上国"之外还有一个新天地，一直被当作"蛮夷"的国家之中却有"天朝"所不能相比的东西。于是，中国人的思想开始了从"鄙夷"到"悉夷"到"师

① 当然也有观点认为清朝政府对外国使团并没有坚持朝贡体系和天朝大国的态度。相反，清朝的宾礼灵活地采取了适应时代的变化，认为批评清朝天下主义观念的著作，都是"殖民主义"话语的表现。但另外也有观念认为中国的没落，是西方侵略和殖民的结果。参见［美］何伟亚：《怀柔远人：马戛尔尼使华的中英礼仪冲突》，邓常春译，列明校，社会科学文献出版社，2002。

夷"再到"制夷"，从"夷务"到"洋务"的漫漫认识历程。内忧外患之下，救亡图存才是关键，他们把发展军事器物放到重要的位置，"研求救世之策，莫若兵学为先"①。其中的代表人物有林则徐、魏源、梁廷楠、徐继畬等。鸦片战争前后，他们纷纷著书立说，批判空谈，倡导经世致用，提倡了解世界、了解夷情。

林则徐"日日使人刺探西事，翻译西书，又购其新闻纸"②，为"开眼看世界的第一人"。第一次鸦片战争中，当时的投降派认为是虎门销烟导致了战争的爆发，林则徐驳斥："若谓夷兵之来，系由禁烟而起，则彼之以鸦片入内地者，早已包存祸心，发之于此时，与发之于异日，其轻重当必有辨矣。"③林则徐在看到西方列强侵略中国野心的同时，还看到西方列强确实有值得学习之处。他认为，要战胜入侵者，就要充分了解对方。

林则徐画像

他积极罗致人才，研究外情，延请广州熟悉世界情势的梁廷楠、张维屏等共商时事。他组织专门的翻译人员，"养有善译之人，又指点洋商通事引水二三十位，官府四处探听，按日呈递"④，收集、翻译大量的西方报纸、书籍。其中，有介绍军事、经济、历史、地理等的书籍，如《澳门月报》《澳门新闻纸》《澳门杂录》，以西方人的视角、标准评判华人的《华事夷言》，著名国际法学

---

① ［清］徐建寅：《兵学新书·凡例》，天津市图书馆藏光绪刻本。

② ［清］魏源：《道光洋艘征抚记》，载《魏源集》（上册），中华书局，1976，第174页。

③ ［清］林则徐：《密陈夷务不能歇手片》，载郑振铎编《中华史料丛刊·晚清文选》，中国人民大学出版社，2012，第7页。

④《中国近代史资料丛刊·鸦片战争》（二），第515页。

家、瑞士人滑达尔的《各国律例》，英国人慕瑞的《世界地理大全》等。此外，他还翻译了一些包括造船、制炮、演炮等方面的军事著作。林则徐的努力，为清朝政府了解国际形势、了解国际惯例、了解英国、制订应对方略，提供了许多极富价值的知识。他对世界地理的介绍，对国际法的介绍，对于开阔人们的视野，也有积极的作用。林则徐是能自觉调适、顺应转折的俊杰。从他开始，中国知识界出现了研究世界历史、地理、研究国际知识的新趋势。

在广东任职期间，林则徐又设法购买英国、葡萄牙等国的大炮，"增排虎门两岸"[①]，从澳门购葡萄牙式能够发射 68 磅炮弹的黄铜大炮。[②]除购买洋炮外，虎门炮台还装备了许多仿自洋炮的国产大炮。英军攻占虎门炮台后曾仔细查验这些火炮，发现这些火炮许多"都装有瞄准器。瞄准器是笔直的金属片，钻着三个孔眼，用以射不同的距离"，炮口装药的填塞料也完全是模仿自英军的火炮。[③] 林则徐还将搜寻到的炮书《火攻契要》赠送给镇海炮局，书里详细记载了炮台的堆砌、大炮的内部构造及制法等。[④]

道光二十一年（1841），江浙等地的官员仿制了一批铜炮，这些铜炮的铸造技术比以往有了较大改进。据魏源《筹海篇》记载："至去冬以来，浙江铸炮，益工益巧，光滑灵动，不下西洋。"[⑤] 利洛在《英军在华作战末期记事——扬子江战役及南京条约》记载道光二十二年（1842），英军攻陷吴淞，利洛等人参观了清军在当地的军工厂："在那里我们看到有十门游击炮队所用的大炮，这些都是安装在手推车上。这种炮车颇似花园里用的大推车，前面有贮藏炮弹的匣子，把手之间有一个抽屉，里面装着火药和铲火药的小铲子。我们除了看到各种口径的铁炮之外，还发现了一些全新的 12 磅弹铜炮，这些炮是按照放在旁边的嵌有王冠的

① 中国史学会主编，齐思和、林树惠、寿纪瑜编《中国近代史资料丛刊·鸦片战争》（四），神州国光社，1954，第 345 页、第 634 页。

② 同上书，第 16 页、第 157 页。

③ 同上书，第 183 页。

④ 同上书，第 569 页。

⑤ ［清］魏源：《海国图志》，李巨澜评注，中州古籍出版社，1999，第 84 页。

G·R·1826 型大炮仿造的，式样完全相同，唯一的区别就是中国字代替了王冠。"①

以林则徐为代表的先进人物，在了解西方和学习西方造船制炮等军事技术方面取得了初步的成效，带动了当时倾向进步的传统士大夫了解世界、学习西方。魏源（1794—1857）受林则徐之托，总结之前实践经验，编撰了第一部系统介绍近代西方世界的《海国图志》。《海国图志》提出"悉夷""师夷长技"的口号，倡导为"制夷"，即抵抗西方侵略而"师夷长技"，即学习西方先进的科学技术与管理经验，即一战舰、二火器、三养兵练兵之法。为了"尽得西洋之长技为中国之长技"，使"东海之民犹西海之民"，魏源还提出了近代中国第一个向西方学习，发展军事工业和民用工业、发展官办工业和商办工业的方案。其中，

魏源

包括在广东创办造船厂、火器局，发展官办军事工业；聘任外国技术人员，引进西方造船、制炮、行船、演炮的先进技术；选拔巧匠精兵学习，培养本国技术力量和建设一支拥有战船百艘、火轮船十艘、水兵三万的新式海军；改革军政制度，于闽粤二省武试，增设水师一科，"凡水师将官，必由船厂火器局出身，否则由舵工水手炮手出身"②；改革经

---

① 上海社会科学院历史研究所编《鸦片战争末期英军在长江下游的侵略罪行》，上海人民出版社，1958，第 141 页。

② 魏源：《海国图志》卷二，转引自朱有瓛主编《中国近代学制史料》（第一辑，上册），华东师范大学出版社，1986，第 301—305 页。

济制度，在办好官办军事工业基础上发展官办民用工业，并鼓励沿海商民"仿设厂局"发展民办民用工业。魏源的理论与实践，为当时的中国指明了前进的方向，"悉夷""师夷"思想给传统士人观念中注入了时代活力，标志着国人世界意识的萌芽。

《海国图志》内页

梁廷楠（1796—1861），字章冉，广东顺德人。1834 年，清朝政府为了加强海防，特设海防书局于越华书院，聘梁廷楠任书局总纂，负责编修《广东海防汇览》。梁廷楠深感中国此前对"桀骜之夷"所知太少，在强烈的责任感驱使下，他开始密切关注西洋情事。1838 年，梁廷楠被聘为粤海关志局总纂，负责编修《粤海关志》。粤海关，是中国与西洋来往、交涉最多的关口，通过编修《粤海关志》，梁廷楠对西洋有了更多真切的了解。鸦片战争时期，梁廷楠作为广东最了解国际形势的人物之一，成为林则徐的重要幕僚，对禁烟、海防诸事，谋划甚多。鸦片战争后，空前的国耻震动朝野，对西方早有研究的梁廷楠，更是发愤著述，以醒国人。他接连出版了《合省国说》《耶稣教难入中国说》《粤道贡国说》和《兰仑偶说》，后被合刊为《海国四说》。《合省国说》，1844 年出版，凡三卷，是中国人编写的第一部系统的美国通志。美国政治制度是梁

廷楠编撰《合省国说》最为关切的部分。他叙述总统制、选举制、分权制，分析美国立法、司法、行政三者之间的关系。梁廷楠的视野与认识得风气之先，如果说中国正被纳入新的世界体系，许多新的问题现实地摆在中国人面前，那么《海国四说》就是一份内容充实、思路清晰的答卷。①

徐继畬（1795—1873），字健男，山西五台人。徐继畬的人生经历很有象征意义和典型意义。他是在内地出生、成长、任职的官员，后被调任沿海前线，使他得以有机会领略"西风"，切实感受时代转换的脉搏跳动。鸦片战争以后，好学深思的徐继畬加紧研究中国以外世界的工作。他在繁忙的政务之余，利用一切可以利用的机会，披阅旧籍，访问西人，耳闻笔录，推敲考订，在

徐继畬

1848年出版了他的名著《瀛寰志略》。《瀛寰志略》资料准确性、叙述科学性较高，从他对资料的取舍，可以看出他对国内外政治、军事问题十分关切。在述及美国时，徐继畬对这个由殖民地而成为独立、民主的年轻国家，表现出极大的兴趣。他详细地介绍了美国的民主制度，包括民主制度的建立，参众两院的设置，州长、总统的选举，投票的规则与方法，任期的规定，等等。他认为，美国的总统领和各州统领均不得据天下为己有，而以天下为公，既不终身留任，更不得世袭，全由百姓选举产生，限年退位，退位以后与百姓平等，所有这些，显然与中国的封建君主专制成为鲜明的对照。《瀛寰志略》一直是中国人了解世界地理的重要著作。魏源在增补《海国图志》时，从《瀛寰志略》中辑录了近四万字的资料。1866年，总理衙门特地重印此书，作为了解世界的重要工

---

① 熊月之：《西学东渐与晚清社会（修订版）》，中国人民大学出版社，2011，第179—183页。

具书。19 世纪 70 年代以后，此书成为中国出使外国人员的手头必备书。①

随着国人对世界地理知识和西方先进文明认识的增进，中国中心的观念体系轰然瓦解，中国作为一个单元被动地纳入到新的世界体系中。对外国人认识从"夷"到"洋"的转变也说明了这一点，"夷"是贬义的称呼，是一个价值判断，而与之相对的"洋"是中性的不含褒贬的称呼，是一个事实判断。这一转变既是"天朝上国"传统观念的动摇和破灭，又是对世界形势的认识和承认，是中国人世界意识确立的新突破。更多的士大夫和统治者们意识到"四海万国具在目中，足破数千年茫昧"②，原来中国并不是天下的中心。

二、初试洋务：中体西用

第二次鸦片战争后，中国面临从来未有过的生死存亡的严峻挑战，疆土日削，主权日丧，国势日衰，传统的天下主义观念不断遭到冲击和质疑。19 世纪六七十年代开始，许多有识之士不约而同地承认中国正面临着一场"数千年未有之变局"。该"变局观"不仅意识到中国所面对的世界大势已经不仅是"来寇""入犯"的夷狄，而且更强调地球各大洲由分散走向合一的历史趋势。时人以为："时至今日，地球诸国通行无阻……各国通商传教，来往自如……一国生事，诸国构煽实为数千年未有之变局。"③ "三代之时，天下犹囿于一隅，今日之时，天下将极乎一致。"④ 王韬便是变局观的倡导者之一。他以为："古今之变局"的突出之"变"，在于"四州相通"导致"六合为一国，四海为一家"。⑤ "盖今之天下，乃地球合一之天下也。"⑥ 彼时，他们已真切地感受到全球化

① 《西学东渐与晚清社会（修订版）》，第 189—195 页。
② ［清］姚莹：《中复堂全集康献纪行》（三），文海出版社，1974，第 3779 页。
③ 中国史学会主编《洋务运动》（一），上海人民出版社，1961，第 41—42 页。
④ 《申报》，同治十三年十一月十五日。
⑤ ［清］王韬：《变法中》，《弢园文录外编》卷一，上海书店出版社，2002，第 13 页。
⑥ ［清］王韬：《弢园尺牍》，汪北平、刘林编校，中华书局，1959，第 208 页。

浪潮来袭。世界走向统一，这是人类进入资本主义时代后生产力发展的必然结果。有识之士认为，当此关头，中国更应该以奋发进取、虚心学习、忍辱赶超的精神拥抱世界。开放之势不仅不可违，而且应成为中国谋求民族自强的新的起点与外在动力。"我朝处数千年未有之奇局，自应建数千年未有之奇业，若事事必拘守成法，恐日即于危弱而终无以自强。"① 这种振聋发聩的呼声，对于人们开阔视野、解放思想具有很大的启蒙作用。

清政府中一些有识之士意识到要拯救国家，必须要摒弃"天朝上国"的观念。为挽救岌岌可危的统治，统治阶级的改革派兴起洋务运动，引进西方的科学技术，发展军用、民用工业，开办工厂、铁路、矿业、学堂，建设海防，以新式方法训练军队。1861年，清政府设立总理各国事务衙门，统揽洋务运动。正如左宗棠所言："洋务关键，在南北洋通商大臣，而总理衙门揽其全局。"②

1862年，曾国藩在安庆设军械所，负责制造船炮；同年，李鸿章在上海设洋炮局，雇佣外国人制造军火。随着洋务军事工业的开展，在朝廷内部形成了以李鸿章、左宗棠、曾国藩等人为中心的洋务派。这一时期，他们认为"中不如西，学西可也"③。曾国藩也分析："至外国技术之精，为中国所未逮。如舆图、算法、步天测海、制造机器等事，无一不与造船练兵相为表里……精通其法，仿效其意，使西人擅长之事，中国皆能究知，然后可以徐图自强。"④ 于是，中国开始引进西方的各类技术。洋务运动中，一些官员意识到缺乏新式人才，便开始积极创办洋务学堂，如京师同文馆、上海广方言馆、广州同文馆以及福建船政学堂、天津水师学堂等，并积极派遣留学生出国学习。奕䜣认为："伏思购买外国炮船，由外国派员前来教习，若各省督抚处置不当，流弊原多，诚

---

① 中国史学会主编《洋务运动》（三），上海人民出版社，1961，第149页。

② ［清］宝鋆编修《筹办夷务始末》（同治朝）卷五十一，中华书局，1979，第18页。

③ ［清］左宗棠：《左宗棠全集·书信（三）》（第十二册），岳麓书社，1996，第117页。

④ ［清］曾国藩：《调陈兰彬江南差遣片》，高时良编《中国近代教育史料汇编 洋务运动时期的教育》，上海教育出版社，1992，第866页。

不若派员带人分往外国学习之便。惟此项人员，急切实难其选"。① "送赴泰西各国书院学习军政、船政、步算、制造诸书，约计十余年，业成而归。使西人擅长之技，中国皆能谙悉。"② 这逐步形成了一套留学生派遣与管理的制度，为中国培养了第一批近代化的行业人才。

留学幼童

随着洋务运动的开展，西方的科学文化知识开始陆续传入中国。清政府在西学大潮的冲击面前，也逐渐改变了对待西学的态度，开始派遣官员赴欧美游历和考察。出游者在旅途中对异地风情以及社会风貌的描述，为腐朽沉闷的清王朝注入了一股新活力，对近代中国的西学东渐有巨大的推动作用。例如同治五年（1866），斌椿父子率领同文馆学生一行五人出游西方，随记《乘槎笔记》，同行的学生张德彝著有《航海述奇》。驻外使臣和使馆官员的出游，如郭嵩焘赴伦敦途中所记的日记以《使西纪程》书名刊行；曾纪泽的游记整理名为《使西日记》；薛福成著有《出使英法义（意）比四国日记》，记录了一位洋务派学人开始向维新派转变的心路历程；徐建寅在光绪五年（1879），被李鸿章派往德国订购铁

①《筹办夷务始末》（同治朝）卷五十一，第33页。

② 陈学恂、田正平编《中国近代教育史料汇编·留学教育》，上海教育出版社，1991，第86页。

甲兵船，著有《欧洲杂录》。此外，还有一些民间人士，如 19 世纪 70 年代著名的政治家王韬的西行日记。

国人西游对近代中国认识西方具有积极意义①。其一，增进了对世界地理、军政形势的认识。例如郭嵩焘就在游记中介绍各大洲国家的基本情况，将中国所处世界的位置展现在国人面前。对世界地理知识的了解，让国人站在一个更高的角度来认识中国和世界的关系。郭嵩焘就以其远迈国人的眼光指出：英法俄美德大国角力称雄，俄罗斯与日本相接，环中国北部；重兵驻港，英国的势力范围占据了中国的南部，二者兵力强大"环中国逼处以相窥伺，高掌远蹠，鹰扬虎视……其构兵中国，犹辗转据理力争颂，持重而后发"②。这种观点进一步冲击了传统士大夫"天朝一统天下"的旧思想，促进传统的天下观念逐步向近代世界观念转变。

其二，宣传变法革新观念，推动了维新运动。洋务时期出游的王韬、郭嵩焘、黄遵宪、薛福成等人在游记中记录了西方先进的政治经济制度，并与中国旧制度进行比较，这对维新变法起到推波助澜的作用。例如薛福成对英国的两党政治互相制衡做了系统的阐述："英国上下议院，有公保两党，迭为进退，互相维制。公党者，主因时变通，裨益公务。保党者，主保守旧章，勿使损坏……一出一入，循环无穷，而国政适以剂于平云。"③ 他指出政党斗争的目的是为"公"，而斗争的结果是有助于政府保持权力平衡和国家的稳定。薛福成推崇西方的君主立宪制，他的游记对谭嗣同的维新思想影响非常大。

其三，传播西方文明，引发学习西方的新风气。洋务运动时期正值西方资本主义社会的第二次工业革命，游记中大量记载了西方发达的工商业情况。薛福成强调西方以商务为重，在国家与商民的关系上，他认为国家财政虽然取之于民，但也要养民、护民。薛福成的经济思想超越了洋务派仅重机器的观点，提出要从经济、政治及国民素质等诸多方面

---

① 王辉：《洋务运动时期海外游记的西学效用》，《兰台世界》2014 年第 2 期。

② ［清］郭嵩焘：《伦敦与巴黎日记》，岳麓书社，1984，第 91 页。

③ ［清］薛福成：《出使英法义（意）比四国日记》，岳麓书社，1985，第 227 页。

推进改革，要"通民气，保民生，牖民衷，养民耻，阜民财"①，即在保障人民基本生存权利和自由言论的同时提高其素质。

其四，促进留学教育发展，培养新式人才。出洋者普遍认为西方社会发达的根源在于教育系统全面、普及性强；科目设置注重实用性，紧密联系社会生产生活；教法得当，教师专业。薛福成认为："夫西人之商政，兵法，造船，制器及农、渔、牧、矿诸务，实无不精。②"西方教育注重培养学生的竞争意识，学校体系完善，分工明确。这些记载为后来清政府新式学堂的建设提供了借鉴。总之，中国士大夫迈出国门，目睹了西方的先进文明，努力思考如何改变中国积贫积弱的状况，大力主张向西方学习，极大地推动了近代中国的西学东渐。

在有识之士的倡导下，越来越多人扭转了对西学的看法，从最初的不屑、排斥到有所接受，慢慢地由主要关注西方的军事、技术转到西方的社会制度、法律、风俗等方面。相对于顽固派对西学持排斥的态度，洋务派的主张无疑顺应了历史发展的趋势，具有进步性。顽固派主张"夷夏之辨"，"动以不谈洋务为高，见有讲求西学者，则斥之曰名教罪人，士林败类。"③ 洋务派则采取比较开放的态度，为了顺利开办洋务，打出"中体西用"旗帜。"中体西用"指在维护清朝封建统治的基础上，引进西方造船炮、修铁路、开矿山、架电线等方面的科学技术；文化教育等方面，则采用兼收并蓄的原则。以"中学"为主体，确立"西学"的辅助作用，达到富国强兵的作用。19世纪90年代以后，"中体西用"不单纯是一个口号，而是变得更加系统与完善。"中体西用"是洋务派处理中西文化关系的原则，也是洋务派回击顽固派进攻的武器。因此，"中体西用"具有"兴西学"和"保中学"的二重性质，它打破了一直以来"中学"一家独大的局面，推动中外文化交流，启发人们学习新思想、新知识。

---

① 《出使英法义（意）比四国日记》，第803页。

② 同上书，第132页。

③ 夏东元编《郑观应集·盛世危言·西学》（上册），上海人民出版社，1998，第272页。

但洋务派"中体西用"的主张也有其局限性。他们一方面赞赏西方的先进科技和文明，另一方面又极力将西方先进科技与"中学"相联系，得出"西学出自中学"的论调，以取得一种民族自信心。中国学习西学，不过是把原来传往西方的知识重新捡了起来。冯桂芬则在《校邠庐抗议》提出了"以中国之伦常名教为原本，辅以诸国富强之术"的中西"主辅说"。这种文化自我中心所产生的思想矛盾是时代局限性使然，也是中国早期现代化运动中思想不成熟的表现。

三、穷则思变：维新变法

1895 年，甲午战争战败，又一次将中国推向灾难的深渊。《马关条约》的签订为列强敞开了在中国兴建企业、修筑铁路以直接掌握中国经济命脉的大门。与此同时，侵略者掀起了夺取租借地和划分势力范围的浪潮，瓜分之祸迫在眉睫，摆在人们面前的，已经不是求强求富，而是救亡图存的问题。

残酷的现实引发了朝野上下对洋务运动的反思。因为洋务派思想固然比顽固派"人心重于技艺"的思想务实，但洋务派对传统体制的看法与顽固派的没有根本区别。在他们看来，西方的科学技术虽然先进，但在政治、经济、文化等基本制度方面仍处在"蛮夷"水平，因此可以在传统制度不变的情况下，引进西方的技术，即"中体西用"，实现"富国强兵"。在洋务运动实践过程中，许多人逐渐意识到"自强"不能单靠新式武器，而是要全面学习西方的政治经济制度。

最早对"中体西用"思想展开责难的是王韬。在他看来，"洋务"运动的艰难进程本身，便是责难的依据。王韬认为，洋务运动学习西方仅限于"坚船利炮"，是"仅袭皮毛而即嚣然自以为足，又皆因循苟且，粉饰雍容，终不能一旦骤臻于自强"[1]。他以为，创设局厂，铸枪炮，造舟舰，"非不可行，而行之当无徒袭其皮毛"[2]。他在《洋务》中说："所

---

[1]《弢园文录外编》，第 135 页。
[2] 同上书，第 20 页。

谓本者，绝未见其有所整顿"。即在"中体西用"思想指导下，虽在西用上大张旗鼓，但收获甚少。

针对洋务运动器变道不变的情形，王韬提出引人深思的观点："昔时患在不变，而今时又患在徒变。"[①] 联系王韬的整个思想，这里所说的"徒变"大致有两层意思。"徒变"是"只变"，只变器而不变道。以前不仅道不变，而且器也不变，现在是器变道不变，这种"徒变"必须要改进。[②]

王韬批评洋务运动的同时，却推崇和赞赏日本的变法。王韬介绍道："日本海东之一小国耳，一旦勃然有志振兴，顿革平昔因循之弊。其国中一切制度，概法乎泰西仿效取则，惟恐其入之不深。"[③] 对日本维新变法，概法乎泰西，从"体"和"用"两方面进行彻底变革的赞赏，反映了王韬对政治、经济、社会制度全面变革的追求和愿望，折射了他对"中体西用"的批判。

"体"和"用"的关系是 19 世纪中后期处理中西文化关系的核心命题，如何看待这对关系是辨别改革方向的重要风向标。1898 年，张之洞撰《劝学篇》，论述中学与西学的关系，进一步强化"中体西用"，反对维新变法。张之洞的这种论调受到了维新志士更为猛烈的批判。早在张之洞撰写《劝学篇》之前，谭嗣同就继承王夫之的思想主张，从实体与作用的角度提出"器体道用"说，对"中体西用"提出尖锐的批判。他论述道："道，用也；器，体也。体立而用行，器存而道不亡……器既变，道安得独不变？变而仍为器，亦仍不离乎道，人自不能弃器，又何以弃其道哉！且道非圣人独有，尤非中国所私有也，惟圣人能尽之于器，故以归诸圣人。"[④] 谭嗣同的"器体道用"说将"中体西用"中的体用关系彻底颠倒过来，而且指出西学也具体用，并非"中学"独有。金匮举人裘廷梁对张之洞的"中体西用"论调深表厌恶，他一本传统的

---

① 《弢园文录外编》，第 39 页。

② 单秀法：《谁使中国醒过来》，北京图书馆出版社，1999，第 184 页。

③ 《弢园文录外编·变法自强下》，第 46 页。

④ 蔡尚思、方行编《谭嗣同全集（增订本）》上册，中华书局，1981，第 197 页。

第五章　以西为师：晚清以来的中外文化交流

"体用不二"论，也从实体与功用的关系入手展开批判，将"中体西用"斥为"牛体马用"，揭露了张之洞阳倡西学"阴实沮之"的用心。谭嗣同、裴廷梁等人对"中体西用"的批判相当深刻，但他们的言论局限于私人书信中因而社会影响有限①。

严复继之而起，对"中体西用"观点和行为进行批判。严复首先从体与用的关系上进行分析，从而对"中体西用"观点和行为进行批判。严复以中国古代的体用之说和进化论的观点确认，无论是生物体还是社会有机体，"体"和"用"是一致的，因而学术体系作为社会特有功能的表征，也应该与其依存的社会相一致，而"中体西用"之说的根本错误就在于分割了一个完整的物体，未能意识到"中学有中学之体用，西学有西学之体用，分之则并立，合之则两亡"，这一观点犹若"牛体马用"，将张之冠戴于李顶之上。② 1901 年 2 月，他在私人书信中点名批判张之洞之顽固。"妄庸巨子无过南皮，如开口便说'有不易常经，无不变治法'云云。去年痛深创巨，顽固之谈，庶几其衰，恐此后祸国即是此辈。硬道中西一理，遵往圣遗言，即富强之本者矣。"③

1902 年 5 月，严复就中西学的关系提出了三个重要观点，产生了较大影响。其一，引用裴廷梁的观点，强调体用一源，中西学各有体用，斥责"中体西用"为"牛体马用"。严复写道："善夫金匮裴可桴孝廉之言曰：体用者，即一物而言之也。有牛之体，则有负重之用；有马之体，则有致远之用。未闻以牛为体，以马为用者也。中西学之为异也，如其种人之面目然，不可强谓似也。故中学有中学之体用，西学有西学之体用，分之则并立，合之则两亡。议者必欲合之而以为一物，且一体而一用之，斯其文义违舛，固已名之不可言矣，乌望言之而可

① 皮后锋：《严复评传》，南京大学出版社，2006，第 227 页。

② 曲铁华主编、李娟副主编《新编中国教育史》，东北师范大学出版社，2011，第310 页。

③ 孙应祥、皮后锋编《与孝明书》，载《〈严复集〉补编》，福建人民出版社，2004，第 226 页。

行乎？"①

其二，批判张之洞"政本艺末"的论调。严复指出："以科学为艺，则西艺实西政之本。设谓艺非科学，则政艺二者，乃并出于科学，若左右手然，未闻左右之相为本末也。"② 严复认为"政本艺末"是"颠倒错乱"，其本质是贬低科学技术在社会生活乃至政治生活中的关键作用。而这也正是中国政治日衰、在世界竞争中屡屡败北的原因之一。

其三，批判"教育中西主辅之说"。严复认为，一国之政教学术犹如生物有机体，"使所取以辅者与所主者绝不同物"，则无异追求牛体马用，其结果是牛不能致千里，又废田陇之功。③ 这实质上是批判他们害怕"用夷变夏"，因此把以西学为主的新式教育依附于科举制引导的旧教育体制下，把学生培养成封建奴才，这极大限制了人才的发展。与日本明治维新时提出的"和魂洋才"教育目标等教育改革不同，洋务运动给教育带来的只是教育内容的简单增加，在传统科举的基础上，增加了天文、算术等西文、西技内容而已。在洋务运动中，教育改革的滞后使知识精英既丧失了创造力，更失去了变革制度的勇气，只能利用学到的一招半技去修补封建专制统治。

康有为等维新派强调"体"与"用"、"道"与"器"的统一性，认为用依存于体，体变用亦变；道依存于器，器变道亦变。故"中体西用"从根本逻辑上就不可能实现。从根本上看，"中体西用"的洋务运动是在"心腹之害"和"肢体之患"之间采取"两害相权取其轻"的做法，认为实现"西用"可以"剿发捻""勤远略"，更好地维护"中体"，但实际上，这场本末倒置的运动注定不符合中国发展的实际。而维新派在反思洋务运动实践的基础上认为：西方文明是以完整的体系而存在的，学习西方不能仅仅着眼于西方的科学技术，还要全面学习西方的政治经济制度。

———————————

① 王栻主编《与〈外交报〉主人书》，载《严复集》（第三册），中华书局，1986，第 558—559 页。

② 同上。

③ 同上书，第 559—560 页。

甲午战败后，以康有为为代表的资产阶级改良派，积极地介绍西方自然科学和社会科学学说，传播资产阶级民主政治思想，主张吸纳西方政治制度，将鸦片战争以来寻求国家出路的斗争推向了一个新的阶段。维新派以报刊作为舆论宣传的平台，以社会进化论作为倡导变法改革的理论依据，大声呼吁抵抗列强侵略，拯救民族危亡；批判封建专制制度，鼓吹建立君主立宪制国家；抨击旧文化、旧道德，倡导新学、新思想；要求废除科举、兴办学校，以培养新型人才；要求发展民族资本主义经济，实现国家富强。

要推行维新变法，首先要进行思想启蒙，康、梁对这点其实是十分清楚的。维新派在各地组织维新团体——学会，以推动维新变法运动的深入开展。康有为说："尝考泰西所以富强之由，皆由学会讲求之力。"①1891年，康有为在广州开办万木草堂，从思想上培养维新变法的骨干；1895年，康有为和梁启超在北京创办《中外纪闻》，内容是介绍外国新知，提倡变法自强；将它作为免费的宣传品，分送给"朝士大夫"。1897年，梁启超试图将湖南办成推行维新"新政"的试点，他首先想到的是"开绅智"。他给湖南巡抚陈宝箴上书说："今之策中国者，必曰兴民权，兴民权，斯固然矣，然民权非可以旦夕而成也。权者生于智者也。有一分之智，即有一分之权；有六七分之智，即有六七分之权；有十分之智，即有十分之权……今日欲伸民权，必以广民智为第一义。"又说："欲兴民权，宜先兴绅权……欲用绅士，必先教绅士。""绅权固当务之急矣，然他日办一切事，舍官莫属也。即今日欲开民智、开绅智，而假手于官力者，尚不知凡几也，故开官智又为万事之起点。"他最后总结道："以上三端：一曰开民智，二曰开绅智，三曰开官智，窃以为此三者乃一切之根本。"②谭嗣同认为："今日救亡保命，至急不可缓之上策，无

① 中国史学会主编《中国近代史资料丛刊·戊戌变法》（四），上海人民出版社，1957，第386页。
② 梁启超：《上陈宝箴书湖南应办之事》，载中国史学会主编《中国近代史资料丛刊·戊戌变法》（二），上海人民出版社，2000，第539—545页。

过于学会者。"① 在他们的大力倡导下，戊戌维新期间，全国各地涌现了一大批学会组织。其中，以强学会成立最早，影响也最大。康有为撰写《强学会叙》，确立以"御侮图强"为宗旨。北京强学会由于以维新派志士、帝党官僚、英美驻华公使、英美传教士为主，形成了强大的变法声势，积极宣传变法思想。维新派组织学会，起到了合群力、开风气、传知识、启心智、广人才的作用。

康有为　　　　　　　　　　　　梁启超

据不完全统计，戊戌维新期间，全国各地先后成立的各类社团组织有 100 个左右。② 它们是：

北京：强学小会，知耻学会，关西学会，粤学会

上海：上海农学会，戒缠足会，蒙学公会，医学善会，医学会，译书公会，译印中西书籍公会，上海印书公会，女学会，经济

---

① 蔡尚思、方行编《谭嗣同全集（增订本）》下册，中华书局，1981，第 405 页。
② 王世刚主编、李修松、欧阳跃峰副主编《中国社团史》，安徽人民出版社，1994，第 192 页。

学会，商学会，格致学社

湖南：算学社，明达学会，致用学会，南学会，舆算学会，任学会，群萌学会，湖南不缠足总会，延年会，学战会，法律学会，公法学会，积益学会，质学会，实学会

江苏：金陵测量会，苏学会，医学会，镇江学会，劝学会，匡时学会

浙江：兴儒会，群学会，兴浙会，化学公会，瑞安务农会，同学会、蚕学会

江西：废时文会，奋志学社，励志学会

广西：圣学会

福建：蚕学会、东文学社

湖北：质学会、中国公会、贤学会

四川：蜀学会

安徽：皖学会

贵州：仁学会①

上述团体大致分为四类：其一是以传播变法思想、推进维新运动为主要宗旨的政治性社团，其二是以讲求中西学问、广开社会风气为主要宗旨的学术性社团，其三是以研习技艺学理、造就专门人才为主要宗旨的专业性社团，其四是以革除落后习俗、转移社会风尚为主要宗旨的公益性社团。这些社团，都是在民族危机加深、维新运动兴起的背景下成立的。它们既是戊戌维新运动的客观产物，又是构成维新运动的基本内容之一，标志着维新运动的发展。

1898 年 1 月 28 日，康有为向清帝上《应诏统筹全局折》，提出了变法维新的政治纲领。他指出"能变则全，不变则亡，全变则强，小变仍亡"，建议光绪帝效法日本，推行新政，并立即采取三项措施："一曰大誓群臣以革旧维新，而采天下舆论，取万国之良法；二曰开制度局于宫中，征天下通才二十人为参与，将一切政事制度重新商定；三曰设待诏

---

① 《中国社团史》，第 192—202 页。

所，许天下人上书。"① 光绪皇帝对这份上书及康有为所著的《日本变政考》《俄彼得变政记》等书十分重视，"置御案，日加披览，于万国之故更明，变法之志更决。"② 6 月 11 日，光绪帝发布"明定国是"诏，宣布变法，并确立变法图存的基本国策。这是戊戌变法的纲领性文件，其主要精神是变法自强；其核心是"博采西学"，显示出彼时人们西学观的演进。百日维新显示出全面变革国家政治经济制度的努力，主要有以下四个方面。

政治方面：设立制度局，改革旧机构，裁减冗员；澄清吏治，提倡廉正作风；提倡上书建议，严禁官吏借故阻止。

经济方面：保护和奖励工商业，中央设立农工商总局、铁路矿务总局，各省设立商务局；广办邮政，兴办卢汉、粤汉、沪宁各条线路；成立丝茶公司，用西法制茶；振兴农业，奖励创制新法者；在上海、汉口等大城市设立商会，创办商报；改革财政，编制预算、决算，收支情况按月公布；取消旗人由国家供养的特权，鼓励旗人自谋生计；整顿厘金。

军事方面：裁汰绿营，编练新式海、陆军，改用西法操练。

文化教育方面：废除八股，改试策论，诏举经济特科；创设京师大学堂；设立译书局，广译外洋书籍；各省兴办中小学堂；选派出国留学生；奖励私办农务学堂；筹设报馆；等等。

戊戌维新旨在引进西方和日本资本主义国家的政治、经济、军事、文化教育等方面的制度和模式，促进中国资本主义的发展，以挽救民族的危亡。维新运动虽归于失败，但其影响广泛。维新派在民族危亡的关键时刻，高举救亡图存的旗帜，要求引进西方的制度文明，在中国发展资本主义，使中国走上独立富强的道路。他们的思想理论和政治实践，不仅贯穿着强烈的爱国主义精神，而且顺应了中国近代历史发展的趋势。

①《杰士上书汇编》卷一。
② 梁启超：《戊戌政变记》卷三，《饮冰室合集》专集之一，中华书局，2015，第15 页。

戊戌维新更是一次思想启蒙运动，使人们对西方文明的认识达到新的高度。维新派创办了中国最早的近代报刊，把旧式书院和私塾逐渐转变为近代学校，广泛建立政治性和学术性的社团，大力宣传西方的社会政治学说，传播科学知识和天赋人权、自由平等的观念，极大地提高了国民的民主意识和参政意识。更有"观念之士"如严复，总结运动失败的经验，笔耕不辍，以翻译和加案语形式出版穆勒的《群己权界论》和孟德斯鸠的《法意》等著作，打开了知识分子的眼界，使他们重新认识世界，极大地改变了中国思想文化界的面貌。

第二节　西学传播与文化交流

一、思想精英的思考与引介

近代中外文化交流的重要途径之一，即是翻译西方科技和社科书籍。翻译的作用不仅仅在于知识的传播，更在于它给近代中国提供了新的思想资源。据统计，1853 年至 1911 年近 60 年间，中国共译西方著作有 468 部之多。[①]

（一）林则徐

林则徐（1785—1850），字元抚，又字少穆，福建侯官（今福州）人。林则徐在广州禁烟过程中意识到传统典籍中对世界的描述及对夷人的观念，与现实大相径庭。他一改"天朝"的高傲态度，把目光投向西方，承认敌强我弱的现实，以清醒的态度虚心向西方学习知识，力图改变对西方世界隔绝无知的状态。

林则徐亲自组织翻译西文书报，供制定对策、办理交涉参考。他把

---

① 杨德才、关铃、李庆祝、鲁宗智：《二十世纪中国科学技术史稿》，武汉大学出版社，1998，第 15 页。

外国人讲述中国的言论翻译成《华事夷言》，作为当时中国官吏的一种"参考消息"，介绍西洋人对中国的火药、绘画、歌舞、药材、服饰、宗教、海防、人口、财政、贸易等方面的述评，试图通过了解欧洲人对中国的看法，把握洋人对国际事务的心态，增进对洋人的认识。1835 年，广州商馆英国自由贸易派商人创《广州周报》，1839 年迁往澳门继续出版，主编为慕勒。由于该报起到"将广东事传至该国（指英国）并将该国事传至广东"①的作用，自 1839 年春始，林则徐指示将《广州周报》等译成《澳门新闻纸》，命人将其中有关的时事报道和评论一一摘译出来，诸如鸦片生产、国际社会对中国禁烟的反应，以及西方国家在中国周边及邻国的活动等。林则徐还组织翻译英国人慕瑞的《世界地理大全》，编为《四洲志》，书中介绍了五大洲三十几个国家和地区的地理、历史、军事、政情等。这是中国第一部较系统地介绍世界地理的译著。梁启超曾评价"林少穆（则徐）督两广。命人译四洲志。实为新地志嚆矢"②。

对国际情态的了解，直接影响到林则徐对外交事务的处理。他主张运用国际法处理禁烟事务，并依据《各国律例》指出："此等奸夷并未领照经商，而敢偷渡越审，若被该国查出，在夷法亦必处以重刑。"③ 据此，林则徐采取了一系列禁烟的措施。他还认为："将现未犯法之各国夷船与英吉利一同拒绝，是抗违者摈之，恭顺者亦摒之，未免不分良莠，事出无名。设诸夷禀问何辜，臣等即碍难批示。"④ 他强调："凡有夹带鸦片夷船，无论何国不准通商，则不带鸦片者，仍皆准予通商。"⑤ 这些都显示出他运用国际法处理外交事务的思考。针对英国"以船坚炮利称其强"的现实，林则徐提出："犹恐各台旧安炮位未尽得力，复设法密购西洋大铜炮，及他夷精制之生铁大炮，自五千斤至八九千斤不

① 杨国桢编《林则徐书简（增订本）》，福建人民出版社，1985，第 174 页。
② 梁启超：《中国近三百年学术史》，中国书店出版社，1985，第 323 页。
③ 中山大学历史系中国近代现代史教研组、研究室编《林则徐集·奏稿》（中），中华书局，1985，第 649 页。
④ 同上书，第 794 页。
⑤ 同上书，第 796 页。

等，务使利于远攻。"① 林则徐还曾向奕山建议："查洋面水战，系英夷长技……自非单薄之船所能追剿。应另制坚厚战船，以资制胜……总需有船一百只，始可敷用。此系海疆长久之计，似宜及早筹办。"② 可见林则徐在试图建立一支有近代装备的新式海军，并认为如能拥有"器良"且"技熟、胆壮、心齐"③ 的海军，"有船有炮，水军主之，往来海中追奔逐北，彼所能往者，我亦能往……逆夷以舟为巢穴，有大邦水军追逐于巨浸之中，彼敢舍舟而扰陆路，占之城垣，吾不信也"④。

林则徐组织翻译的内容主要涉及：海外国家的地志学知识，服务于外交的情报及其外交技术，欧洲舆论对中国的反应。这些翻译资料，成为中国近代最早介绍外国的文献。

（二）王韬

王韬（1828—1897），字兰卿，苏州人，一生功名止于生员。王韬自云："仆束发受书，即承庭训，刻意嗜古，有心著作，颇以维世道为己任。"⑤ 乡试未中之后，王韬便致力于经史之学，"思欲上抉圣贤之精微，下悉古今之繁变，期以读书十年，然后出而用世。"⑥ 他志向远大，不愿追随世俗风气，不以功名利禄为念。王韬认为读书人不能死读书，而要熟悉、理解现实社会，"士之欲用于世者，要以通今为先"⑦，只有通今，才能对社会有用，如果只会咏诗作赋，而不明于世故，就误入了歧途；要"所贵乎读书者，具有经济，洞达事理"⑧，并能针对现实社会的弊病提出改革办法。他对魏源等改革先驱者有较高的评价，认为那时的中国

---

① 《林则徐集·奏稿》（中），第 838 页。
② 陈锡祺主编，陈胜粦、廖伟章、王化三编《林则徐奏稿、公牍、日记补编》，中山大学出版社，1985，第 100 页。
③ 《林则徐书简（增订本）》，第 193 页。
④ 同上书，第 186 页。
⑤ 《弢园尺牍》，第 1 页。
⑥ 同上书，第 75 页。
⑦ 《弢园文录外编》，第 83 页。
⑧ 《弢园尺牍》，第 8 页。

人"与洋人交际未深，未能洞见其肺腑；然'师长'一说，实倡先声"①。在他看来，徐继畲的《瀛寰志略》、魏源的《海国图志》二书虽然有不少讹误之处，但已经"彬彬乎登述作之林矣"②。

1849年，王韬应英国传教士麦都思之邀到上海墨海书馆任职。期间，王韬曾化名上书太平天国献计献策，尽管他一再否认，但还是遭到清政府的通缉，最后避难于香港。王韬在香港主要协助英华书院院长理雅各将儒家经典翻译为英文，书名为《中国经典》。1867年

王韬

底，他应理雅各之邀漫游法、英等国。王韬"览其山川之诡异，察其民俗之醇漓，识其国势之盛衰，稔其兵力之强弱"③，并将所见所闻所感记录下来，后将这些笔记辑成《漫游随录》刊行。书中充满了新奇事物，如"法京巴黎，为欧洲一大都会，其人物之殷阗，宫室之壮丽，居处之繁华，园林之美胜，甲于一时，殆无与俪。……道路坦洁，凡遇石块煤漆稍有不平，石匠随时修补。车声辚辚，彻夜不绝。……大商巨铺，格局堂皇。酒楼食肆，亦复栉比。客至呼肴，咄嗟立办。市廛之中，大道广衢，四通八达。每相距若干里，必有隙地间之，围以铁栏，广约百亩，尽栽树木，樾荫扶疏。……盖借以疏通清淑之气，俾居人少疾病焉"④。此外，王韬还游历了英国伦敦、爱丁堡、敦提、格拉斯哥等处，接触到许多新鲜事物，大开眼界。入住旅馆时，他发现电梯能起降，便

①［清］王韬：《漫游随录》，摘自《走向世界丛书》，第202页。

②《弢园尺牍》，第92页。

③《漫游随录》，摘自《走向世界丛书》，第100页。

④《漫游随录》，摘自《走向世界丛书》，第84页。

惊喜万分，"寓在敖司佛街（牛津大街），楼宇七层，华敞异常，客之行李皆置小屋中，用机器旋转而上"①；走访印刷厂，他观察到现代大批量机器印刷，"男女作工者约一千五百余人，各有所司""浇字、铸板、印刷、装订，无不纯以机器行事。其浇字盖用化学新法，事半功倍，一日中可成数千百字"②；考察造船厂，他描述"力几万钧"的汽锤和轧钢机，"击物无所不糜，所碾铁皮均齐划一，出之甚速"③。这些经历与见识使他意识到中西之间的差距。

《漫游随录》中对各国火车的描写变化，集中体现了王韬对西方国家认识的深入。他在埃及初见火车，描写道："翌晨，早餐后即登轮车，始行犹缓，继则如迅鸟之投林，狂飙之过隙，林树庐舍，瞥眼即逝，不能注睛细辨也，"④ 平实地描述了火车的速度之快。在法国乘坐火车时，他写道："夜半，附轮车至雷昂，计八百四十七里，丑杪已报抵其处。从车牖中望之，火若繁星，光明不夜。车不及停轮，其去若驶……自海口马赛里至法京巴黎斯，计程一千八百余里，为时不过七八，轮车之迅捷真如飙飞电迈矣。"⑤ 这段在法国搭乘火车的描述迥异于在埃及时的记录。在埃及乘火车，王韬仅仅在于客观描述，而搭乘火车自马赛到巴黎后，王韬特别列出了具体的数字：路程长达一千八百余里，费时仅七八个时辰。这样将两个数字联系在一起，能让人想象到火车的速度之快。在英国时，他写道："泰西利捷之制，莫如舟车，虽都中往来，无不赖轮车之迅便。其制略如巨柜，左右启门以通出入，中可安坐数十人，下置四轮或六轮不等。行时数车联络，连以铁钩，前车置火箱。火发机动，轮转如飞，数车互相牵率以行。车分三等，上者其中宽绰，几席帷褥光洁华美，坐客安舒；中者位置次之；下者无篷帐蔽遮，日曝雨飘，仅可载粗重货物或栖息仆役而已。其行每时约二百里或三百余里。辙道

①《漫游随录》，摘自《走向世界丛书》，第 90 页。

② 同上书，第 127 页。

③ 同上书，第 133 页。

④ 同上书，第 78 页。

⑤ 同上书，第 85 页。

铸铁为渠，起凸线安轮分寸合轨，平坦坚整以利驰驱，无高低凹凸敧斜倾侧之患。遇山石则辟凿通衢大道，平直如砥。车道之旁贯接铁线千万里不断，以电气秘机传达言语。有所欲言，则电气运线，如雷电之迅，顷刻千里，有如觌面晤对，呼应问答。其法精微，有难析述者。两车相遇猝不及避，有撞裂倾覆之虞，故凡往来起止预有定期。其当车路要冲，置驿吏邮役昼夜守立，严谨值班须臾不懈。余居英商士排赛家，每至前任总司税李泰国家晚餐，车必由地道中行，阅刻许始睹天光。或言地中两旁设有阛阓，灯火辉煌，居然成市集，绝无长夜冥冥之苦，此亦创见也。"① 从中可见王韬对火车的了解比较全面，既有对火车结构和动力系统的描述，也有对火车车厢和轨道的描写，除此之外还有隧道、通信、车站、调度、地铁和周围设施的记录。②

除了《漫游随录》，王韬还写了《普法战纪》和《法志略》两本书。1870 年，普法战争爆发。王韬惊叹法国"人民之富庶，兵甲之强盛"，转眼之间便山河破碎，面目全非。《普法战纪》中有的内容直接取材于西报译文，书中有对普法战争、欧洲形势的介绍，还分析了法败普胜的诸方面原因，即制度、人才、武器及战备等。《普法战纪》涉及普、法两国政治、经济、文化和风俗民情各个方面。其中，有许多是中国人闻所未闻的新鲜事，如巴黎公社、马赛曲、议会君主制、360 度转炮、行军地图等，并且深入探讨了两国在政治制度与民心之间的关系：他认为普鲁士施行"议会君主制"，人民可以进言；而法国废除共和制，拿破仑第三施行专制统治，民心背离。此外，书中还介绍了欧洲各国的三种政体，即"君为主""民为主"与"君民共为主"，开阔了中国人的眼界，开启了中国人主动了解世界的先河。

---

①《漫游随录》，第 117 页。

② 邵建：《郑观应与王韬铁路认识之比较——以〈盛世危言〉〈漫游随录〉为线索》，载王远明、胡波、林有能主编《被误读的群体：香山买办与近代中国》，广东人民出版社，2010，第 337—339 页。

（三）郑观应

郑观应（1842—1922），广东省香山人。他出生于传统士大夫家庭，咸丰八年（1858）乡试未中后，遂弃学前往上海学习经商，在当时第一流的大洋行——上海宝顺洋行里工作。咸丰十年（1860），郑观应听闻英法联军攻陷北京，非常震惊和气愤，"庚申之变，目击时艰，凡属臣民，无不眦裂"①，表示出对帝国主义侵略中国的义愤。由此他产生了富国强兵、抵御外侮的想法。郑观应潜心学习英语，眼界大开，对西方国家的政治、经济、文化有了一定的了解，认为这些才是西方富

郑观应

强的根本。他看到了中国的社会现实，忧心国家的前途和命运，产生了以天下兴亡为己任的想法。他先后写下《救时揭要》《易言》《盛世危言》《南游日记》《西行日记》等著作，成为中国近代历史上著名的思想家。

为了扫除士大夫学习西学的障碍，郑观应主张"西学中源说"。在他看来，西方的科学技术实际上是暗袭中国古代而来："今天下竞言洋学矣，其实彼之天算、地舆、数学、化学、重学、光学、汽学、电学、械器、兵法诸学，无一非暗袭中法而成，第中国渐失其传，而西域转存其旧，穷原竟委，未足深奇。"② 同时，郑观应也明白西学与中国古代的学问有天壤之别，但他认为这是西人在中学的基础上加以深化了的缘故，"不知我所固有者，西人特踵而行之，运以精心，持以定力，造诣

① 夏东元编《郑观应集》上册，上海人民出版社，1982，第 173 页。
②《郑观应集》上册，第 306 页。

精深，渊乎莫测。"① 郑观应认为随着中西之间交涉的日益增多，西方的语言文字必将在中国盛行起来，对于中国人来说，要想掌握西学，必先学好西文，否则便很难与洋人周旋。他指出："余是以知洋文必将盛行于中国，此时会之使然，吾辈因时而合其宜可也。"②

面对列强侵略，郑观应的思想有一个发展过程。起初，他迷信万国公法之类的国际法："将中国律例，合万国公法，别类分门……大会诸国，立约要盟，无诈无虞，永相恪守。敢有背公法而以强凌弱，借端开衅者，各国会同，得声其罪而共讨之。"③ 他天真地以为一旦如此，就能使中国免受列强的侵略。后来，他逐渐认识到这种想法并不可行，并产生了"远交近攻"、联英拒俄的设想。④ 但到了1894年中日甲午之战后"始知英之不能为我援者"，转而提出"联俄以制英"的设想。⑤ 1900年，他撰写《盛世危言》，明白列强的侵略本性是相同的，中国只有立即变法自强，才能抵御外侮，"我中国纵得强邻保护，亦不可有恃无恐。急效俄之彼得、日之明治，变法自强"⑥。他曾多次向国内介绍俄国、日本的改革经验，"昔俄、日积弱之时，俄之旧主彼得，日之亲王大臣，皆肄业泰西，并聘其才德兼优之士数十人回国佐理。我国亦当筹借巨款，亟仿而行之。"⑦ 在《游历》篇里，郑观应特别介绍了俄国的经验：二百多年前，俄国也是积贫积弱的国家，彼得大帝见欧洲各国日渐强大，深恐外患将至，于是微服出访，遍游各国，询问利弊，延揽人才。回国之后，变法改革，振兴工商，"不二十年虎视一方，吞并弱小诸国，土地日大，兵备日强，卓然为欧西首国。"⑧ 他建议中国也应该向俄国学习，多派王公大臣的子弟出国考察。但是郑观应并不盲目推崇西方，他认为

①《郑观应集》上册，第275页。

② 同上书，第285页。

③ 同上书，第67页。

④ 同上书，第796页。

⑤ 同上书，第798页。

⑥ 同上书，第804页。

⑦ 同上书，第476页。

⑧ 同上书，第382页。

对于西方的制度也应根据自己的需要加以取舍。

郑观应还提出与列强进行"商战"的思想，并认为"习兵战不如习商战"，这是因为："故兵之并吞祸人易觉，商之掊克敝国无形。我之商务一日不兴，则彼之贪谋亦一日不辍。纵令猛将如云，舟师林立，而彼族谈笑而来，鼓舞而去，称心餍欲，孰得而谁何之哉？"① 为了发展中国的工业，他提出了具体的改革建议，冀望通过实行资本主义的政治制度，发展资本主义工商业，增强国家经济实力，与列强进行"商战"。郑观应以为富与强二者互相促进，他说："国非富不足以致强，亦非强不足以保富。富与强固互相维系者也。"② 郑观应顺应时代的要求，提出富国强兵、抵御外侮的对策，对当时的社会具有重要意义。

（四）严复

严复（1854—1921），福建侯官（今福州市）人。严复出身寒门，1877年，被派往英国留学，回国后任北洋水师学堂总教习等职。甲午战争后，洋务运动破产，严复开始公开批判洋务派，宣扬西学，要求改革。1895年，他在天津《直报》上发表《论世变之亟》《原强》《救亡决论》和《辟韩》，呼吁爱国救亡，强调学习借鉴西学的重要性。

严复认为中西学之间最大的区别在于两者的世界观。他说："尝谓中西事理，其最不同而断乎不可合者，

严复

莫大于中之人好古而忽今，西之人力今以胜古；中之人以一治一乱、一盛一衰为天行人事之自然，西之人以日进无疆，既盛不可复衰，既治不

---

① 《郑观应集》上册，第586页。

② 夏东元编《郑观应集》下册，上海人民出版社，1982，第10页。

可复乱，为学术政化之极则。"① 西方以"力今以胜古""日进无疆"的进化论作为世界观，强调人力可以战胜自然；中国则信奉"好古而忽今"、周而复始的复古倒退的世界观，要人安于天命、天数。可见，严复介绍进化论，是为了促使中国人变革世界观，把进化论作为观察宇宙和人类社会的根本思想。

达尔文"物竞天择，适者生存"的生物进化规律对近代社会产生了深远的影响。当达尔文出版划时代巨著《物种起源》的时候，严复正在英国留学，像当时许多人一样，他也接受了进化论。在发表于1895年的《原强》一文里，严复相对客观地向中国读者评价了此书对于当时西方世界的巨大影响："自其书出，欧美二洲几于家有其书，而泰西之学术政教，一时斐变。论者谓达氏之学，其一新耳目，更革心思，甚于奈端（牛顿）氏之格致天算，殆非虚言。"② 他不但系统地介绍了此书的主要内容，而且像赫胥黎一样，将达尔文的生物进化理论引入到人类社会中来，他认为："物竞者，物争自存也；天择者，存其宜种也……其始也，种与种争，群与群争，弱者常为强肉，愚者常为智役。"③ "盖物竞天择之用，必不可逃。善者因之，而愚者适与之反，优劣之间，必有所死。因天演之利用，则所存者皆优；反之，则所存者皆劣。顾劣者终亦不存，而亡国灭种之终效至矣。"④

他根据达尔文的生物进化论及其"物竞天择"思想提出维新变法是不可避免的。他以此思想作为翻译《天演论》的基础，认为《天演论》是"以人持天""与天争胜"，达到斯宾塞之"任天为治"和达尔文之"自强保种"的宗旨。严复认为生物不断在"变"、不断进化，这是不可抗拒的规律，人类社会亦是如此。但是，人力可以"与天争胜"而终"胜天"，只要人治日新、变法图强，国家就可永存，种族就可不灭，"存亡生死，其权仍操之我手。"因此，中国人不应甘居于劣等民族坐待灭

① 王栻主编《严复集》（第一册），中华书局，1986，第1页。

② 同上书，第16页。

③ 同上。

④ 王栻主编《严复集》（第三册），第614页。

第五章 以西为师：晚清以来的中外文化交流

亡，而应该立即起来变法改革。他在致友人的信中写道："生于神州之中，处危岌之会，文质无底，不能为嘉富洱、西乡隆盛出万死不顾一生之计，使波靡社会，因以有立，乃仅仅取其旧业，自附鞮、寄、象胥之伦，转而译之，以自献于吾国之学界，此其为效，亦至微诮。"① 此处也表明他翻译此书的动机与初心。

《天演论》虽译自赫胥黎的著作，但又不完全与原书相同，其中加进了严复自己的见解。他每翻译完一篇，常加按语，借题发挥，发表自己的意见。按语的长度，往往与译文不相上下。严复以其流利的译笔、深邃的思想，向国人阐述了三个主要内容：第一，介绍达尔文"物竞天择"的生物进化论；第二，这种生物界的发展规律，同样可以用来解释一切自然现象和社会现象；第三，在"物竞天择""弱肉强食"的进化规律面前，通过人的主观努力，可以"与天争胜"，即人定胜天。据此，中国如能顺应"天演"规律而实行变法维新，就会由弱变强，由落后变为先进；反之，则将沦于亡国灭种而被淘汰。严复翻译《天演论》的目的，在于要人们顺应进化论"物竞天择，适者生存"的规律，不要在困境中绝望，不要自暴自弃，要自强不息。《天演论》系统地向国人介绍了进化论思想，向酣睡的国人敲响了救亡图存的警钟。民族危亡的严重局势，变法维新的现实需要，使进化论思想迅速在中国传播。

严复是中国近代向西方寻找真理的代表人物之一，也是率先系统地在中国传播西学的资产阶级启蒙思想家。严复一生主要从事翻译工作，把西方资产阶级学术著作系统地介绍到中国。他翻译的著作主要有：赫胥黎的《天演论》、亚当·斯密的《原富》、约翰·斯图亚特·穆勒的《穆勒名学》和《群己权界论》、斯宾塞的《群学肄言》、甄克斯的《社会通诠》、耶方斯的《名学浅说》、孟德斯鸠的《法意》。

（五）梁启超

梁启超（1873—1929），字卓如，广东新会人，自小受到良好的传统文化教育。梁启超第一次与西学书籍接触，是在他 17 岁那年路经上海，

①《严复集》（第三册），第 567 页。

"从坊间购得《瀛寰志略》读之，始知有五大洲各国，且见上海江南制造局译出西书若干种"①，这引起了青年梁启超对外部世界的好奇与向往。

1890年，梁启超拜在康有为门下，先后在广州云衢书屋、长兴学舍、万木草堂等处追随康有为求学，不仅进一步提高了自己的传统学术素养，而且对西学有了进一步的接触和了解。梁启超经常阅读《西国近事汇编》《万国公报》等近代报刊，为大力宣传西方资本主义文化，输入西学以改造中国社会和中国文化，奠定了基础。戊戌维新运动时期，梁启超与李提摩太等西方传教士和马建忠、黄遵宪、严复等精通西学的思想界、学术界的著名人士多有来往，与谭嗣同、夏曾佑等维新人士结为至交，并阅读了更多的西学书籍，大大深化了对西学的认识。在《变法通议》中，梁启超提出全面引进西方的学术文化以改造中国腐朽落后的封建君主专制制度的主张。对于引进西学，梁启超不仅大力宣传，而且身体力行。1896年，梁启超在《时务报》上发表了《西学书目表》，全面收集了明末清初以来有关西学的各种书目。1897年，梁启超编纂了《西政丛书》，全文收录有关史志、官制、学制、公法、农政、工政、兵政、商政等门类的西学书籍32种，"以广流通"②。同年，梁启超在上海创办大同译书局，不到一年就译印了10余种与西学有关的书籍，并编纂了7种《中西学门径书》一同出版。

戊戌变法失败后，梁启超流亡日本，更全面、更深入地了解和探研西方学术文化，其思想发生了巨变。他先后创办《清议报》和《新民丛报》，大力宣传西方资产阶级学术文化。从1898年12月至1903年，梁启超先后发表了30多篇（种）介绍西方学术文化的论著。其中，有对西方国家政治、经济、历史、地理的介绍和著名人物传记，如《现今世界大势论》《论俄罗斯虚无党》《二十世纪之巨灵：托辣斯》《雅典小史》《斯巴达小志》《欧洲地理大势论》《意大利建国三杰传》《新英国巨人克林威尔传》《匈加利爱国者噶苏士传》和《近世第一女杰罗兰夫人传》

① 梁启超：《饮冰室合集》，中华书局，2015，第16页。
②《饮冰室合集》，第63页。

等，但是，更多的是介绍西方自古希腊至近代以来各个历史时期思想学术文化的论著，主要有《霍布士学案》《斯片挪莎学案》《卢梭学案》《近世文明初祖二大家之学说》《天演学初祖达尔文之学说及其略传》《法理学大家孟德斯鸠之学说》《生计学学说沿革小史》《论希腊古代学术》《国家学纲领》《格致学沿革考略》《政治学学理摭言》《近世欧洲四大家政治学说》《乐利主义泰斗边沁之学说》《进化论革命者颉德之学说》《亚里士多德之政治学说》《近世第一大哲康德之学说》《政治学大家伯伦知理之学说》等。以上论著，内容涉及哲学、政治学、经济学、法学、社会学、伦理学、逻辑学、历史学、地理学以及自然科学等西方学术文化的各个层面，西方学术文化名人多达数十位。

梁启超通过日本翻译的资料，介绍了西方政治学家亚里士多德、霍布斯、斯宾诺莎、孟德斯鸠、卢梭和布伦奇利等人的社会政治学说，其中包括他们有关国家问题的论述。梁启超对布伦奇利（梁启超译为"伯伦知理"）的国家学说情有独钟，受其影响很大。他不仅翻译出版了布伦奇利的《国家学纲领》，还撰写了《政治学大家伯伦知理之学说》等文，对布伦奇利的国家学说进行详细评介，甚至称布伦奇利为"二十世纪之母"①。梁启超对布伦奇利的评价虽不准确，但他认识到面对西方帝国主义列强的侵略，必须大力提倡民族主义，应当将民族而不是个人的生存问题放在首位。"今日欲提倡民族主义，使我四万万同胞强立于此优胜劣败之世界乎？则本国史学一科，实为无老、无幼、无男、无女、无智、无愚、无贤、无不肖所皆当从事，视之如渴饮饥食，一刻不容缓者也。"② "史学者，学问之最博大而最切要者也，国民之明镜也，爱国心之源泉也。今日欧洲民族主义所以发达，列国所以日进文明，史学之功居其半焉。"③ 梁氏提出应加强以史学为代表的传统文化学习，以提升爱国心和民族主义。梁启超充分意识到史学在唤醒国民爱国心方面的作用，他的史学作品贯穿着爱国、救国的宗旨。他在 1902 年谈到自己"欲

①《饮冰室合集》，第 114 页。

② ［清］梁启超：《梁启超全集》第二册，北京出版社，1999，第 739 页。

③ 同上书，第 736 页。

草一中国通史，以助爱国思想之发达"①。梁启超努力从西方民族国家建立、形成的历史过程中，寻找"各国民族所以自立之道"，尤其是与中国情形相似的被压迫民族驱逐外国侵略势力、建立近代民族国家的历史经验，从中寻找一切积极因素，为中华民族的复兴大业服务。

面对近代以来深刻的民族危机，梁启超的思想体现了对"列强环伺中国"的深刻体认，对中华民族亡国灭种充满深层忧患意识。"敌无日不可以来，国无日不可以亡。"② 这表现出梁氏心系民族危亡的忧患意识，意在激发国民的深入思考。在《瓜分危言》一文中，他论证了"有形之瓜分"和"无形之瓜分"的异同，并指出"无形之瓜分"更恶于"有形之瓜分"③。他认为两者是导致中华民族亡国灭种的罪恶祸首。梁启超"基于民族的进步、大众的福祉，站在时代前沿，凭着个人的赤诚与良心，以一种强烈的忧患意识与使命感的内在召唤，承担一个本真意义上的知识分子所应具有的道义、责任与担当，追求真理与正义，推动社会的发展与进步"④。他认为中国遭受列强凌辱是封建统治者的颓废、腐败与无能所造成，一方面呼喊"使我四万万同胞强立于此优胜劣败之世界""今日欲抵当列强之民族帝国主义。以挽浩劫而拯生灵，惟有我行我民族主义之一策。而欲实行民族主义于中国，舍新民末由"⑤，另一方面又强调"今日列国并立、弱肉强食、优胜劣败之时代……欲强吾国，则不可不博考各国民族所以自立之道，汇择其长者而取之，以补我之所未及"⑥。梁启超主张向世界各民族学习先进科技、政制和文化，实现全民族思想解放和救亡图强。深沉的忧患意识是梁启超"从事启蒙运动、唤起本国人民民族自我觉醒的内驱力，同时也增强了作为启蒙思想

①《饮冰室合集》，第 19 页。

②《梁启超全集》第二册，第 139 页。

③［清］梁启超：《梁启超全集》第一册，北京出版社，1999，第 198 页。

④ 曾纪鑫：《千古大变局：影响近代中国的十一个关键人物》，广西师范大学出版社，2008，第 245 页。

⑤《梁启超全集》第二册，第 657 页。

⑥ 同上书，第 658 页。

第五章 以西为师：晚清以来的中外文化交流

195

家的责任感和使命感"①。

二、传教士与西学传播

两次鸦片战争失败之后，清政府被迫签订多个不平等条约，五口通商、割让香港、国门洞开。随着通商口岸的增加，越来越多的传教士深入中国内地。传教士在中国设立学校、医院，创办报刊，翻译和出版书籍，对于西学传播有较大影响。

（一）傅兰雅

傅兰雅于 1839 年出生在英国海德城的一个牧师家庭，先后在海德中学和布里斯托尔的圣雅各书院读书。1860 年，傅兰雅应英国圣公会派遣到香港担任圣保罗书院院长。圣保罗书院创办于1850 年，学生多为香港、澳门及周围地区的贫苦儿童。傅兰雅管理校务，兼教英语，同时他还学习中文。1863 年，他赴北京担任同文馆英文教习。在此期间，他结识了总理衙门的政要，并与在

傅兰雅

京的外国人，如英国的布鲁斯、威妥玛、赫德等人，建立了良好的关系。1865 年，傅兰雅赴上海担任英华书馆校长。1868 年，傅兰雅任江南制造局翻译。此外，傅兰雅还兼任《上海新报》的编辑。《上海新报》是上海第一家中文报纸，由字林洋行主办。1861 年创刊，其主要内容为中外新闻、船期表、物价表和广告。傅兰雅担任编辑期间，该报纸刊载了不少介绍西学的文章，如合信的《博物新编》、裨治文的《联邦志略》、

---

① 焦润明：《梁启超启蒙思想研究》，辽宁大学出版社，2006，第 70 页。

伟烈亚力的《重学》等书中的相关内容。

　　傅兰雅在江南制造局翻译馆工作 28 年，并把自己的主要精力都用在译书方面。他曾自述在翻译馆的工作状态："西人常居局内，专理译书之事，故人远处，无暇往来，而且水土为灾，不胜异乡之感，终朝一事，难禁闷懑之怀，然多年敏慎，风雨无虚者何也？盖以为吾人于此，分所当耳。况上天之意，必以此法裨益中国，安可任意因循违乎天耶！是故朝斯夕斯忍耐，自甘所以顺天心耳。"① 据统计，傅兰雅一生共译书 129 种，涉及基础科学、应用科学、军事科学、社会科学等各个方面。② 他创办了近代中国第一份专门性的科普杂志——《格致汇编》，参与创办了近代中国第一所科技学校——格致书院，创办了近代中国第一家科技书店——格致书室。

　　格致书院的宗旨是普及科学知识。作为发起人、董事和教习的傅兰雅，为之倾注了极大的热情。他率先倡议书院招收固定的学生，讲授各种科学知识。他协助王韬举行命题考课。他为书院制订了详细的西学课程，亲自到院讲授。1895 年，格致书院开办夜校教育。他设计了一套内容相当全面的授课提纲，包括矿务、电务、测绘、工程、汽机、制造，共六类，每类下面又设置了几门到几十门课程，六大类包括了上百门课程。傅兰雅制订了由浅入深、循序渐进地学习这些课程的章程。报名听课的人相当踊跃，书院为之专门开设了算术预备班。通过这种方式，有约 50 个学生修完了算术课程。傅兰雅描述其时情况："星期六下午 4 点，初学者开始上课，直到八点半高等班级下课，幻灯讲座开始。这时，书院里挤满了忙碌的人员，不断有参观者和问事者来来往往，他们随意坐在座位旁边观看。书院只安排了 40 人的座位和书桌，明年必须增加更多。"③

　　格致书室是傅兰雅独力筹办的科技书店。傅兰雅曾谈及创办格致书

① 傅兰雅：《江南制造总局翻译西书事略》，载《格致汇编》，光绪六年六月号。
② 马树德：《中外文化交流史》，北京语言文化大学出版社，2000，第 274 页。
③［美］戴吉礼主编，［美］周欣平、赵亚静副主编《傅兰雅档案》第二卷，广西师范大学出版社，2010，第 158 页。

室的缘由："近来格致风行，译书日广，好学之士，争览者多。惟以局刻家刻，购求颇艰，故设格致书室，便人采取。凡已译西学卷帙及中华格致类书，均拟办售。又西学书中所用器具材料，亦能定沽。意在畅行格致，愿中西共出一辙，是以不惮烦劳，乐公同人之好。"① 格致书室经营的范围广泛，包括各种图书、地图、仪器。仪器有照相镜箱、橡皮盘、发电气器、画图器、化学实验仪器、天地球；还代制印字铜模，代刻精细图画，代卖印书机器。经销的图书以科技书籍为主，数目可观。1886 年印行的书单上共列有 371 种，1888 年列有 878 种，1890 年列有 473 种。所售书籍中，从内容上看有一般的科技书籍，如《谈天》《光学》《三角数理》《植物学》；有各种各样的图册，如《五大洲全图》《中外舆地图》《各国旗图》《上海城厢租界图》《天文图百兽图》；有人物画像，如李鸿章像、李善兰像、徐寿像；有名目繁多的字典，如《英字入门》《英话注解》《法字入门》《德字初概》《官话文法》《汉英合璧》。②

傅兰雅尽力扩大购阅者的范围。他在天津、汉口、汕头、北京、福州、香港等地设立分销处，在没有正式设立分销处的地方，也通过传教士、外国商人和其他一切可能利用的渠道进行代销。根据《格致汇编》及有关资料记载，格致书室的图书的销售遍及全国至少 39 个城市。③ 傅兰雅一面将各出版机构所出图书汇集到上海，一面又通过各种方式将它们发散到全国。从沿海、沿江到内地，格致书室的销售网四通八达，格致书室成为中国科技书籍的集散基地。

傅兰雅还致力于科学普及著作的翻译与教材的编写。1877 年，益智书会在上海成立，傅兰雅被推为这个机构的委员兼负责干事。益智书会决定编写初级和高级两套教科书，分别由傅兰雅与美国传教士林乐知负责。两套教科书涵盖数学、物理、化学、博物、天文、地理、历史、心理、哲学等多种学科。1879 年，傅兰雅被推为益智书会总编辑，至 1890 年，益智书会一共出版教科书 98 种。其中，傅兰雅独自编写了 42 种。

① ［英］傅兰雅：《格致书室图书价目》，载《格致汇编》第五年第二卷（1890）。
② 熊月之：《上海人解析》，上海教育出版社，2019，第 255 页。
③《上海人解析》，第 255—256 页。

此外，他还单独翻译、出版了一些西书。其中，影响较大的是卫生方面的译作，如《化学卫生论》《居宅卫生论》《延年益寿论》和《治心免病法》等，《孩童卫生编》《幼童卫生编》和《初学卫生编》则是 19 世纪末各种学校进行卫生教育的必修书。[1] 傅兰雅等人编写的新式教科书，从形式到内容，均对晚清的教育具有广泛影响。1902 年，清政府颁行新学制，各地学校的自然科学课程便直接采用傅兰雅和益智书会的出版物。

傅兰雅创办的《格致汇编》和格致书室为近代科学在中国的普及作出了重大贡献，他所编辑、翻译的新式教科书也成为 20 世纪中国新一代知识分子学习近代科学的起点，这一切为 20 世纪中国科学技术的发展打下了坚实的基础。

（二）李提摩太

李提摩太（1845—1919），英国传教士，出生于南威尔士，1870 年奉派入华传教。1870 年至 1890 年间，他主要在山东、直隶（今河北省）、山西等地活动。1890 年 7 月，李提摩太应时任直隶总督李鸿章的邀请出任天津《时报》主笔，历时一年有余。1891 年 10 月至 1916 年，他在上海担任同文会（即后来的广学会）总干事，1919 年在英国去世。李提摩太在华期间，与清廷高层官员，如李鸿章、张之洞、曾国荃、左宗棠、翁同龢、孙家鼐，以及维新人物康有为、梁启超等，都有

李提摩太

密切的交往。他还与中国资产阶级民主运动的先驱孙中山有过接触。李提摩太著书立说，向达官上书进谏，积极推动中国社会的维新变法，提

---

[1]《中外文化交流史》，第 275 页。

出"教民、养民、安民、新民"的维新纲领。李提摩太主要译著有《百年一觉》《七国新学备要》《泰西新史揽要》《时事新论》《中西四大政》《天下五洲各大国志要》《八星之一总论》《大国次第考》《列国变通兴盛记》和《欧洲八大帝王传》等。

《泰西新史揽要》亦名《泰西第十九周大事记》，光绪二十一年（1895）出版。"全书叙述 19 世纪欧美各国发展史。第一卷述欧洲百年前情形，第二、三卷述法皇拿破仑行状，第四至十三卷述英国及其殖民地情况，第十四、十五卷述法国大革命历史，第十六至二十卷列述德国、奥地利、意大利、俄罗斯、土耳其等国，第二十一卷述美国，第二十二卷以后述教皇、欧洲新政等内容。"① 全书贯穿进化论思想，以国为经，以事为纬，举凡各国沿革、互相争战、政体演变、科技发明、著名人物、物产、人口、风俗习惯，均有叙述；对各国兴利除弊、变法图强的历史述之尤详。部分内容曾在《万国公报》连载。该书关于西方兴利除弊、变法图强的主张符合晚清的改革需要，书中着重介绍英国"革故鼎新"和法国大革命的内容。此外，该书有大量篇幅介绍欧洲科学技术的新进展，如第九卷《郅治之隆》中指出"泰西各种机器大半兴于近百年之中"②，介绍了 1838 年英国的"火轮船"到达美国，"见者诧为得未曾有，于是火轮船之大用，海若皆为之股栗矣"③，还有关于电报、电话、电灯等电器发明的报道。"总之，电学一门于报信、发光、生力诸事，皆神工鬼斧，变化无穷，为笔墨之所不能形容而已。"④

该书初版时，正逢戊戌维新前学校课程的改革，在府一级举行的各种考试中都强调西学，除了传统的八股策论外，还要加试世界时事知识。以往尽管已有不少西史译本，但不少内容都是关于古代、中世纪，或单一国别的。李提摩太的译本作为新出炉的近现代史著作，提供了最

①《西学东渐与晚清社会》，第 597 页。

②［英］麦肯齐：《泰西新史揽要》，［英］李提摩太、蔡尔康译，上海书店出版社，2002，第 163 页。

③《泰西新史揽要》，第 15 页。

④ 同上。

新的欧美历史的新数据和新内容，投合试图通过时务策论的士子之好。为了扩大书籍的销路，《泰西新史揽要》等书因故迎合科举考试之弊，但并不能因此而否定这些书籍对中国知识阶层的启蒙作用。"大旨以国为经，以事为纬，英为泰西枢纽，所纪独详。法为欧洲治乱关键，首二三卷，先以法事为本，又为二卷，缀于英后。此外，德、奥、意、俄、土、美六国，各一卷；教皇一卷，总结一卷，附记一卷。盖一以取法，一以垂鉴者也。近译各国史志，多二十年前书，惟此书近事颇详，实为西史肯要。"① "肯要"即"关键"，表明将此书当作了解西方历史的关键，也说明了此书的重要性。

（三）林乐知

　　林乐知（1836—1907），中文亦名乐智，出生于美国佐治亚州的伯克郡。1859年，林乐知偕妻由纽约起程，来到上海传教。1864年，在冯桂芬引荐下到上海同文馆担任西学教习一年。1867年，徐寿等人筹设翻译馆于江南制造局，请林乐知协助译书。林乐知先后与严良勋、郑昌棪、瞿昂来、蔡尔康、任廷旭等人合作译书多种。②有学者统计，18年间，林乐知为江南制造局和海关翻译了390余部书籍③，其中重要的著译有《中西关系略论》《中东战纪本末》《文学兴国策》《格致

林乐知

① 朱汉民总主编、王兴国主编《湘江文化通史》第四册，岳麓书社，2015，第373页。

② 顾长声：《从马礼逊到司徒雷登——在华新教传教士评传》，上海人民出版社，1985，第265页。

③ 孙越生、陈书梅主编《美国中国学手册（增订本）》，中国社会科学出版社，1993，第5页。

启蒙化学》《格致启蒙地理》《李傅相历聘欧美记》《路德改教纪略》等。

《中东战纪本末》（中东战争即甲午中日战争）初版于1896年，1897年和1900年又两次增订出版。该书部分章节最早发表在《万国公报》上，主要内容为有关甲午战争的报道和评论，结集出版时收录的林乐知、李佳白、李提摩太等人鼓吹变法学习西方的文章。该书在总结甲午战争中国战败原因的基础上，提出中国只有维新变法才有出路。甲午战争期间，由于官方发布的消息前后矛盾，《万国公报》上的报道"被中国人认为是关于这次战争的唯一的权威性报道"。据广学会年报介绍，广东一个儒生曾把这些报道汇集成书，"当作战争的真实历史来出版"①。《中东战纪本末》出版时又正值中国朝野上下总结战争教训之时，该书鼓吹变法的思想与维新派知识分子的主张不谋而合，因而一出版就受到广泛欢迎。梁启超认为甲午战争后，"西人代中国筹划之策颇复不少，所见者……林乐知之《治安新策》，见于《中东战纪本末》，皆多可取者"②。

此外，林乐知还译有《文学兴国策》，"文学"即教育。这是一部介绍美国教育制度的著作，初版于1896年，日本森有礼著。森有礼是明治维新时代的政治家、著名教育改革家。森有礼早年留学英国，在西方有一定名声。他赴美后，广泛征求美国著名大学的校长、社会名流、国会议员、政府官员的意见，最后汇集成书。该书上卷为美国各界人士给森有礼的复函，下卷为"美国兴学成法"。该书对日本近代教育改革和新式学校的建立具有一定的影响。林乐知文中言明翻译该书的动机是为了让中国效仿日本，采纳美国的教育制度。"方今中国特设官局于京师，隶其事于总理衙门，简派大臣以督理之，似亦未尝不明文学足以兴国之故矣。然而兴学不可无成法，此尽人知之者也；取法不可无成效，此尽人知之者。兹观是书，以美国之成法，行之于日本，业已明著大效矣，岂不可以日本之成效，转而望诸中国之人乎？吾知中国之贤士大夫，得

---

① 《同文书会年报（1895年）》，《出版史料》1990年第1期。

② 中国史学会主编《中国近代史资料丛刊·戊戌变法》（一），神州国光社，1953，第455—456页。

是书而读之，当亦翻然变计，而知所取法矣。"① 提及如何兴学，林乐知认为中国应学习日本，派人留学，"今中国欲变弱为强，先当变旧为新，振兴新学之初，速当选派国中强壮循良子弟，出洋学习，此事最为有益于国家。尤当遴选宗室人员，及满洲人士，分赴外洋诸国，宽予年限，卒业而归，以充著书、译报、临政、兴学之职司，必较汉人为更有利于朝廷矣"②。

1868 年，林乐知自筹经费创办《中国教会新报》。林乐知回忆创办《中国教会新报》的初心："余年弱冠即来华海，欲求一民间之报馆而杳不可得，间尝接晤华人，亦鲜有能谈天下事者。回思欧美诸国创立日报、间日报、三日报、礼拜报、半月报、一月报、季报、年报诸馆，各就体例以传见闻，开拓心胸，启发智慧，至深且远，他事莫可比拟。中华为堂堂大国，乃竟相形见绌，不觉代为浩叹。"③《中国教会新报》的读者主要是传教士和教徒。林乐知在创刊号中言明："新闻一事，外国通行有年，如士农工商四等之人皆有新报……在中国之传教外国牧师先生，久有十八省之外国字新闻纸，月月流通，年年不断，多得备益。何独中国牧师讲书先生未得举行此事？兹特欲创其事，俾中国十八省教会中人，同气连枝，共相亲爱，每礼拜发给新闻一次，使共见共识，虽隔万里之远，如在咫尺之间。亦可传到外国有中国人之处……况外教人亦可看此新报，见其真据，必肯相信进教。如大众同发热心，行此新报，不独教会易于兴旺，而益处言之不尽也。其新闻纸所刻照官板书式大小，每次计四张，印八面，约大小字六七千字，做成一书，在内刻一圣经中图画……倘新报有余地，亦可录出外国教会中事，仍可讲论各种学问，即生意买卖，诸色正经事情，皆可上得。"④

第五章 以西为师：晚清以来的中外文化交流

---

① ［日］森有礼编《文学兴国策》，林乐知、任廷旭译，世纪出版集团、上海书店出版社，2002，第 5—6 页。

② ［美］林乐知：《〈文学兴国策〉（序）》，载钱锺书主编，朱维铮执行主编《万国公报文选》，生活·读书·新知三联书店，1998，第 370 页。

③ ［美］林乐知：《重回华海仍主公报》，载李楚材编著《帝国主义侵华教育史资料——教会教育》，教育科学出版社，1987，第 376 页。

④ ［美］林乐知主编《中国教会新报》（第一册），南开大学出版社，2018，第 8 页。

1872 年，《中国教会新报》改称《教会新报》。1874 年 9 月，《教会新报》易名为《万国公报》，林乐知曾提及此次更名的原因，"既可邀王公巨卿之赏识，并可以入名门闺秀之清鉴，且可以助大商富贾之利益，更可以佐各匠农工之取资，益人实非浅鲜，岂徒《新报》云尔哉！"① 可见《中国教会新报》数易其名的举动，都是为了扩大读者群体，加强报纸对官吏、士大夫、名门望族、工农商各界的影响。《万国公报》刊载的内容涉及宗教、政治、社会和科技。"首登中西互有裨益之事，敦政本也，略译各国琐事，志异闻也，其他至理名言兼收博取，端学术也，算学格致，务各撷其精蕴，测其源流，形上之道与形下之器，皆在所不当遗也。"② "广译西字各报兼辑中国邸钞，五洲之大，六合之遥，所见异辞、所闻异辞、所传异辞者，荟萃于一册之内。阅是编者不出户庭而周知中外之事变，得以筹划于机先，弥缝于事后。事虽为中国创古今所未有而实合于上世乘风问俗之陈规。"③

《万国公报》大力推广"西学"，每期的扉页上都印有"本刊是为推动与泰西各国有关的地理、历史、文明、政治、宗教、科学、艺术、工业及一般进步知识的期刊"④ 的说明。它以大量的篇幅介绍西学。在自然科学方面，从《教会新报》起，设有《各国要闻》《格致发明类征》《智能丛话》的栏目，主要刊载自然科学的内容。报纸介绍近代自然科学通俗知识，包括声、光、化、电、天文、地理、博物、医学等，在一定程度上起到了普及科学知识的作用。在社会科学方面，大量译载介绍西方各国政治、经济、文化的文章，包括对西方经济制度及经济学理论的介绍、对西方民主制度和民主思想的介绍以及对西方教育制度和教育理论的介绍，尤其注重世界上新学说的介绍。另外，《万国公报》还译介西方社会伦理学说，介绍近代欧洲的哲学家和科学家，如英国的洛

---

① 《万国公报文选》，第 3 页。

② ［清］沈毓桂：《兴复万国公报（序）》，《万国公报》（第一册），1889 年 2 月，台湾华文书局影印合订本，第 10114 页。

③ 同上。

④ 方汉奇：《中国近代报刊史》，山西人民出版社，1981，第 24 页。

克、培根、牛顿、达尔文，德国的斯宾诺莎、康德等。尽管当时刊载的文章还是属于科普性读物，但通过它的介绍，中国人对西方科学的发展有了一定的认识。

（四）艾约瑟

艾约瑟（1823—1905），出生于英格兰南部，毕业于伦敦大学。艾约瑟受过比较传统的关于语言、历史、地理、数学、科学等方面知识的训练。1848年，他以英国伦敦会传教士的身份来华，在上海协助麦都思工作，编译有《中西通书》（原名《华洋和合通书》）等年鉴和《孝事天父论》《三德论》等宗教读物。1856年，麦都思离沪回国，艾约瑟成为墨海书馆的主要负责人之一。郭嵩焘到墨海书馆参观后，曾在日记中称赞他"学问尤粹然，麦都事所请管理书籍者也"①。

艾约瑟

1857年，艾约瑟在《六合丛谈》上开设《西学说》的栏目，刊载了大量关于希腊罗马历史、史学名家、人物传记的文章，如《希腊为西国文学之祖》《希腊诗人略说》《古罗马风俗礼教》《罗马诗人略说》等。关于古希腊哲学家的传记有《基改罗传》（今译《西塞罗传》）和《百拉多传》）（今译《柏拉图传》），关于史学家的有《黑陆独都传》（今译《希罗多德传》）和《士居提代传》（今译《修昔底德传》），关于诗人的有《和马传》（今译《荷马传》），关于博物学家的有《伯里尼传》（今译

① ［清］郭嵩焘：《郭嵩焘日记》第一卷，湖南人民出版社，1981，第33页。

《普利尼传》）等。艾约瑟还在《格致汇编》上发表《华语考原》一文，讨论中国的语言学问题。沈国威认为艾约瑟是晚清向中国人大规模介绍西学的第一人。①

　　1872年，艾约瑟与美国传教士丁韪良（1827—1916）共同创办了《中西闻见录》。这份报刊主要刊载与国际局势相关的新闻，亦涉及天文学、地理学和科学常识的信息。1886年，由总揽清朝总税务司大权的英国人赫德组织、艾约瑟执笔翻译的"西学启蒙丛书"出版。整套书包括《西学略述》《格致总学启蒙》《地志启蒙》《地理质学启蒙》《地学启蒙》《格致质学启蒙》《身理启蒙》《动物学启蒙》《化学启蒙》《植物学启蒙》《天文启蒙》《富国养民策》《辨学启蒙》《希腊志略》《罗马志略》《欧洲史略》，共计16种。这套书当时名为《格致启蒙》，到1896年经过少许修改，以《西学启蒙》之名在上海重版。李鸿章为这套书写了序言，他在序言中说："今以浮华无实之文字，汨没后生之性灵。泰西之学，格致为先，自昔已然，于今为盛。学校相望，贤才辈出，故臻于富强。"②在李鸿章的眼中，艾约瑟是儒者，"艾君之妙笔与赫君之盛心，并足不朽矣"③，启蒙16种丛书，"其理浅而显，其意曲而畅，穷源溯委，各明其所由来，无不阐之理，亦无不达之意，真启蒙善本。"④

　　《西学略述》《希腊志略》《罗马志略》《欧洲史略》等向中国人传播了古希腊戏剧、苏格拉底的哲学，特别是从希罗多德、修昔底德到李维、普鲁塔克古希腊罗马的史学。《希腊志略》《罗马志略》和《欧洲史略》用卷节体的形式完整地为清末中国人呈现了西方古代的撰史风格，也让中国人对历史有了更深的理解。宋恕读完西史曾写道："西人谓拉丁史多寓言，不易别其实事。余谓万国古书率多寓言，不独拉丁史也。虽然，大千世界，如梦如幻，孰为寓言？孰为实事？实事不妨作寓言

① 沈国威：《六合丛谈》，上海辞书出版社，2006，第25页。
② 沈寂：《中国近代史事论丛》，安徽大学出版社，2009，第18页。
③ 卢汉超：《赫德传》，上海人民出版社，1986，第249页。
④ 王扬宗：《近代科学在中国的传播（上）》，山东教育出版社，2009，第177页。

观，寓言亦不妨作实事观矣。"① 梁启超评价《希腊志略》和《罗马志略》为"皆特佳之书"②。

《西学启蒙十六种》一度作为京师同文馆和其他官办学堂讲授科学的教科书。1901 年，蔡元培为杭州东湖书院策划，让他们以《西学启蒙十六种》中的生理学、地质学、动植物学、化学诸书为课本。③

艾约瑟参与了《中西闻见录》《益智新录》等报刊的编辑工作，同时也是《教务杂志》《中国评论》的主要撰稿者，对近代中国了解西方科学产生了重要作用。

三、报纸与译书机构

印刷对于基督教传教来说具有特别重要的意义。古登堡发明的活字印刷在 16 世纪欧洲的宗教改革运动中发挥了独特的作用，路德就是靠大量印刷的《圣经》打破了罗马天主教会对宗教的垄断，成功进行了宗教改革。对于来华传教士来说，印刷也是宗教宣传必不可少的一种手段。传教士在从事出版活动时，其个人身份有时超出了其传教士身份。这其中具有代表性的人物就有上文提到的傅兰雅、李提摩太、林乐知等，他们的出版工作与传教士的本职无关，但他们的出版工作对于西学传播有极大意义。

（一）墨海书馆

19 世纪 40 年代，英国传教士麦都思在上海创建墨海书馆。这是基督教传教士在上海创办的一个集翻译、印刷、出版于一体的机构，在清晚期的出版机构中占有极其重要的地位。墨海书馆采用西方印刷技术，出版了一大批关于西方政治、科学、宗教等内容的书籍，如《新约全

① 胡珠生编《宋恕集（上册）》，中华书局，1993，第 58 页。

② 梁启超：《读西学书法》，载黎难秋主编《中国科学翻译史料》，中国科技大学出版社，1996，第 640 页。

③《中国近代学制史料》（第一辑，上册）第 301—305 页。

书》《大美联邦志略》《博物新编》《植物学》《代微积拾级》《代数学》，同时还出版中文期刊《六合丛谈》，是晚清译介西学最重要的出版组织。

王韬曾于道光二十八年（1848）考察墨海书馆。他描述道："时西士麦都思主持墨海书馆，以活字板机器印书，竞谓创见。余特往访之……后导观印书，车床以牛曳之，车床旋转如飞，云一日可印数千番，诚巧而捷矣。书楼俱以玻璃作窗墉，光明而纤翳，洵属玻璃世界。字架东西排列，位置悉依字典，不容紊乱丝毫。"① 从记载来看，道光二十八年墨海书馆已使用机器印刷，而且书馆的设施也已比较周全。

1857 年，墨海书馆创办了中文综合性杂志《六合丛谈》，由伟烈亚力主编，王韬与艾约瑟合作翻译了众多宗教、科学、文学等方面的文章。伟烈亚力在《六合丛谈小引》中阐述了《六合丛谈》的宗旨："今予著《六合丛谈》一书，亦欲通中外之情，载远近之事，尽古今之变……务使穹苍之大，若在指掌，瀛海之遥，如同衽席。是以琐言皆登诸记载，异事不壅于流传也。是书中所言天算舆图，以及民间事实，纤悉备载。"② 《六合丛谈》重点介绍西学，包括化学、电气之学、测天之学、察地之学、民间事实、西方国家发展史等内容，宗教内容退居其次。在天文学方面，该杂志连载了伟烈亚力与王韬合译的《西国天学源流》，系统地介绍了 1846 年以前西洋天文学的历史，阐述了西方宇宙观的演进史。《六合丛谈》还刊载了诸多地理知识，比如《地球形势大率论》《释名》《水陆分界论》《山原论》《洲岛论》《平原论》《洋海论》《川地震火山论》《潮汐平流波涛论》《川湖河论》《地气》等篇章。③

此外，墨海书馆还翻译、出版《华英通商事略》，由伟烈亚力口述，王韬笔述。本书从明朝万历年间英国请求同中国通商开始，围绕着东印度公司在中国的活动，详细记述了鸦片战争之前中英之间的贸易往来。王韬将该书收入《西学辑存六种》，并在跋文中论述了对外贸易与国家

①《漫游随录》，第 58 页。

②《六合丛谈》，第 521 页。

③ 赵少峰：《西史东渐与中国史学演进 1840—1927》，商务印书馆，2018，第 89—90 页。

繁荣富强之间的关系，认为"贸易愈盛则技艺愈精，人民愈重，保大丰财，不外乎此"①。此外，艾约瑟和伟烈亚力还编辑有《中西通书》，是一本以中西日历为主，附带介绍中西政治社会和科学文化的知识普及读物。

墨海书馆印《中西通书》

　　墨海书馆是近代中国第一个教会印书馆，除出版宗教书籍外，还出版了大量自然科学方面的书籍。这些书籍的出版，促进了中西之间的文化交流，有助于西学在中国的传播，在当时中国知识起到了重大的启蒙作用。

（二）《格致汇编》

　　《格致汇编》创刊于1876年，终刊于1892年，历时16年（中有间断），共出60卷。傅兰雅指出《格致汇编》是为了适应中国人日益增长的了解西方知识的愿望所创办的科学期刊。徐寿在为《格致汇编》写的序中，对创办这本杂志的宗旨和刊载的内容做了详细的说明："书名曰汇编，乃检

———————————

① ［清］王韬辑《西学辑存六种》，长洲王韬淞隐庐，1875—1908，第19页上。

泰西书籍，并近事新闻，有与格致之学相关者，以暮夜之功，不辞劳悴，择要摘译汇集成编，便人传观，从此门径，渐窥开聪益智。"① "汇编"之意，"欲将西方格致之学，广行于中华，令中土之人不无裨益。或须知某矿物、物件为何物何用、均可寄信下问。如有所知，则必于后卷详细复明，不取刻资。"②

傅兰雅认为，由于科学基础的薄弱、交通不发达的障碍，中国最需要的不是西学中的深奥部分，而是基础知识，应先从浅近者起手。由此出发，刊物介绍的科学内容以各门学科的基础知识为主，辅以各种简明易懂的图说。《格致汇编》设有《算学奇题》一栏，介绍了许多西方数学知识，诸如加减乘除四则运算、乘方、开方、公倍数、公约数、平面几何、三角函数、一元二次方程和二元一次方程解法等。物理学方面，介绍了电的发展、摩擦生电、电流、电阻、电压、金属导电等。化学方面，介绍了64

《格致汇编》扉页

种原质（即当时已知的 64 种元素）、化合与分解、水、酸、碱等。天文、地理、地质学方面，曾连载卜舫济的《地理初桄》，介绍地球的形成、地质构造、地形地貌、火山地震等。生物学方面，介绍了多种动植物。在傅兰雅的《虫学略论》中，傅兰雅还讲到了进化论。医学方面，介绍

---

① 《近代科学在中国的传播（上）》，第 293 页。

② 宋原放主编，吴道弘、王建辉、张立升副主编，汪家熔辑注《中国出版史料·近代部分》第二卷，湖北教育出版社、山东教育出版社，2004，第 398 页。

了西医、西药的常识和原理。① 刊物用语浅显，在说明较难理解的问题时，常辅以生动的譬喻。

《格致汇编》还有关于名人生平事迹的介绍，其中有科学家徐光启、李善兰、徐寿、爱迪生、巴司嘎（今译为巴斯卡），中西文化交流史上的著名人物利玛窦、汤若望，探险家哥伦布、麦哲伦、富兰克林等。《格致汇编》开设的《互相问答》一栏，回答读者有关科学技术的提问。据统计，栏目共回答近 500 个问题，内容涉及科学技术的各个方面，提问读者遍及上海、浙江、江苏、广东、福建、山东、湖北、天津、香港、辽宁、安徽、直隶、江西、北京等地区。由此也可见《格致汇编》在晚清中国西学传播中的广泛影响。② 《格致汇编》刊印后，曾一再重印，每期印数达四千册，销售地点遍及国内沿海及长江沿线所有重要城市。戊戌维新前后，《格致汇编》成为中国知识分子了解西学较为理想的入门读物。《申报》称其"价甚廉""书甚美""其中所言皆属有益于人生之事，中西讲求格致之人所可取法者也"③。可见，《格致汇编》大受读者欢迎。

（三）江南制造局翻译馆

1867 年，经徐寿、华蘅芳等人建议，由两江总督曾国藩奏请朝廷，成立江南制造局翻译馆。曾国藩认为："翻译一事，系制造之根本。洋人制器出于算学，其中奥妙，皆有图说可寻。特以彼此文义扞格不通，故虽曰习其器，究不明夫用器与制器之所以然……切实研究，庶几物理融贯，不必假手洋人，亦可引伸月勒成书。"④ 1867 年，江南制造局设翻译馆，聘徐寿等人任笔述，英国人伟烈亚力、美国人傅兰雅等人任口译，翻译格致、化学、制造等西方科学书籍。根据时局需要，翻

① 尚智丛：《传教士与西学东渐》，山西教育出版社，2008，第 161 页。
②《西学东渐与晚清社会》，第 426—455 页。
③《中国出版史料·近代部分》第二卷，第 398 页。
④［清］宝鋆等纂辑《曾国藩江南制造局自造轮船及翻译情形奏折》，载《筹办夷务始末》（同治朝）（七，六十一），中华书局，1979，第 54 页。

译馆的首要任务是翻译西方军事、科技等方面的书籍。作为主译人员的傅兰雅也有所记述："局内所存西字格致书有数百部，约为中国所有西字格致书最多之处"①。

翻译馆的译员由中西学者组成。中方学者可考者 50 人，其中有徐寿、华蘅芳、徐建寅、钟天纬等；西方学者主要是传教士，可考者 9 人，有傅兰雅、林乐知、玛高温、伟烈亚力、金楷理、卫理、秀耀春、罗亨利等。翻译内容的确定，是由西方译员提出初步意见，然后由包括两江总督、江苏巡抚、江南制造局总办在内的清廷官员决定。傅兰雅原拟由《大英百科全书》译起，循序渐进。但筹办洋务的曾国藩等人等不得循序渐进的慢工夫，要求"特译紧要之书"。傅兰雅在回忆录中写道："初译书时，本欲作大类编书。而英国所已有者，虽印八次，然内有数卷太略，且近古所有新理新法多未列入，顾必查更大更新者始可翻译。后经中国大宪谕下，欲馆内特译紧要之书，故作类编之意渐废，而所译者多零件新书。"② 可见，西书的翻译工作主动权并不全在西士手中，先译哪些书要经过总局或者总办的批准。傅氏在日记中有"中国大宪已数次出谕，令特译紧要之书，如李中堂数次谕特译某书"等语的记载。1879年，傅兰雅与郭嵩焘同船从英国回中国，与郭商谈了编次西学丛书的设想。③ 1877 年，第一届在华基督教传教士大会召开，傅兰雅的大会发言也只谈及在翻译馆中翻译的科技书籍。

所谓"紧要之书"，即发展中国近代工业所需的科学技术书籍。据傅兰雅对翻译馆译书的统计，译书最多的是兵法工艺、水陆兵法、船、天文、行船、汽车零件等七类，占已刊书籍总量的 41％，占未刊书籍总量的 80％。据傅兰雅记载，到 1879 年底，翻译馆共售书 32111 部，83454 册，平均每种在 250 部左右，每册页数在 60—100 之间不等。据徐维则《东西学书录》，到 1899 年，江南制造局翻译馆共出书 126 种。

---

① 张静庐：《中国近现代出版史料》（近代初编），上海书店出版社，2003，第 14 页。

②《中国近现代出版史料》（近代初编），第 14 页。

③《伦敦与巴黎日记》，第 922 页。

1909 年翻译馆议员陈洙编《江南制造局译书提要》，共收录 160 种。[1]

江南制造局翻译馆的译书活动输入了西方国家发展史，以及政治、经济、法律、外交等方面的最新内容，给当时的思想界以启发。《列国岁计政要》由英国麦丁富得力编，林乐知口译。首卷综述世界五大洲各国人民、土地、赋税、交通等情况，后各卷分列奥斯曼、比利时、法国、德国、英国、希腊、意大利、俄罗斯、土耳其、美国、埃及、澳大利亚、日本等 71 个国家和地区的政治发展，以及财政、赋税、疆域、兵备等情况。书中通过各种统计表展示所列国家的经济财政收支情况，是近代翻译出版的第一部以各国财政、赋税收支为主要内容的著作。[2]

（四）广学会

广学会成立于 1887 年 11 月 1 日，初名同文书会，1892 年改称广学会。参加者主要为英美传教士，此外还有不少在华外交官和商人，总税务司赫德任会长，英国传教士韦廉臣任督办，后由李提摩太继任。李提摩太谈及广学会宗旨时称："会中本旨，期取各国至善之法，以及国势盛衰之所系，著书立说，明告中国官吏绅士。更阐明救世教之真谛，俾知教化之与政治息息相关，五洲万国，皆真教之所弥纶。"[3] 该会的目标是通过传播基督教和西学知识改造中国社会并最终使中国基督化。为此，广学会出版了大量的宗教和西学书刊。参与该会的美国传教士，主要有林乐知、李佳白、卫理、丁韪良、卫道生、卜舫济、福开森、谢子荣、谢卫楼等。广学会在近代西学东渐和维新思想的传播中发挥了重要作用，对晚清维新运动和社会变革产生了重要影响。

广学会最主要的工作是出版书籍，出版的书刊中除传教书籍之外，还涉及历史、科学、政治、法律、商业、文学等各个方面。广学会的宗

---

①《西学东渐与晚清社会》，第 499 页。

② 邹振环：《西方传教士与晚清西史东渐》，上海古籍出版社，2007，第 377 页。

③〔英〕李提摩太：《广学会第十一届年报纪略》，载〔美〕林乐知、蔡尔康等辑录《中东战纪本末》（三编，卷四），九州出版社、厦门大学出版社，2004，第 82 页。

旨是编译出版书刊，介绍西方文化。传教士对中国社会作了分析，认为中国人的最大特点是注重学问、尊崇学者，而士大夫们又是整个中国的权力核心，鉴于这个分析，他们确立了学会工作的重点对象：文人和官员。李提摩太曾对中国文人、官员的数量和学会工作重点对象的关系作过估计，他认为广学会的工作重点对象大约为 44036 人，只要影响了这四万多人，就等于影响了三亿多中国人。从这个宗旨出发，广学会将工作重点放在了以下几个方面：翻译、编写、出版书刊、赠书、售书、举行征文等。①

广学会活动旧址

广学会出版的书籍有花之安的《自西徂东》、李提摩太的《西铎》、韦廉臣的《格致探源》、林乐知的《宗教故事》、艾约瑟的《论机器之益》、山雅各的《圣人说》等。据台湾地区学者王树槐统计，从 1887 年到 1900 年，学会共出版书籍约 176 种；到 1911 年，共出版 461 种。这些书籍中，一部分是新翻译的，一部分是新编的，还有一部分是重印的。据分析，这些书籍中，纯宗教书籍约有 138 种，占总数的 29.93％；非宗教

---

① 杜成宪总主编、王伦信等著：《上海教育史》（第一卷，古代—1911），上海教育出版社，2016，第 203 页。

书籍约 238 种，占总数的 51.63％；含有宗教意味但也有其他内容的书籍约 85 种，占总数的 18.44％。①

　　德国传教士花之安的《自西徂东》初版于 1888 年，是广学会发行量最大的书籍，自 1888 至 1911 年，共发行 54000 册。②。全书分为仁、义、礼、智、信五集。仁集叙述仁爱、仁政方面的内容，诸如救济贫民、赡养老人等。义集主要为国家理财方面，也谈一些关于人的基本权利问题，如禁止一夫多妻、禁止缠足、关于结婚年龄问题等。礼集主要介绍西方社会的礼仪风俗，对中国礼仪中的奢侈、不合时宜等提出了批评。智集主要叙述了学术、智慧方面内容，较为详细地介绍了西方的文化、教育、新闻、语言、科学技术等方面的内容，特别强调了科学技术和教育工作是人类发展的巨大推动力。

　　为了实施他们影响全国各地士人的计划，广学会开展了广泛的赠书活动。广学会的赠书多选择在乡试、省试和会试时。广学会的方法是派人在考场外赠书给进出考场的各地举子。书籍一般采取小册子和单张的方式，这样便于携带和浏览，书籍内容一般与考试内容有关。此外，广学会也给地方各级官员送书。据不完全统计，1888 年至 1900 年间，广学会共送出各类书刊 302141 册，其中 1897 年一年内即送出 21950 册。③广学会吸引士人、推广西学的另一个办法是开展有奖征文。由广学会人士先拟定若干题目，登在《万国公报》上，参加者从中选择一个或几个发表自己的意见，然后由知名人士评判，评出获奖文章，给予奖金。广学会有三次较大规模的征文活动：第一次是在 1890 年；第二次是在 1893 年，30 道题目；第三次是在 1894 年，共 5 道题目。广学会向在北京、南京、杭州、福州、广东等地参加举人考试的考生散发了一万张载有征文启事的单张，并在《万国公报》上登载了征文启事，以征文的方

① 吴永贵主编《中国出版史（下册·近现代卷）》，湖南大学出版社，2008，第 30 页。
② 台湾研究院近代史研究所编辑委员会编印《近代史研究所集刊》2015 年第 4 期，第 223 页。
③《西学东渐与晚清社会》，第 555—556 页。

式吸引读者对社会问题的关注，以达到传播新知、启迪思想的目的。广学会征文活动的目的非常明确，即吸引士人对基督教、西学和时政的关注，这对西学的传播有正面作用。

（五）《万国公报》

广学会主办的报刊有《万国公报》《孩提画报》《训蒙画报》《成童画报》《小孩新报》《中西教会报》《教会公报》《大同报》和《女铎报》等，其中，影响最大的是《万国公报》。《万国公报》的前身是《教会新报》。《万国公报》于1883年停刊，1889年因作为广学会的机关刊物而复刊。报纸仍由林乐知主编，每周一期，到1907年停办。复刊后的《万国公报》完全是一个世俗性刊物，内容以时评和新闻为主。

林乐知在主持《万国公报》期间，宣传西方资产阶级民主政治法律制度，推动中国的变法。他的思想和活动对中国的近代发展有过较大的影响。其译书中最著名的是《中西关系略论》和《中东战纪本末》。《中西关系略论》是一部关于中国内政、外交的评论著作。该书最初连载于1875年9月至1876年4月的《万国公报》上。他在《中西关系略论》中提醒清政府要审时度势，进行改革。甲午战败后，中国面临空前严重的民族危机，传教士以清廷面临的内外危急形势论证中国变革的必要性和紧迫性。《马关条约》签订后，《万国公报》发表了美国前国务卿、李鸿章顾问福士达的文章，称甲午战争中国败于日本已使其"昔日之盛名化为乌有，不但日本视华变敬畏为欺藐，即各国本与中国久无衅隙，而群情之敬肆亦复相去天渊"。"中国当此时会，倘于胜败之故，依然不究本原，窃恐险象环生，罔有攸济矣。"[①] 林乐知认为中国若仍不思变法，则"数年之后，强邻环集，按图索骥，瓜剖豆分，虽有善者，无从措手。昔之罗马雄邦，今之斐（非）洲三土，大梦未醒，垂手听割，可为殷鉴。""欲救其弊，非自强不可"[②]。《万国公报》以日本为例，论证中国

---

① ［美］林乐知主编《万国公报》（第24册），华文书局，1968，第15319页。
② ［美］狄考文：《拟请京师创设总学堂议》，载《万国公报》（第100卷），1897，第7页。

变法的可行性，即像日本那样以西方为师，"（日本）乃小国也，能纵横如意若此，我大国也，顾反事事逊彼，步步让入，果何为哉？其中成败之由，夫亦大可思矣。彼国自维新以后，朝野上下，事无大小，无不效法泰西……而其明效大验，足以与西国相颉颃……今为我中国计，固不必如彼岛国之所为，但当舍我之短，而师西国之长，俾通国之耳目焕然一新"①。

《万国公报》发行量极大，在 1898 年达到 38400 份，居当时发行的各种刊物之首。其影响上至皇帝、军机大臣，下至普通知识分子。据《广学会年报》记载，总理衙门经常订阅《万国公报》，醇亲王也经常阅读该报，"高级官吏们也常常就刊物中所讨论的问题发表意见"，英国传教士苏慧廉认为《万国公报》"销行最广，感力最大，中国维新分子受这报的鼓动者，不在少数"②。

在《万国公报》近 40 年的出版史中，刊载了大批有影响的西学著作，内容涉及自然科学和人文社会科学各个方面。例如，培根的《格致新法》（今译《工具论》），韦廉臣的《格物探原》《星学举隅》《天文图说》《万国地图说略》《泰西格致诸名家传》，慕维廉的《格致新学》，林乐知的《格致源流》《天文地理》《论日蚀》《译民主国与各国章程及公议堂解》，叶芝圃的《电报节略》，朱玉堂的《声学刍议》，丁韪良的《彗星论》，潘慎文的《彗星略论》，李提摩太的《八星之一总论》《农学新法》《论生利分利之别》《三十一国志略》《泰西新史揽要》《大同学》，德贞的《西医举隅》《西医汇抄》《医理杂说》《论饮食消化之理》和《脉理论》，嘉约翰的《皮肤诸症论》，艾约瑟的《泰西各国校塾》《亚里士多德传》《富国养民策》，狄考文的《振兴学校论》，花之安的《国政要论》《自西徂东》《性海渊源》等。

────────────────

①《万国公报》（第 24 册），第 15004 页。
②《中国近代史资料丛刊·戊戌变法》（四），第 235 页。

第三节　西学传播及对中国社会之影响

一、近代学科体系的引入与形成

中国古代文明是大陆内聚型的农业文明，十分重视农业发展所依托的天时、地利、人和的三才观，并由此发展出古代有机论自然观。中国古代的科学技术史、哲学史、文化史的研究无不揭示出中国古代认识自然、把握自身的基本思想。它强调整体、强调联系、强调变化、强调统一，以研究复杂性及其非线性为特点，以整体论和综合方法为主。而近代西方科学体系以研究自然界物质运动的简单性及其线性运动为特点，以还原论和分析方法为主，因此机械论是近代科学世界观的核心观点，二者大异其趣。晚清士人遭遇"三千年未有之大变局"，在认识到有别于"中学"之"西学"后，所谋求的也正是中西学术之"会通"。有观点以为：中国古代科学转变为近代科学的突出标志就是接受了机械论思想，后来新文化运动中提出的两个著名口号——民主与科学，科学的核心观点就是机械论。中国科学文化逐渐摆脱了气本论、象数论的古代形态、方法和思维的窠臼，古代朴素科学思维转变为近代科学思维。19世纪末20世纪初，以中国科学界开始接受近代西方机械论和进化论为标志，中国进入了现代科学时期。①

（一）近代自然科学的引入

1. 天文学

植根于生产实践的天文学，是人类文明中萌发较早的学科之一。在我国悠久的历史中，天文学曾经有过辉煌的发展，张衡、祖冲之、僧一

---

① 李志军：《观念的嬗变体系的归一——中国近代科学思想体系的形成历程》，《北京行政学院学报》2004年第6期。

行、郭守敬等历代天文巨匠为此做出了卓越的贡献。到了近代，由于资本主义大生产的需求，天文学在西方各国有了蓬勃的发展。恩格斯说过，自从哥白尼的不朽著作《天体运行论》（1543 年 5 月 24 日）出版以来，"从此自然科学便开始从神学中解放出来……科学的发展从此便大踏步地前进……"①

牛顿于 1687 年发现万有引力定律以后，哥白尼的日心地动说也日渐深入人心。随之，一系列新的天文发现接踵而至，一个天文学的新天地就此展开。可是，清王朝自 1723 年雍正皇帝登基以后百余年所推行的闭关锁国政策，堵塞了近代西方天文学的最新信息传入中国的渠道，从而大大延迟了近代西方天文学在中国传播的历史进程。

1840 年，鸦片战争失败后，一批有识之士才从长达百余年的茫然无知的迷梦中清醒过来。他们发现建立在大量观测事实和坚实理论基础上的近代西方天文学，已成为人类认识世界和认识自身的知识宝库。至此，中国才真正掀起了学习近代西方天文学知识的热潮。1842 年，魏源编成《海国图志》一书，书中译载了有关西方天文学方面的知识，如《地球天文合论》介绍了哥白尼的日心说、日食与月食的成因以及银河、风云雷电、潮汐、火山、地震等有关天文学方面的知识，并附地球沿椭圆形轨道绕太阳运行的插图。这是中国近代第一批公开宣扬和肯定哥白尼学说和开普勒定律的中文文献。

1859 年，中国学者李善兰（1811—1882）和英国传教士伟烈亚力通力合作翻译英国天文学家侯失勒的名著《天文学纲要》，以《谈天》为名出版。该书全面地介绍了当时西方已取得的天文学知识，"如对太阳系结构和行星运动理论的较详细的叙述，对万有引力定律、光行差、太阳黑子理论、行星摄动理论以及星轨道理论的论述，对恒星系变星、双星、星团、星云等的讨论，等等。这些丰富多彩的天文学知识，在中国却是人们闻所未闻的，它们向中国广大读者展示了一幅震撼人心的天文

① 中共中央马克思恩格斯列宁斯大林著作编译局编译《马克思恩格斯选集》第三卷，人民出版社，1972，第 443 页。

学画卷。"①

李善兰为《谈天》写了一篇极其精彩的序言。在序言中，李善兰极力宣扬哥白尼学说、开普勒三大定律和牛顿万有引力定律的正确性，说近代西方天文学成果"定论如山，不可疑矣"，并批评当时一些中国学者对哥白尼学说的歪曲和攻击，为近代西方天文学在中国的顺利传播起到排除障碍、廓清道路的作用。1874 年，中国学者徐建寅（1845—1901）把到 1871 年为止的近代西方天文学的最新进展补充了进去，出版《谈天》增订本，再一次扩展了中国读者的天文学视野。经由李善兰、徐建寅等人的努力，从哥白尼开始到牛顿完成的、建立在牛顿经典力学体系之上的近代西方天文学知识，得以在中国站稳脚跟。随后，中国出现了研习近代西方天文学的热潮。

1885 年，康有为撰《诸天讲》一书。与《谈天》相较，该书增添了许多西方天文学内容，如恒星光谱型、太阳的化学元素组成、太阳上的核反应，以及康德——拉普拉斯星云假说、张伯伦和摩尔顿提出的太阳系形成的半碰撞假说，等等。康有为、严复、谭嗣同、孙中山等人都是哥白尼学说和牛顿理论的信奉者，在他们的著作或言谈中，这些理论成为他们批判封建专制主义和进行变法革新的思想武器。

天文台的建立是这一时期天文学的重要实践。1872 年上海徐家汇观象台、1894 年台湾台北测候所、1900 年上海佘山天文台和同年的青岛观象台相继建立。这些天文台最初虽为西人建造和把持，但都不同程度地融入中国的天文学研究中。1912 年，北京中央观象台建立。中央观象台随即以中国天文学会的名义出版了《观象丛报》，既介绍天文理论、气象知识，也有若干地学内容的文章。

2. 数学

从公元前 3 世纪到 14 世纪，中国人对数学作出过不少重大贡献，但从 14 世纪起，中国数学基本停步不前。直到 17 世纪，一些传教士才将西方的数学知识传入中国，紧接着有一个较活跃的发展，但仍脱离西方数学发展的主流。中国的近代数学是在自主研究、辅以引进中确立的。

---

① 王介南：《近代中外文化交流史》，山西人民出版社，2009，第 286 页。

中国的传统数学有其精深的基础，即使在 19 世纪，也比其他学科活跃。鸦片战争之后，"科学救国"之风刮进数学领域，数学家们以此为动力在传统数学的基础上，切磋求索，自主研究，掀起了一次数学研究小高潮，取得了传统数学难以企及的成果。

19 世纪著名数学家李善兰，在算术、几何、应用数学方面著作宏富。其数学研究成果集中体现在《则古昔斋算学》中。其中，《方圆阐幽》《弧矢启秘》《对数探源》3 种，是关于幂级数展开式方面的研究。李善兰创造了一种用"尖锥术"求圆面积的具体算法。虽然他在创造"尖锥术"的时候还没有接触微积分，但他实际上得出了有关

李善兰画像

定积分公式。李善兰的研究说明，即使没有西方传入的微积分，中国数学家也能通过自己的独特途径，运用独特的思想方式发现微积分，从而完成由初等数学到高等数学的转变。实际上在西方，牛顿和莱布尼兹也是在相互隔绝的情况下，通过各自不同的途径，几乎同时达到微积分思想的。李善兰在数论方面还证明了著名的费尔马理（法国数学家皮耶·德·费尔马于 17 世纪提出），这一成果发表在他的《考数根法》之中。[①]李善兰是中国微积分学的先驱，是开展近代数学研究的第一位中国数学家。从此以后，中国数学汇入了世界近代数学的潮流之中。

除李善兰外，数学家项名达（1789—1850）立足于三角、几何，著有《勾股六术》，对"方圆互通"尤有研究。戴煦（1806—1860）著有

---

①《近代中外文化交流史》，第 289—290 页。

《对数简法》《外切密率》等书，对正弦、正矢与弧之间的幂级数展开式研究颇多。丁取忠（1810—1877）自著书4种，在弧、弦、矢互取术，高次方程领域造诣较深。李善兰还与英国传教士伟烈亚力于19世纪50年代左右合作翻译欧几里得的《几何原本》后9卷、《代数学》及《代微积拾级》等书，使明末清初传入我国前6卷的古希腊数学名著《几何原本》有了较为完整的中文译本，并且使西方近代的符号代数学、解析几何和微积分第一次传入我国。

晚清时期翻译引进的西方数学著作兼收了代数、几何、分析等领域的西方优秀成果，使之与基础本来就雄厚的中国传统数学相汇合，完成了近代数学的转型。20世纪初学制改革后，小学生始习初等代数、简单的平面几何和笔算，教材有《心算初学》《西算启蒙》《代数须知》等。中学生则学习初等代数、平面几何、立体几何等，流行的教材有《代数备旨》《形学备旨》《代形合参》等。这些教材基本由翻译而来，故初、中等数学教育中，除珠算外，基本西化。①

3. 物理学

鸦片战争后，通过引进、辅以实用中的积累，以及攻读物理学的留学生归国后的不懈努力，物理学从传统"格致"中走出来，向近代物理学迈进。

力学方面，当推中国近代科学先驱李善兰与英国传教士艾约瑟合译英国著名物理学家胡威立的物理学著作《重学》20卷。该著作于1852年在上海开始翻译，1859年译毕付印，前7卷介绍静力学，中间7卷介绍动力学，最后7卷则介绍流体力学。将牛顿力学三大定律第一次介绍到中国的这本《重学》，是中国近代科学史上第一部包括运动学和动力学、刚体力学和流体力学在内的力学译著，是当时最重要、影响最大的一部物理学著作。② 京师同文馆出版美国传教士丁韪良编著的《力学测算》，用微积分来阐述落体、求重心等各种力学问题，弥补了《重学》之不足。

---

① 《二十世纪中国科学技术史稿》，第16页。

② 王渝生：《中国近代科学的先驱——李善兰》，科学出版社，2000，第37页。

声学方面，英国传教士傅兰雅与徐建寅（1845—1901）合作翻译英国著名物理学家丁铎尔（1820—1893）所著的 *Sound*，其中译本于 1874 年出版。此书阐述声学的原理和实验。直到 20 世纪初为止，所介绍到我国的声学知识，大都没有超过此书介绍的范围。

光学方面，美国传教士金楷理与赵元益（1840—1902）合作翻译英国物理学家丁铎尔著的《光学》（*Light*，原版于 1870 年出版），中译本于 1876 年出版。该书系统介绍光的粒子、波动二重性，以太说（书中译为"传光气"），光与色，光谱及其应用，光的衍射、干涉、偏振，等等。通过该著作，光的衍射、干涉、偏振的原理，实验方法及其应用等，首次传入我国。

西方近代物理学的各方面知识，如力学、声学、光学、电学等方面知识，大都在洋务运动期间已比较全面地引进。但 19 世纪 60 年代到 90 年代，中国知识界对上述物理学知识关注不多。因为当时整个教育制度还是延续科举考试的传统，关心西方近代物理学者寥寥无几。然而，西方物理学的最新成果很快传入中国，例如 X 射线和镭的知识，都是在发现后不久便传入中国的。1895 年德国科学家伦琴（1845—1923）发现 X 射线。两年后，X 射线的有关知识就传入我国，江南制造总局以"通物电光"为题给予报道介绍。1898 年，波兰科学家居里夫人（1867—1934）发现放射性元素镭。两年之后，我国的《亚泉杂志》的第 3 期上便有介绍。1903 年，鲁迅在《浙江潮》发《说镭》一文，对居里夫妇于 1902 年提取纯镭的成功进行了报道。

洋务运动开始后，中国引进了许多西方实用技术。技术上的推广应用，刺激了学科理论的发展。所以，近代实用技术的引进，促进了中国近代物理学的发展。五四运动前后，在国外攻读物理的归国留学生开始在近现代物理学的若干领域内从事研究并取得成果，各高等院校相继创建物理科系。至此，物理学在中国步入近代阶段。

4. 化学

近代西方化学知识传入中国，当以 19 世纪 50 年代英国医学传教士合信所编的《博物新编》（1855 年上海墨海书馆出版）为最早。《博物新编》内容包括天文、气象、物理、化学、动物等方面的知识。第一集里

即介绍化学知识，说"天下之物，元质（即元素）五十有六，万类皆由之而生"。元素总数仅为 56 种，这大致反映了 19 世纪初期西方化学知识的水平。1871 年，美国医学传教士嘉约翰（1824—1901）在广州与何了然合作翻译出版了《化学初阶》。同年，徐寿、傅兰雅合作翻译的《化学鉴原》出版。《化学鉴原》书中所录的《中西名元素对照表》，是我国刊出的第一张元素表。

徐寿的译著中，化学类最系统，且内容丰富，实用性强。他翻译的化学类重要著作有《化学鉴原》《化学鉴原续编》《化学鉴原补编》《化学考质》《化学求数》《宝藏兴焉》等 6 部。徐寿的儿子徐建寅译有《化学分原》1 部。徐寿父子将西方近代化学中的各个分支，如无机化学、有机化学、定性分析化学、定量分析化学、物理化学以及化学实验方法、化学仪器使用方法，完整、系统地介绍进中国，为中国近代化学学科建设奠定了基础。

中日甲午战争后，形势迫使有志爱国青年寻求科学救国之道。清末秀才赵承根、丁绪贤、张子高和任鸿隽等毅然剪去辫子，留学国外，专修化学专业。他们回国后，在高校创办化学系，培养化学人才，组织学术团体，并继续化学研究，为中国化学学科的发展贡献了力量。

5. 地理学

中国近代地理学的发展与传统舆地学关系密切，不是简单地从西方"移植"来的，因而带有较浓的中国特色。但西方地理学的传入对传统舆地学转化为近代形态起了决定性作用。明清之际，西方舆地测绘之学开始传入中国。利玛窦编制的《万国舆图》《万国图记》、艾儒略撰的《职方外纪》、南怀仁编撰的《坤舆全图》，向中国学者介绍了地球上五大洲、万国地志等世界地理知识。中国传统舆地学由于有乾嘉汉学之影响，"逐渐成为一种以内地十八行省为基本范围、以诠经读史为基本内容、以文献考据为基本方法的'古'地理学研究"。[①] 嘉道之际，传统舆地学研究的重心由内地转向边疆、由古代转向当代，西北边疆地理、中俄边疆地理及东南海疆地理研究开始起步。但真正促使舆地学向近代地

---

① 郭双林：《西潮激荡下的晚清地理学》，北京大学出版社，2000，第 77 页。

理学转变的契机，还是西方近代地理学的传入。[1]

1848 年，祎理哲编撰的《地球图说》出版（1856 年易名为《地球说略》再版）。这是一部关于世界地理的简明读物，主要内容包括：地球圆体说、地球图说、大洲图说、大洋图说、亚细亚图说、欧罗巴大洲图说、亚非理加大洲图说、澳大利亚图说、亚美理驾大洲图说。[2] 该书解释了地球的公转与自转，阐述了六大洲、五大洋、地球经纬线以及按照纬度划分的五个热量带。1854 年，英国人慕维廉撰著的《地理全志》由上海墨海书馆刊印，上卷的主要内容为政治地理，下卷的主要内容为地貌地理和历史地理，对世界各国的风土民情均作了详细介绍。[3] 1855 年，英国传教士罗存德在香港编辑出版的《地理新志》一书，介绍了西方关于地球、地转、昼夜等方面的知识。1856 年，慕维廉翻译出版了另一部地理学著作《大英国志》，对英国历史、社会、政治、文化等方面的制度、概况作了介绍。美国人李安德著《地势略解》，对海洋、陆地、火山、冰川、风雨、时令形成原因作了介绍。

蔡尔康撰写的《八星之一总论》，是一本关于世界地理的通俗读物，不仅介绍了地圆说，地球的体积、面积，各大行星的运行轨道、周期及其在太阳系中的位置，而且依次介绍了地球生物与日光的关系，地球五大洲、五大洋概况，世界人种分布，基督教、印度教、伊斯兰教、佛教、犹太教等各大宗教分布与人数等内容。时人评曰："其中言地不及言天之详，而言天又不及言地之畅。论种族异同宗教流派极可观。"[4] 此书 1892 年在《万国公报》上连载，五年后由广学会出版单行本发行，影响很大。此后，介绍西方地理学的著作相继问世。

西方近代地理学著作的传入，使中国人对近代地理学的研究范围、理论及方法有了认识，并使之与中国传统舆地学区分开来。陈黻宸将近

① 左玉河：《从四部之学到七科之学——学术分科与近代中国知识系统之创建》，上海书店出版社，2004，第 214 页。

② 同上。

③ 同上。

④ 同上书，第 215 页。

代地理学称为"新舆地学"，以与中国传统舆地学相区别。他说："据我旧闻，证彼新得，未可谓我中国之无学也。"但中国当时所要创建的新地理学，是所谓"合历史学、政治学、人类学、物理学、心理学及一切科学、哲学、统计学而为地理学者"①，也就是按照西方地理学理论和方法创建的新地理学。

1901 年，张相文分别在上海南洋公学和兰陵出版社出版了《初等地理教科书》和《中等本国地理教科书》。这是中国人编写地理教科书的开始，也是创建中国近代地理学学科体系之开始。西方近代地理学，在1903 年清政府确立的新学制中得到最后确定。该学制不仅规定地理学及其各门类的具体内容，而且对各科目的、讲解方法和内容做了具体规定，如地理研究方法包括：中国与外国之关系、地理与气候之关系、财政与地理之关系、海陆交通与地理之关系、历史与地理之关系、植物与地理之关系、文化与地理之关系、军政与地理之关系、风俗与地理之关系、工业与地理之关系等。作为近代意义上的地理学学科，在清末民初逐渐创建起来。②

（二）近代社会科学引入

1. 政治学

辛亥革命之所以成为中国近代比较严格意义上的资产阶级民主革命，有比较完整的资产阶级民主革命思想理论指导是其重要原因。而其资产阶级民主革命思想理论，又是在西方政治学说的影响下产生形成的。西方政治学说传入中国并不始自辛亥。早在 19 世纪 60 年代，卢梭、孟德斯鸠等西方启蒙思想家及其著作，就已经被陆续介绍进来。

20 世纪初，随着清政府废科举、办学堂、派遣留学生等"新政"施行，大批青年学生走出国门，到欧美等地留学。他们置身西方社会，骤然呼吸到资产阶级的空气，深切感受到了资本主义民主政治的优越性。经过学习，接受了欧美社会政治学说之后，他们进一步认识到，"欧洲

---

① ［清］陈黻宸：《地史原理》，载《陈黻宸集》上册，第 586 页、第 591 页。
②《从四部之学到七科之学——学术分科与近代中国知识系统之创建》，第 217 页。

所以有今日之文明者"，主要来自"君民间之革命"，而其"革命原动力
则卢骚之民约论是也"①。在他们看来，是卢梭、孟德斯鸠等人的政治学
说造就了资本主义的近代文明。他们认为，要改变祖国的落后面貌，非
下大力气向国内介绍西方政治学说不可。这是因为"吾同胞国民，素昧
于政治学理"②，"未有其国民谙于政治法律，而能胜组织国家与维持国
家之任者"③，所以当务之急是学习、研究政法。而"欧美政学，云烂霞
蒸"，只要将其拿了过来，"彼耕我获，掇秀撷英"，即可"恢我民智"④，
提高中华民族的政治能力。于是，在留学生当中便涌现了戢翼翚、杨廷
栋、杨荫杭等一大批热衷译介西方政治学说的人物。

辛亥时期，译介西方政治学说的另一支重要队伍是以梁启超为代表
的改良派。梁启超总结维新运动失败的经验教训，探索新的救国之方
时，也找到了欧美政治学说。他认为："欧洲近世医国之国手，不下数
十家，吾视其方最适于今日之中国者，其惟卢梭先生之民约论乎！"⑤ 为
此，他们对译介卢梭等人的政治学说，在一段时间内表现出极大的
热忱。

革命派对西方启蒙思想家的政治学说亦视若珍宝，称"卢梭之微言
大义，为起死回生之灵药，返魄还魂之宝方"⑥，因而对译介卢梭等人的
学说，表现出更大的热忱。尤其在孙中山取得众多留学生支持后，革命
派更加强了对西方政治学说的译介，使之围绕宣传同盟会的革命纲领进
行，因而具有更明确的目的性。总体而言，革命派由于把其主要精力投
入到推翻清王朝的实际斗争，在译介传播西方政治学说方面不如改良
派，结果在理论学说方面"缺乏创造性的劳动"⑦。

---

① 马君武：《弥勒约翰之学说》，《新民丛报》第 30 号。

② 汉驹：《新政府之建设》，《江苏》第 5 期。

③ 攻法子：《论研究政法为今日之急务》，《游学译编》第 2 年第 9 期。

④《国民报·叙例》，《国民报》第 1 期。

⑤ 梁启超：《自由书·破坏主义》，载《饮冰室专集》之二，第 25—26 页。

⑥ 张枬、王忍之编《辛亥革命前十年间时论选集》（第一卷，下册），生活·读
书·新知三联书店，1963，第 652—653 页。

⑦ 吴玉章：《辛亥革命》，人民出版社，2019，第 16 页。

辛亥时期译介西方政治学说，主要采取通过书局、书社翻译出版专著，或是通过报纸杂志发表译文的方式，而且很多译著，往往先在报纸杂志上以连载的形式发表。据统计，1901—1911 年，以"译"字作为报刊或书社名称者就有 23 家之多①，它们均程度不同地译介了西方政治学说。尤其是留学生主办的杂志，纷纷以"输入东西之学说，唤起民族之精神"②，"绍介新学术于我国过渡时代"③ 等作为宗旨，分别设有译述或译件专栏，另有学术、学说栏目，用以传播西方政治学说。这正如顾燮光在《译书经眼录》中所说："留东学界，颇有译书，然多附载于杂志中，……考其性质，皆借译书别具用心，故所译以政治学为多。"

留学生们与大量改良派、革命派人士通过译著、译述两种方式，在辛亥时期形成了一个介绍传播西方政治学说的热潮。一时之间，"政治国家与夫哲理之书满街皆是"④，令人目不暇接；"日日而言政治学，人人而言政治学"⑤，几成时尚，从而使西方政治学说在中国得到了广泛传播。

辛亥时期译介西方政治学说，大致出现过两次热潮：一是在 1901—1904 年间资产阶级民主革命酝酿准备阶段，此时大规模译介西方政治学说，是出于资产阶级民主革命理论形成的需要；另一是 1906—1909 年间立宪派为配合立宪运动，在《法政杂志》及《北洋政法学报》等报刊上大量译介西方宪政理论。与此同时，革命派中的一些过激分子愤于清政府暴戾统治与历次武装起义的失败而转向无政府主义，在《天义报》《新世纪》等刊物上大量译介无政府主义乃至社会主义学说。

影响较大的政治学说有英国资产阶级革命初期霍布斯、洛克的政治学说。霍布斯学说，主要由梁启超在《霍布斯学案》一文中作了译介，此文后又被收入到《欧洲近世四大家政治学说》中，文章主要介绍了霍

① 马祖毅：《中国翻译简史（五四前部分）》，中国对外翻译出版公司，1984，第 272 页。

②《开办章程》，《湖北学生界》第 1 期。

③《发刊词》，《浙江潮》第 1 期。

④《译书难易辨》，《大陆》第 2 年第 5 期。

⑤ 梁启超：《政治学大家伯伦知理之学说》，载《饮冰室文集》之十三，第 67 页。

布斯的人性论即性恶论和在人性论基础上的自然权利理论。梁启超抓住霍布斯的性恶论，认为"霍氏本此旨以论政术"，其"哲学理论极密，前呼后应，几有盛水不漏之观。其功利主义开辨端、斯宾塞等之先河，其民约新说，为洛克、卢梭之嚆矢，虽其持论有偏激，其方法有流弊，然不得不谓有功于政治学也"①。但对霍氏学说中的专制主义倾向，梁启超则表示不能赞同，指出霍氏"言立国由民意，而其归宿乃在君权"②，从而正确揭示了霍氏学说既反封建又反人民的两面性质。

译介洛克学说，较有影响的是《国民报》刊载法国阿勿雷脱著的《欧洲近代哲学》中的《陆克学说》一节。该文着重介绍洛克（陆克）从反对专制主义出发，对霍氏学说进行批判与改造，强调人的自然权利包括私有权、自由权以及受到侵害时的防护权、报复权（或叫惩罚权）。文中指出，政府的权力只是维护自然法，处罚犯罪者的执行权，而绝无专断的统治权。如果政府违背这一宗旨，则人民有"起而为乱"，"更立一新政府之权力"。如果政府与人民发生争执，其裁判官应由人民担任。上述洛克关于人的自然权利，特别关于人民是最高裁判者和人民拥有反抗权的译介，对20世纪初饱受专制压迫之苦的中国人民来说，无疑是雪中送炭。

辛亥时期译介最早也最多的是18世纪法国启蒙思想家的政治学说，其中孟德斯鸠的《法意》，曾先后以《万法精理》《法意》为名出版过三个本子。卢梭的《民约论》，也出过两种版本。至于译述的文章就更多。这些译著和译述，主要介绍了孟德斯鸠的政体论、自由论和分权说。梁启超认为"孟氏学说，最为政治学家所祖尚者，其政体论是也"，并称赞其三权分立说"三权鼎立，使势均力敌，互相牵制，而各得其所，此孟氏创见，千古不朽者也"③。严复认为孟德斯鸠平生"发愤，乃在《法意》一书"，此书"遐搜远引，钩湛瞩幽，凡古今人事，得失之林，经

① 梁启超：《饮冰室文集》之六，第89—94页。
② 同上。
③ 梁启超：《梁启超评历史人物合集·西方卷：达尔文传　亚里士多德传　卢梭传》，华中科技大学出版社，2018，第54页、第58页。

纬百为，始终条理，于五洲礼俗政教，莫不籀其前因，指其后果"，故而成为近世法家"仰为绝作"之"星宿海"①。卢梭的学说，传播最广的是社会契约论和主权在民说。"民约云者，必人人自由，人人平等"，这是当时先进的中国人对卢梭学说的通俗理解。

19 世纪上半期，资本主义制度在西欧各国得以确立和发展之后，启蒙时期的思想学说对于掌握全部国家政权的资产阶级来说，已成为十分危险的理论，他们不能再容忍所谓自然权利、人民主权等学说，于是出现了资产阶级的功利主义与自由主义的政治学说，以适应资产阶级实行全面统治的需要。其代表人物为英国的边沁、约翰·穆勒和法国的本札曼·孔斯旦。辛亥时期主要译介了边沁的功利主义，其内容主要有基于"人性规律"而"趋乐避苦"的伦理说，以及基于"以最大多数之最大幸福"原理的政治论。对穆勒学说，则有严复译的《群己权界论》和胡茂如译的《代议政体论》，前者介绍了穆勒的自由主义思想，尤其思想言论自由；后者介绍了有关代议制的问题，认为只有代议制才是"善良之政体"。

辛亥时期，不论革命派还是改良派，尤其留日学生，受明治时期社会政治思想影响较深，因此日本近代政治学说也被引入国内。日本近代政治学在明治时期主要由国家学派与实证学派形成，这两派学说中的主要代表人物的主要著作有：国家学派先驱加藤弘之的《政教进化论》；从国家学派的影响中解脱出来，促成日本政治学自立的小野冢喜平次的《政治学大纲》；被誉为日本现代政治学发展的一块基石的实证学派创始人小野梓的《国宪泛论》，小野梓后继者、实证学派主要代表人物高田早苗的《国家学原理》《宪法要义》；贺长雄的《社会进化论》《国家学》《国法学》以及号称"日本伏尔泰"的早期启蒙思想家福泽谕吉的《文明论概略》；等等，都被迅速译介进来。②

社会主义学说也传入中国。1902 年，梁启超在《新民丛报》第 18

① ［法］孟德斯鸠：《孟德斯鸠法意》上册，严复译，商务印书馆，1981，第 8 页。
② 宝成关：《西潮与回应——近四百年思想嬗替研究》，吉林人民出版社，2004，第 157 页。

期发表《进化论革命者颉德之学说》，首先引介了马克思，接着在《二十世纪之巨灵：托辣斯》《中国社会主义》等文中多次提及马克思及社会主义。继《新民丛报》后，《译书汇编》《新世纪学报》《国民日报》《浙江潮》《政艺通报》《翻译世界》《大陆报》等，也都刊载介绍马克思及社会主义的文章。1903 年前后，"《浙江潮》编辑所出版了幸德秋水的《社会主义神髓》，商务印书馆出版了幸德秋水的《社会主义长广舌》，使社会主义学说大量、频繁地译介到中国来。以孙中山为代表的资产阶级革命派在大力宣传民主革命时，也介绍了马克思学说。其中，朱执信在《民报》连续发表的《德意志社会革命家小传》《论社会革命当与政治革命并行》等文，扼要介绍了《共产党宣言》关于阶级斗争的论述，全文翻译了宣言的十项纲领，还介绍了《资本论》的主要内容。"① 此外，张继、刘师培于 1907 年在东京发起创立社会主义讲习会，在鼓吹无政府主义的同时，也介绍了社会主义。这些都使社会主义学说在中国得到一定的传播。

西方政治学传入中国之后形成了很多思想理论，伴随这些学说与思想理论而来的一系列不同于中国传统政治文化的新的政治概念、观念，对开拓中国人民的政治思想、培养政治智识、提高政治素质来说影响深远。中国人民在几千年封建专制统治下，只知有朝廷，不知有国家。人民对于国家，正像陈独秀所指出的那样："除纳税诉讼外，与政府无涉，国家何物，政治何事，所不知也"。② 辛亥时期的爱国者有感于此，运用西方政治学说，相继撰写了《原国》《国家思想变迁异同论》《说国民》《新政府之建设》等专门阐述近代国家学说和国家观念的文章。近代中国的第一批政治学专著，如杜光佑的《政治学》、杨廷栋的《政治教科书》，也都有专门章节论述国家问题。这些论著着重揭示了国家的定义，阐述了国家与朝廷、国家与政府的区别，以及国民与国家、国民主权与政府主权之间的关系等重大问题，强调国家"乃国民公共之机捩""国

① 《西潮与回应——近四百年思想嬗替研究》，第 158 页。
② 陈独秀：《吾人最后之觉悟》，载中国社会科学院近代史研究所编《五四运动文选》，生活·读书·新知三联书店，1979，第 15 页。

者民之国，天下之国即为天下之民之国"。国家绝不是帝王的私产，它不为任何人所私有，"是人人有之，即舆夫走卒亦得而有之；人人不能有之，即帝王君主亦不得而有之"。他们大力宣传人人是国家主人，使举国之人皆有"我即国，国即我"之理想，号召人们对国家大事"莫不当分任其责，而无一人得置身于事外"。这些都使近代新的国家思想和国家观念，在中国人民尤其青年知识分子当中滋生、成长，激励他们为国家的兴亡去奋斗。①

既然"国者民之国"，那么"以一国之民，治一国之事"，使国民参与国家大事，也就属题中应有之义。因此辛亥志士认为，作为国民应克服奴隶性，树立国民意识，珍惜国民价值，行使国民权利，做国家之"政治主人"。培养国民意识，关键在国民享有自由、平等的权利，其中至为重要的是人民享有参政权。通过参政活动，国民可"谙熟其政治上之操练经验"，改变其对国家大事的冷漠心态，增强爱国心。因此，参政权往往与爱国心"相为广狭"，"参政权及于少数，爱国之人亦少数，及于多数，爱国之人亦多数"。于是，国民权利问题，便为辛亥时期的许多论著所津津乐道，自由、平等、权利、义务等等，一再被热烈讨论。众多的爱国志士将这些付诸实践，积极投身于追求共和或要求立宪的火热政治斗争之中，从而在 20 世纪初年，大大地促进了几乎整整一代中国先进人物的政治觉醒。②

2. 社会学

对于西方近代社会学，中国先进学者在甲午战前即有所了解，康有为、梁启超等人均将社会学称为"群学"。1891 年，康有为在长兴学舍讲学时将群学列为一门学科，与政治原理学并列为经世之学。梁启超在湖南长沙时务学堂讲学时，亦采"群学"一词以介绍社会学。梁氏引申康有为之观点，提出"以群为体，以变为用"的"治天下之道"。他认为，"群"是天下之公理，万物之公理，同样"变"也是古今的公理，

---

①《西方文化与中国社会——西学东渐史论》，第 434 页。
② 同上书，第 435 页。

凡在天地之间者，莫不变。在他看来，群学乃系贯通天人之际之根本学问。[1]

但真正意义之社会学引入，是在甲午战后。1895 年，严复在《原强》一文中，介绍了达尔文《物种起源》及其生物进化论，将达尔文天演之学概括为物竞、天择。同时，严复还介绍了斯宾塞关于近代西方学科体系的理论，将斯宾塞之社会学称为群学，认为西方"生学""心学"皆"归于群学"。他指出，西方学术从数学、名学入门，继而治力学、质学（化学），再广以"天地二学"，再推而治生学、心学，最后归于西学之精深处——群学。[2]

因为对西方近代学术体系有较为深刻的理解，故严复将介绍西方学术之重心，集中于西方近代社会学、逻辑学、政治学、法学、经济学等社会科学方面，有选择地翻译一批西方重要学术名著，如赫胥黎之《天演论》、亚当·斯密之《原富》、斯宾塞之《群学肄言》、约翰·穆勒之《群己权界论》《穆勒名学》、甄克思之《社会通诠》、孟德斯鸠之《法意》、威廉·史坦利·耶方斯之《名学浅说》等，开创了晚清时期全面介绍西方社会科学之先河，对引入和移植西方法政诸学各门类起到异常重要作用。1898 年，严复译斯宾塞之《社会学研究》，采用"群学"一词，先在《国闻报》发表，1903 年以《群学肄言》之名印行。

晚清时正式以社会学之名将西方社会学学科介绍到中国的，是章太炎于 1902 年翻译的由日人岸本龙武太所著之《社会学》。章译《社会学》分绪论、本论两部分，绪论略述社会学的意义、方法及与其他科学的关系；本论讨论原人的状态、社会与环境的关系，并介绍社会起源的各种学说，最后讨论社会发展的原理、社会的性质与目的。

1906 年 12 月，清政府颁布之《奏定京师法政学堂章程》规定，政治门第一学年课程须讲授社会学两个小时，这是清末新式学堂设置社会学课程之开始。社会学作为一门学科，开始在中国创建起来。

---

[1]《从四部之学到七科之学——学术分科与近代中国知识系统之创建》，第 275 页。
[2] 同上。

3. 经济学

中国向西方学习的曲折历程。先是谋求西方"船坚炮利"之"用"，继而研究洋人民主政治之"体"，而西方经济思想的输入是其中的重要内容。"西人输入之学术思想，虽不必皆经济方面，然固皆直接间接影响当日中国士大夫之经济思想者也"①，认识到经济学并非"奇技淫巧"，而是"立国之大本"。其中，翻译西方经济学论著尤为受到重视，认为"经济之学以非吾国所固有者，欲真正输入先进国经济学说，莫如翻译各家原著，盖翻译能使读者窥其全貌，较之杂凑编译为彻底也"②。

1867 年，西方传教士丁韪良在同文馆开设名为"富国策"的经济学专业课程，其讲授的蓝本即是 1863 年问世的英人亨利·佛瑟特的《政治经济学教程》，这大概是中译西文经济学的开端。此后，1886 年海关总税务司出版《富国养民策》，译自威廉·杰文斯的《政治经济学入门》。而严复于 1901 年翻译的亚当·斯密的《国富论》，在当时的中国思想界造成了相当大的影响，对西方经济思想的传入起到了有力的促进作用。"自此以后，我们对于西洋经济学，完全抱虚心接受的态度"，"在同一空间同一时间，竟兼容了各国和各时代各派的思想，以致从封建观念到共产主义，无所不有，内容纷歧庞杂达于极度"③。

除欧洲外，日本的经济学也是彼时国人学习的对象。例如，1903 年日本人杉荣三郎被聘为京师大学堂经济学教习，讲授他编写的《经济学讲义》，这可能是首次在中国使用"经济学"名称；又如，1905 年王璟芳译山崎觉次郎的《经济学》。事实上，20 世纪头 20 年，译自日本的经济学著作成为该类译著的重要组成部分。据不完全统计，至 1898 年止，中国出版的西方经济学译著（主要译自英国的）有 12 种；戊戌变法至辛亥革命间出版西方经济学相关著作约 42 种。

传入中国的西方经济学涉及各个时期的主要流派和主要代表。19 世纪以翻译英国经济学（主要是庸俗经济学）为主，此后以李斯特的《政

---

① 赵丰田：《晚清五十年经济思想史》，哈佛燕京学社，1939，第 309 页。

② 夏炎德：《中国近百年经济思想》，商务印书馆，1948，第 181 页。

③ 同上书，第 162 页、第 146 页。

治经济学的国民体系》为代表作的德国历史学派经济学影响开始扩大。历史学派偏重于研究某个国家的历史特点和具体情况，强调经济发展的历史性和国民经济的有机体制，认为斯密所代表的英国古典经济学理论是一种"世界主义"，忽视了各国国民经济发展的差异，反对古典学派的抽象、演绎的自然主义方法，主张具体的、实证的历史主义方法，在贸易政策上激烈批评自由贸易。① 所有这一切，对于正在考虑如何摆脱半殖民地半封建社会贫穷落后状况的中国思想家而言是良药，他们立刻感到，斯密的自由放任主张只是"治当时欧洲之良药，而非治今日中国之良药也"②，而且指出："要作大规模的经济建设，以调整生产与消费间的关系，必须依靠国家的力量"，"亚当·斯密的主张自由贸易，正是英国工业发达，工业制造品需要外销的时候；到一九三一年时环境不同了，就是正统的学者也认为保护是必要的了"③。孙中山也明确认为自由资本主义不适合中国，强烈主张国营经济和国家干预。美国制度学派也曾在中国风靡一时，美国制度学派同德国历史学派一样，反对传统经济学所使用的抽象演绎法和在西方经济学中越来越受重视的数量分析方法，而是采取历史归纳方法和历史比较方法，强调每一个民族及其经济制度都是在特定历史条件下建立和演变的。显然，这与德国历史学派是息息相通的，中国人对它的接受，实际上是对历史学派接受的继续。更为重要的是，这两个经济学流派，无论在内容上还是在理论方法上，都同中国传统经济思想更为接近，因而在众多的西方经济学派别中更易于得到中国人的青睐。④

此外，马克思主义经济学在中国也得到了传播和发展。近代中国仁人志士在向西方学习的过程中，既大量输入了西方经济学，也引进了社会主义思想。而自十月革命后，许多先进知识分子更关注马克思主义及

① 戴家龙、赵建：《中西经济思想纲要》，安徽大学出版社，2022，第 486 页。
② 梁启超：《生计学学说沿革小史》，载《饮冰室合集》文集十二，中华书局，1989，第 34 页。
③《中国近百年经济思想》，第 153 页、第 154 页。
④《中西经济思想纲要》，第 486 页。

其经济学说。十月革命前，中国理论界对马克思主义就有所介绍，如朱执信从 1905 年开始，率先介绍了马克思、恩格斯的生平和《共产党宣言》《资本论》片段。1912 年，施仁荣翻译了《社会主义从空想到科学的发展》全文。十月革命胜利后不久，李大钊发表一系列马克思主义的论文，并翻译《雇佣劳动与资本》，还在《新青年》杂志上刊行《马克思研究专号》，比较系统且详细地介绍了马克思的经济学说，包括劳动价值、剩余价值、平均利润、不变资本和可变资本等。这时期主要以译介为主，且主要集中在政治经济学的基本原理方面。

4. 历史学

梁启超以为："于今日泰西通行诸学科中，为中国所固有者，惟史学。"也就是说，史学是中国学术门类中与西方近代学术门类中最切近之学科。中国传统史学在近代的转化，主要体现在两个方面：一是接受西方历史进化观念，并用这种新历史观检讨、批评传统历史观，倡导"新史学"，变"君史"为"民史"，促使传统历史学在内容上变革，如梁启超、章太炎、严复等人之所为；二是接受近代西方撰史体例，从中国传统史籍体裁，变为近代西方章节体裁，如夏曾佑、陈黻宸、刘师培等人之尝试。①

1901 年，梁启超在《中国史叙论》中提出"新史学"概念，指出：新史学非撰"一人一家之谱牒"，而"必探索人间全体之运动进步，即国民全部之经历及其相互之关系"。1902 年，梁启超在《新史学》中指出："欲创新史学，不可不先明史学之界说，欲知史学之界说，不可不先明历史之范围。"他认为，"历史者叙述进化之现象也"，"历史者叙述人群进化之现象也"，"历史者叙述人群进化之现象而求得其公理公例者也"，用这种近代意义上的史学来反观中国历史学。梁启超在史学之功用、历史发展方式及动因、史学研究方法以及史家修养等方面都提出了新见解，建构起区别于中国旧史学之理论体系。②

夏曾佑积极响应梁启超的史学观点，并进行中国古代史的研究，写

---

① 《从四部之学到七科之学——学术分科与近代中国知识系统之创建》，第 248 页。
② 同上。

出《最新中学中国历史教科书》。"该书由商务印书馆出版，是中国近代第一部系统而通俗的中国通史著作。全书突破了传统史学的编纂体例，而且贯穿了历史进化论观点。最值得注意之处，该书在传统史书体例之外，另辟蹊径，采用了章节体，这在中国史学发展史上是前所未有的，是历史编纂学的重大突破。"①

中国传统金石学是中国近代考古学之先声。传统金石学的发展与西方考古学理论和方法的传入是中国近代考古学形成的两个重要条件。金石学向近代考古学之演变，与地下出土材料之发掘有莫大关系。19世纪末20世纪初，出现了西域木简、敦煌文献、甲骨文等以往金石学研究中未受到重视的材料。以前，金石学虽然热衷于金石文字的考证，但是不知道有甲骨文。甲骨文发现后，孙诒让撰成第一部考释甲骨文的著作——《契文举例》。罗振玉先后编成《殷虚书契前编》《殷虚书契菁华》《殷虚书契后编》《殷虚书契考释》等书，成为这门学问的权威，中国传统金石学由此走向了近代考古学。

西方近代考古学是17世纪以后才逐步兴起的一门新兴学科，它的发掘方法和研究方法无不受到近代自然科学，如地质学、生物学及人文社会科学的哲学、历史学、民族学、人类学等学科的影响。但直到20世纪初，西方考古学才作为历史学的一门辅助学科为国人所注意。对于近代考古学在中国的发展及意义，顾颉刚说："古金文和甲骨文的研究，在清末已发其端，到了民国时代，王国维先生首先利用这类考古学上的材料参酌了文献来研究商周史的真相，及门诸子和近世诸学者多能继续他的精神不断探求，于是古史的研究又开一新纪元，真古史的骨干也已渐渐竖立起来了。"②

社会变局和西学东渐之时代潮流对中国近代的学术分科产生重大影响。西方分门别类式的近代自然科学、社会科学的传入，无疑开阔了中国学人的眼界，使他们逐步了解并接受西方分科观念和分科方法。正是在对西方近代分科性质的学术门类有一定了解的基础上，在批判科举、

---

①《从四部之学到七科之学——学术分科与近代中国知识系统之创建》，第255页。
② 顾颉刚：《当代中国史学》，上海古籍出版社，2006，第126页。

改革书院的呼声中，中国学人接受了"分科立学""分科治学"观念，提出了一些初步的学术分科方案。

对西方近代分科性学术认识最深刻者，当属严复。严复认识到西方学术之根本所在，也找到了研究西学之门径。在他看来，西学之最大特色，在于其分科细密，只要从分类学入手，便容易研习西学。其云："治他学易，治群学难。政治者，群学之一门也。何以难？以治者一己与于其中不能无动心故。心动，故见理难真。他学开手之事，皆以分类为先。如几何，则分点、线、面、体、平圆、椭圆。治天学，则分恒星、行星、从星、彗星。政治学之于国家，何独不然，雅里斯多德之为分也，有独治、贤政、民主等名目。此法相沿綦久，然实不可用。分类在无生之物皆易，而在有官之物皆难。西国动植诸学，大半功夫存于别类。类别而公例自见，此治有机品诸学之秘诀也。"①

梁启超在《清代学术概论》一书中表明期望创出一种"不中不西，即中即西"之学，而且随着时间的推进，所谓"学"，不再是"西学"，也不是所谓"新学"，而是成为"近代知识"的代名词，并且涵盖"诸学科"，甚至与"道"有着紧密关联的"教"与"政"，也被安置于"宗教"与"政治"之学。在这个意义上来看，以分科为标志的近代学科知识在中国的成长，其影响既深且巨，堪称理解这段历史重要的维度。②

左玉河以为中国近代意义上的学术门类的建立，非常重要的一个渠道是移植之学，即直接将西方近代学术门类移植到中国来，主要是那些中国传统学术中缺乏之学术门类，如自然科学中之近代数、理、化、生、地等门类，以及社会科学中之政治学、经济学、社会学、逻辑学、法学等。在西方分科性学术及其学科门类输入之后，中国传统以经、史、子、集为框架的"四部"知识系统，受到近代西方以"学科"为分

① 严复：《政治讲义》，载王栻主编《严复集》（第五册），中华书局，1986，第1254页。

② 章清：《自序》，载《会通中西：近代中国知识转型的基调及其变奏》，社会科学文献出版社，2019，第ii页。

类标准之学术体系及知识系统的挑战，被纳入以"学科"为分类标准的近代西方知识系统中，从而转向"七科之学"。① 近代中国学科知识的成长是"援西入中"的产物，使得 19 世纪末 20 世纪以来，包括物理学、社会学、哲学等一系列今日统称为自然科学、社会科学及人文学科的近代学科知识体系，即为中国社会所接纳。中国社会有关现实世界及社会理念合法性论证的基础，也渐次脱离传统中国的"学术资源"，转而采纳近代学科知识所提供的"知识资源"。②

二、教育变革与教育制度

鸦片战争前，清朝官学包括中央官学和地方官学。中央官学主要有国子监、宗学、觉罗学、八旗官学等，国子监既是最高教育机构，又是主管全国学校的最高行政机构。地方官学有府学、州学、县学及置于乡间的社学。另外，还有政府干预下的书院，背离了自由讲学的初衷，即"书院官学化"，成为科举的附庸。这些官学中，"沿及嘉、道，浸失旧规……咸丰军兴，岁费折发，章程亦屡变更"③。国子监年久失修，生徒"坐监"制度因无法执行而取消，"考课"流于形式，连监生都可用钱捐买。八旗官学也积渐废弛。至于地方官学更是衰败不堪，府、州、县学教学活动也几于停废。正如严复所言："师无所谓教，弟无所谓学，而国家乃徒存学校之名，不复能望学校之效。"④

鸦片战争后，面对日益加剧的内忧外患，封建教育既不能应对西方文化教育的挑战，也难以维护封建社会的生存和发展，改革势在必行。随着有识之士掀起一系列救亡图存的革新运动，教育也在教学内容、教学形式、教育思想方面逐渐体现出近代教育特征。

---

① 《从四部之学到七科之学——学术分科与近代中国知识系统之创建》，第 5 页。
② 《自序》，载《会通中西：近代中国知识转型的基调及其变奏》，第 ii 页。
③ 商衍鎏：《清代科举考试述录》，生活·读书·新知三联书店，1983，第 26 页。
④ 严复：《严复集》（第一册），中华书局，1986，第 88 页。

（一）洋务运动时期的教育

近代以来，西方列强以教会为依托，在中国创办学校，吸引留学生，进行文化渗透，客观上促进了中国教育的近代化。西方赖以取胜的坚船利炮与启蒙思想也警醒了一部分封建士大夫、知识分子，他们深感学习西方先进科学技术的必要。一些有识之士，如龚自珍、魏源等，发出了变革的呼声。他们提出内修政治，富国强兵，外御强敌，掀起批判封建主义教育的思潮，提出改革传统教育的进步主张。

早在鸦片战争之前，龚自珍即深刻揭露科举制度的弊端，指出"今世科场之文，万喙相因，词可猎而取，貌可拟而肖，坊间刻本，如山如海。四书文禄士，五百年矣；士禄于四书文，数万辈矣；既穷既极，阁下何不及今天子大有为之初，上书乞改功令，以收真才"①。魏源则希冀通过科举选拔精通西洋军事技术的人才，提出"今宜于闽、粤二省，武试增水师一科，有能造西洋战舰、火轮舟，造飞炮、火箭、水雷、奇器者，为科甲出身。能驾驶飓涛，能熟风云沙线，能枪炮有准的者，为行伍出身"②，表现出将"师夷长技"纳入传统教育制度的趋向。魏源重视西方自然科学的思想，打破了自古以来注重经史、蔑视自然科学的观念，为晚清教育改革提供了理论基础。冯桂芬继承了魏源的"师夷"思想，并在此基础上更进了一步："法苟不善，虽古先吾斥之；法苟善，虽蛮貊吾师之"③；认为自强之道，在乎"师夷"，"始则师而法之；继则比而齐之，终则驾而上之"④。他主张改革书院，重振师道，认为"隆师以尊道德者也"，"尔后师道可尊，人才可振也。"⑤ 冯桂芬建议在上海、广州两处西人聚集之地设立翻译公所，选15岁以下颖悟儿童住所肄业，

① ［清］龚自珍：《龚自珍全集》下册，王佩诤校，中华书局，1959，第344页。
② 璩鑫圭主编《中国近代教育史资料汇编·鸦片战争时期教育》，上海教育出版社，2007，第439页。
③ ［清］冯桂芬：《收贫民议》，载《校邠庐抗议》，辽宁人民出版社，1994，第52页。
④ 同上书，第74页。
⑤ 同上书，第63页。

聘西人教授诸国语言文字，招内地名师授以经史之学。冯桂芬预言只要通西人语言文字者多，"则必有正人君子通达治体者出其中，然后得其要领而驭之"①。龚自珍、魏源等人介绍、引入西学，重视"经世致用"、西方科学技术、政治制度的想法与提议，迈出了中国教育从封闭走向开放的重要一步。

1861 年，清政府设立"总理各国事务衙门"，将其作为总揽洋务全局的中央机构，这标志着洋务运动的开始。洋务运动在学习西方先进军事科技的过程中，在文化教育方面也采取了重大举措，如开设学堂，包括外国语学堂、船政学堂、水师武备学堂及技术实业学堂；派遣留学生；翻译书籍等。中英《天津条约》第五十款中规定："嗣后英国文书俱用英文字书写；暂时仍以汉文配送；……自今以后，遇有文词辩论之处，总以英文作为正义，此次定约汉英文字详细校对无讹，亦照此例。"② 条约规定中英两国之间的文书一律用英文撰写，中法《天津条约》第三款亦规定中法两国的文书用法文。不平等条约中的语言歧视，使得驻外使节郭嵩焘深刻意识到外语教育在解决现实问题中的关键作用，他向朝廷建议"处今日之势，惟有倾诚与各国相接，首以谙习语言文字为要务，舍是无能自立者"③。1861 年，奕䜣在奏折中提及当下应培养通解外国语言文字之人，时人冯桂芬亦有相同的见解："通市二十年来，彼酋之习我语言文字者甚多，其尤者能读我经史，于我朝章、吏治、舆地、民情，类能言之。而我都护以下之于彼国，则瞢然无所知，相形之下，能无愧乎？"④ 他意识到清政府在处理外交事务中经常因语言障碍而受困，认为培养通晓语言文字的外交事务人才是摆脱外交困境的基本前提。"今欲采西学，宜于广东、上海设一翻译公所，选近郡十五岁以下颖悟文童，倍其廪饩，住院肄业，聘西人课以诸国语言文字，又聘内地名师

---

①《收贫民议》，载《校邠庐抗议》，第 83 页。

② 高时良、黄仁贤编《中国近代教育史资料汇编·洋务运动时期教育》，上海教育出版社，2007，第 142 页。

③《伦敦与巴黎日记》，第 91 页。

④《中国近代教育史资料汇编·洋务运动时期教育》，第 4 页。

课以经史等学，兼习算学。"①

　　1862 年，清政府开办京师同文馆，培养外语外交人才。京师同文馆的课程经历了不断丰富和逐渐规范化的发展过程。其成立之初，课程仅为外文和汉文。1866 年，设万国公法。随着洋务运动的推进，人们逐渐意识到培养科技人才的重要性。1866 年 12 月，奕䜣上奏《请求添一馆讲求天文算学折》，提出在学习外国语言文字的同时，兼学西洋自然科学，并得到批准。他认为："因思洋人制造机器、火器等件，以及行船、行军，无一不自天文、算学中来。现在上海、浙江等处，讲求轮船各项，若不从根本上用着实功夫，即学习皮毛，仍无俾于实用。臣等公同商酌，现拟添设一馆……即延聘西人在馆教习，务期天文、算学，均能洞彻根源，斯道成于上，即艺成于下，数年以后，必有成效。"② 1867年，添设天文、算学馆，陆续开设数学课程；1870 年前后，相继开设医学、生理学、化学等课程；1871 年，增设德文馆；1876 年，京师同文馆按八年制和五年制分别拟定了分年课程计划；1888 年，添格致馆、翻译处；1897 年，设东文馆。

　　同文馆由总理衙门直接管理，馆内最初并无专任长官，1869 年聘美国人丁韪良为总教习，总揽全馆教务，1894 年总教习由英国人欧礼斐接任。馆中教师按职责分为总教习、教习和副教习。③ 学生入学途径主要有三种：咨传、招考和咨送。同文馆初创时，仅设有英文馆，学生 10人，1887 年发展到 120 多人。馆中主要以考试来督促和检查学生的学业，考试分为月课、季考、岁试，此外还有三年一次的大考，"优者授为七、八、九品等翻译官，并量给升阶；劣者分别降革及咨回旗籍，历经办理在案。"④ 京师同文馆的设立标志着中国近代学校正式出现，为中国近代教育的发展打下了思想与制度基础。因其示范作用，才有紧随其后众多其他洋务学堂的涌现。

---

① 《中国近代教育史资料汇编·洋务运动时期教育》，第 4 页。
② 同上书，第 43 页。
③ 同上书，第 71—75 页。
④ 同上书，第 96 页。

互鉴融构：晚明至清代的中外文化交流

洋务派的代表人物、闽浙总督左宗棠清醒地意识到两次鸦片战争中国失败的原因在于我海防弱，敌火轮强。他认为仿造轮船是"夺彼族之所恃""师其长以制之"的自强之策。同治五年（1866），左宗棠上专折建议引进西方先进技术，自造轮船，办学堂，培养人才，"臣愚以为欲防海之害而收其利，非整理水师不可，欲整理水师，非设局监造轮船不可"①。获得批准后，左宗棠冲破重重阻力，解决了厂址校址、机器购买、技术人才聘用、经费筹措等问题，创办了福州船政局。福州船政学堂是福建船政局的重要组成部分。学堂开办之初，左宗棠认为育人比造船更重要，"夫习造轮船，非为造轮船也，欲尽其制造驾驶之术耳；非徒求一二人能制造驾驶也，欲广其传，使中国才艺日进，制造、驾驶辗转授受，传习无穷耳。故必开艺局，选少年颖悟子弟习其语言、文字，诵其书，通其算学，而后西法可衍于中国"②。继任船政大臣的沈葆桢进一步提出："船政根本在于学堂""势根本，首在育才""创始之意不重在造，而重在学""以中国之心思通外国之技巧可也，以外国之习气变中国之性情不可也"③。沈葆桢认为学生能否成材，必须"亲试之风涛乃足以觇其胆智，否即实心讲究，譬之纸上谈兵，临阵不免张皇"④。为此，学堂实行厂校一体化的产学并举模式，这种理论与实践相结合的教学方式是船政学堂的显著特色。船政衙门设立福建船政学堂的同时设立造船厂，把办学与企业紧密联系在一起，相辅相成。其办学思想反映了中国近代经济结构变动的要求，代表了近代教育发展的新方向。

船政学堂学制五年，分前学堂与后学堂。前学堂专习制造技术，又称造船学堂。时人认为法国的造船技术最先进，故多以法国人担任教习、学习法文，培养能设计制造各种船用零件并能进行整船设计的人才。后学堂则学习驾驶和轮机技术，时人认为英国的航海技术最先进，

---

① 《中国近代教育史资料汇编·洋务运动时期教育》，第 280 页。

② 中国史学会主编《中国近代史资料丛刊·洋务运动》（五），上海人民出版社，1961，第 28 页。

③ 《中国近代学制史料》（第一辑，上册），第 338 页。

④ 台北近代史研究所编《中国近代史资料汇编·海防档（乙）福州船厂》（一），1957，第 237 页。

故多以英国人担任教习。轮机专业的基本课程设有算术、几何、制图、发动机绘制、海上操纵轮机规则及指示计、盐重计和其他仪表的应用等。实践课驾驶专业主要是上船实习，轮机专业主要是在岸上装配发动机或为本厂所造船只安装发动机等。①

1868年，前学堂内添设绘事院与艺圃，绘事院的目标是培养生产用图纸的制作人员，包括船图和机器图的绘制和说明，并有一门150匹马力轮机结构的详细分析课。关于艺圃的创设，沈葆桢曾提及："据日意格前称华匠与洋匠器用不同，言语不通，事事隔阂。况素谙绳墨者类皆中年以往，心气耗散，往往不能探赜通微，请各厂分招十五以上十八以下有膂力悟性者，或十余人或数十人，俾易教导，名曰艺徒。现所招已及百余人，又不能无以钤束，于是复有艺圃之设。"② 可见艺圃实际上是一所在职培训学校，学员是从船政局各生产部门招收的15至28岁"有膂力悟性"的青年工人，名曰"艺徒"，实行半工半读。章程规定：学生"半日在堂研习功课，半日赴厂习制船械"③。在产学结合模式下，教习既是老师，又是工程师；既能上理论课，又能上实践课。这与现今职业教育的"双师型"教师类似。学生既是学员，又是学徒；既学习，又参加劳动，承担生产任务。④ 这种厂校一体的办学体制，通过造船厂与船政学堂、理论课与实践课学习密切联系，实现了教育过程与生产劳动的结合，符合职业教育"应用型人才"的培养目的，开启了我国近代职工在职教育的先河。

福建船政学堂在近代中国海军事业的发展中占有重要地位，为近代中国海军输送了第一代战舰指挥和驾驶人才，又率先实行了具有职业技术教育特色的办学模式、专业设置和课程体系，同经济、教育的近代化要求相适应，因而对近代教育制度产生了深远的影响。在福建船政学堂的带动下，1880年，直隶总督兼北洋大臣李鸿章倡议筹办北洋水师学

---

① 孙培青主编《中国教育史（修订版）》，华东师范大学出版社，2000，第305页。

②《中国近代教育史资料汇编·洋务运动时期教育》，第280页。

③ 同上书，第354页。

④ 沈岩：《船政学堂》，科学出版社，2007，第212页。

堂。1881年7月，北洋水师学堂开始招收学员，重点为北洋水师培养管驾人才。此外，还有上海江南制造局操炮学堂、广东黄埔鱼雷学堂、山东威海卫水师学堂、湖北武备学堂等。这一时期，还开设了不少技术、实业学堂，如福州电报学堂、天津西医学堂、湖北矿务局工程学堂、山海关铁路学堂、南京储才学堂等。这些外国语学堂、船政学堂、水师武备学堂及实业学堂，教授学生西文、西艺，重视理论与实践结合，确定了学制年限，采用班级授课制，培养了各项洋务事业需要的专门人才。

随着近代教育新风的吹拂，人们逐渐意识到改革科举的必要性。据统计，从同治三年到光绪十三年（1864—1887），光是洋务派官员上奏请求变更考选之制就有十五六次之多，比鸦片战争期间增加了七八倍。[1] 1864年，李鸿章从办洋务的思路出发向朝廷提出变更科举考试的问题，"鸿章以为中国欲自强，则莫如学习外国利器。欲学习外国利器，则莫如觅制器之器，师其法而不必尽用其人。欲觅制器之器与制器之人，则或专设一科取士，终身悬以为富贵功名之鹄，则业可成，艺可精，而才亦可集"[2]。李鸿章从培养近代科技人才出发，提出"应于考试功令稍加交通，另开洋务进取一格"，主张把懂得西方科学技术的人才纳入科学正途之中，培养一批掌握格致测算、舆图、机器兵法、炮法、化学、电气学等知识的洋务人才。[3]

随着洋务事业的发展，一些开明士大夫日益了解资本主义生产方式、科学技术及资本主义社会政治和经济制度，基于改变中国落后状况的主观愿望，逐渐形成了一个知识分子群体，即早期维新派。早期维新派以王韬、郑观应、薛福成等人为代表，他们也提出了改革科举的主张。在采西学方面，早期维新派的主张与魏源等人的主张有所不同。魏

① 苑书义：《李鸿章传》，人民出版社，1994，第125页。

② ［清］宝鋆编修《筹办夷务始末》（同治朝）卷二十五，中华书局，1979，第9—10页。

③ 陈学恂主编《中国近代教育史教学参考资料》上册，人民教育出版社，1986，第206页。

源等人将西学附于武科之中，未专设科目；洋务派所采西学更侧重于实用科学技术而忽视自然科学知识，而早期维新派主张将西方的学校制度与中国的科举制度相结合。

王韬认为"今欲西学之盛行而归于实用，必由朝廷特开西学始"。① 早期维新派提出应设立"西学"，郑观应提出"于文武正科之外，特设专科以考西学"，以奖励精通西学之士。他认为科举中有"翻译生员、举人、进士、翰林异试异榜，与正科诸士同赐出身，援例立科，必无扞格"，因此纳西学于科目之中，既"可与科目并行不悖，而又不以洋学变科目之名，仍无碍于祖宗成法也"②。郑观应进一步提出在正科考试结束后招考西学，"一试格致、化学、电学、重学、矿学新法。二试畅发天文精蕴、五洲地舆形势。三试内外医科、配药及农家植物新法"。西学科考试不论身份，不定额数，量才录取，"凡深明政治律例者，名为政学举人；精通艺术者，名为艺学举人"，"文字极优得以考列上等者，名为文学举人"。③ 由于早期改良派大多没有显赫的政治地位，因此他们的改革主张未落实到行动上。直到算学科的开设，才使科举改革真正付诸实践。

1870 年，沈葆桢、英桂联名上奏，称"水师之强弱，以炮船为宗，炮船之巧拙，以算学为本""特开算学一科，诱掖而奖进之"。清政府回复："若有资质明敏，愿学算法者，统归国子监算学照章学习。无论举贡监及大员子弟，均准录取。其各省学政考试，仍一体录送科场。"④ 算学的开设，迈出了科举改革的一步。但是，这一改革措施在朝野上下引发激烈论争。因为开算学从根本上颠覆科举取士的标准，故反对者不遗余力地攻击李鸿章等人的主张，"欲举所谓礼义廉耻大本大原令人一切捐弃"，"直欲用夷变夏不至"。⑤ 总理衙门认为李鸿章等"请开洋学及特

① 《弢园文录外编》，第 22 页。
② 《郑观应集》上册，第 296 页。
③ 同上书，第 295 页。
④ 舒新城编《中国近代教育史资料》上册，人民教育出版社，1981，第 29 页。
⑤ 中国史学会主编《中国近代史资料丛刊·洋务运动》（一），上海人民出版社，1961，第 129—130 页。

科，原与科目并行不悖，并非如王家璧等所称以洋学变科目"；又声称
"洋学特科，尚非仓猝所能举行，必应先议现在办法"，应优先解决派遣
使臣的问题，而洋务人才则通过荐举入仕。①

虽然算学科被暂时搁置，但进步士人仍为此项科举改革不懈呼吁。
最终清政府同意在科举考试中增设算学科，并提出算学科的实施办法：
"于岁科试时，生监中有报考算学者，除正场仍试以四书经文诗策外，
其考试经古场内另出算学题目。果能通晓算法，即将原卷咨送总理各国
事务衙门复勘注册，俟乡试之年，按册咨取赴总理衙门，试以格物测算
及机器制造、水陆军法、船炮水雷，或公法条约、各国史事诸题，择其
明通者，录送顺天乡试"，如此"则搜求绝艺之中，仍不改科举取人之
法，似亦奖励人才之一道"。② 至此，算学科以法令的形式纳西学于科举
考试之中，鼓励人们学习西学，为人们入仕开辟了新途径。

随着洋务运动的展开，中国对西学的需求更为迫切，然而"所有海
关、制造、矿务、轮船、电报、铁路、纺织等局，创办之时华人未谙其
事"，故"亦不得不借材异地"③。在中国传统教育制度下培养出来的人
已不能适应当时社会的需要，中国近代史上的第一批留学生也随之产
生。早在1854年，容闳学成回国，开始着手实施其"教育救国"的留学
计划。但彼时国内风气未开，许多人认为学习国外的科学技术纯属罪
过，故他的留学计划一直无人理解与问津。1867年，容闳第一次正式提
出了他的留学教育计划，提出中国"宜选派颖秀青年，送之出洋留学，
以为国家储蓄人才"④，并表示愿意亲自带领学生出洋学习。1871年，李
鸿章、曾国藩联名上奏提出："选聪颖幼童，送赴泰西各国书院，学习
军政、船政、步算、制造诸学，约计十余年业成而归，使西人擅长之

①《中国近代史资料丛刊·洋务运动》（一），第152页。

②《中国近代教育史教学参考资料》上册，第224页。

③《郑观应集》下册，第186页。

④［清］容闳、沈潜、杨增麒评注：《西学东渐记》，中州古籍出版社，1998，第149页。

技，中国皆能谙悉，然后可以渐图自强。"① 1872 年夏，30 名幼童在正监督陈兰彬、副监督容闳的带领下，前往美国留学。至 1875 年，清政府先后派出 4 批，共计 120 名幼童赴美留学。从 1871 到 1881 年的 10 年间，容闳全身心地投入到留学教育事业中。但后来在顽固势力的阻挠下，原定 15 年的学习计划半途中辍，留学计划夭折。

在首届留美幼童的影响下，1873 年 12 月，沈葆桢建议从福建船政学堂挑选"天资颖异，学有根柢"的学生，分别派赴法国和英国学习造船和驾驶，"深究其造船之方"和"驶船之方"，如此"速则三年，迟则五年，必事半而功倍"②。李鸿章也提出从福建船政学堂中派学习制造的学生去法国，学习驾驶的学生到英国留学，以探求"制作之源"、窥其驾驶之"秘钥"。③ 1876 年，李鸿章派青年军官卞长胜等 7 人赴德国学习陆军，成为中国军事留学生派遣之始。1877 年 1 月，沈葆桢、李鸿章联名上奏派遣海军学生留学英法，当年选派制造学生 14 人、制造艺徒 9 人和驾驶 12 人送往英法两国。1881 年和 1885 年，李鸿章等人又奏派 2 批，先后 3 批共 80 余人赴欧洲留学。这些学生留学三、五、六年不等，大都取得了优异的成绩。1892 年，张之洞奏准派译员俞忠沅携工匠 10 人至比利时学习炼钢技术。1896 年，张之洞又选派江南陆军学堂、铁路学堂、储材学堂学生 40 人赴英、法、德三国留学。从 1876 年至甲午战争前约 20 年间，清政府先后向欧洲派遣留学生 145 人。④ 至此，具有现代意义的中国官费留学运动走上正轨。与此同时，民间留学也悄然兴起，其中有赴英国学习法律的伍廷芳和到檀香山念中学的孙中山等，但官费留学生始终是洋务运动时期留学的主流。

洋务运动时期的新式教育，在"中体西用"教育思想指导下，吸收了西方教育的部分制度和形式，建立了外语、科技、军事等新式学堂。

---

① 陈学恂、田正平编《中国近代教育史资料汇编·留学教育》，上海教育出版社，2007，第 86 页。

② 同上书，第 225 页。

③ 同上书，第 230 页。

④ 李国钧、王炳照总主编《中国教育制度通史》第六卷，山东教育出版社，2004，第 172 页。

据统计，"从 1862 年创办北京同文馆，1863 年创办广方言馆培养外语翻译人才，到 1894 年在烟台创办烟台海军学堂，30 多年间，洋务派共创办了新式学堂 24 所"。[1] 新式学堂采用班级授课制度，学堂章程对学堂的机构设置、人员编制、师资配备、经费使用等做了详细的规定，尽管有其不足之处，但对于推动中国近代教育的体制化有着重要的借鉴意义，也为戊戌维新时期维新派创办学堂、制定教育制度提供了有益的参考。

翻译西方书籍，派遣留学生，为中西文化交流沟通提供了渠道，西方科技知识的传入，有力地促进了中国社会的变革，影响到中国先进分子世界观的形成，也成了他们主张政治改革的一种理论依据。此外，这一时期也培养了一批新式人才，如福建船政学堂培养了近代资产阶级启蒙思想家严复、外交官陈季同、造船专家魏翰等优秀人才；留美幼童中涌现出著名铁路工程师詹天佑、北洋大学校长蔡绍基、矿冶工程师吴仰曾等人才。然而这一时期中国的旧式教育制度基本未变，这些新式学堂又缺乏足够的师资和办学经费、设备，学生人数有限，故未能形成资产阶级教育的新体系。

（二）维新运动时期的教育

1895 年甲午战败，从事实上证明了洋务派"强兵治国"思想的破产和"中体西用"理论的疏漏，中国知识分子很快接受了西方"物竞天择，适者生存"的进化论思想，举起变法大旗，发出了"法者天下之公器也，变者天下之公理也"[2] 的呐喊。这意味着中国社会一种深刻的变革悄然发生，如梁启超所言："唤起吾国四千年之大梦，实自甲午一役始也。"[3] 一部分传统士大夫和旧式文人内心深处变法自强的民族意识开

---

① 李侃、李时岳等：《中国近代史 1840—1919》第四版，中华书局，2010，第 156 页。

② 翦伯赞、郑天挺主编《中国通史参考资料·近代部分》（修订本）上册，中华书局，1985，第 110 页。

③ 中国史学会主编《中国近代史资料丛刊·戊戌变法》（一），上海人民出版社，2000，第 296 页。

第五章 以西为师：晚清以来的中外文化交流

249

始觉醒，有意识地推动中国的历史进程，以康、梁为首的维新派是其中之典型。

维新知识分子开始理性地分析日本快速强大与中国落后的原因。"日本一小岛夷耳，能变国法，乃能灭我琉球，侵我大国，前车之辙，可以为鉴。"① 中国想要避免亡国的危险，只有向日本学习，这成为当时知识分子变法维新的共识。维新分子认为科举使人"自童至壮年，困之以八股，禁其用后世书，不读史书、掌故及当今之务"②，培养的是效忠统治者的奴才，考试内容常与社会生产脱节，对救国百无一用。

康有为、梁启超为首的维新派在批判旧式教育制度的基础上，全面论证了实行新式教育的必要性及合理性。他们指出科举制度禁锢着人们的思想，是统治者维护封建统治的重要工具。在社会巨变的背景下，科举制度却使参加科举考试的知识分子长期沉迷于四书五经等指定考试书籍中，练习写作八股文，"万语千言不能发其秘，穷年累月不能究其源"③，极大地束缚了知识分子的思想与创造力，成为阻碍社会进步的绊脚石。甲午战败后，维新派知识分子开始将中国与西方国家进行对比，随后发现：西方国家强盛有赖于国民素质的提高，"今者论一国富强之效，而以其民之手足体力为之基"④，指出西方国家强盛的根本原因在于开发国民智慧，进而获得科学技术。日本仿效西方，明治维新大兴学校教育，因而迅速崛起，"近者日本胜我，亦非其将相兵士能胜我也，其国遍设各学，才艺足用，实能胜我也"⑤。而清政府国力衰微，"其原因不止一端，而坐国人之暗，人才之乏为最重"。⑥ 正是由于"民智闭塞，学术空疏，无乘时竞进之能力"⑦，最终导致了国家的衰微破败，其中导

---

① 中国史学会主编《中国近代史资料丛刊·戊戌变法》（二），上海人民出版社，2000，第 153 页。

② 同上书，第 339 页。

③《清代科举考试述录》，第 228 页。

④《中国通史参考资料·近代部分》（修订本）上册，第 95 页。

⑤ 陈学恂主编《中国近代教育文选》，人民教育出版社，1983，第 109 页。

⑥《严复集》，第 623 页。

⑦ 同上书，第 342 页。

致"民智闭塞，学术空疏"的直接原因是中国传统的科举制度。维新派批评八股取士"使天下消磨岁月于无用之地，堕坏志节于冥昧之中，长人虚骄，昏人神智，上不足以辅国家，下不足以资事畜；破坏人才，国道贫弱，……终致危亡而已"①，进而指出"欲任天下之事，开中国之新世界，莫急于教育"②。"变法之本，在育人才；人才之兴，在开学校"③，教育乃国家"自存之命脉"④。

维新派提倡废科举、兴学校、开民智。严复认为要从根本上探求中国的富强之源，就要从教育入手，从德、智、力三方面去造中国传统的人格，提高中国人的整体素质。他提出"是以今日要政，统于三端：一曰鼓民力，二曰开民智，三曰新民德"⑤。鼓民力，即发展体育，培育人民强健体魄；开民智，即废除八股，学习西方近代自然科学和社会科学；新民德，是用资产阶级的民主、自由、平等代替中国封建宗法制度和伦理道德，进行爱国新民教育。三者不能偏废，只能审当时之时势而为之轻重。⑥

维新派借鉴西方教育制度，提出一个完整近代学校教育体制。这一体制将教育年限划分为三段，即小学堂阶段、中学堂阶段和高等学堂阶段。每个阶段都设计相应的、先进的教学内容，使之与各类学校相衔接，形成一个完备的教育体系。康有为在给光绪皇帝的《请开学校折》中设计了一套当时中国最为完整的教育体制。具体建议：乡建立小学，限举国之民，年满7岁的儿童必须入学学习，学满8年毕业。在这8年中主要学习文史、算数、物理、歌乐、舆地等课程，并规定到入学年龄而不入学者，"罚其父母"。县建立中学，年满14岁可入学学习，学制4

① 中国史学会主编《中国近代史资料丛刊·戊戌变法》（三），上海人民出版社，2000，第63页。
② 中国史学会主编《中国近代史资料丛刊·戊戌变法》（四），上海人民出版社，2000，第9页。
③《中国近代史资料丛刊·戊戌变法》（三），第21页。
④《严复集》，第592页。
⑤《中国通史参考资料·近代部分》（修订本）上册，第95页。
⑥《严复集》，第166—167页。

年，课程"务为应用之学"。中学阶段又分为初等科2年，高等科2年。初等科2年毕业者可进入专门学校学习农商、矿林、机器、工程、驾驶等科目。凡中学、专门学校毕业者可升入大学。各省设立高等学校和大学，分经学、哲学、律学、医学四科，并强调在大学教学中应注重实验、实习环节，理论与实践相结合，以使学生所学知识扎实、牢固。康有为还提出应在京师设大学一所，作为全国样板，并建议在中央设立管理教育的机构——学部，以适应新学制建立之后繁杂的事宜。[①] 康有为提出的这套新的学制体系，浓缩了当时思想界建立新学制思想的精华，集中代表了当时思想界的观点。这套小学—中学—大学—学部的学制体系，符合当时中国的实际，是当时中国最为合理先进的教育体制。其对于到入学年龄而不入学者"罚其父母"的规定，类似于强制性的义务教育，这种观点在当时无疑具有独创性。鉴于这套学制体系的合理性，光绪帝在推行变法时，部分地采纳了康有为的建议，这些思想也对后来清末新政的教育改革产生了直接的影响。

与早期维新派不同的是，戊戌维新时期的思想家们不是将教育思想停留在言论层面，而是积极投身教育实践，大胆地迈出变革中国旧式教育的一步。1895年，康有为联合上京会试的举人"公车上书"，提出"拒和、迁都、变法"的主张，酝酿改革变法。1898年，光绪皇帝下决心推行新政；6月11日颁布了"明定国是"诏书，开始自上而下的"戊戌变法"，教育变革是这次维新的重要内容。

维新派倡导发展新式教育、培养维新人才以实现救亡图存，而守旧派从维护清朝的封建专制制度出发，反对改革科举制度、废除八股取士。维新派与守旧派就是否废除八股取士、改革科举制度展开了激烈的论战。顽固派代表人物于荫霖指出："若废制艺取士，人将弃四子书而不读，其害有甚于洪水猛兽者。"[②] 大学士徐桐也认为："八股代圣贤立

---

① 《中国近代教育史资料》上册，第151—153页。
② 《中国近代教育史教学参考资料》上册，第494页。

言，朝考覆试为祖宗成法，变更则正士寒心。"① 大臣刚毅认为："此事重大，行之数百年，不可遽废。"② 与顽固守旧派不同，维新派认为科举中八股取士导致学非所用、用非所学，"今变法之道万千，而莫急于得人才；得才之道多端，而莫急于改科举。"③ 梁启超指出中国之所以弱者"皆以人才乏绝，无以御侮之故，然尝推求本原，皆由科第不变致之也"④，"为中国锢蔽文明之一大根源，行之千年，使学者坠聪塞明，不识古今，不知五洲。"⑤ 他痛斥八股取士的弊端："非徒愚士大夫无用已也，又并其农工商兵妇女而皆愚而弃之"⑥。由于没有专门之学，使得兵不能御敌，农工商不能富国。他认为，"欲兴学校、养人才以强中国，惟变科举为第一要义。"⑦ 维新派指出八股取士禁锢思想、扼杀民智，因此主张废除八股取士，同时改革科举考试的内容。维新派废八股、改科举的主张最终于"百日维新"的教育改革中得以付诸实践。

戊戌维新教育改革的措施主要有四方面。第一，改革科举制度，废八股，改试策论。光绪皇帝要求"自下科为始，乡会试及生童岁科各试，向用四书文者，一律改试策论"⑧。上谕强调，"嗣后一切考试，均以讲求实学实政为主，不得凭楷法之优劣为高下，以励硕学而黜浮华"⑨。第二，设学校，开办京师大学堂。"京师大学堂为各行省之倡，尤应首先举办"⑩。此外，要求各省府州县将书院改为学堂。各地"皆立

① 顾明远总主编《中国教育大系·历代教育名人志（修订版）》，湖北教育出版社，1994，第 312 页。
② 朱有瓛主编《中国近代学制史料》（第一辑，下册），华东师范大学出版社，1986，第 108 页。
③《中国近代教育史资料》上册，第 36 页。
④ 同上书，第 39 页。
⑤ 中国史学会主编《中国近代史资料丛刊·戊戌变法》（一），上海人民出版社，1957，第 280 页。
⑥《中国近代教育史资料》上册，第 39 页。
⑦ 舒新城编《中国近代教育史资料》下册，人民教育出版社，1961，第 923 页。
⑧《中国近代史资料丛刊·戊戌变法》（二），第 24 页。
⑨ 同上书，第 41 页。
⑩ 同上书，第 17 页。

农务学堂"，学习农业知识；"其工学商学各事宜，亦著一体认真举办"，统归督办农工商总局大臣管理，各省则由督抚设立分局，选派专人"总司其事"①，设立专门的学堂。第三，光绪下诏允许自由创立报馆、学会，并设立译书局，以继续发挥报馆、学会在开通社会风气方面的作用，将颇负盛名的上海《时务报》改为官报，由康有为负责办理。② 第四，令京师同文馆及两广、两湖、闽浙等省各派留学生并报于总理衙门，由总理衙门分批选派学生、总理出国留学事宜，有关留学事宜的章程，也由总理衙门起草制订；"如有讲求时务愿往游学人员"，可"出具切实考语"③，由总理衙门一并安排派遣出国。

然而，维新变法昙花一现，改革科举考试的各项措施绝大部分被废弛，只有京师大学堂硕果仅存。维新变法的教育改革方案是资产阶级维新派教育思想的精华部分，教育方案肯定了学校教育的地位，设计了比较完备的学制体系，同时给予人民一定程度的言论和出版自由，构成近代中国第一次思想启蒙运动的重要方面。相较于清政府短暂的改革，维新派在全国各地展开的教育实践则历时长久，影响深远。戊戌维新期间，中国各地的维新志士和一些支持变法的维新官僚纷纷开办了各类学堂，"用可用之士气，开未开之民智"④，一时之间，开办学堂在各地蔚然成风。

（三）清末新政时期的教育

1900 年，八国联军发动侵华战争后，清政府被迫签订《辛丑条约》，其反动、虚弱的本质暴露无遗，被视为"洋人的朝廷"。封建统治阶级与广大人民群众的矛盾空前激化，改良思维迅速被推翻清政府的革命思潮所替代，清政府的统治摇摇欲坠，清政府被迫实施以"宪政"为中心的"新政"。

---

① 《中国近代史资料丛刊·戊戌变法》（二），第 57 页。

② 同上书，第 44 页。

③ 同上书，第 49 页。

④ 《中国近代史资料丛刊·戊戌变法》（四），第 492 页。

早在光绪二十六年（1900），清政府即下诏："法令不更，锢习不破，欲求振作，须议更张。着军机大臣……各省督抚，各就现在情弊，参酌中西政治，举凡朝章国政、吏治民生、学校科举、军制财政……各举所知，各抒所见。"① 在学校方面，据统计，"1904 年全国学堂总数为 4222 所，学生 92169 人；1909 年学堂总数猛增为 52346 所，学生达 156.027 万人。"② 这些新式学堂较之传统的教育有着明显的特点。在新式学堂中，开设了大量的西学课程，这不但促进了科学知识的传播和普及，还促使学生知识结构和价值观念的转变。在科举考试方面，废除八股取士，乡试、会试等均试策论。光绪二十七年（1901），开经济特科取士，"照博学鸿词科例，开经济特科，于本届会试前举行"③，招揽治国人才；颁布"以策论试士，禁用八股文程式"，指出"凡四书五经义均不准用八股文程式，策论均应切实敷陈，不得仍前空衍剽窃"④。八股的考试内容已不适应社会发展的需要，废除八股取士成了历史的必然选择。

1902 年，管学大臣张百熙受命拟制全国新学堂章程。由于私塾书院的教育旧规早已遭人谴责，张百熙仿照日本制式拟成《钦定学堂章程》。这是中国近代的第一部学制，被称作"壬寅学制"。它不仅规定了各级各类学堂的目标、修业年限、入学条件和课程设置，还明确了它们之间互相衔接的关系。"壬寅学制"虽经统治者批准颁布，但由于统治阶层内部新旧思想不统一而未能切实实施。

1903 年，清廷"派张之洞会同张百熙、荣庆，将现办大学堂章程一切事宜，再行切实商订；并将各省学堂章程，一律厘定，详悉具奏"⑤。1904 年 1 月 13 日，《奏定学堂章程》批准颁布，即"癸卯学制"，它包括《学务纲要》《大学堂章程》《优级师范学堂章程》《初级师范学堂章程》《实业教员讲习所章程》，以及《各学堂管理通则》《任用教员章程》《各

① 璩鑫圭、唐良炎编《中国近代教育史资料汇编·学制演变》，上海教育出版社，2007，第 3 页。
② 崔志海：《国外清末新政研究专著述评》，《近代史研究》2003 年第 4 期。
③《中国近代教育史资料汇编·学制演变》，第 3—4 页。
④ 同上书，第 4 页。
⑤ 同上书，第 288 页。

学堂奖励章程》等。"癸卯学制"是近代中国第一个在全国范围内付诸实施的学制，是1904年至1911年清末教育的法律规范。它分三段七级：初等教育段设蒙养院、初等小学堂和高等小学堂，中等教育段设中学堂一级，高等教育段设高等学堂及大学预科、分科大学和通儒院三级。"癸卯学制"还另设初等、中等、高等实业学堂，全部学习时间长达二十几年。"癸卯学制"明确指出："以忠孝为根本，以中国经史文学为基础，使得学生心术壹归于纯正，而后以西学瀹其知识，练其艺能，等到他日成才，各适实用。"① "癸卯学制"还规定了各级各类学堂开设一定数量的西学课程，这使得学生的知识结构发生了根本性的变化。

"癸卯学制"取法日本通行学制而制定，编订的教材也大多译自日本教科书，带有浓厚的仿日色彩。究其原因，一是因为日本教育体制既采自西洋，又带有浓厚的传统色彩，传统的经学课程占有相当大的比重，沿袭旧式官学的许多管理措施。二是受到留日学生的影响。1896年开始派遣留日学生，多攻读法政和师范专业，归国后多进入政界和教育界，张百熙的幕僚即不乏留日归国生，因而对清末教育政策的制定影响较大。总之，"癸卯学制"是中国近代第一个切实执行的学制，带有明显的"中学为体，西学为用"的思想。它比以往的学制更为周密和完备。它以钦定的合法形式，以日本为楷模，引进了西方近代学制，加速中国传统教育向近代教育的转变，标志着中国近代新教育制度开始确立。

1905年，清廷降旨废除科举。"方今时局多艰，储才为急，朝廷以日昌科学为急务，屡降明谕，饬令各督抚广设学堂，俾全国之人咸趋实学，以备任使，用意至为深厚……兹据该督等奏称：科举不停，民间相率观望，推广学堂必先停科举等语，所陈不为无见。著即自丙午科为始，所有乡、会试一律停止，各省岁科考试亦即停止。"② 1906年，清政

---

① 陈景磐编《中国近代教育史》，人民教育出版社，1985，第186页。

② 袁世凯、赵尔巽、张之洞等：《会奏立停科举推广学校折暨上谕立停科举以广学校》，见《光绪朝东华录》卷195，载璩鑫圭、唐良炎编《中国近代教育史资料汇编·学制演变》，上海教育出版社，1991，第553页。

府设立学部，作为全国教育系统的最高行政机关。至此，科举制完全废止，代之以近代"癸卯学制"。在新学制的倡导下，晚清新式教育迅速发展。据学部统计，1903年至1909年的7年间，全国各省新式学堂总数由769所增加到52348所，增长了67倍；1902年至1909年的8年间，全国各省学生总数由6943人增加到1560270人，增长了近224倍。[1] 科举的废除与新学制的实施，扫除了近代学堂兴起的障碍，迎来了中国教育史上繁荣的景象。虽然清政府实行教育改革的目的是维护其自身统治，企图用西学来挽救走向没落的封建统治，但清政府对教育改革的积极实践和探索，客观上顺应了历史发展潮流，进而推动了中国社会的发展。

鸦片战争以来至20世纪初，在中国近代教育史上值得一提的是教会学校的发展。传教士意识到不管中国愿意与否，西方文明进步潮流正向中国涌来；基督教要利用这一天赐良机，通过开办学校、教授科学、培养人才来驾驭中国改革，使之成为未来中国社会的领袖和指挥者。

19世纪80年代以后，中国土地上陆续出现了一些教会中学。其中较为著名者有1881年开办的上海中西书院、1892年开办的上海中西女塾、1891年增设的北京崇实中学，以及上海圣约翰书院、华西协会中学、杭州育英书院、武昌博文书院等。19世纪90年代前后，一些著名教会中学开始延长学习年限，增设大专课程，在此基础上，升格为教会大学，也有少数直接创办为大学，如山东登州文会馆。该馆前身为1864年传教士狄考文在山东登州创办的蒙养学堂，1873年设置中学课程，1882年延长学制为6年，增设大专课程，后再改名为山东广文大学、齐鲁大学。还有华北协和学院。该院前身为1867年美国基督教公理会创办于通州的潞河书院，1886年改为潞河中学，1889年升格为大学，称为华北协和学院，后由传教士谢卫楼任校长，再改名为华北协和大学、燕京大学。北京汇文书院由美国美以美会传教士贾腓力于1882—1884年创办，1890年成立大学，后来与华北协和学院合并，再改名为汇文大学、燕京大学。上海圣约翰书院由美国圣公会传教士施约翰于1879年将培

① 李华兴：《民国教育史》，上海教育出版社，1997，第96页。

雅、度恩两书院合并而成，1890 年起增设大学课程，1905 年改名为上海圣约翰大学。在 20 世纪前 20 年，中国教会大学进入发展的快车道。这时期较重要的有苏州东吴大学、山东联合大学、武昌文华大学、广州岭南大学、上海圣约翰大学、华北协和女子大学、上海沪江学院、南京金陵大学、杭州之江大学、成都华西协和大学、武昌华中大学等。其中，以美国教会大学最为突出，几乎占外国人在中国办的大学的十之八九。

燕京大学学生在校门口的合影

教会大学的教学体制、院系设置、课程安排、教学方法、教学工具、参考书等，都是直接从美国移植到中国来的。有些大学与美国著名大学，如哈佛大学、耶鲁大学、普林斯顿大学、康奈尔大学等都有联系。更重要的是，他们把一系列西方的新学科介绍到中国教会大学，并建立新学科的研究基地。例如，金陵大学和岭南大学创立的农学院对现代农业科学技术的推广与对水稻、小麦等品种的研究，齐鲁大学和华西协和大学的医学院对西医学人才的培养，燕京大学是社会学和新闻学领域的先驱，武昌华中大学首先开设图书馆学课程，并在中国小型图书馆中推广杜威分类法。另外，还有商业、工商管理、西方历史、西方文学、拉丁文等课程，大都是教会学校首先设置的。燕京大学与美国哈佛大学合作建立的哈佛燕京学社，在研究中国传统文化方面也具有一定的特色和贡献。教会学校提倡妇女拥有平等受教育的权利、打破封建门第观念等，起到以洋风易旧俗的作用。

教会大学是从外国移植到中国文化躯体上的，固然是外来文化的强制输入，但作为人类共享的精神文化财富，也被中国本土文化吸收和借鉴。从这个角度看，西方国家输入的教会教育，可以说是近代中西文化交流的一种特殊方式。"教会大学的积极意义就在于它对中国的变革起了推波助澜的作用，它鼓励一个民族吸收另一种更现代的文明。中国的现代高等教育就是从西方高等教育蜕变而来的，它以现代科学为基础，彻底改变了传统教育的形式和内容。"①

三、军事变革与军事文化

西方近代军事变革最早萌芽于 15 世纪和 16 世纪的西欧，经 17 世纪和 18 世纪获得了进一步的发展和完善，欧洲各国火器飞速发展，热兵器逐渐替代了冷兵器。反观此时中国，由于清朝统治者故步自封、闭关自守，军队装备仍处在以骑射为根本的落后的冷热兵器混用时代，军事变革远远落后于西方世界。但伴随着西方军事侵略与西学东渐的潮流，中国军事技术变革被迫走上模仿西方的漫长道路，这对中国军事技术、军事制度、军事理论、军事文化产生重大深远的影响。

近代中国军事技术变革的重要特征就是从"冷热兵器混用的中古状态"向"热兵器为主的近代状态"转型。鸦片战争时期，一些官吏和军事技术专家受到军事环境变迁的影响，同时在西方先进军事技术的刺激和震撼下，开始积极购买与仿制西方先进军事装备。在岭南和江浙、福建等地区涌现出龚振麟父子、潘仕成、丁拱辰、许祥光、潘世荣等一批杰出的军事技术创新个体和支持军事技术发展的开明官吏，如林则徐、

第五章　以西为师：晚清以来的中外文化交流

---

① 《近代中外文化交流史》，第 241—242 页。

邓廷桢等。① 据 1842 年魏源撰写《海国图志》时估计，"自军兴以来，各省铸大炮不下二千门"。这些虽属零星的"师夷长技"活动，但"师夷长技以制夷"思想的朴素形式开始萌发，晚清军事技术近代化已然发轫。

在仿造战舰方面，浙江嘉兴县龚振麟在中国与西洋技术结合方面做出了开创之举。他在参加浙东抗英战争中，目睹了英军火轮船"以筒贮火，以轮击水，测沙线，探形势，为各船向导，出没波涛，维意所适"②，遂萌生了仿制火轮船的想法，并于第二年仿制成功。在铸造火炮方面，龚振麟同样表现出色。他发明了铁模铸炮法的新工艺，这种新工艺首先是用泥范（型）翻铸铁模，再用铁模铸造火炮，"辟众论之异轨，开千古之法门"③。佛山铸炮厂在火器专家丁拱辰的指导下采用了诸多西方造炮技术，包括制成象限仪测量演炮高低，开炮时用象限仪测试，大大提高了火炮的命中率；仿制了可以远程发射的空心弹和"蝴蝶炮子"两种炮弹；改良发火装置和炮座，制成磨盘炮架，下用木轮、铁轮以便牵引。难能可贵的是，丁拱辰还将其制造洋炮和炮弹的方法写成《铸造洋炮图说》《西洋用炮测量说》和《铸炮弹法》。④ 广东候选道潘仕成延揽美国军官壬雷斯试制水雷成功，更是鸦片战争时期军事技术进步的一个显著标志。⑤ 当时中国军事技术的进步，让外国记者和军事人员都给予肯定评价。1841 年 8 月 26 日第三次厦门之战，已使英军司令官卜尔纳德大为惊叹⑥，以军事技术而言，战后与战前相比进步还是十分明显的。黄松平因而指出：应辩证地看待历史学家蒋廷黻先生在其名著《中国近代史》中提出的一个广为引用的观点——"民族丧失二十年的光

---

① 黄松平：《晚清军事文化变迁与军事技术进步》，国防科技大学博士学位论文，2014，第 36 页。

② ［清］魏源：《海国图志》（四），岳麓书社，2011，第 2028 页。

③ 同上书，第 2130 页。

④《晚清军事文化变迁与军事技术进步》，国防科技大学博士学位论文，第 39 页。

⑤ 同上书，第 40 页。

⑥ Giden Chen，Lin Tse－Hsu，*Pioneer Promoter of the Adoption of Western Means of Maritime Defense in China*（Yenching University，1934），p.132.

阴"问题。

洋务运动兴起之后，洋务派认为要应对西方挑战，就必须创办近代军事工业，学习制造洋枪、洋炮、洋船。所以，他们不遗余力地从创立近代军事工业入手，推进中国军事近代化。洋务派在"求强"活动中，先后在全国十余个省创立了三十余座军工厂，产生了一批参与军事技术活动的集团主体，较大的军事工业如江南制造局、金陵机器局、天津机器局等军事技术集团主体都达到了相当规模，在更广的层面和更深的程度上推动晚清军事技术的进步。

北洋水师学堂学生在学习使用仪器

与此同时，主导军事技术发展的督抚意识到，发展军事技术单凭集团主体力量远远不够，必须寻求广泛的社会合作与支持，特别是与军事技术发展密切相关的工业，如冶炼、材料、通信、交通等行业的支持。因此，这些工业也得到一定程度的发展。如张之洞以武汉为中心，建立起一个以枪炮生产为主体，涵盖采矿、冶金、机械、铁路等在内的近代军事工业体系。其中，湖北枪炮厂在当时中国十几个兵工厂中规模最大、设备最新。张之洞不无自豪地宣称："湖北制造厂所造快枪、快炮为新式最精之械。"①

伴随着西式武器装备清军的同时，西式军队操练方法也引入中国。西人的直接介入开始于 19 世纪 60 年代初西方同清朝统治者联合镇压太平天国起义的共同行动。李鸿章抵达上海后很快为其淮军装备近代西方武器，"因受华尔·戈登常胜军的影响，乃募英法军官入淮军为教官……此为近代中国延聘外籍教官之始。"② 此后，李鸿章多次聘请外籍军官训练官兵，特别是淮军初次引进克虏伯炮时，聘请原克虏伯公司人员、普鲁士炮队下级军官瑞乃尔来华教习炮位操法。瑞乃尔遂成为"克虏伯公司来华最早、在华时间最长且对华军事贡献突出的人员"③。

甲午战败后，国人对待外籍教官的态度更加开放，这为聘请外籍军官训练新军扫清了舆论障碍。张之洞在练兵实践中提出了三种教练之法：一是募洋将管带操练，二是遣员弁出洋学习，三是各直省设陆军学堂。他认为，"三途之中，以用洋将管带教练为最速。"④ 根据这一原则，他聘请了三十余名德国军官作为自强军的营官和哨官，前所未有地将全部训练权都赋予他们，全军由来春石泰统带。值得一提的是，"自强军聘用德国将弁教习炮位的操法，并将各操法详细记载下来，编辑成书，是为《自强军西法类编》的内容之一"⑤。

此外，驻外使节也在军事技术引进中扮演着不可替代的角色。出使驻外期间，他们既是文化交流的使者，同时也是西方军事技术向中国转移的积极推动者。通过他们的活动，"使西方近代军事技术通过军事技术装备实体、军事技术书籍以及军事技术人才等多种方式源源进入中国。"⑥

① [清] 赵尔巽等：《清史稿》（第十四册）中华书局，1976，第 4154 页。

② 罗尔纲：《晚清兵志》第五卷 第六卷，中华书局，1997，第 148 页。

③ [德] 乔伟、李喜所、刘晓琴：《德国克虏伯与中国的近代化》，天津古籍出版社，2001，第 121 页。

④ 苑书义、孙华峰、李秉新主编《张之洞全集》第二册《奏议》，河北人民出版社，1998，第 992 页。

⑤《德国克虏伯与中国的近代化》，第 141 页。

⑥ 张传磊：《晚清驻外使臣与西方近代军事技术引进（1875—1895）》，国防科学技术大学硕士论文，2010，第 63 页。

军事技术性能的有效发挥与训练水平息息相关。甲午战败之后，出现了人人言武的局面。朝野上下对军事战败进行了深刻反思，他们都深切认识到腐朽的湘淮勇营制度和军事技术训练方式不足取。康有为曾多次上书建议裁汰旧军，训练新军"皆令仿德日兵制，分马步工炮辎重之队"①。仿用西法训练军队成为当务之急，清政府被迫顺应形势，从编制、训练、装备等方面仿照西法编练新式军队，使军队特别是新军的训练水平有了质的提升。

张之洞于甲午战后上奏的《选募新军创练洋操折》中，针对勇营的积习阐述了其新的建军原则："额必足，人必壮，饷必裕，军火必多，技艺必娴熟，勇丁必不当杂差，将领必不能滥充，此七者，军之体也。"② 新军编练的先行者胡燏棻鉴于传统训练存在诸多弊端，决定完全按西法训练。他说："此次创练新军，一切操练章程，均按照西法办理，则一切应用器具，自不能不按照西法购备。"③ 胡的继任者袁世凯对新军训练尤为重视。他组织有关人员编撰《训练操法详晰图说》，为新军训练提供了基本遵循。袁世凯在奏稿中还明确表达了"以练为战"的思想："但使就我之众，练我之兵，实按战阵之规，作平时操练之式，即以操练之法，备异日战阵之需。"④ 新建陆军的操练，由浅入深，循序渐进，先练步、炮、马、工各队的共同科目，再练各队专有科目。"而操演行军阵法一事，尤为切实演习……改变了从前操练徒事形式的面目。"⑤ 由此可见，北洋新军在日常操练、诸兵种合成、实弹演习等方面较旧式陆军有了明显进步。

1901 年，清政府命令各省设立武备学堂，裁减旧式军队，精选原有军队分为常备、续备、巡警等军，一律操练新式枪炮，各省将军、总

---

① 汤志钧编《康有为政论集》上册，中华书局，1998，第 320 页。

②《张之洞全集》第二册《奏议》，第 1053 页。

③ 朱寿朋：《光绪朝东华录》第四册，中华书局，1958，第 22 页。

④ 天津图书馆、天津社会科学院历史研究所编《袁世凯奏议》上，廖一中、罗真容整理，天津古籍出版社，1987，第 35 页。

⑤ 罗尔纲：《晚清兵志》第二卷，中华书局，1997，第 135 页。

督、巡抚上奏练兵方案。① 11月，直隶总督兼北洋大臣袁世凯奏陈改革军制。他认为旧军腐败、不堪其用与招募的松懈关系密切，在奏折中谈到甲午战争清军失败的原因时，说："固由于训练之无法，实始于选募之不精"②，如此军队往往"一旦有警，仓猝出征，兵刃未交，望风先靡，兽骇鸟散，不可收拾"③。因此，袁世凯建立新军之初就提出了严格的募兵要求。一改湘军"募格须择技艺娴熟、年轻力壮、朴实而有农夫气者为上，其油头滑面，有市井气者，有衙门气者，概不收用"④ 的模糊选兵标准，制定了清晰、明确的标准：

一、年限二十岁至二十五岁。

二、力大限平举一百斤以外。

三、身限官裁尺四尺八寸以上。

四、步限每一时行二十里以外。

五、报明三代家口、住址、箕斗数目。

六、曾吸食洋烟者不收。

七、素不安分有事案者不收。

八、五官不全，体质软弱，及有目疾、暗疾者不收。⑤

此外，军中优待有文化的士兵，如袁世凯规定："有能粗通文墨者，口粮照头目例"⑥，以此鼓励更多识字之人从军。北洋新军在立章程时，就制定了严明的军纪，主要有《简明军纪》《禁兵扰民》《严禁滥收顶替》《禁止官长亲友来营贸易》《禁止营兵买物赊欠》等条例，如规定："临阵

---

① 中国第一历史档案馆编《光绪宣统两朝上谕档》第二十七，广西师范大学出版社，1996，第172页、第173页。

②《拟定募练新章请敕部立案折》，载《袁世凯奏议》上，第435页。

③ 同上。

④ 罗尔纲：《湘军兵志》，中华书局，1984，第85页。

⑤《拟定募练新章请敕部立案折》，载《袁世凯奏议》上，第438—439页。

⑥《新建陆军兵略略存》，载来新夏编《北洋军阀（一）》，上海人民出版社，1988，第46页。

进退不候号令及战后不归伍者斩，临阵回顾退缩及交头接耳者斩，长官阵殁，首领属官援护不力，无一伤亡者，悉斩以徇……"① 北洋新军虽然军纪严苛，但是坚决反对滥加私刑和侮辱士兵。袁世凯称："军中立法贵严，用刑宜当，凡有过犯，按律惩治方昭平允，如果妄施拳脚，殴辱部下，殊于体统有乖……于严肃之中，仍寓爱惜之意"。② 这一规定与旧军将领对待士兵的态度截然不同。

清末新军

1904 年，袁世凯拟定《陆军营制饷章》，章程规定北洋新军的军队结构含设立督练公所指挥全军，下辖教练处、参谋处、兵备处三个机构。军队分为三个层：常备军、续备军和后备军。下设军、镇、协、标、营、队、排、棚等单位。虽然有军这个单位，但是在北洋新军乃至清末新军中，军这个单位比较特殊，一般不设置。"一军之制由第一军至若干军，每军两镇至三四镇不等。现在镇数无多，平时暂不编军，遇有军务，再酌量情形奏请编"。③ 因此，北洋新军主要以镇作为主要的作

① 《新建陆军兵略略存》，载《北洋军阀（一）》，第 127 页。

② 同上书，第 132 页。

③ 中国社会科学院近代史研究所、中华民国史组编《中华民国史资料丛稿专题资料选辑第二辑·清末新军编练沿革》，中华书局，1978，第 60 页。

战单位。一镇满额约 12500 人。每镇之下设立步兵两协、马队一标、炮队一标、工程队一营、辎重队一营、军乐队一营。管理层次清晰，指挥便利，基本规避了湘淮军等旧军各自为战、事权不一的弊端。军队隶属关系清晰，权责明确，兵种齐全。从军队的结构和兵种配置上来说也与西方较为接近，跟上了世界的潮流，实现了中国军队的近代化。《陆军营制饷章》是中国近代军事史上最重要的一项军事章程，它的颁布标志着新军军制的基本确立。《陆军营制饷章》对新军兵制做了详尽的规定，这个兵制照清政府的说法，是参仿泰西各国征兵章程及汉唐调兵府兵之制，实际上很大程度是采用了北洋常备军的征募制。征兵制的特点是全国所有达到应征年龄且身体健康的男子都有服兵役的义务，征兵制可以避免募兵制的弊端，用较少的军费得到大量合格的兵员，提高军人的社会地位，培养国民的爱国精神。新军兵制对近代中国的政治、军事、社会观念等方面都产生了一定的影响。征募制作为从中国传统的兵制向近代兵制的过渡，是近代中国兵制现代化的最初一步，并且在近代长期被采用。①

此外，袁世凯在接触西方军事制度的过程中，意识到中国军人缺乏军人的荣誉感，军人社会地位较低。1902 年，袁世凯上奏清政府："各国在营武员，皆系实缺，任专责重。绝少滥竽"②，指出"武职形同虚设，必应厘定"③，提出了改革军衔制度的必要性。军衔是武装力量根据职务、功绩、素养、年资、所属军兵种而授予军人的称号和标志，是组织服役、调配干部和固定职位的重要条件，对于确定军人上下级关系、服役期限，以及军需供应、国家保障、薪饷发放等，具有举足轻重的意义。袁世凯提出了具体的改革方案，规定："按差使之等级，仿官缺之高下。全军总统一员，秩仿提督，两镇翼长二员，秩仿总兵，四协统领四员，秩仿副将；步队八标统带，秩仿参将……各差弁、马弁及护兵、

---

① 郭亚平：《论晚清新军兵制》，《南开史学》1990 年第 1 期。
②《改设武职员缺片》，载天津图书馆、天津社科院历史研究所编，廖一中、罗真容整理《袁世凯奏议》中，天津古籍出版社，1987，第 534 页。
③ 同上。

号兵头目，秩仿外委"①，得到了清政府的批准。这些改革执行后，一改官制混乱的局面，提高了北洋新军军人的地位。袁世凯大力引入西方的军衔制度，推动了中国军事近代化的发展，使中国的军事制度与西方的军事制度接轨。

军事技术的进步必然导致军事教育的转型，创办传授西方先进军事技术知识的军事学堂，遂成为晚清军事技术近代化的一项重要内容。要培养适应基于先进军事技术的近代战争的大批军官和士兵，必须建立军事技术教育体系。以福州船政学堂为肇始，洋务运动期间，洋务派花费约 700 万两白银的经费，先后在全国各地办起了 30 余所各式军事学堂，计毕业各类学生共近 3000 人。洋务派创办的学校偏重军事与军工专业，"其中带有军工性质的学堂在 14 所以上。从毕业生人数看，军工类占 53.57％，一般工程技术类占 18.13％"②，"这些活动采取引进教育、派出学习等方式将西方近代军事思想和先进的军事教育体系引入中国，使中国的军事教育摆脱长期的因循守旧和徘徊不前，逐渐建立起与近代军事相适应的军事教育体系"③，为晚清军事技术近代化提供了人才与智力支撑。

同时，清政府还先后向英、法等国选送了 200 余名军事留学生。军事留学生对中国的军事技术近代化发挥了积极作用，特别是在海军领域。清政府从 19 世纪 70 年代开始大力经营海防，其派遣的三届海军留学生，成为后来中国海军的骨干力量。留学生的综合知识结构和宽广视野，使他们对清廷的国防科技发展战略有着理性认识。他们通过上书或直接建议，为中国国防科技发展问诊把脉，对军事技术的进步产生积极影响。1879 年秋，刘步蟾、林泰曾在《西洋兵船炮台操法大略》的条陈中明确提出海防最上之策，"非拥铁甲等船自成数军决胜海上，

---

① 《北洋建军档案》，载《北洋新军阀（一）》，第 469 页。

② 孔令仁、李德征主编《中国近代化与洋务运动》，山东大学出版社，1992，第 261 页。

③ 王建华：《半世雄图——晚清军事教育现代化的历史进程》，东南大学出版社，2004，第 65 页。

第五章　以西为师：晚清以来的中外文化交流

不足臻以战为守之妙"。当时李鸿章认为这种思想"自是采择西国兵家绪论，中国目前即无此力量，断不可无此志愿。"① 这些留学生同样在海军教育方面表现最为突出。

清末共有五所规模较大的海军学校，即福州船政学堂、天津水师学堂、广东水师学堂、江南水师学堂和烟台海军学校。在这些学校内主持教育的主要是留学生。例如，首届留英驾驶生严宗光（即严复）曾为天津水师学堂总教习，后来还担任总办的高级职务二十余年，为中国海军与近代军事工业培养了大批人才；首届留英驾驶生蒋超英造诣颇深，归国后曾出任江南水师学堂总教习兼提调，后升任江南水师学堂总办兼监督；首届留法制造生魏瀚归国后，出任福州船政局"总司制造"，张之洞创办广东水师学堂时，又任用其为总办；福州船政学堂中的后学堂改名为福州海军学校时，任命第三届留英驾驶生王桐为校长；烟台海军学校则是萨镇冰因目睹天津水师学堂于八国联军之役中毁于兵燹，亟思复兴中国海军而创办的。②

中国近代第一所陆军武备学堂是创立于 1885 年的天津武备学堂，在晚清建立的众多武备学堂中，其影响力最大。除天津武备学堂外，清朝在洋务运动时期创立的影响较大的军事学堂还有广东水陆师学堂（1887 年建）。此学堂兼收海陆军学生，为海陆联合学校。张之洞后来编练自强军，此学堂的陆军毕业生便成为其军官的一个重要来源。

洋务运动期间兴办的军事学堂，"不仅传播了西方先进的军事技术，而且培养了大批工程技术专家和新型的海陆军事人才。在工作中，军事学堂的学员及出国留学生们不仅应用而且传授了西方知识和技术技能，同时通过译著介绍西方文明，进而推动了西学系统化、深入性的传播"③。

随着军事改革的深入推进，懂技术的新式军官的重要性日益显现，建立系统性军事教育的呼声也日益高涨。清廷于光绪三十年（1904）八

① ［清］李鸿章：《李鸿章全集》第八册，时代文艺出版社，1998，第 4460 页。
②《晚清军事文化变迁与军事技术进步》，国防科技大学博士学位论文，第 73 页。
③ 侯昂妤、李铮：《军事学传播与"西学东渐"》，《文化学刊》2009 年第 3 期。

月初三日，正式颁布《陆军学堂办法》二十条，统一全国军事教育体制。辛丑条约签订后，清廷命各省建立武备学堂，肯定受过技术训练的军官的价值，规定"应尽曾习武备暨曾带新军者选择委用"。对于旧有官弁的任用，必须切实甄别，"以能粗识文字，虚心向学者为上格"。各军平时正常的人事提升，也必须"先尽学堂毕业之员选充"，而后才能考选原委官弁中"才具优异，教练勤能"者，或屡建功勋，资历较深者升任，"概不得在学堂新军以外随意任用"①。

近代化的军队必须有近代化的交通和通信。在军事工业大规模兴起的同时，军事协同技术及其工业建设也开始受到重视，后勤运输技术和通信技术实现了历史性的跨越，一些军事专业技术学校先后建立，部队的综合战斗能力有了一定程度的提高。铁路被认为是第一次工业革命的杰出成果，它的兴建不但对与之有业务往来的工业部门产生了巨大的、立竿见影的影响，而且对于提高军队机动性、增强后勤物资运输能力和边海防建设都有极大裨益，铁路网的修建和完善还可大大提高一个国家的国防动员能力和战略地位。

日本侵犯我国台湾后，李鸿章深感交通阻滞，调兵运饷，缓不济急。因此，他认为台湾筹办海防，拓展商务，必须以兴修铁路为基础。于是，从1874年起，李鸿章便不断呼吁兴建铁路，阐述铁路对于提高军队机动能力的巨大作用："有内地火车铁路，屯兵于旁，闻警驰援，可以一日千数百里，则统帅尚不至于误事。"② 1880年，李鸿章更是将铁路、电线网建设提升为其军事战略的重要组成部分。他说："用兵之道，必以神速为贵。"③ 经过李鸿章、丁日昌等不断努力，至甲午战争前我国共建成铁路400余公里。

迅捷的通信力连同良好的机动力同样是保证战争胜利的基本因素。电报与铁路结合的军事价值，使电报在19世纪的西方获得了与铁路相似

①《半世雄图——晚清军事教育现代化的历史进程》，第165页。

② ［清］李鸿章：《李鸿章全集》第二册，时代文艺出版社，1998，第1073页。

③ 中国史学会主编《中国近代史资料丛刊·洋务运动》（六），上海人民出版社，1961，第335页。

的发展速度。但起初只有李鸿章和沈葆桢等几个开明督抚支持架设电线，直到 1874 年日军侵台事件发生后，大多数人才领悟到电报的重大军事价值。钦差大臣沈葆桢赴台办理海防，深感电报为防务必需之物，于是在奏折中说："台洋之险，欲消息常通，断不可无电线。"① 此后，丁日昌于 1876 年创设了福州电气学塾（电报学堂），首开中国电信技术教育之先河。李鸿章亦意识到中国驿道技术的落后和电报技术在战争中的巨大作用："由各国以至上海莫不设立电报，瞬息之间可以互相问答。独中国文书尚恃驿递，虽日行六百里加急，亦已迟速悬殊……倘遇用兵之际，彼等外国军信速于中国，利害已判若径庭。"② 电报、电话等近代化通信手段首先运用于军事，在实现军队通信力近代化的同时，推动了中国通信事业的近代化。新军时期，通信技术上的进步更为引人注目，军队已普遍使用了信号旗和闪光信号灯，采用了摩尔斯电码系统。

近代以来，西方军事强国凭借坚船利炮从海上入侵中国，如入无人之境。可以说，中国"重陆轻海"军事战略与落后的军事文化难辞其咎。痛定思痛，清政府终于将关注的目光转到被遗忘已久的广袤海洋。经过数次海防大讨论，清廷朝野上下无不意识到海防的极端重要性，故调整军事战略，在加强边防的同时注重海防，这为多数人所认同。于是，军事战略逐步由重陆轻海向陆海兼顾转变。③ "万里海疆成为国防第一线。于是海防建设，遂为晚清当务之急。"④ 海权意识开始逐渐觉醒，但对于如何加强海防建设，清廷直至 19 世纪 60 年代都没有一个明确的战略，仍然停留在魏源重内河，轻海口、外洋的认识水平。在 19 世纪 70 年代著名的塞防、海防之争中，以李鸿章为代表的"海防论"者主张放弃塞防，专注海防。他认为面对"数千年未有之强敌"，非建设强大

---

① 《中国近代史资料丛刊·洋务运动》（六），第 332 页。
② ［清］李鸿章：《李鸿章全集》第三册，时代文艺出版社，1998，第 1517—1518 页。
③ 《晚清军事文化变迁与军事技术进步》，第 109 页。
④ 《晚清兵志》第二卷 第四卷，第 3 页。

的海军不足以应付变局。在晚清"财用极绌"的情况下，他认为收复新疆得不偿失。因此，他主张放弃新疆等地的塞防，专注海防。"海防塞防"之争的实质是在西北和东南都面临外部威胁的时候，在国家战略资源有限的情况下，国家安全的战略中心到底是放在西北还是放在东南，抑或是两者兼顾，以及国家安全的战略到底是侧重"塞防"还是"塞防海防并重"等问题。① 通过海防策略大讨论，军政大员在诸多方面趋于一致：一致认为海防十分重要，必须设法加强建设，也一致认为应当采取"水陆兼防"的海防方针。

嘉道年间，随着经世致用的思潮复兴，学风主流已从训诂考据转向经世致用。19 世纪中期以来，中国遭遇到"数千年未有之强敌"，面临"数千年未有之变局"。传统"华尊夷卑"的观念受到前所未有的强烈冲击，睁眼看世界的先进国人开始进行深刻的反思，传统军事文化由此经历了巨大的转型。

首先是传统的"重道轻器"的军事文化向"重器轻道"的转变。所谓重"道"，就是"注重规律、智慧、运筹、谋势、重权谋的一种战争思维方法，从文化传统和战争实践来考察，东方的军事思维传统更多的来源于这种重'道'的传统"。② 在西方坚船利炮的震慑之下，军事技术在战争中的价值为人们所认识。随之而来的内忧外患使军事技术的地位和作用进一步凸显，传统的"重道轻器"观念遭到摈弃，矫枉过正的结果是转向了"重器轻道"。

晚清朝野上下对军事技术的过分追捧必然导致对军事理论、战略思想的冷落，在战斗力生成模式中把重心偏向物的因素。从整体上看，"近代清军战术的改变远比军中兵器的改变慢得多，过去陈旧的战术方法久被采用"③。北洋海军成立后引进和更新武器装备如火如荼，然而军

① 孟晓旭：《海疆危机与近代中国国家安全战略之调整》，《国际关系学院学报》2010 年第 3 期。

② 陈挺：《道器关系论——关于军事战略与军事技术的哲学思考》，国防科学技术大学硕士论文，2006，第 33 页。

③ 牛俊法：《论近代清军的装备与战术》，《史学月刊》1985 年第 6 期。

事理论、军事战略停滞不前，"未闻有上制胜之谋者"①。曾国藩、李鸿章、张之洞等人都认为中国文武制度、用兵之法没有改变的必要，李鸿章就盲目自信："中国文武制度，事事远出西人之上，独火器万不能及。"② 这些洋务主将没有意识到学习西方军事理论、军事制度和军事管理的重大意义，即典型的"器""道"分离。因而，在近代西方军事理论迅速发展之时，"中国的军事理论主要还是对老祖宗留下来的那部《武经七书》注来注去、编来编去，对世界近代战争理论所知甚少"③。这导致了在洋务运动以后译介的西方兵学著述中，军事技术类占了很大比重。然而军事理论类像马汉著名的《海权对历史的影响》（又名《海军战略论》）直到第二次世界大战方有节略的中译本出现。

直至甲午战败，居于时代潮流前列的思想家的著作中才出现了强调"器"不能与"道"分离，以及"器"规定"道"的明显倾向。谭嗣同在甲午战争后遵循王船山关于"器"与"道"的唯物主义的学说，一再强调"器""道"是统一的存在，"器"规定"道"，"道"不能规定"器"。④ 谭嗣同在《报贝元征》一信中明确提出了"器"决定"道"的思想。他说："未有弓矢而无射道，未有车马而无御道……故无其器则无其道，诚然之言也，而人特未之察耳。"⑤ 这种思想可高度概括为"器体道用"。

总之，由"重道轻器"到"重器轻道"的变迁，客观上推动了晚清军事技术的发展水平。但也出现了军事技术"单骑突进"，忽略军事理论、军事体制、军事管理的消极现象。

近代军事文化的转型也体现在"重文轻武"的文化藩篱的突破。清末新政中，军事学堂大力倡导尚武精神，作为造就军官始基的陆军小学

---

① 陈旭麓、顾廷龙、汪熙主编《盛宣怀档案资料选辑之三·甲午中日战争（下）》，上海人民出版社，1982，第 398 页。

② 《筹办夷务始末》（同治朝）卷二十五，第 10 页。

③ 于汝波：《对 16 世纪初至 19 世纪末中国军事理论落后教训的几点思考》，《军事历史》2004 年第 3 期。

④ 李泽厚：《中国近代思想史论》，生活·读书·新知三联书店，2008，第 205 页。

⑤ 《谭嗣同全集（增订本）》上册，第 196 页。

堂章程于 1905 年正月奏定，学堂总则第一条即明确其教育目的为"振尚武之精神，植军人之资格"。① 学生规则告诫学生"应知今日世界，竞存之世界也，强者存，弱者亡，其势至亟，欲转弱而为强，惟有尚武一策。盖非武无以立国，非武无以立家，非武无以立身"②。

　　清末新政还参照西方国家的军礼、军法，制订了一系列提高军人政治地位的政策法规，规定"军人如有请奖虚衔、封典、顶戴议叙等项目照文官一律办理"。这就使军人"在朝荣宠有加，在野则礼敬不懈"。③ 军人政治地位的提升加速了晚清军事文化由"重文轻武"到"重武轻文"转变。《泰晤士报》驻华首席记者莫里循报道称："在近代中国可以觉察到的最大变化，或许是以往受轻视的军事职业现在得到了尊敬。对富有进取心的人来说，武职官衔的吸引力有取代文职官衔之势。"④

第四节　西学传播与传统天下观之演变

一、天下、国家与华夷观念嬗变

（一）从传统天下观到民族国家观念

　　天下观主要指人们对这个世界人群组织、关系和政治秩序的概念或想法。中国人的天下观在夏商之时孕育出朴素的原型，到两周时期进一步发展成长。所谓"殷因于夏礼，周因于殷礼"。《禹贡》将五服转变成

---

① 罗尔纲：《晚清兵志》（第 5—6 卷）中华书局，1999，第 56 页。
② 同上书，第 79 页。
③《晚清军事文化变迁与军事技术进步》，第 34 页。
④ ［澳］乔治·E·莫里循：《发自北京的报道》，转引自［澳］冯兆基《军事近代化与中国革命》，郭太凤译，上海人民出版社，1994，第 110—111 页。

一个以与周王畿距离远近决定职贡性质和多少的层状结构，勾勒出一个天下理想的结构。此结构和周人封建中"亲亲"和"内外"的基本观念完全一致。亲亲之义在于差等，由亲而疏，由内而外，所谓"内其国而外诸夏，内诸夏而外夷狄"，由此构成内外层层的同心圆。① 周人天下观的另一个文化内涵表现在他们以夏、诸夏自称，而将蛮、夷、戎、狄转变成带有文化上低贱意味的名称。由此进一步，知礼义诗书的中国人有责任将自己优越的文化向外推展，帮助四夷一体濡染德教，这叫"王者无外"。从春秋到战国，中国人的天下观逐步成熟，能合天下为一家，进世界于大同，是中国长久以来的政治和文化梦想。

天下秩序最初产生时是建立在某种程度的"中心——边缘"格局之上，即中国和周边世界，与血缘的远近、地位的高低相关，建立起一套亲疏、尊卑的理论。周边的国家和中国之间的关系应该是以臣事君、以小事大的关系，对中华文明抱持一种"向化"心理，是一种有等级差异的"差序格局"②，比如后世形成的朝贡关系。在将世界和人类的整体看作是一个不可分裂的共同体的前提之下，儒家认为只要中国达成王道政治，就可以为世界树立其规则，并最终得到诸夏及四夷的认同。③

传统"天下"的国家观念，并非近代意义上的民族国家观念。在此

---

① 邢义田：《天下一家：皇帝、官僚与社会》，中华书局，2011，第 85 页。

② 滨下武志通过对中国与周边的朝贡体系的研究，认为：东南亚各国之间的内在联系是由等级森严的制度体系所决定的。参见滨下武志：《从周边看朝贡体系》，载陈尚胜主编《儒家文明与中国传统对外关系》，山东大学出版社，2008，第259 页。

③ 金观涛等指出，天下和国家是指那些实现了儒家伦理的地区，又由于儒家强调道德伦理是普世的，人种、语言等区别不具有本质意义，外夷只要学习儒家道德文化，即所谓以夏变夷，亦能纳入这个没有边界的共同体，成为华夏的一部分。这就使得儒学所主张的国家具有普遍主义的倾向，即天下。但他们又认为天下秩序的等级性导致其成为实质上的"华夏中心主义"。这样的分析有一定的道理，但他们并没有将这种普遍秩序和现实秩序的矛盾，做一个妥然的安顿，因而没有看到春秋三世说中，对于当下性和超越性的历时性分析，也就不能真正体会王道政治的普遍性目标。参见金观涛、刘青峰：《观念史研究：中国现代重要政治术语的形成》，法律出版社，2009，第 230—231 页。

观念下，只有大致的边疆范围，而无确切的国界标志。在现代民族国家体系建立之后，政治的基本规则发生了很大的变化。当西方人凭着他们的火炮和坚船冲破中国的大门，中国人必须面对一个新的世界格局。割地赔款这种物质上的损失倒在其次，因为晚清的官员们还可以用"羁縻"这样的理由来为自己辩护。但是，有些问题则不容回避。即当发现中国并非处于世界的中心，而只是许多国家的"其中之一"的时候，传统的世界观和价值观的基础便开始动摇，与之相应的动摇则发生在建立于这个价值体系上的秩序系统。

这样的冲击或许可以认为是"现代"对"传统"的冲击，或者是不同文明之间的冲击、碰撞。中国人不再幻想自己的王道天下依然有效，人们意识到需要对这个世界进行重新定位。列文森说："近代中国思想史的大部分时期，是一个使'天下'成为'国家'的过程。'天下'的观念实际上是与儒家的'道'，亦即中国自身的主要传统紧密结合在一起的。由于某种原因，当近代中国人被迫求助于外国的'道'时，将国家置于文化亦即'天下'之上，也就成了他们的策略之一。"①

鸦片战争的失败使得曾经的"怀柔远人"的策略彻底失败，当时的精英分子很快就意识到，中国并不是世界文明的唯一代表，而是世界的一分子。在这样的背景下，清政府为了维护天朝的秩序甚至不惜牺牲"主权"来签订不平等的条约。比如当时的咸丰皇帝，在签订《北京条约》时，最痛心的不是割让九龙和赔款，而是列强派人"驻京"，他认定这是对中国的最大威胁。这固然是天朝上国观念的影响所致。不过，一部分对西方和世界的历史变化有所了解的开明人士已经敏锐意识到中国所要面对的是"数千年未有之大变局"、一个全新的国际格局，他们知道在这个体系中，国家主权和国家的利益比那些所谓的虚幻的夷夏秩序更为重要。在这样的背景下，重新审视"中国"乃是一种民族国家意识萌发的标志。

"中国"这个称谓有很强的中心主义的色彩。在传统社会，"中国"

① [美] 列文森：《儒教中国及其现代命运》，中国社会科学出版社，郑大华、任菁译，2000，第87—88页。

并非一个国家的名号。所以，如果要继续认"中国"作为国家的名称，就需要对之进行重新定义。有人用"中道之国"来重新解释作为"中央之国"的"中国"。同治时，当有人问出使欧洲之使臣"中国"一词的含义时，使臣志刚回答说："尔谓'中国'为在中央乎？则大地悬于太空，何处非中？谓在中间乎？则万国相依，皆在中间。谓在中心乎？则国在地面。'中国'者，非形势居处之谓也。我中国自伏羲画卦以来，尧、舜、禹、汤、文、武、周公、孔、孟所传，以至于今四千年，皆中道也……则所谓'中国'者，固由历圣相传中道之国也。"将中国之"中"，由"中心"解释为"中道"，只可以理解为一种"急智"。这并没有触及观念上的深刻变化，即中国中心观的解体。

道德优越感曾经是中国中心观念的最重要的支撑因素，但是由于近代以来各次战争的失败，文化的优越感和道德的优越感已经难以为继，所以建立在其基础上的"中心观"也必然会解体。传统的"以中国为中心的万国观有两个前提：一是认为世界是由不同道德水准的国家组成，二是中国儒家伦理在道德上优于世界万国，因此是以中国为中心。甲午战败的一个直接后果，就是朝野士大夫对儒家伦理优越性和儒家提供的社会组织蓝图产生了怀疑，中国也不再处于用道德教化世界的至高无上地位，也就是说，华夏中心主义从此解体。"① 这应该是符合实际的描述。

基于此，黄遵宪、梁启超等先觉者认为重新解释"中国"的主要任务是确立"中国"在现代国家体系中的角色，要完成这样的目标，必须改造社会经济结构、政治体系，特别是思想观念。梁启超开始对中国传统的天下观念和现代国家意识进行比较。通过对"天下"与"国家"的对照，梁启超认为天下观念虽然是崇高的道德，但不切实际，在当下，国家才是忠诚的最高点。他说："有世界主义，有国家主义。无义战，非攻者，世界主义也；尚武敌忾者，国家主义也。世界主义，属于理想，国家主义，属于事实。世界主义，属于将来，国家主义属于现在。

①《观念史研究：中国现代重要政治术语的形成》，第 240 页。

今日中国岌岌不可终日，非我辈谈将来、道理想之时矣。"① 出于对中国富强的迫切形势的关切，梁启超认为，中国人最大的问题是没有国家意识。他总结道，中国人因为地理的局限和学说上的欠缺，所以滋生出两个问题：第一是只知有天下，不知有国家；第二是只知有个人，不知有天下。

所以，他呼吁要从四个方面来建立起国家的观念。首先，对于自身而知有国家。人要认识到有高于自身利益的团体利益存在，这个团体就是国家。其次，对于朝廷而知有国家。中国在传统观念上认为王权之兴替取决于天意，而不了解朝廷只是国家的管理机构。因此，国家才是团体的真正代表。再次，对于外族而知有国家。国家与国家之间必然会有冲突，所以真爱国者，宁愿牺牲自己的性命，也不会允许国家的利益被侵害和丧失。最后，对于世界而知有国家。"宗教家之论，动言天国、言大同、言一切众生。所谓博爱主义、世界主义。抑岂不至德而深仁也哉。"② 但梁启超认为这只是一种理想的状态，并不存在于现实的世界中。当今的世界是一个竞争的世界，而竞争是文明进步的动力，国家之间存在着激烈的竞争。所以，国家是促使文明进步的最高团体。梁启超的国家意识以民族国家为本位，与世界主义理想格格不入。流亡日本后，梁启超就放弃了其师"大同"世界的空想理论。当康有为大力进行保教尊孔活动时，他明确提出：我辈从今以后，所当努力者，唯保国而已。梁启超认为，世界主义诚然为人类未来万千年的美好理想，但不合于竞争中的现实世界。竞争为文明之母，一旦竞争停止，就没有文明之进步。国家为最高之团体，亦为竞争之最高潮。以国家为最上之团体而非以世界为最上之团体，原因在于：国家为私爱之本位，而博爱之极点。梁的民族主义深受德国法学家伯伦知理的国家主义之影响，他强调人类社会最高的政治团体是国家而非世界，这显然不同于中国古代的

---

① 《自由书》，载《饮冰室专集》（二），中华书局，1989 年影印本，第 39 页。
② 《新民说》，载《饮冰室专集之四》，第 17 页。

"天下"观念。①

　　在梁启超笔下，国家意识的确立的前提是塑造一种新的国民，即"新民"，要培养新的国民人格。这些新人格中包含了传统价值中所不曾肯定的冒险、进取等因素。梁认为唯有新的国民，才能保证中国在新的世界格局中的竞争力。对此，张灏的评价是"1902 年的新民理想形成的意义并不局限在一个成熟的民族国家思想的出现，它还表达了一种新的世界秩序观，这种新的世界秩序观透露了为中国人所久已认识但从未接受的政治现实的意义和关系。梁设想的这一新的世界秩序观是与传统的世界秩序观相对立的"②。《新民说》以维新国民为急务，而立论根底一是为了改良国内政治，二是为了激励国民的民族主义，以抵抗西方列强的"民族帝国主义"。因此，它不仅有"论国家思想"这一内容，而且在"论合群""论尚武""论民气"等内容中贯穿了国家主义。梁启超的"群"的观念实质上不是社会群体，而是指民族国家。因而，所谓"合群"根本上是为了组织包括"国民全体"之"大群"。这样，他把以社会达尔文主义为基础的"群学"引向了国家主义。③

　　既然竞争是民族国家体系的内在特性，那么军事和经济实力就成为衡量国家力量的主要指标，按照传统儒家观点的判断，这是王道的式微和霸道的崛起。在这样的时代氛围中，政治伦理要让位于实际的政治效能。正如在战国时代，法家的政治学说比儒家更为"有效"一样，在近代世界，"为政以德"的古典政治理念显然难以适应新的格局。对于中国人来说，要做的是尽快适应新的规则。

　　为获得一个公平地处理内外事务的资格，中国必须"在新的世界体系中重新确立自己的国家身份和国家关系"。④ 具体而言，这是由传统帝国向现代国家"转化"的过程。鉴于此，国人开始学习和了解新的国际

---

① 高力克：《启蒙先知：严复、梁启超的思想革命》，东方出版社，2019，第 329—330 页。
② [美] 张灏：《梁启超与中国思想的过渡（1890—1907）》，崔志海、葛夫平译，江苏人民出版社，1993，第 112—113 页。
③ 罗检秋：《新会梁氏：梁启超家族文化史》，山东画报出版社，2018，第 106 页。
④ 王中江：《近代中国思维方式演变的趋势》，四川人民出版社，2008，第 368 页。

秩序。在1864年丁韪良翻译完成《万国公法》之后，许多人开始憧憬西方列强可能会以公法的规则来对待中国。但是，在卫廉士于1865年11月23日写给美国国务卿的信中，不无担忧地说："中国的官员和日本国的官员如果潜心研究这本书的话，就会做出他们的努力，把国际法的惯例和原则也适用于他们与外国的交涉中。这些官员就会逐步意识到，他们与西方国家签署的条约中，所谓治外法权的原则其实是篡改了西方和欧洲国家之间通行的惯例。他们会奇怪，西方人的目的为什么不在于把东方民族提升到他们自己的水平，反而倒行逆施，非把治外法权强加于人，瓦解当地人民的生存方式。"① 国人遇到了新的困难，即国际秩序是由西方新兴的国家所建立的，出于掠夺资源等殖民活动目的，这些国际规则的制订者在指责中国没有遵守这些规则的时候，根本无意以平等的立场来对待中国。

当时中国的少数有识之士已经有所觉察。比如，最早研习宪政制度的杨度认为国际法实际上是一个强权的法则，是内外有别的。对内是文明的，对外则是野蛮的。甚至每当他们以一个新的方式来消灭一个国家后，在国际法上就增添一个规则。"自吾论之，则今日有文明国而无文明世界，今世各国对于内则皆文明，对于外则皆野蛮，对于内惟理是言，对于外惟力是视。故自其国而言之，则文明之国也；自世界而言之，则野蛮之世界也。何以见之？则即其国内法、国际法之区别而可以见之。"② 所以，很难将西方世界视为真正的文明世界。他说中国当下所遇到的国家是文明国家，但是面对的世界是野蛮世界。

面对弱肉强食的现实，要保护国家利益只有一条路，即通过增强国家实力来抵抗霸国主义，否则，国将不国。康有为说："当竞争之世，霸国主义之时，国欲自立，而内无精练之陆军，外无相当之铁舰，则以子产、俾斯麦为外部大臣，庸有幸乎？夫国家者无道德，惟示强力。既

① 刘禾：《帝国的话语政治：从近代中西冲突看现代世界秩序的形成》，杨立华等译，生活·读书·新知三联书店，2009，第165—166页。
② 杨度：《金铁主义说》，载刘晴波主编《杨度集》，湖南人民出版社，1986，第218页。

无强力，何以拒外，则惟有隐缩退让而已。夫国而隐退让为事，一切听命于人，这不得为国矣。"①

这个时代，使许多饱读诗书的传统人士回想起春秋战国的状况，并以之来比拟进入民族国家体系的国际竞争格局②，更多的有识之士认识到以民族国家方式来确立"国家意识"是争取经济自由和文化独立的重要手段。如此，建立在宗法基础上的政治法律体系和以文化价值为基础的天下秩序，逐步为追求独立的民族国家的目标所取代。此种变化说明了中国已经不能仅仅通过易服色、改正朔这样的传统手段，在内部关系的调整中确立权力的合法性，而是必须通过厘定外部世界的主权关系，来界定自己的合法性。③

杨度呼吁不要抱有幻想，既然世界各国的竞争依赖于经济实力和军事势力，那么，中国要发展，则必须依赖金铁主义。金，即黄金，也就是经济；铁，即铁炮，也就是军事实力。同样，这两种主义是内外有别，其路径有两条：对内：富民—工商立国—扩张民权—有自由人民；对外：强国—军事立国—巩固国权—有责任政府。

杨度和梁启超，都主张抛弃中国原先的天下观念，而接受民族国家的思想，这样做的目的只有一个：以国家观念来激发民族的凝聚力从而保卫这个国家的主权。

（二）夷夏观念的嬗变

近代以来，"夷夏观念"最本质的变化在于从"夷夏观念"到"中外观念"的转变。中国人在观念上改变了传统的防止少数民族"以夷变

---

① [清] 康有为：《物质救国论》，姜义华、张荣华编校，载《康有为全集》第八集，中国人民大学出版社，2007，第100页。

② 冯桂芬在《校邠庐抗议·重专对议》中说："今海外诸夷，一春秋时之列国也，不特形势同，即风气亦相近焉。势力相高而言必称理，谲诈相尚而口必道信。两军交战，不废通使，一旦渝平，居然与国。亦复大侵小、强凌弱，而必有其借口之端，不闻有不论理、不论信，如战国时事者。"

③ 干春松：《国学认同与学科反思——20世纪的国学思潮审视》，载高瑞泉主编《思潮研究百年反思》，上海古籍出版社，2009，第175页。

夏"的思维，确立了中国与外国相区别的"中外"观念，把重点放在维护国家主权和领土完整上。随着中外民族矛盾上升，民族意识得以不断强化，标志着以"尊王攘夷"为特征，防止"以夷变夏"传统的结束，逐步由"夷夏之防"的传统观念向"中外之防"过渡。①

　　清朝统治者入主中原后，继承了历代把边疆少数民族和周边藩国看作"夷"的传统观念。《尔雅》谓："九夷、八狄、七戎、六蛮，谓之四海。"② 诸夏居中原，诸夷居"四海"。"夷"指的是边疆少数民族和周边藩国。近代以来，在海警和禁烟运动的启迪下，"夷夏"观念发生变化，出现了"海外诸夷""外夷""洋夷"的提法。姚莹等人指出："海外诸夷侵凌中国甚矣"，"一旦为所挟，而复开其他可骇可耻之事。"他大声疾呼，必须研究"外夷"，"思（殄）灭丑虏，捍我王疆，以正人心，以清污秽。"这里"夷"和"夏"的观念都与过去的不同，"夷"是指外国侵略者，是指西方列强诸国；"夏"的观念不只指中原汉族，还指整个"中国"。鸦片战争前后，国内掀起研究"海外诸夷"的热潮，林则徐、姚莹、魏源等人，"购求异域之书，究其情事"，目的是要"知彼虚实，然后徐筹制夷之策"，"冀雪中国之耻，重边海之防，免胥沦于鬼蜮"。随着海警和北徼的加强，对"海外诸夷"及俄罗斯的侵略威胁有切肤之痛，才逐步改变重"内防"轻"外防"的做法，实行"内外兼顾"的方针，对东南海防也比过去重视，逐步由"夷夏之防"的传统观念向"中外之防"过渡。③

　　面对西方列强的步步紧逼，清政府深感周边关系和疆域范围的变化将危及国朝的稳固，从"天子守在四夷"的观念出发，确立了"保藩固圉"的理念，即把保护藩属国的安全与加强本国的周边防务联系起来，把出兵援助藩属国抵御列强入侵视为保卫本国周边安全的战略措施。这是统治阶级在"以夷制夷"理念指导下所采取的封疆措施。这一立足于"郅治保邦"的思想、强调发展周边邻国的宗藩关系、发展本国的防卫

① 郑汕：《中国边疆学概论》，云南人民出版社，2012，第 69—70 页。

②《尔雅今注》，徐朝华注，南开大学出版社，1987，第 227 页。

③《中国边疆学概论》，第 303 页。

实力的措施具有积极的意义。

清初将"藩"分为"内藩"和"外藩"。"内藩"是指自治较强的边疆民族地区，如蒙古等地；"外藩"是指建立了宗藩关系的周边国家，如越南、朝鲜等国。清政府把国内的边疆民族地区和周边国家都当作自己的藩篱，把"卫门户"和"固堂室"统一起来看待。在普遍的边疆危机中，清政府实行"内外兼顾"的设防方针，既反对外来侵略，也抑制内部的分裂活动。如派左宗棠收复新疆，加强边防地区的驿站、军台、卡伦的建设；加强海防建设，在台湾设立行省；派军队到越南和朝鲜作战等，固然都值得肯定。但"保藩固圉"的观念体现了清朝末期统治者的主权意识和挣扎心理，它并不是积极的筹边，仍然是儒家传统羁縻思想的反映。清政府在"和""战"问题上扯皮，造成"和"不能争主权、"战"不能取胜的局面，"和""战"举措失当，连李鸿章也哀叹"患在谋不定，任不专"。在几次边事谈判中，既不能和军事斗争结合起来，又不敢坚持主权立场，最后导致了丧权割地，自误边圉。中法战争、甲午战争的失败，不仅使中越宗藩关系和中朝宗藩关系废绝，和其他周边国家的宗藩睦邻关系也不同程度地受到削弱。① 因此，"保藩固圉"政策的落实也就无从谈起了。

"师夷长技以制夷"是洋务运动的重要指导思想。但此时的"夷"在晚清国人眼中已绝非传统"夷夏观"所认识的"蛮夷"，而是"数千年未遇"之劲敌，这是中国在技术、制度、文化方面不得不效仿、学习的对象。马克思指出："资产阶级在它不到一百年的阶级统治中所制造的生产力，比过去一切世代创造的全部生产力还要多，还要大。"② 在近代西方资本主义发展蒸蒸日上之时，中国不但没有跟上世界发展的步伐，反而扩大了15世纪以来中国与世界资本主义的差距，甚而后起之日本通过"明治维新"改革都已超越中国，令有识之士感叹不已。早在1861年，中国先驱思想家冯桂芬就敏感地注意到幕府末期日本发生的剧

① 《中国边疆学概论》，第73页。
② 中共中央马克思恩格斯列宁斯大林著作编译局编译《马克思恩格斯选集》第一卷，人民出版社，1972，第256页。

烈变化。他指出，日本打开国门后，"驾火轮船十数遍历西洋，报聘各国，多所要约，诸国知其意，亦许之"。此时，冯桂芬已感到日本较之于中国，对外更具有开放进取精神，叹曰："日本，蕞尔国耳，尚知发愤为雄，独我大国将纳污含垢以终古哉！"郭嵩焘谓"日本大小取法泰西，月异而岁不同，泰西言者皆服其求进之勇"，对日本派位尊之人到英国留学，且较之于兵法，更为重视立法和财政等方面的"创制"深表赞赏，肯定日本所学"皆立国之本"，而对只学西洋船炮技术的中国，则满怀"寝处积薪"之忧。① 在这种情况之下，"夷夏之防"向"中外之防"的转化也就成为历史必然了。

洋务运动虽然破产，但"师夷长技以制夷"的思想仍有积极的影响。首先，"师夷"的目的是"制夷"，这就使近代爱国主义思潮建立在一个新的更高的基础上，特别是 1911 年辛亥革命以后，中国进入了近代民族主义国家，"主权""疆域""国界"等国际法和国际公理概念进入中国，促进了民族主义的觉醒和国家观念的增强。尽管近代以来"师夷"的举措不彻底，"制夷"的目标也没有实现，但是，维护国家主权和领土完整，不畏强暴，反对侵略，已成为近代国家民族主义的重要内容，迅速上升为爱国主义情怀的精髓。其次，"师夷长技以制夷"的口号反映了中国近代化过程中，中国的忧患意识和自我觉醒，从"泱泱大国"的梦中醒悟过来，认识到"落后就要挨打"，开始向西方学习，引进西方的人文精神和科学技术。平等、自由、博爱的观念和三权分立的政治制度促进了中国民主革命的发生。最后，"师夷长技以制夷"的观念改变了中国人对西方"长技"的看法，摒弃了把近代科学技术当作"雕虫小技"的陈腐观念，促进了中国近代工业的产生和发展。洋务运动虽然破产，但毕竟是中国不成熟的"工业革命"。西方教育制度和科学技术的引进，开了风气之先，西方军事制度的引进，虽然没有制止西方对中国的侵略，但富国强兵和民族振兴已成为中国人民的夙愿。洋务运动以后，传统的"夷夏之防"趋于瓦解，"中外之防"开始兴起，中国与世

① 李少军：《戊戌变法——中国人师法日本变革的尝试》，载《近代中日论集》，商务印书馆，2010，第 256—257 页。

界新的格局也由此展开。

近代中国由"夷夏观念"转为"中外观念"还体现在中华民族意识的觉醒。汉语中最早引进"民族"一词是在梁启超 1899 年《东籍月旦》一文中。① 梁在 1902 年发表的《新史学》中提出"民族是历史的主流"的观点。为实现以"民族"整合国家的目标，他最早对中国历史上的民族进行整体性的考察。基于这种整体性考察，循着"中国民族""大民族"和"中华"等概念逐步思考演进，进而提出"中华民族"概念。从实质上说，"中华民族"概念的产生，正是近代以"民族"整合国家的观念同"中国整体历史观"相衔接的结果。

1905 年，梁启超发表的《历史上中国民族之观察》一文中比较正式地使用了"中华民族"概念。文中除使用"中华民族"一词外，还使用了"华族""汉族"的概念。虽受时代局限，梁氏有把"中华民族"等同于汉族的倾向，但此文有两个开创性贡献："其一，正式提出'中华民族'概念并力图通过对中国历史上民族流源的探讨来阐明'中华民族'的由来；其二，敏锐地指出'中华民族'最重要的一个特征——混合性。""20 世纪初'中华民族'概念的诞生是一个极具时代标志的事件，它标志着中国民族作为一个整体之自我意识的萌芽与觉醒。"② 诚如梁启超在《历史上中国民族之观察》中所说："究我之此论，其将唤起我民族共同之感情，抑将益增长我民族畛域之感情。"③

梁启超认为"中华民族自始本非一族，实由多民族混合而成"。辛亥革命后，孙中山提出"驱除鞑虏，恢复中华"，中华民国建立并冠以"中华"之名，极大地推动了人们对中华民族新的关注与新的认知。孙中山领导的资产阶级民主革命倡导的"三民主义"，把民族主义放在首位；1912 年，把"五族共和"写入了《中华民国临时约法》。这就把汉、

---

① 金天明、王庆仁：《"民族"一词在中国的出现及其使用问题》，《社会科学辑刊》1981 年第 4 期。

② 石硕：《从中国历史脉络认识"中华民族"概念——"中华民族"概念百年发展史的启示》，《清华大学学报（哲学社会科学版）》2021 年第 3 期。

③ 梁启超：《历史上中国民族之观察》，载《饮冰室合集》专集之四十一，中华书局，1989，第 1 页。

满、蒙、回、藏"五族共和"体制的基本框架确定了下来，也对中国少数民族的边疆属性给予确认，他们居住的区域曾被称为"满洲""蒙区""回疆""藏地"，这些地区都是多民族"大杂居、小聚居"的地区，说明这些地区都是中国的疆域范围，是中华民族的居住领地，传统的"夷夏"的观念瓦解。至抗日战争爆发后，中华民族已是中国全体国人的代名词。

二、国际法引介与国际体系的思考

（一）国际法译介

国际法主要是指国家之间的行为规范。独立的近代国际法始于 17 世纪初的欧洲，以威斯特伐里亚公会的召开和《威斯特伐里亚和约》的签订为标志。国际法是欧洲民族国家兴起和资本主义时代来临之时，在国家交往中逐渐形成的、为各国所公认、用于处理主权国家之间相互关系的基本准则和规范。但传统中国自有一套处理周边关系的法则，即儒家学说中以差序格局为基础的天下体系，这一套思想学说被大多数士人奉为圭臬。自近代列强强行打开中国大门以来，晚清中国被迫卷入以欧美为中心的资本主义世界体系，中国人由此面临另外一套处理国家关系的准则。中国要融入国际社会，就必须了解和践行国际社会成员之间业已形成的一套规则。当此关头，中国在此一世界体系里如何自处？这成为当时中国人必须面对与思考的问题。在这一过程中，有人深闭固拒，有人格义比附。经过 20 多年的中西交往和中外文化交流，中国逐渐萌生主动加入世界体系的想法。

西方近代国际法究竟首先由何人在何时传入中国，对此学术界尚有争议。有观点认为：1662 年至 1690 年清朝与荷兰的交往中提及"万国法"，这是国际法的初端。较有意义的是，1689 年中俄《尼布楚条约》的谈判受到近代国际法规则的一些影响。另一种观点以为，最早将近代国际法引入中国的是林则徐。1839 年春，林则徐赴广州任钦差大臣，为禁绝鸦片，他认真地对西方国家进行了调查研究。在林则徐的主持下，1839 年 7 月，瑞士学者瓦特尔的《万国公法》的"战争，以及相应的敌

对措施，如封锁、禁运等"若干内容由翻译袁德辉和美国传教士伯驾译成中文，并经林则徐本人修改定稿，以供处理"夷务"之需。1847年，魏源受林则徐委托，将林则徐交付的文稿整理出版，定名为《海国图志》（百卷本）。其中，瓦特尔《国际公法》的节译，以《各国律例》为题目编入第83卷之中。上述事实证明：首先将西方近代国际法观念引入中国的正是林则徐，首先将西方国际法学说付诸中国外交实践的，也是林则徐。①

近代国际法的系统输入，始于19世纪60年代《万国公法》一书的翻译。《万国公法》原名为《国际法原理》，为美国外交官亨利·惠顿所著。1864年，时任北京同文馆总教习的丁韪良将它译成中文，并经清政府总理衙门同意和资助，刊刻成书。全书共四卷，分别对国际法的源流、国际法的主体、平时法、战时法等作了详细阐述，较系统地介绍了近代国际法的基本内容。《万国公法》的出版，使国际法知识较系统地输入中国，清政府开始全面地接触到国际法，运用国际法的事例也逐渐增多。

19世纪70年代开始，丁韪良更与英国传教士傅兰雅分别以同文馆和江南制造局翻译馆为依托，翻译、出版了一批欧美国际法著作，如《星轺指掌》（1876年出版）、《公法便览》（1878年出版）、《公法会通》（1880年出版）、《中国古世公法论略》（丁韪良著，1884年出版）、《陆地战例新选》（1883年出版）、《公法总论》（1894年出版）、《各国交涉公法论》（1894年出版）、《各国交涉便法论》（1894年出版）、《邦交公法新论》（1901年出版）等。

上述国际法译著为晚清政府处理国际关系、建立新式外交提供了许多依据。这些国际法译著所传达的西方文化观念和国际社会规范在变革时代的中国引起了强烈的反响，是19世纪下半叶最重要的西学输入成就之一。与此同时，国际法课程在同文馆首先开设（丁韪良是同文馆唯一的国际法教习），并逐渐扩展到其他新式学堂。在洋务运动时期派往欧洲的留学生中，马建忠、陈季同等人曾专门学习国际法，收获颇丰。驻

---

① 曹建明、周洪钧、王虎华主编《国际公法学》，法律出版社，1998，第32页。

英使节郭嵩焘及其继任者曾纪泽对国际法表现出极大的兴趣，都被选为万国公法会的荣誉副会长，他们的活动也间接扩大了国际法在中国的影响。

晚清国人积极吸纳和应用国际法，为当时国人认识近代国际社会、处理对外关系提供了可资遵循的"游戏规则"。凭借这些"游戏规则"规范国家行为、参与国际事务，对中国尽早融入世界显然有进步意义。国际法的传播，刺激了近代知识分子变法图强意识。例如，王韬、郑观应、谭嗣同等阅读《万国公法》后，产生强烈的民族危机感，并萌生了变法维新思想。国人对国际法的积极吸纳，一定程度上标志着国人对走向世界、融入世界的自觉意识，以及对中外文化交流态势调适后所持的主动心态。

（二）融入世界体系的挫折与思考

国际法的引介固然为近代中国迈向国际社会带来积极影响，但总体上说，近代国际法并没有在当时的中国获得充分适用的机会。一是因为国际法整体上被清政府认为与中国的传统"体制"不合，二则更主要的是由于中国长期遭受西方国家强加的不平等条约的欺凌。西方国家只愿在中外关系中适用那些有利于他们侵略、扩张的规则，而不愿全面适用国际法的原则、规则和制度。[1] 这在上文所引卫廉士写给美国国务卿的信中可以充分地体现出来。当中国人憧憬西方列强能以国际公法的规则来对待中国时，西方列强却将治外法权强加于中国人，开展掠夺资源的殖民活动，根本无意以他们所宣扬的平等立场对待中国。正是西方列强秉持的蛮横无理的双重标准，促使中国人在积极融入世界体系的同时，也对当时世界秩序的本质展开思考。中国被卷入世界体系后，自身的政治制度、思想学说、价值体系遭受亘古未有的全盘性冲击，被迫在惊涛骇浪的历史环境中努力救亡图存。当此背景，如何认识世界体系？如何自处？对这些问题的回应构成近代中国人融入世界体系的思想脉络。这种思想脉络的演变应置于时代背景中加以考察，从而更深入地理解他们

①《国际公法学》，第33页。

所处的历史进程。观察信息不充分的当事人应如何对这个体系作出观察和回应，进而描述和反思他们"看"世界的方式。①

作为19世纪中国外交官代表的郭嵩焘，在默认西方的"文明等级论"基础上，提出与列强交涉时"循理"的主张。郭氏与曾国藩、刘蓉、罗泽南等湘军将领一样，深受湖湘地区重视理学的风气影响，他认为应依理来面对洋人，本廓然大公之心，用圣人的忠恕之道来与之交涉。因此，他反对视西洋为夷狄，并努力去理解、欣赏后者的治国之道，希望人同此心，心同此理，西方列强亦能与中国平等相处，不要为难中国。② 这本质上还是秉承"远人不服，修文德以来之"的天下观所塑造的认知方式。陆宝千以为："郭氏之洋务思想，正而不谲，持之以肆应于'无理性'之国际社会之中，实嫌不足。苟中国而富强，循理以处国交，固可以无恙；不幸而国势屡弱，则循理必流于玄谈。"③ 于此可见，并非儒家思想排拒"普世价值"，而是鼓吹"普世价值"的近代西方列强从不以忠恕之道对待中国，而是用"普世价值"不断瓜分掠夺中国这一儒家学说的创生之地。实际上，在国际间践行儒家忠恕之道与讲信修睦理想的前提条件，是中国自身先要独立富强。否则，决不能与列强平起平坐、平等对话。④

作为近代世界体系的"维也纳体系"实质是西方列强民族国家建设与帝国主义膨胀同步展开，整军经武，增进国力，内部同质，海外殖民，制造横贯宇内的新帝国。列强以源自西方历史经验的"文明"为放诸四海的标准评判世界各邦，满足条件者视为同道，否则便被看作是低于西方列强的野蛮群体。不能共享西方的法律体系，有待于西方文明的

---

① 章永乐：《万国竞争：康有为与维也纳体系的衰变》，商务印书馆，2017，第13—14页。

② 陆宝千：《清代思想史》，台湾广文书局，2006，第373—395页。

③ 同上书，第412页。

④ 王锐：《近代中国自我理解与世界认知的实相和幻象——〈万国竞争：康有为与维也纳体系的衰变〉书后》，载华东师范大学法学院组编，张志铭主编，田雪、章永东执行主编《师大法学》2018年第2辑，法律出版社，2019，第339页。

担当者们前去教化开导，因此被殖民、被开化为"落后地区"的必然命运。①

康有为也正是在此背景下思考如何让中国在列强环伺的局面下得以保全、自立。康有为在万木草堂讲授学术源流时强调："纵横家之'权事制宜''受命不受辞'，此其长也。"② 康氏盱衡时势，在国际问题上，也扮演了一回"纵横家"之角色。他希望利用均势之理分化列强，以夷制夷，防止列强在瓜分中国问题上步调一致。康有为的主张既体现出他对国际情势有初步了解，又显示出这种了解片面且不深刻。

在20世纪初，康有为周游列国，更为全面地认知世界图景，以此思考中国问题。"他对德国青睐有加，视威廉二世为一代英主，认为德国的立国之道，有许多方面值得身处'国竞'时代的中国学习，特别是德国制度严肃整齐、物质蒸蒸日上、军备威武雄壮、教育普及甚广等优点。他甚至将德国从分裂到统一的过程，视为全球日后臻于'大同'之境的前奏或预演，即在以强国为主导的全球政府下，将各个国家整合起来。这一方案看似光明，实则势利，否定弱小国家存在与生存的动力，实与19世纪帝国主义逻辑相似，异曲同工。"③ 应该说，维也纳体系既给予康有为了解世界格局的相关知识，又遮蔽他与时俱进，思考何为新的政治实践主体的可能性。

当康有为思考列强环伺背景下中国的富国强兵之道时，章太炎一面全盘性地阐释中国传统，一面反思由近代西方所形塑的现代性诸面向。与康有为服膺近代文明论不同，章太炎对这套理论背后的权力本质洞若观火。他以为："今之言文明者，非以道义为准，而以虚荣为准。持斯名以挟制人心，然人亦靡然从之者。盖文明即时尚之异名，崇拜文明，

第五章　以西为师：晚清以来的中外文化交流

---

① 《近代中国自我理解与世界认知的实相和幻象——〈万国竞争：康有为与维也纳体系的衰变〉书后》，载《师大法学》2018年第2辑，第339页。

② ［清］康有为：《康南海先生讲学记》，姜义华、张荣华编校，载《康有为全集》第二集，中国人民大学出版社，2007，第118页。

③ 《近代中国自我理解与世界认知的实相和幻象——〈万国竞争：康有为与维也纳体系的衰变〉书后》，载《师大法学》2018年第2辑，第336页。

即趋时之别语。"① 章氏的看法无疑突破了西方列强文明论的窠臼，并开始思考中国突破国际关系的可能性。1907 年，章太炎与张继、刘师培等人在日本发起亚洲和亲会，旨在联合亚洲各个被帝国主义侵略或干涉的国家，"反对帝国主义，而自保其邦族"，规定凡入会者的义务为"互相扶助，使各得独立自由为旨"。"若一国有革命事，余国同会者应互相协助，不论直接间接，总以功能所及为限"；同时强调会员应"互相爱睦"，以期"感情益厚，相知益亲"。② 可见，较之康有为，章太炎似乎更清楚地看到了未来国际关系变化的契机，即全球性反帝运动的兴起。

梁启超与孙中山，起初对新的国际体系也充满着幻想，但与许多同时代的精英分子一样，很快他们对这样的新体系产生了幻灭感。徐国琦形象地分析了这个过程，"许多中国精英人士也都怀有这种天真的想法。面对西方列强虎视眈眈地要在中国领土上攫取更多不平等的特权，中国人的这种天真想法充分地说明了中国在要求平等地加入国际社会的过程中为何经历了如此多的波折与磨难。中国人关于西方的抽象观念怀着一种浪漫主义的想象，这种浪漫主义的想象造成中国精英对西方和国际体系无法形成一种清醒的深刻的认识……当中国的精英分子在讨论国家的未来时，他们很少考察国际体系的复杂性以及西方所主宰的世界秩序的本质，因此，当国际现实不能符合中国人的期望时，许多中国人就会遭受感情的挫折，并为自己被西方列强出卖而表示强烈的不满"③。这既体现了中国人对于这个被迫接受的以强权为基本特征的世界体系的失望，同时也体现出一种参与创造统一的大同世界的渴望。

中国曾试图以现代的方式——共和政体来建构新的国家，并希望得到国际社会承认，但这些努力并没有被西方列强和日本所接受。中国人或许并没有真正认识到，西方人对于清政府的专制批评，更多的只是为

① 章太炎：《复仇是非论》，载《章太炎全集》（四），上海人民出版社，2014，第281 页。

②《近代中国自我理解与世界认知的实相和幻象——〈万国竞争：康有为与维也纳体系的衰变〉书后》，载《师大法学》2018 年第 2 辑，第 341 页。

③［美］徐国琦：《中国与大战：寻求新的国家认同与国际化》，马建标译，生活·读书·新知三联书店，2008，第 74—75 页。

了给他们自己在中国获得特权寻求合法性。作为亚洲第一个共和国的中华民国成立之后，日本人看到的是获得更多中国国土的可能性，并开始为侵略中国做了更周密的准备。西方列强对中国希望平等加入国际体系的愿望置之不理，拒绝承认新成立的中华民国，而希望以"承认"为条件来获取他们在中国的特殊利益。最为重大的挫折来自1919年的巴黎和会。出于对当时美国总统威尔逊提出的世界和平、正义的设想的崇信，中国人对于公平和正义的国际秩序的期待相当乐观，但巴黎和会依然演变为列强利益调整的会议。当巴黎和会将德国在中国山东半岛的权利让渡于日本之后，中国人深刻地感受到列强所谓的正义与人道的原则，只不过是诱人的口号，并引发了梁启超认为西方文明破产的结论。①

总之，近代以来的外部环境使中国的王道秩序难以维持，作为王道秩序背后的天下观念当然也就成为无本之木。严酷且陌生的万国竞逐的世界格局迫使中国的知识阶层抛弃文化的优越感，试图顺应民族国家的世界大潮，从建构国家意识的角度来凝聚国民的力量，保护民族的利益。但是，他们很快意识到这种新的国际格局所内在的国家利益至上和对于弱小国家掠夺的本质，这促使他们转而寻求超越民族国家的公平和正义。在20世纪20年代，中国人逐渐抛弃了对于西方列强的幻想，而中国传统的大同理想与日渐显示出力量的苏维埃的结合，成为人们新的理想。

---

① 有人认为近代中国存在着两种民族主义，一种是将民族国家的建立看作是目标，而另一种则是将民族国家的建立看作是迈向更远大目标的一个过程。这样的思想引发了无政府主义、国际共产主义运动与中国的社会主义运动这样的"反国族"运动。参见项飙：《寻找一个新世界：中国近现代对"世界"的理解及其变化》，《开放时代》2009年第9期。

结　语

　　晚明至清末三百余年，中西文化碰撞与交流程度之深，远超中国历史上的其他时期。这时期也是现代世界体系肇始阶段，任何国家与地区再也无法置身于全球化浪潮之外。析言之，这一时期的中西文化交流呈现出明显的时代特征。

　　首先是 16 世纪后期至 18 世纪初，西学东渐与中学西传同时展开，双方虽在"中学西源"或"西学中源"认识观念上迥然不同，但并未影响文化交流的频繁互动。即使明清易代之际交流亦未中断，这种交流对双方社会发展均产生重大影响。这一时期来华传教的耶稣会士扮演着中西文化交流的重要角色，他们希望在不撼动中国原有文化的情况下将基督教平稳移植到中国，在其报告中更注意在中西之间寻找可供嫁接的相似之处。因此，由耶稣会士描绘的中国理想模式成为欧洲人反思社会与政治现状并探索改革方向的参照系。其次，17 世纪末以来愈演愈烈的礼仪之争，导致 1742 年后百余年间传教士活动几乎停止，加之这一阶段清政府的闭关锁国政策，中西文化交流戛然而止。这一阶段欧洲人对中国的认识发生了巨大变化，主要原因是教会的失势与欧洲近代工业资本主义文明的发展，导致欧洲人对中国形象进行重新评估。最后，19 世纪中叶西方列强入侵引发了"数千年未有之大变局"，"以西为师"是这一阶段中西交流的主旋律，西方的科技、制度渐次被纳入中国人的视野，对中国社会的转型影响至今。上承 18 世纪欧洲人对中国的认识，19 世纪的中国在他们眼里依旧是超出他们理性理解范围的世界另一极，中国的停滞与孤立更衬托出充满活力的欧洲文明的伟大与先进。通过比较而认识自身，恐怕是人类思维中的固有习性。张国刚曾论述：西方总是从自身需求出发来认识与解读中国，他们对于中国的态度却随着对欧洲近代文明的态度而反复。当他们对自身感到乐观时，便理直气壮地说自己多么优秀与合理，而指摘中国如何不合时宜。当他们对自身感到悲观时，便又探询是否能从对立面——中国那里找到微光烛照。

长时段审视明初以来的中西文化交流史，确实引发我们思考一些问题。在这期间，中国人曾两次在鼎盛之时退出国际舞台，错失融入世界之机遇而遭历史之厄运。宣德年间，郑和航海活动结束后，中国转向封锁海洋，错过了大航海时代，也丧失了同世界其他国家与民族开展文化交流的机会，以致大航海时代西人进入东亚海域开展殖民活动时，明朝处于十分被动的位置。得益于传教士对西学的传播与有识士大夫对西学的接纳，中西文化交流蔚为大观，使明末中国人对世界地理知识与西方科学有了新的认知。然而明清易代，清初几位皇帝虽对西方科技抱有一定兴趣，但礼仪之争与闭关锁国导致的中西交流断绝，使中国再一次与世界发展潮流失之交臂。

两次鸦片战争的惨败使中国人重新"睁眼看世界"，由技术而制度，由制度而文化，是这一时期中国人学习西方的演变轨迹。这一过程中，既有顽固派对西学的拒斥，也有洋务派中体西用的主张，更有后来的全盘西化的设想。究其原因，是对西方文化与本土文化的认知有限所决定的。因此，如何客观、理性地认识对方与自身是中西文化交流与中国融入世界体系的关键问题。随着近代西方强势文化影响日深，国人追随西方文化逻辑之后亦步亦趋，自然容易接受西方给中国设定的位置与形象，少有能够平和地对待本土文化与冷静地思考西方主导的世界体系的本质。

显然在中外文化交流之中，我们必须冷静客观地思考本土文化与西方文化各自的价值。毕竟科学技术的双刃剑，既可以造福人类，也可以毁灭人类。西方的科学理性主义造成了工具理性与价值理性的失衡，使

西方文明面临虚无主义的困境。欧洲人科学理性主义造成的乐观主义情绪没有持续太久，一战几乎毁掉欧洲所有近代文明成就的结局促使欧洲人反思自己的进步理念与进步方式。当初伏尔泰对欧洲文明贪婪性的担忧开始得到许多人的响应，伏尔泰希望欧洲参照中国的静来反思自己过分的动，这一主张也被人重新提起。奥斯瓦尔德·斯宾格勒在《西方的没落》中一反启蒙时代以来的乐观情绪，认为西方文明已经完成其历史任务而正在走向没落。瓦莱里反思西方文明滥用物力，过分创造，不重视安宁与自由，也不尊重他人的信仰与利益，而以全人类的拯救者自居。他认为对立的东西方文明可以尝试着去相互同情和了解。汤因比提出了东方文明与西方文明的互补性，以及东方文明对于建设一个共同的世界文明的必要性甚至是主导性的作用。他认为东亚的很多历史遗产都可以使它们成为全世界统一的地理和文化上的主轴。这些遗产包括了中华民族的世界精神、儒教世界观中的人道主义、儒教与佛教具有的合理主义。汤因比对西方文明的掠夺性和扩张性感到不安，提出世界的统一应当在和平中实现，由此中国人积淀多年的和平主义精神和在此精神笼罩下的对世界的宁静态度显得弥足珍贵。①

对于西方文明工具理性与价值理性的失衡状况，中国文化精神当能起到补偏救弊的作用。西方文化强调个体对自我的认同，对个体生存的关注，因而导致个体与社会的对抗，或是对上帝的皈依，产生一种孤独意识和悲剧精神。而中国儒家文化则倡导群体意识，强调个人价值的同时，又提倡人人对社会的责任心，宣扬"杀身成仁""舍生取义"。西方文化强调人对自然的征服，使自然环境处于无法承载的极限边缘。而中国的"天人合一"的思想强调人不能一味地向自然索取，还要认识到人和自然的一体性，爱护自然就是爱护人类自身。这种思想体现了万物一体的本原状态，体现了人和自然关系的实质。

当今全球化把世界各国利益和命运更加紧密地联系在一起，形成了你中有我、我中有你的利益共同体。很多问题不再局限于一国内部，很多挑战也不再是一国之力所能应对，全球性挑战需要各国通力合作来应

---

①《启蒙时代欧洲的中国观：一个历史的巡礼与反思》，第 410—411 页。

对。虽然经济行为和人类活动方式越来越跨越民族国家的体系，但是账目结算与政治目的依然归结于主权至上的民族国家体系之中。这就使得全球化的主要矛盾越来越明显地超国家联系和依旧存在的民族国家体系之间的冲突，如何在这样的冲突格局中开展全球治理，显然离不开理念的引领。

中华文明自古以来就有"胸怀天下""协和万邦"的宽广胸怀，并作为一种深厚的民族精神与文化基因赓续传承。中华文明见识高远、涵盖天下的观念，贵和、尚中、友善、睦邻的意识认同，使中华文明能够充分尊重文明的多样性，求大同存小异，贵中和而去极端，成为构建人类命运共同体的文化底蕴。只要我们顺应世界发展的大潮和主流，不断吸收人类一切优秀文明成果丰富自己，中华文明定能在同其他文明的交流互鉴中不断焕发新的生命力。只要以宽广胸怀理解不同文明的价值内涵，尊重不同国家人民对自身发展道路的探索与选择，以文明交流超越文明隔阂，以文明互鉴超越文明冲突，以文明共存超越文明优越，弘扬中华文明蕴含的全人类共同价值，定能为全球治理贡献中国方案。

主要参考文献

一、史料类

[1] 梁光勉. 徐光启年谱 [M]. 上海：上海古籍出版社，1981.

[2] 王思治. 清史论稿 [M]. 成都：巴蜀书社，1987.

[3] 杜文凯. 清代西人见闻录 [M]. 北京：中国人民大学出版社，1985.

[4] 方豪. 中西交通史 [M]. 长沙：岳麓书社，1987.

[5] 沈福伟. 中西文化交流史 [M]. 上海：上海人民出版社，2006.

二、专著类

[1] ［英］雷蒙·道森. 中国变色龙——对于欧洲中国文明观的分析 [M]. 常绍民、明毅，译. 北京：时事出版社，1991.

[2] 熊月之. 西学东渐与晚清社会 [M]. 上海：上海人民出版社，1994.

[3] 许明龙. 欧洲十八世纪“中国热” [M]. 北京：外语教学与研究出版社，2007.

[4] 邹振环. 西方传教士与晚清西史东渐 [M]. 上海：上海古籍出版社，2007.

[5] 章清. 会通中西——近代中国知识转型的基调及其变奏 [M]. 北

京：社会科学文献出版社，2019.

［6］左玉河. 从四部之学到七科之学——学术分科与近代中国知识系统之创建［M］. 上海：上海书店出版社，2004.

［7］张国刚. 明清传教士与欧洲汉学［M］. 北京：中国社会科学出版社，2001.

［8］张国刚. 从中西初识到礼仪之争——明清传教士与中西文化交流［M］. 北京：人民出版社，2003.

［9］张国刚、吴莉苇. 启蒙时代欧洲的中国观：一个历史的巡礼与反思［M］. 上海：上海古籍出版社，2006.

［10］晁中辰. 明朝对外交流［M］. 南京：南京出版社，2015.

［11］钟永宁. 消失的铺路人——罗明坚与中西初识［M］. 北京：中华书局，2022.

［12］林仁川、徐晓望. 明末清初中西文化冲突［M］. 上海：华东师范大学出版社，1999.

［13］徐宗泽. 中国天主教传教史概论［M］. 上海：上海书店出版社，2010.

［14］许明龙. 中西文化交流先驱［M］. 北京：东方出版社，1993.

［15］武斌. 中华文化海外传播史［M］. 西安：陕西人民出版社，1998.

［16］韩琦. 中国科学技术的西传及其影响［M］. 石家庄：河北人民出版社，1999.

［17］朱谦之. 中国哲学对于欧洲的影响［M］. 北京：中华书局，1995.

［18］陈晓华. 十八世纪中西互动：学术与传承［M］. 北京：中国社会科学出版社，2015.

［19］彭斐章主编，谢灼华副主编. 中外图书交流史［M］. 长沙：湖南教育出版社，1998.

［20］［加］许美德、［法］巴斯蒂，等. 中外比较教育史［M］. 上海：上海人民出版社，1990.

［21］吴孟雪. 明清时期——欧洲人眼中的中国［M］. 北京：中华书局，2000.

［22］朱谦之. 中国思想对于欧洲文化之影响［M］. 太原：山西人民出版

社，2006.

[23] 张西平. 中国与欧洲早期宗教和哲学交流史 ［M］. 北京：东方出版社，2001.

[24] 范存忠. 中国文化在启蒙时期的英国 ［M］. 南京：译林出版社，2010.

[25] ［德］夏瑞春编. 德国思想家论中国 ［M］. 陈爱政，等，译. 南京：江苏人民出版社，1989.

[26] 徐大建. 西方经济伦理思想史 ［M］. 上海：上海人民出版社，2020.

[27] 皮后锋. 严复评传 ［M］. 南京：南京大学出版社，2006.

[28] 王介南. 近代中外文化交流史 ［M］. 太原：山西人民出版社，2009.

[29] 焦润明. 梁启超启蒙思想研究 ［M］. 沈阳：辽宁大学出版社，2006.

[30] 顾长声. 从马礼逊到司徒雷登——在华新教传教士评传 ［M］. 上海：上海人民出版社，1985.

[31] 赵少峰. 西史东渐与中国史学演进 1840—1927 ［M］. 北京：商务印书馆，2018.

[32] 杨德才、关铃、李庆祝、鲁宗智. 二十世纪中国科学技术史稿 ［M］. 武汉：武汉大学出版社，1998.

[33] 王渝生. 中国近代科学的先驱——李善兰 ［M］. 北京：科学出版社，2000.

[34] 戴家龙、赵建. 中西经济思想纲要 ［M］. 合肥：安徽大学出版社，2002.

[35] 舒新城. 中国近代教育史资料 ［M］. 北京：人民教育出版社，1981.

[36] 陈景磐. 中国近代教育史 ［M］. 北京：人民教育出版社，1985.

[37] ［德］乔伟、李喜所、刘晓琴. 德国克虏伯与中国的近代化 ［M］. 天津：天津古籍出版社，2001.

[38] 孔令仁、李德征. 中国近代化与洋务运动 ［M］. 济南：山东大学出版社，1992.

[39] 王建华. 半世雄图——晚清军事教育现代化的历史进程 ［M］. 南

京：东南大学出版社，2004.

[40]［美］列文森. 儒教中国及其现代命运［M］. 郑大华、任菁，译. 北京：中国社会科学出版社，2000.

[41] 金观涛、刘青峰. 观念史研究：中国现代重要政治术语的形成［M］. 北京：法律出版社，2009.

[42] 高力克. 启蒙先知：严复、梁启超的思想革命［M］. 上海：东方出版社，2019.

[43]［美］张灏. 梁启超与中国思想的过渡（1890—1907）［M］. 崔志海、葛夫平，译. 南京：江苏人民出版社，1993.

[44] 郑汕. 中国边疆学概论［M］. 昆明：云南人民出版社，2012.

[45] 曹建明、周洪钧、王虎华. 国际公法学［M］. 北京：法律出版社，1998.

[46] 章永乐. 万国竞争：康有为与维也纳体系的衰变［M］. 上海：商务印书馆，2017.

[47] 陆宝千. 清代思想史［M］. 台北：台湾广文书局，2006.

[48]［美］徐国琦. 中国与大战：寻求新的国家认同与国际化［M］. 马建标，译. 上海：生活·读书·新知三联书店，2008.

三、论文类

[1] 王云靖. 来华传教士与西方汉学的兴起［D］. 北京：首都师范大学硕士论文，2012.

[2] 黄松平. 晚清军事文化变迁与军事技术进步［D］. 长沙：国防科技大学博士学位论文，2014.

[3] 陈挺. 道器关系论——关于军事战略与军事技术的哲学思考［D］. 长沙：国防科学技术大学硕士论文，2006.

[4] 张传磊. 晚清驻外使臣与西方近代军事技术引进（1875—1895）［D］. 长沙：国防科学技术大学硕士论文，2010.

主要参考文献